PARIS in seinen 20 Arrondissements

VERLAG
MARTIN
VELBINGER
Hauptstr.. 4o 82229 Seefeld bei München

Dieses vorliegende Buch erscheint als BAND 7 einer Reihe unkonventioneller Reiseführer im VERLAG MARTIN VELBINGER:

SÜDOST - EUROPA

Bd. o4 Griechenland/ Gesamt
Bd. 3o Griechenland/ Kykladen
Bd. 32 Griechenland/ Dodekanes
Bd. 31 Griechenland/ Peloponnes
Bd. 35 Ungarn

SÜD - EUROPA

Bd. 11 Toscana/Elba
Bd. 15 Golf von Neapel/ Campanien
Bd. 12 Süditalien
Bd. 14 Sardinien
Bd. 23 Sizilien/Eol.Inseln
Bd. o6 Südfrankreich
Bd. 46 Côte d'Azur/ Provence
Bd. 13 Korsika

SÜDWEST - EUROPA

Bd. o5 Portugal/Azoren/Madeira

WEST - EUROPA

Bd. 25 Bretagne/ Normandie/ Kanalinseln
Bd. 26 Franz. Atlantikküste/Loire
Bd. 24 Irland
Bd. 17 Schottland
Bd. 27 Südengland
Bd. 57 Wales

NORD - EUROPA

Bd. 18 Schweden
Bd. 19 Norwegen/ Süd-Mitte
Bd. 28 Norwegen/ Nord
Bd. 29 Finnland
Bd. 5o Dänemark

STÄDTEFÜHRER

Bd. o7 Paris
Bd. 1o Wien

AMERIKA

Bd. 53 USA/Westküste Kalifornien
Bd. 54 USA/ Der Nordwesten Oregon, Washington
Bd. 58 USA/ Der Südwesten
Bd. o3 Mexiko
Bd. 36 Chile/Antarktis

NAHER OSTEN/ AFRIKA

Bd. 44 Togo
Bd. 51 Marokko

Weitere Titel in Vorbereitung. Bitte Anfrage an den Verlag.

Buchkonzept: Martin Velbinger
Karten: Bettina v. Hacke, Tita Kracht, Steffi Wallnöfer, Georg Zähringer
Cover: Christoph Gloor

www.velbingerverlag.de

Meiner lieben Frau Olly Sing-Gubo mit Dank für ihre Mithilfe

ISBN: 3-88316-007-5

ALLE ANGEGEBENEN PREISE sind Ca.-Preise, auch wenn sie nicht als solche bezeichnet sind. Für die Richtigkeit und Vollständigkeit aller Angaben, insbesondere der Abfahrtszeiten und Preise kann keine Gewähr übernommen werden.

PRINTED IN GERMANY

6. AUFLAGE 2oo4

PARIS VERSAILLES

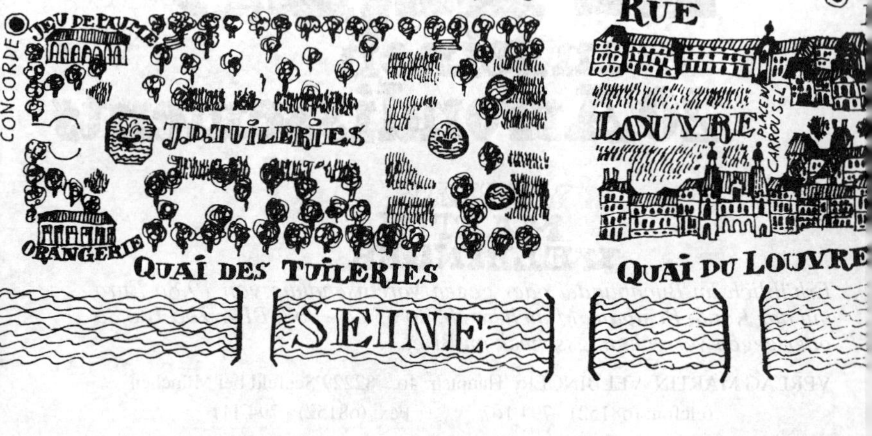

INHALT:

Rue de Tourno
l'Odéon
Rue de
Place de l'Odéon
le-Prince
PALAIS DU LUXEMBOURG
LUXEMBOURG
B D

RIVOLI
PONT NEUF
Q.D.L.MEGISSER
TOUR DE L'HORLO
CONCIERGERIE
PALAIS DE JUSTICE
Je ne pense qu à RIMBO!
Chien qui fume

PARIS

Die 20 Arrondissements:

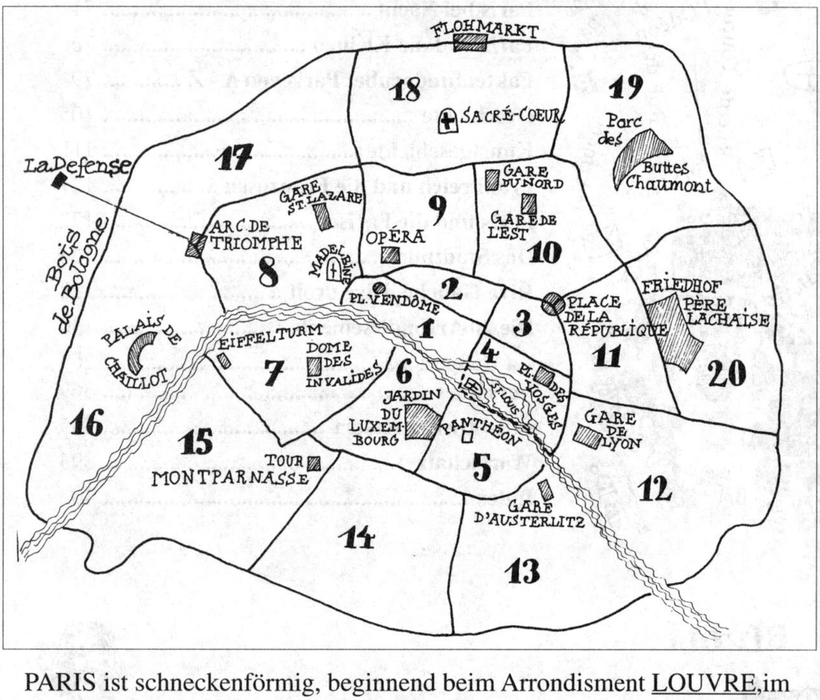

PARIS ist schneckenförmig, beginnend beim Arrondisment LOUVRE,im Uhrzeigersinn in 2o Arrondisments aufgeteilt, zu finden auf Seite:

PARIS
Handwerkszeug für Paris

CETTE- SEMAINE- HEFTE (Das Aktuellste in dieser Woche)
Kaufen Sie sich gleich bei Ihrer Ankunft am nächsten Zeitungsstand für ca. o,5 Euro eine der wöchentlich erscheinenden Informationsschriften „**pariscope**" oder „**L'Officiel des Spectacles**" (gelten jeweils von Mittwoch bis Dienstag). Hier finden Sie alles, was gerade in Paris los ist, etwa in folgender Reihenfolge:

* Theater	* Tanz und TV- Programm	* allerlei Sehenswertes
* Varieté	* Music Halls	* Kinoprogramme
* Jugendveranstaltungen	* Cafe- Theater	* Kabaretts
* Ausstellungen	* Museen	* Konferenzen
* Restaurants	* Konzerte	* Discos

Beide Hefte nur in Französisch erhältlich, aber auch ohne umfangreiche Sprachkenntnisse wegen Adressen - Fülle äußerst informativ. Telefonansage zu den Veranstaltungen auf deutsch: o1 49 52 53 57

Tipp: Wer sich von Deutschland aus frühzeitig über alle Veranstaltungen informieren (auch im Abo!) und auch schon Karten bestellen möchte, wende sich an die deutsche Agentur Paris-Spectacle-Kartenservice Tel. o6252 / 746 18 Fax: o6252/ 9821o4 e-mail: ParisSpectacle@t-online.de und www. paris-spectacle.de Schickt auch Museumspass (s.u.) und U-bahnticket zu!

(2) STADTPLAN

Meine Erfahrung aus über 2.ooo Kilometer zu Fuß in dieser zauberhaften Stadt: der beste Plan - detailliert, handlich, übersichtlich - ist der blaue „**Paris Index Plan**" von Michelin. In Paris unter der Nr. 11 (mit Info-Teil), in D, A, CH unter der Nr. 14 im Handel!

Sehr zu empfehlen auch der Michelin Stadtplan „**Paris & Proche Banlieue**", Atlas pro Arrondissements (in Spiralheftung), Michelin Nr. 15. Ausführlicher Index der Straßen und Plätze. Abgebildet pro Doppelseite ein Arrondissement, sehr klare Kartographie, übersichtlich; mit Metrostationen, Buslinien, Taxiständen etc. Weiterhin Busnetz des „Noctambus", der SNCF, RER, wichtige Parks wie Bois de Bologne und Vororte.

Zur Orientierung: die Postleitzahl gibt Auskunft über das Arrondissement: 75o1o Paris = 1o.Arr. 75oo4 Paris = 4.Arr. usw.

* Wie man am günstigsten mit der Metro fährt (Paris Visite): Seite 31
* Wie man zeit-und nervenschonend Museen besucht (Carte Musées-Monuments): Seite 94

Beispiel Museumspass: für beliebig viele Besuche in mehr als 7o Museen in Paris. Vorteil: man muß nicht mehr Schlange stehen! 1 Tag: 15 Euro, 3 Tage 3o Euro, 5 Tage 45 Euro. Erhältlich in den Tourismusbüros im Louvre und auf den Champs Elysées, bei den Museen oder Bauwerken selber, an Metro-Stationen.

Achtung: Kinder unter 18 J. haben meistens freien Eintritt, bis 25 J. ermäßigt, und die meisten Museen sind Mo. oder Die. geschlossen! Und wieviel „schafft" man in einer bestimmten Zeit?

Metro-Streckennetz: handlicher Plan gratis in jeder Metrostation erhältlich

PARIS-Handwerkszeug

Tourist INFO Informationen und Infoschriften gibt es kostenlos bei:

1.) Office du Tourisme et de Congrès de Paris,

127, Champs Elysées, 75oo8 Paris, Tel.o8 92 68 31 12 Fax o1 49 52 53 oo
www.paris-touristoffice.com
E-mail: info@paris-touristoffice.com
www.paris-bienvenue.com

RER A und **M**: Charles de Gaulle-Étoile, George-V tägl. 9- 2o Uhr, Sonn- und Feiertags 11-18 Uhr. 1.5. geschlossen

* Métro- und Bus-Fahrpläne und Pässe, Stadtpläne
* Museums-und Denkmalpass
* Veranstaltungskalender und Kartenreservierung
* Bateau-, Mouche- und Cityrama-Programme u.a.
* Hotel- und Restaurantverzeichnisse und Reservierungen
* Ausflüge in die Umgebung, Landkarten etc.

2.) Espace du Tourisme d´Île de France

Le Carrousel du Louvre: **M**: Palais Royal-Musée du Louvre. 91, Champs Elysèes, Place de la Pyramide Inversée 75oo1 Paris. Tägl. 1o-19 Uhr.
Tel. o1 44 5o 19 98
www.pidf.com

3.) Rathäuser (Mairie) der 2o Arr.

Mairie de Paris, Empfangsbüro 29, rue de Rivoli, 75oo4 Paris Tel. o142 76 43 43
www.paris.fr
M: Hôtel de Ville, 9-18 Uhr, geschl. sonn- und feiertags

* Parkplatzverzeichnisse
* Taxistandplatz- Pläne
* Verzeichnis der Parks und Gärten - Spaziergänge in Paris
* Verzeichnisse der städt. Museen u.v.a., allerdings fast alles nur in Französisch

4) TI in der BRD/A/CH

Französische Fremdenverkehrsbüros

Maison de la France:

60325 Frankfurt,
Westendstr. 47,
Tel. o19o 57 oo 25 Fax o19o 59 9o 61
E-mail: info@mdlf.de
www:maison-de-la-france.com
www.franceguide.com

1o4o Wien,
Argentiniertraße 41A
Tel.o1 5o3 28 9o Fax o1 5o32 871
E-mail info@maison-de-la-france.at
www.franceguide.com

CH- 8o23 Zürich,
Rennweg 42 Tel. o 9oo 9oo 699 Fax o1 217 46 17 www.franceguide.com
E-mail: tourismefrance@bluewin.ch

Autor wie auch Verleger sind sich einig, daß der PKW weniger günstig ist (vorausgesetzt, man bleibt ausschließlich nur in Paris): einfach, weil der Verkehr so chaotisch ist, und Parkplätze knapp.

Beide sind Wanderer, und dies mit gutem Grund! Warum sich mit Parkplatzsorgen, Autoschrammen, Einbahnstraßen und ähnlichem herumschlagen, wenn's auch bequemer geht. Optimale Verbindungen mit der Métro, Bussen, RER etc.

Der Autor bevorzugt den Zug als Anreise, weil seine Frau nicht gerne fliegt, der Verleger das Flugzeug, weil's schneller geht!

1 mit dem Flugzeug:

Einfach bequem: nach der Arbeit (oder mal zwischendrin) einfach ins Flugzeug; ab München sind's runde 9o Min., wobei die Stewardessen einen umsorgen; wenn's sein soll ein Gläschen Rotwein oder Schampus, Zeitung lesen und schon heißt's wieder „meine Damen und Herren - wir befinden uns im Landeanflug auf Paris. Schnallen Sie sich an! Wir hoffen, Sie haben einen guten Flug gehabt und wünschen Ihnen schöne Tage in Paris."

Es gibt in Paris zwei Airports: <u>ORLY</u> und <u>CHARLES DE GAULLE</u>.

Letzterer wird von Deutschland, Österreich und der Schweiz aus angeflogen. Ersterer ist mehr für den innerfranzösischen Luftverkehr von Bedeutung, auch für Korsika und teilweise die französischen Überseeprovinzen.

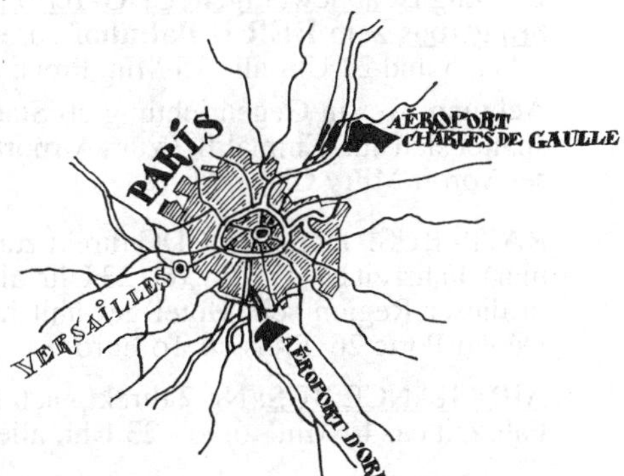

AEROPORT CHARLES DE GAULLE (CDG)

auch ROISSY genannt, liegt im Norden von Paris, rund 35 km zum Zentrum. Wegen dünner Besiedelung des Umlandes besteht kein Nachtflugverbot. In CDG landen u.a. die internat. Linienflüge von Deutschland, Schweiz und Österreich.

Charles de Gaulle besteht aus 2 Terminal- Bereichen:

* **CDG 1** ist eine Rundhalle, gebaut 1971, in deren Inneren Acryl- verglaste Rolltreppen rauf zu den Abflughallen führen. Der Terminal wird vorwiegend für innereuropäische Flüge (z.B. Lufthansa etc.) genutzt. Rund um das Gebäude docken sternförmig die Jets an.

Entlang der Rundhalle Touristinfo, Autovermieter, Geldwechsel, Post sowie Abfahrt der RER Busse zum nahen RER- Bahnhof mit Zügen ins Zentrum von Paris.

* **CDG 2**: gebaut 1982- 86 wegen steigendem Flugverkehr. Vier sichelförmige Hallen (CDG 2, A-D) die sich gegenüberliegen. Ab hier wird der interkontinentale Flugverkehr abgewickelt (u.a. Südamerika, USA), wie auch innereuropäische Strecken (z.B. der Air France).

Beide Terminals CDG 1 und CDG 2 haben Verbindung untereinander.

Verbindungen ab CGD ins Stadtzentrum

* Die auch bei Stoßverkehr sicherste und schnellste Verbindung ins Zentrum ist der ZUG (RER B). Im Gegensatz zu Bus oder Taxi keinerlei Staugefahr auf den Straßen.

  Fahrzeit ca. 35 Min. bis Chatelet. Weiterer Vorteil: hält u.a. am Gare du Nord, Chatelet (Vielzahl an Querverbindungen mit Metro und RER), Notre Dame, Luxembourg etc., Endpunkt: Orly Airport im Süden der Stadt. Wer geschickt ist, sucht sich ein Hotel entlang der RER B Strecke und spart sich die Gepäckschlepperei von und zum Airport ohne Umsteigerei.

  Der Zug ist ab jeweiligem CDG-Terminal per kostenlosem kurzem Zubringerbus zum **RER B Bahnhof** zu erreichen Der Zug verkehrt zwischen 5 und 24 Uhr alle 15 Min. Preis: ca. 8 Euro.

  Achtung, wer in Gegenrichtung ab Stadtzentrum einsteigt: die Strecke spaltet sich auf. Einmal B 3 zum Airport, - zum anderen B 5 in den Pariser Vorort Mitry Claye.

* RATP- BUS: fährt vom CDG direkt zur Rue Scribe (bei der Opéra Garnier). Fahrzeit ca. 45 Min. (6 - 23 Uhr, alle 15 bis 2o Min.). Nützlich, wer in dieser Region sein Hotel gewählt hat. Abfahrt im Airport Niveau Départ Porte 26, Preis ca. 1o Euro.

* AIR FRANCE BUS: Nr. **2** direkt nach Maillot (beim Place de l'Etoile) Fahrzeit ca. 4o Min. (5.5o - 23 Uhr, alle 12 Min.). Preis ca. 1o Euro.

* AIR FRANCE BUS: Nr.**4** direkt zu den Bahnhöfen Gar de Lyon und Montparnasse. Fahrzeit ca. 6o Min. (7 - 21 Uhr, alle 3o Min.). Abfahrt Airport: Niveau Arrivee Porte 34. Abfahrt ab Gare de Lyon in der 2obis Boulevard Diderot, Abfahrt ab Gare Montparnasse:gegenüber Hotel Meridien. Preis ca. 1o Euro.

* TAXI: die teuerste Variante, ins Stadtzentrum zu gelangen. Ab CDG ca. 3o - 45 Euro je nach Ziel und Verkehrsstaus auf den Straßen ca. 1 Std. Achtung: ca. 1 Euro pro Gepäckstück!

Verbindungen zwischen Charles de Gaulle und Orly

* AIR FRANCE BUS: Nr. 3 alle 2o- 3o Min. (zwischen 6 und 23 Uhr), Fahrzeit ca. 6o Min., ca.1o Euro.

* ORLYVAL + RER B: Zugverbindung alle 2o Min. (zwischen 5.3o und 22.3o Uhr). Da das Gleis die Metropole unterquert: keine Staugefahr zu Stoßzeiten.

AEROPORT ORLY

Liegt rund 15 km südlich des Stadtzentrums. Airport für innerfranz. Flugverkehr, für Verbindungen in die franz. Überseeprovinzen wie Guadeloupe und Martinique/Karibik, aber auch für den Charterflugverkehr.

Es gibt 2 Terminals: * das alte Gebäude ORLY SUD, gebaut in den 5o-er Jahren. 3 Stock, quirlig, je nach Abflug voll von Marokkanern, Schwarzen aus der Karibik oder Afrika- Destinationen etc. Sowie der neue Komplex * ORLY OUEST: vorwiegend für Inlandsflüge genutzt.

Verbindungen ab Orly ins Stadtzentrum

* RER C: auch hier ist der ZUG die beste Verbindung ins Zentrum. Abfahrt alle 15 Min. zwischen 5 und 22.4o bzw. alle 2o Min. 22.4o bis 23.3o Uhr. Fahrzeit bis Luxembourg ca. 2o Min., Preis ca. 9 Euro.

  Abfahrt Orly: hier fährt ein Shuttle Bus (OrlyRail) in 5 Minuten zum Bahnhof RER C. Ab dort der Zug ins Zentrum (wichtigste Stationen unterwegs: Gare de Austerlitz, St. Michele, Invalides, Porte Maillot) und weiter zum Charles de Gaulle Airport (= RER Strecke B 3).

  Achtung wer in Gegenrichtung nach Orly in den Zug steigt: es gibt den RER Abzweiger B 2 nach Robinson und den Abzweiger B 4 nach St. Remy (beide weitab vom Orly Airport).

* ORLYBUS: Abfahrt alle 15 Min. (zwischen 6.oo- 23.oo Uhr) direkt ins Zentrum zur Place Denfert-Rocherau. Fahrzeit ca. 25 Min. je nach Verkehr. Preis ca. 6 Euro.

* AIR FRANCE- BUS: Abfahrt alle 12 Min. (zwischen 6 und 23 Uhr) ins Zentrum zur Porte d' Orleans, Gare Montparnasse, Duroc und Invalides. Fahrzeit ca. 35 Min. je nach Verkehr bis Invalides. Preis ca. 8 Euro.

* ORLYVAL: automatische Metro. Fährt alle 6 Min., 6.oo - 22.oo Uhr (sonntags 7 - 23 Uhr) nach Antony, und weiter mit RER B nach Chatelet. Fahrzeit 3o Min. Preis: ca . 8 Euro
* TAXI: die teuerste Variante ins Zentrum, ca. 3o Euro je nach Ziel. Zuzüglich pro Gepäckstück ca. 1 Euro.

Für weitere Details: Informationsschalter in den Flughafengebäuden

AUSKUNFT ZU DEN FLÜGEN

Internet: www.adp.fr

CDG: Flughafen Info Center CDG: Tel.: o1 4862.1212 + o1 4 862. 228o

Tourist-Büro CDG Tel.: o1 4862.2729 Geöffnet tägl.7 - 22 Uhr, zur Hochsaison 6.3o-23 Uhr.

Lufthansa Info: Tel.: o1 48 16 96 25 www.lufthansa.fr
Lufthansa Reservation Hotline: Tel.: o8o2 o2o.o3o, Fax: o1 556o.42o8 Besetzt 24h/Tag

ORLY: Orly Info-Center, Tel.: o1 4975. 1515. Internet: www.adp.fr

ZEITVERGLEICH / PREISE

Der Flieger nach Paris lohnt auf längeren Strecken, z.B. ab München, Hamburg, Leipzig etc. sowie Schweiz, Österreich. Auf kürzeren Strecken z.B. Wohnort Köln nach -> Paris ist der Zug oft schneller.

Mit einzukalkulieren ist der Zeitaufwand ab Wohnort zum Airport, die dort nötige Eincheckzeit ca. 1 Std. vor Abflug - sowie bei Ankunft Paris die Auscheckzeit, Warten auf Gepäck und Fahrzeit Airport -> Stadtzentrum.

Flugpreise: abgesehen von der teuren Buissenes Klasse gibt es eine Fülle von SPEZIAL- ANGEBOTEN. Die Preise variieren stark und sind abhängig von der Sitzplatz- Auslastung der Flugzeuge. Zudem sind sie oft an bestimmte Termine oder andere Bedingungen siehe unten gebunden.

Beispiel München -> Paris retour als Spezialpreis für ca. **32o Euro**, in sehr günstigem Fall aber auch für ca. **15o Euro** möglich. (Siehe Seite 15).

Wie kommt man an günstige Tarife? Im Normalfall bietet das Reisebüro zunächst die teureren Normaltarife an. Wer nach „Spezialtarifen" fragt, bekommt sie (sofern verfügbar) - eventuell - , wobei das Reisebüro an einem billigeren Tarif allerdings entsprechend weniger verdient. Das ist einer der Gründe, warum zunächst die teureren Normaltarife angeboten werden.

Weiterer Grund: die Airline (Lufthansa, Air France, Swiss Air) hat zum Ziel, möglichst alle Sitzplätze im Flugzeug mit zahlenden Passagieren zu füllen. Bei schlechter Auslastung ist es daher für die Airline günstiger, bisher noch nicht verkaufte Sitze billiger anzubieten.

Anders ausgedrückt: wer z.B. in der Morgenmaschine nach Paris keinen günstigen Spezialpreis bekommt, - sollte bei entsprechender eigenen Flexibilität nachfragen, - ob eventuell in der Mittagsmaschine oder Flug an anderem Tag noch Sitzplätze zu Spezialpreis möglich sind. Grund: werktags sind Morgen- und Abendmaschinen meist eher ausgebucht durch Geschäftsleute, die Paris 1 oder 2 Tage besuchen. Anders dagegen die zeitlich ungünstigeren Mittagsmaschinen.

Andere Spezialtarife sind an bestimmte Bedingungen gebunden, - z.B. müssen 7 oder 14 Tage vorab auf festen Flugtermin reserviert oder bezahlt werden. Teils muß zwischen Hin- und Rückflug ein Wochenende liegen. Umbuchung entweder nicht möglich oder nur gegen teuren Aufpreis.

Günstige Spezialangebote bekommt man, - abgesehen von normalen Reisebüros auch in sogen. „Billigflugbüros" der Großstädte (siehe Branchenverzeichnis) - ebenso Anzeigen im Reiseteil der Zeitungen studieren - sowie im Internet: Reisebörsen - sowie unter www der Airlines selber.

Pauschalangebote „Flug und Hotel": siehe Prospekte der Reiseveranstalter wie u.a. „DERTOUR", TUI etc. Derartige *STÄDTEREISEN* beinhalten Flug & Hotel zu teils erheblich günstigerem Preis, als wenn man beides separat kauft. Der Nachteil allerdings: man muß das Hotel auf Grund eines Prospektfotos auswählen.

Mit der Bahn:

2 

In den vielen Fällen billiger als der Flug, selbst wenn man Schlafwagen nimmt. Zudem die schönste und feierlichste Art des Ankommens aus folgenden Gründen:

1.) beim Flugverkehr: Hetzerei durch ein Labyrinth von Lautsprechern, Leuchtschriften, Leuchtpfeilen, Korridoren und Schaltern, Rennerei nach Quer-, Längs- und Direktverbindungen.

2.) mit dem Auto: siehe nächstes Kapitel.

3.) mit dem Zug: hält man die Nase in die Pariser Luft, tritt vor den Bahnhof, sieht vor sich den schönen Boulevard Strasbourg und sagt zu Paris *„Voilà, da bin ich!"*

Per Eisenbahn dauert die Anreise z.B. München -> Paris zwar wesentlich länger (ca. 1o Std.) als per Flug (9o Min.), aber man kann die Anfahrt vom und zum Airport abrechnen, ebenso wie die Zeit des Eincheckens (ca. 1 Std. vor Abflug), bei Ankunft Kofferausgabe sowie Fahrt Paris Airport in die Innenstadt.

Noch günstiger werden die Werte, wenn man nicht in einer Großstadt mit Flugverbindung nach Paris wohnt, also zu obigem Zeitaufwand noch die Anreise zwischen Wohnort und Airport hinzuaddieren muß.

Außerdem: viele Zugverbindungen nachts = bequem im Schlafwagen-Abteil zusammenkuscheln, kleines Bierchen vor'm Einschlafen und am nächsten Morgen früh ca. 7.oo Uhr in der französischen Metropole.

Noch ein Plus für die Eisenbahn: Wer für ein Weekend nach Paris will, kann bereits Freitag Nacht mit dem Zug los, Ankunft am nächsten Morgen, und: So. Nacht ca. 23 Uhr retour. Man hat damit 2 volle Tage in Paris.

Geht auch per Flug, indem man Fr.- Spähtnachmittag rüberjettet und gegen 2o - 23 Uhr abends das Hotel erreicht = zusätzliche Übernachtungskosten. Außerdem Rückflug ab Paris in der Regel gegen 2o - 22 Uhr: sprich Fahrzeit zum Airport plus 1 Std. vor Abflug einchecken = der So. ist bereits ca. 18 Uhr zu Ende, während man bei Rückfahrt mit dem Zug noch bis ca. 23 Uhr in Restaurants etc. relaxen und genießen kann...

FAHRZEIT, VERBINDUNGEN

die Modernisierung des deutschen und französischen Streckennetzes hat zu erheblicher Verkürzung der Fahrzeiten geführt und machen den Zug zunehmend attraktiv. Der Hochgeschwindigkeitszug Thalys verbindet mit einer Reisegeschwindigkeit von 3oo km/h Köln Hbf 7x täglich bzw. Düsseldorf 1x tägl. in nur 4 Stunden mit Paris/Bahnhof Gare du Nord zum absoluten Minipreis von ca. 6o Euro retour.

Dafür gibt es allerdings nur ein bestimmtes Kontingent, ist reservierungspflichtig und kann nicht telefonisch gebucht werden, sondern an den DB-Verkaufsstellen.

Der Zug von München nach Paris geht mehrmals tagsüber und braucht ca. 1o Std. Der Nachtzug fährt z.B. gegen 21 Uhr ab Mü Hbf und ist um 7.oo Uhr früh in Paris/Gare del Est. Zurück geht´s ab Paris Est gegen 22.3o Uhr, Ankunft Mü Hbf 9 Uhr früh. Ähnlich funktionieren Verbindungen von Berlin/Hamburg/Hannover nach Paris Nord. Auskunft und Details siehe jeweilige Bundesbahn oder DB InfoHotline oder SNCF Verkaufsfiliale Rail Europe in Frankfurt

Wichtige Tel.Nummern und Infoseiten im Internet:

* DB InfoHotline Tel.: 11861 Internet: www.bahn.de
* SNCF: deutschsprachige Callcenter: oo33 892 35 35 36
  e-mail: info-SNCF@raileurope.de - Internet: www.raileurope.de
  und www.voyages-sncf.com
  SNCF Verkaufsfiliale in der Schweiz: in der Schweiz: Rail Europe Suisse: Rue Thalberg 2, 1211 Genève 1
  e-mail: contact@raileurope.ch Internet: www.raileurope.ch
* Internet: www.sncf.com
* Deutsches Reisebüro in Paris: DB France: 7, Ave. de l´Opéra, 75oo2 Paris Tel.: o1 44 589 559.

WEITERE SPARTIPPS

Sie sind vowiegend interessant, wer Paris verbinden will mit einer weiteren Rundtour in Frankreich. Erhältlich sind derartige Tickets bei der DB, wie auch der österreichischen, schweizer und französischen Eisenbahn. Ständig eine Vielzahl an Ermäßigungen und Sonderangeboten, z.B.:

* **Paris spezial** - gilt 5 Tage

* **Plan + Spar 4o** -in Kombination mit **Paris Spezial** pro Person Hin und Zürück ca. 13o Euro (2. Klasse). Bedingung: 7 Tage vorher buchen und ein Wochenende dazwischen. Gültig 1 Monat.

* **InterRail Ticket** - besonders interressant für Jugendliche unter 26.

* **Euro Domino** hier für Frankreich (info www.bahn.de),

* **Découverte Séjour** = Ermäßigung in Frankreich in Fernzügen und TGV (Mindestentfernung 2oo km innerhalb Frankreichs).

* **Duo Plus**: gemeinsam reisen, zu zweit, zu dritt etc. unabhängig von Alter oder Familienstand.

Diese Kleingruppe erhält auf innerfranz. Strecken 25 % Ermäßigung auf Abfahrten der blauen Periode und auf den TGV. Die Karte kann nur in Frankreich ausgestellt werden. Es lohnt sich nachzufragen. Infos und Adressen siehe Kasten Seite 16.

Per Zug im Liegewagen ab München eine Person Hin und Zurück ca. 235 Euro (2.Klasse). Schlafwagen nur 1. Klasse Hin und Zurück ca. 29o Euro pro Person.

Angebotsbeispiele

* Euro Domino: Netzkarte für das französische Streckennetz der SNCF. Achtung: sie gilt nur innerhalb Frankreichs; dort beliebig häufige Fahr ten und Strecken innerhalb von 3, 5 oder 1o Tagen. Preis: 3 Tage ca. 15o Euro, Zusatztage 3o Euro jeweils 2. Klasse.

  Zuschlagpflichtige Züge in Frankreich können ohne Zahlung des Auf preises benutzt werden (Schlaf- und Liegewagen sowie Reservierungs gebühren gehen jedoch extra). Für Talys und Eurostar gibt es Sonderre gelungen.

  Mit der Netzkarte bekommt man zusätzlich 5o % Ermäßigung auf der DB Strecke bis zum franz. Grenzbahnhof. Man sollte in Deutschland einen Wohnort in Grenznähe zu Frankreich haben, sonst wirds teuer. Euro Domino kann nur außerhalb von Frankreich gekauft werden und rentiert sich dann, wenn man lange Strecken in Frankreich und/oder häufig fah ren möchte.

* **France Rail Pass** der SNCF: gültig für mindestens 3 aufeinanderfolgen de Tage und max. 9 Tage. Gilt für Erw. und Jugendliche, allerdings braucht man mind. ein zweites Reiseziel in Frankreich. Festpreis, interessanter als Euro Domino.

Erhältlich sind Euro Domino und France Rail Pass in Deutschland bei der DB oder DER- Reisebüros. Bei der **SNCF** zusätzlich :

* *Paris Visite = Nutzung aller öffentlichen Verkehrsmittel von Paris und* Umgebung
* *Carte Musee* = Museumspass für Paris. - Weitere Details siehe „Paris A - Z"

PAUSCHALANGEBOTE z.B. „Zuganreise und Paris Hotel" gibts u.a. bei FRANTOUR (Tochter von SNCF) und von AMEROPA (DB-Tochter). Kataloge und Infos bei FRANTOUR: 6oo61 Frankfurt, Postfach 15o112, Fax: o69/ 97 4o 32 2o, bei Reisebüros oder der Bahn oder der DB Reiseland Tel.: o89/ 13o 85 89o.

Preisbeispiel FRANTOUR:
3 Übernachtungen+Frühstück im 2-Sterne-Hotel komplett ca. 27o Euro pro Person im DZ Metro, Stadtrundfahrten bei Tag und bei Nacht, Museumspässe, Mietwagen etc. sind extra zu buchen.

★ *METRO- QUERVERBINDUNGEN zwischen den Bahnhöfen in Paris:*

GARE DE L'EST: Ankunftsbahnhof von Süddeutschland, Österreich.

→ **Gare du Nord**: 5 Min. zu Fuß oder Métro Richtung "Porte du Clignancourt"

→ **Gare du Lyon**: Métro Linie 5 (Richtung "Place d'Italie") bis "Bastille", dann Linie 1 (Richtung "Château de Vincennes")

→ **Gare d'Austerlitz**: Métro Linie 5 (Richtung "Place d'Italie") direkt

→ **Gare de Montparnasse**: Métro Linie 4 (Richtung "Porte d'Orléans") direkt

→ **Gare St. Lazare**: Métro Linie 7 (Richtung "Mairie d'Ivry") bis "Opera", dann Linie 3 (Richtung "Pont de Levallois")

GARE DU NORD: Ankunftsbahnhof von Aachen, Mittel- und Norddeutschland. Die RER hat hier unterirdischen Bahnhof:

* superschnelle RER Verbindung nach Denfert Rocherau und dort Umsteigen in die Metro 4 zum Gare de Montparnasse.
* Gare de Lyon: ab Gare du Nord mit Metro 5 direkt.
* Gare Lazare: Vielzahl an Verbindungen mit Umsteigen: z.B. RER bis Chatelet + RER bis Auber und Metro (nach langem Zubringergang) zum Saint Lazere.
* Gare d Austerlitz: Metro 5 ("Place d'Italie") direkt.

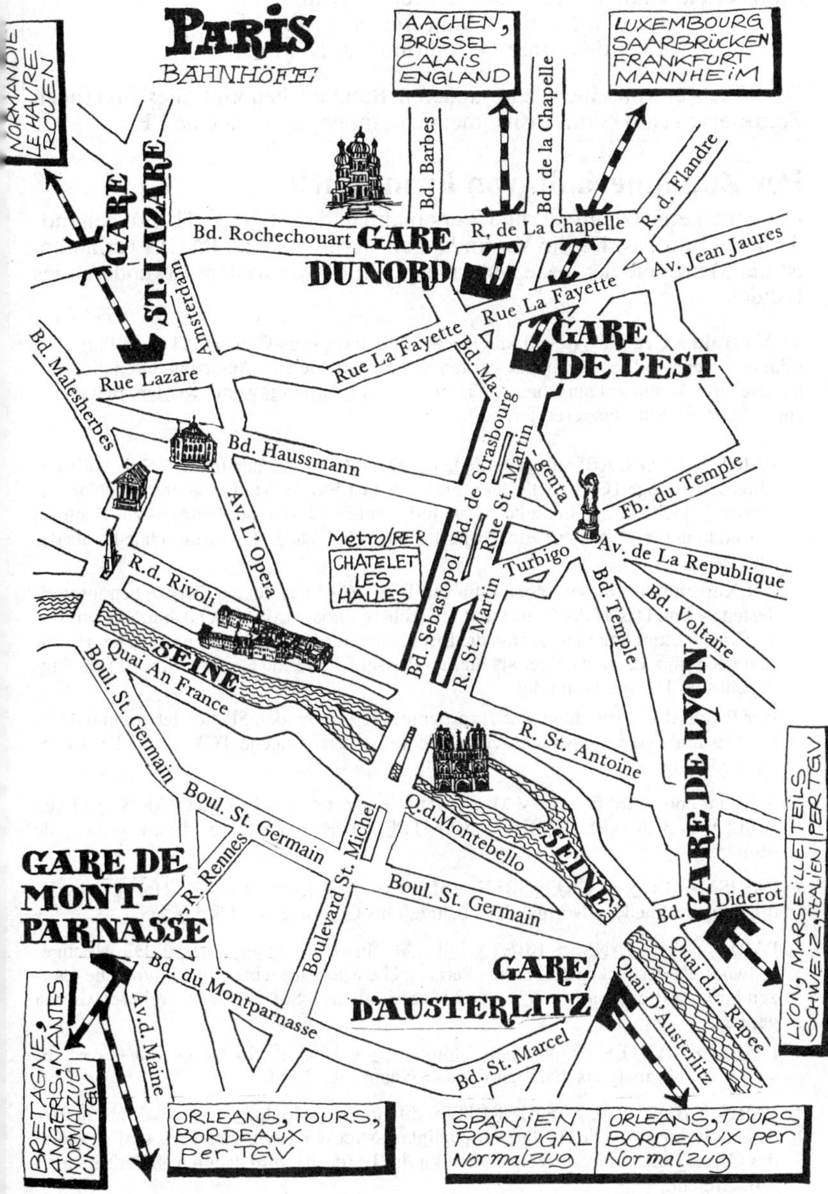
PARIS
BAHNHÖFE
NORMANDIE LE HAVRE ROUEN
GARE ST. LAZARE
AACHEN, BRÜSSEL CALAIS ENGLAND
LUXEMBOURG SAARBRÜCKEN FRANKFURT MANNHEIM
Bd. Barbes
Bd. de la Chapelle
R. d. Flandre
Bd. Rochechouart
GARE DUNORD
R, de La Chapelle
Av. Jean Jaures
Rue La Fayette
GARE DE L'EST
Amsterdam
Bd. Malesherbes
Rue Lazare
Bd. Ma-genta
Bd. de Strasbourg
Rue St. Martin
Bd. Haussmann
Fb. du Temple
Av. L'Opera
Metro/RER
CHATELET LES HALLES
Bd. Sebastopol
Av. de La Republique
Turbigo
R.d. Rivoli
R. St. Martin
Bd. Temple
Bd. Voltaire
SEINE
Quai An France
Boul. St. Germain
GARE DE LYON
R. St. Antoine
Q.d.Montebello
Boul. St. Germain
Boulevard St. Michel
SEINE
LYON, MARSEILLE TEILS SCHWEIZ, ITALIEN PER TGV
Bd. Diderot
GARE DE MONT-PARNASSE
R. Rennes
Boul. St. Germain
Bd. du Montparnasse
GARE D'AUSTERLITZ
Quai d.l. Rapee
Quai D'Austerlitz
Av.d. Maine
BRETAGNE, ANGERS, NANTES NORMALZUG UND TGV
Bd. St. Marcel
ORLEANS, TOURS, BORDEAUX per TGV
SPANIEN PORTUGAL Normalzug
ORLEANS, TOURS BORDEAUX per Normalzug

Fahrzeiten: Gare de l'Est -> Citè: ca. 6-7 Min.
Gare de Lyon -> Zentrum: ca. 5 Min.
Gare de Lazare -> Zentrum: ca. 1o Min.

Der Wechsel von einem zum anderen Bahnhof benötigt alles inkl.(auch Zeitreserve) ca. 1 Std.. Ausnahme: Gare du Nord -> Gare de l'Est.

Per Zug innerhalb von Frankreich

Das Streckennetz umfaßt rund 24.ooo km, und die SNCF zählt zu den modernsten Europas. Da die Verbindungen sternförmig ab **PARIS** verlaufen, ist die Metropole der beste Ausgangspunkt für die weitere Erkundung des Landes.

TGV (Train à Grande Vitesse): die Hochgeschwindigkeits-Gleissstrecken ab Paris führen in weichen Biegungen und sanften Steigungen wie eine Autobahn durch die Landschaft. Achtung: Fahrscheine müssen vor Fahrtantritt entwertet werden. Benutzung TGV nur mit Platzreservierung !

* PARIS -> LYON: ABFahrt Gare de Lyon. Die 425 km werden in nur 2 Std. realisiert. Eingesetzt orange TGV- Triebwagen, die bis zu fast 5oo km/h fahren können, im Normalbetrieb jedoch nur „gedrosselte" 27o km/h Schnitt. Durch die Zentrum- zu- Zentrum Verbindung (keine Anfahrt zum Airport, Einchecken etc.) ist der Zug schneller als der Flug!

  Der Kurvenradius dieser, speziell für die TGV- Züge angelegten Strecke beträgt mindestens 4 km. Das TGV- Gleis kürzt die frühere Paris->Lyon Eisenbahntrasse um fast 1oo km ab. Zum Bau (darauf sind die Eisenbahnbauer stolz) - wurden nur 2.3oo Hektar Land benötigt, damit weniger als für den Pariser Charles de Gaulle- Airport! Der Zugrhytmus ist 1/2- bis 1- stündig.

  Der Erfolg der Verbindung war vorprogrammiert: in beiden Städten leben rund 43 % der Gesamtbevölkerung Frankreichs. Heute ist der orangene TGV ein dicker finanzieller Erfolg.

* Seit Juni 2oo1 wird der „TGV Méditerrané" eingestzt - das bedeutet PARIS -> MARSEILLE in 3 Stunden, PARIS -> MONTPELLIER in 3 Std. 15 Min., und das jede Stunde.

* PARIS -> LYON -> GRENOBLE: Abfahrt Gare de Lyon. Bis Lyon Hochgeschwindigkeit, anschließend Normalgleis. Fahrzeit bis Grenoble nur 3 Std.

* PARIS -> LE MANS -> BRETAGNE: Abfahrt Gare Montparnasse. Die Hochgeschwindigkeitsstrecke ist zwischen Paris und Le Mans ausgebaut (3oo km/h). Die Fahrzeit Paris -> Brest wurde von früher 5 1/2 Std. auf ca. 4 Std. reduziert. Weiterer Ausbau geplant.

* PARIS -> NANTES: Abfahrt Gare Montparnasse. Hochgeschwindigkeit bis Le Mans, weiter auf Normalgleis. Fahrzeit Paris -> Nantes nur 2 Std.

* PARIS -> BORDEAUX -> BIARRITZ: Abfahrt Gare Montparnasse (sowie ab Charles de Gaulle Airport). Die Hochgeschwindigkeitsstrecke ist zwischen Paris und St. Pierre des Corps/Tours, Loire ausgebaut (3oo km/h). Bordeaux wird dadurch ab Paris in nur 3 Std. erreicht.

* PARIS -> LILLE -> CALAIS (Kanaltunnel): Abfahrt des TGV: Charles de Gaulle Airport. Ausgebaut als Hochgeschwindigkeitsstrecke, Fahrzeit bis Calais nur 1 Std. 4o Min. Die Unterquerung des Kanals dauert ca. 35 Min. Anschließend nach London auf Normalgleis, die britische Regierung hat jedoch den Ausbau als Hochgeschwindigkeitsstrecke beschlossen. Paris -> London dauert derzeit rund 3 1/2 Std.

PS: 199o hat ein Serientriebkopf des TGV einen neuen Weltrekord für Eisenbahnen aufgestellt: 515,3 km/h! Derartige Geschwindigkeiten werden jedoch im regulären Passagierverkehr nicht gefahren.

Schlaf- und Liegewagen: auf den innerfranz. Langstrecken kann Schlafwagen in der 1. und 2. Klasse gebucht werden. Eine komfortable Möglichkeit, lange Strecken zurückzulegen. Es gibt in dem 2. Klasse- Schlafwagen die Unterteilung in T4 (Abteil mit 4 Betten), T 3 (mit 3 Betten) und T 2 (2 Betten). Liegewagen 1.Klasse mt 4-Betten 2.Klasse mit 6 Betten.

Train + Auto: an mehr als 2oo Bahnhöfen der SNCF kann ein PKW angemietet werden. Praktisch wie bequem: man fährt lange Strecken mit dem Zug ohne sich die Nerven aufzureiben und mietet sich am Ziel für Fahrten in die nähere Umgebung einen PKW.

Autoreisezug (autotrain): verkehrt in Frankreich auf den wichtigsten Fernstrecken zu günstigen Preisen, sofern man nicht die Hauptferientermine wählt. Günstige Abfahrtsorte von Deutschland aus sind Metz, Nancy, Strasbourg z.B., oder Brüssel! Von dort geht es ganzjährig an die Côtes d´Azur! Auskunft DB AutoZug o18o 5 24 12 24.

Train & Velo: In der Nähe einiger Bahnhöfe der SNCF gibt es im Sommer an landschaftlich schön gelegene Bahnstationen Fahrräder zu mieten. Sympathische Einrichtung, die man bei einem Abstecher ab Paris ausprobieren sollte! Infos beim franz. Verkehrsamt in Frankfurt oder den Regionalen Fremdenverkehrsämtern.

3) Mit dem Auto nach Paris:

Lohnt sich für PARIS selber nicht. Das Auto ist hier eher Hindernis, da es an Parkplätzen fehlt. Zudem Gefahr von Beulen am Auto und Einbrüchen (relativ häufig).

Im Zentrum von Paris ist das Auto nutzlos. Metro, Bus und Taxi sind einfacher, schneller, bequemer und nervenschonender.

Wer unbedingt per Auto hinfahren will, sollte es in Paris in einer Tiefgarage abstellen (ca. 15 Euro pro Tag), oder am Stadtrand und bis zur Rückreise nicht mehr anrühren.

ANREISE AUTO

Abhängig vom Wohnort in Deutschland, Schweiz oder Österreich.

Prinzipiell sind die AUTOBAHNEN die schnellste Anreise: ab * Mannheim via Saarbrücken, Metz nach Paris. Ab * Köln via Aachen, Cambrai. Ab * Essen via Belgien, Lille/Frankreich nach Paris.

InfoHotline ADAC: Tel. o18 o - 51o.1112 **auch vom Ausland aus** (z.B aus Frankreich).

Während die Autobahnbenutzung in Deutschland, Luxemburg und Belgien gebührenfrei ist, zahlt man in Frankreich (z.B. Karlsruhe -> Metz -> Paris pro PKW ca. 3o Euro, pro Wohnmobil Klasse 3 ca. 45 Euro). Kleingeld oder Eurocard bereithalten!

Auf der Strecke zwischen Metz und Paris bringt die Landstraße den Vorteil der gebührenfreien Benutzung und an km kürzerer Strecke. Dafür Ortsdurchfahrten und auf der Landstraße km/h 9o gegenüber Autobahn km/h 13o.

Straßenzustandsinformationen und alle Infos die Straßen betreffend: Baustellen, Verkehrsaufkommen, optimale Streckenführung, Wetterberichte, Entlastung der Hauptstraßen:

Centre National d'Information Routières **CNIR** für Paris und die Île de France: Tel.: o826 o22 022 (nur in Frankreich). Internet: www.bison-fute.equipment.gouv.fr oder www.autoroutes.fr

Verkehrsbestimmungen: Ortschaften: 5o km/h, Landstraße: 9o km/h, vierspurige Schnellstraße (entsprechend ausgeschildert): 11o km/h, bei Regen jeweils 1o km/h weniger! Autobahn: 13o km/h, bei Regen 11o km/h. Bei Mißachtung drohen auch Touristen drastische Strafen!

KFZ-Papiere: die von den KFZ- Haftpflichtversicherungen kostenlos aus gestellte Internationale Grüne Versicherungskarte wird dringend empfohlen. Ebenso sinnvoll kann ein Euro-Schutzbrief (ADAC) sein, wer auf Nr. Sicher gehen will.

Benzin: super sans plomb = bleifrei (98 Oktan), sans plomb = bleifrei (95 Oktan), gas-oile = diesel

Parken in Paris: siehe Hinweise in den einzelnen Arrondissements unter „Nützliches und Praktisches".

* An allen gelb markierten Straßenrändern ist Parken verboten
* „Axe Rouge" gekennzeichnete Schnellstraßen = absolutes Parkverbot
* Zone Bleue: Parken mit Parkscheibe max. 2Std.
* Bewachte und kostenpflichtige Parkplätze für die Öffentlichkeit: (zwischen 1,5 und 2,5 Euro pro Stunde). Und:
* Parkhäuser und Tiefgaragen der Innenstadt bieten genügend Platz, wo das Auto relativ sicher untergebracht ist. Aber: eine absolute Sicherheit gibt es nirgends. Die Parkgebühren entsprechen in etwa denen unserer Großstädte.

Immer empfehlenswert: * Handschuhfach offen und leer, * Wageninneres sichtbar leer. Dies reduziert die Einbruchsgefahr.

Vorsicht: Es gelten verschärfte Maßnahmen gegen Falschparker, Geschwindigkeitsüberschreiter und Alkoholsünder - Promillegrenze seit 1995 bei o,5%! (Bußgeld, Abschleppen und Führerschein- Entzug). Gilt auch für Ausländer!

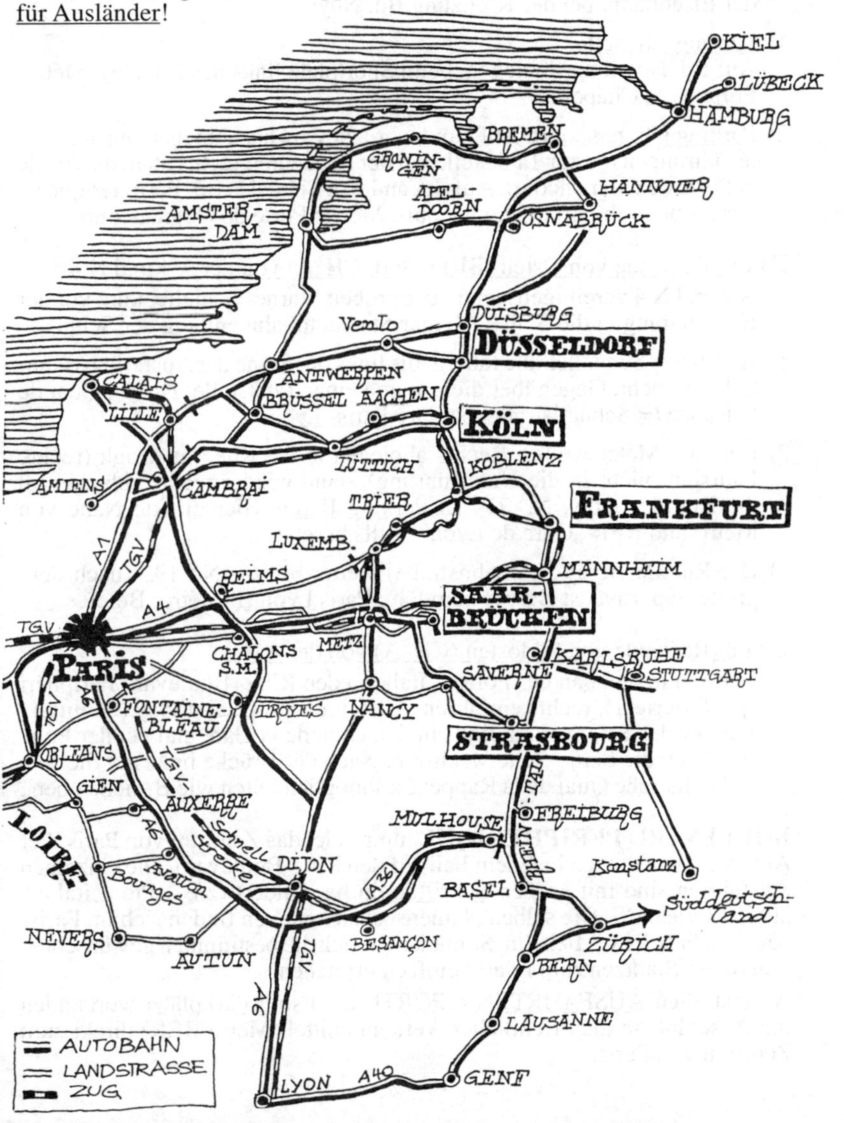

PARKEN AM STADTRAND BZW. REINKOMMEN NACH PARIS

A) Für Reisende aus dem Nordosten (von der A 1)

Am Ende der A 1 nach Unterquerung des Boulevard Périphérique und der Eisenbahn, bei der Kreuzung Bd. Ney:

1) Parking Chapelle
Auf Bd. Ney links abbiegen, beim Sportplatz links des Bd. Ney. Métro: Porte de la Chapelle.

2) Parking Clignancourt: Auf Boulevard Ney rechts abbiegen, nach 2 Unterführungen bis zur Tankstelle bei der Kreuzung: rechts ab in die Av. de la Porte de Clignancourt. Auf der anderen Seite des Bd. Périphérique ist der große Flohmarkt Clignancourt. Métro: Porte de Clignancourt.

B) Für Reisende von Osten (BRD- Süd, CH, A) von der A 4 und N 4

A 4 und N 4 vereinigen sich in der großen Marne- Schleife, kurz vor der Einmündung in die Seine. Ab hier Stadtautobahn entlang der Seine.

1) Auf dieser Schnellstraße fahren, bis links der Seine der Austerlitz-Bahnhof auftaucht. Gegenüber diesem und einer Tankstelle: Nr. 58, Quai de la Rapée (= Schnellstraße) ist Parc Paris- Lyon.

2) Ein paar Meter weiter: Rechts abbiegen in die Rue Van Gogh (rechte Fahrspur, nicht in die Unterführung), dann wieder rechts abbiegen in die Rue de Bercy, Nr. 71- 73 Parking Bercy. Hier direkte Nähe von Metro und RER „Gare de Lyon". Falls besetzt:

3) Die Rue de Bercy (Einbahnstraße) weiter bis zur Nr. 193 (nach dem großen Sportpalast Bercy) zum Parc Paris Lyon II. Métro: Bercy.

C) Für Reisende von Südosten (CH, A) von der A 6

Die A 6 mündet an der Porte d'Italie in den Ring (Boulevard Periphéri que Exterieur), rechts einfahren. Ausfahren am Quai d'Ivry (unmittel bar vor der Seine), dann links in den Quai de la Gare und bei der Pont de Bercy die Seine-Seite wechseln. Nach der Brücke links auf die Schnellstraße Quai de la Rappé: Parkmöglichkeiten wie B, siehe oben .

BOULEVARD PERIPHERIQUE: umrundet das Zentrum von Paris. Per Autobahn landet man in jedem Fall auf den Ring-Boulevard. Die einzelnen Ausfahrten sind mit großen Schrifttafeln beschildert (z.B. „Pte d'Italie", „Pte. d'Orleans"). Die selben Namensbezeichnungen finden sich im Parisplan von Falk bzw. Michelin. Somit lassen sich die bestimmten gewünschten Punkte im Stadtzentrum relativ einfach erreichen.

An fast allen AUSFAHRTEN („PORTE ....") sind Parkplätze vorhanden mit Anschluß an die öffentlichen Verkehrsmittel (Metro/RER) direkt zum Zentrum von Paris.

AUTO-PANNEN

* Bei Pannen, Unfall mit Blechschaden, Unfall mit Personenschaden, und Diebstahl: Achtung: der Service ist nur für Mitglieder!

ADAC Notruf
Tel. ab Frankreich **o4 721.71222**
deutschsprachige Notrufstation auch für Pannen und Unfall nur mit Schutzbrief rund um die Uhr.

Die ADAC Zentrale ist nicht mehr in Paris, da kaum Deutsche mit dem Auto nach Paris fahren, - sondern nur noch in Lyon.

AIT/Touringclub Schweiz
Tel. ab Frankreich **o4 721.71283**

ÖAMTC / Österreich
Mitglieder kontaktieren den ADAC, Tel. ab Frankreich **o4 721.71222**

Deutsche Botschaft in Paris:
Tel. ab Frankreich: **o1 538.345oo**
rund um die Uhr.

Der Anruf ist selbstverständlich von einer Telefonzelle oder Handy möglich. Letzteres aber besser, da Rückruf möglich.

* Bei Blechschäden kommt die Polizei nicht! Nehmen Sie alle Daten auf: Zeit, Ort, KFZ- Nr., Besitzer, Eigentümer, Versicherung etc. Machen Sie Fotos, die den Unfall exakt zeigen: Detailaufnahmen der Beschädigungen (beachten: Beulen kommen erst durch Licht- Schatten im Foto gut sichtbar heraus!), - Aufnahmen aus der „Totale", wie man in der Filmsprache sagt, d.h. mit Umgebung, die Richtung, Bremsspuren etc. des Zusammenstoßes zeigt. Auch Unfallgegner- PKW/LKW in Bezug auf Beschädigungen ablichten! Die Franzosen haben einen Versicherungs- Meldebogen, das sogenannte „*Constat Amiable*".

Zu einer Unterschrift des Meldebogens und -Unfallhergangs oder gar eines Schuldanerkenntnis besteht keine Pflicht! Man sollte sie verweigern, - allein auch, um Versicherungsschutz nicht zu verlieren. Adresen von Unfallzeugen notieren!

* Pannen auf Autobahnen: Klappe der Notrufsäule anheben, der Standort ist dann der Polizei automatisch bekannt. Sie benachrichtigt dann die von ihr zugelassenen Pannenhilfe. Die Zielwerkstatt kann der Kfz- Inhaber selbst bestimmen. Der ADAC darf auf Autobahnen nicht eingreifen (Privatgelände), - berät aber per Tel., was zu unternehmen ist. (s.o.)

Reisezeiten

Das vom Atlantik bestimmte Klima zaubert ständig variierende Himmelsstimmungen und Lichtverhältnisse über die Stadt. Auf die oft gestellte Frage, zu welcher Jahreszeit Paris am schönsten sei, kann keine objektive Antwort gegeben werden.

Im Vorfrühling hat man Gelegenheit, die Strukturen und Fassaden der Gebäude zu erkennen, die später zum großen Teil hinter dem Laub der vielen Bäume verschwinden.

Im Frühling setzen die Kinder im Jardin Luxembourg und in den Tuilerien ihre Schiffchen ins Wasser der großen Brunnenbassins, die ersten Kaffeehaus- Stühle stehen wieder im Freien, und die Farben am Himmel sind besonders wechselhaft und intensiv.

Im Sommer, vor allem im August, gehört Paris den Touristen. Die Pariser sind in der Sommerfrische.

Ich stehe gerne im Herbst an der Spitze der Ile St. Louis und sehe zu, wie aus den hohen Bäumen das Lichtgeriesel der goldenen Blätter in die Sonnenblitze der Seine gleitet.

Fast noch schöner im Spätherbst: in der behaglichen Atmosphäre eines Cafés

Der VerKehr

Man geht und fährt weniger nach Vorschriften und Schildern, sondern mehr mit Verstand und Rücksicht. Entgegen vieler Horrormärchen werden Sie sich bald wohlfühlen. Wenn ich Ihnen trotzdem von der Benützung Ihres Autos abrate, dann nur deshalb, weil Sie nirgends einen Parkplatz finden oder sich verlieren in den vielen Einbahnstraßen.

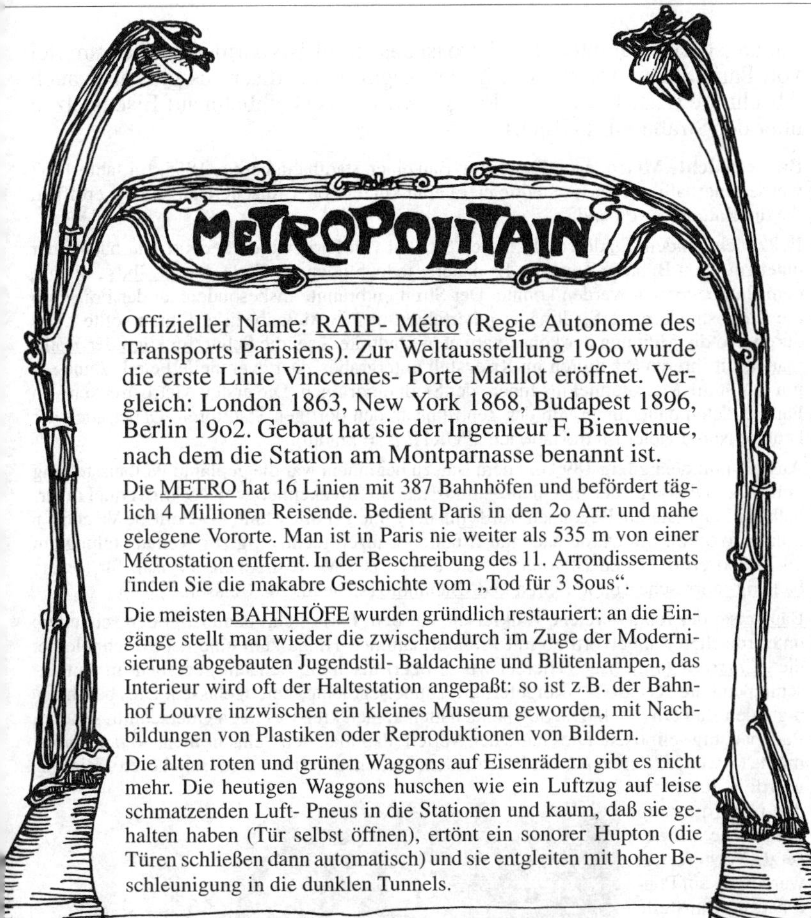

Offizieller Name: RATP- Métro (Regie Autonome des Transports Parisiens). Zur Weltausstellung 19oo wurde die erste Linie Vincennes- Porte Maillot eröffnet. Vergleich: London 1863, New York 1868, Budapest 1896, Berlin 19o2. Gebaut hat sie der Ingenieur F. Bienvenue, nach dem die Station am Montparnasse benannt ist.

Die METRO hat 16 Linien mit 387 Bahnhöfen und befördert täglich 4 Millionen Reisende. Bedient Paris in den 2o Arr. und nahe gelegene Vororte. Man ist in Paris nie weiter als 535 m von einer Métrostation entfernt. In der Beschreibung des 11. Arrondissements finden Sie die makabre Geschichte vom „Tod für 3 Sous".

Die meisten BAHNHÖFE wurden gründlich restauriert: an die Eingänge stellt man wieder die zwischendurch im Zuge der Modernisierung abgebauten Jugendstil- Baldachine und Blütenlampen, das Interieur wird oft der Haltestation angepaßt: so ist z.B. der Bahnhof Louvre inzwischen ein kleines Museum geworden, mit Nachbildungen von Plastiken oder Reproduktionen von Bildern.

Die alten roten und grünen Waggons auf Eisenrädern gibt es nicht mehr. Die heutigen Waggons huschen wie ein Luftzug auf leise schmatzenden Luft- Pneus in die Stationen und kaum, daß sie gehalten haben (Tür selbst öffnen), ertönt ein sonorer Hupton (die Türen schließen dann automatisch) und sie entgleiten mit hoher Beschleunigung in die dunklen Tunnels.

Für PARISER eine oft kaum noch beachtete Alltäglichkeit, für Touristen meist noch eine Attraktion: von irgendwo ertönt, durch geheimnisvolle Akustik, durch alle Fußgängertunnels sich ausbreitende Musik, das Solo des Cellokonzerts von Boccerini, ein Violinpart aus Bach's Doppelkonzert oder die Rhythmik einer Dixielandband. Berufsmusiker oder Musikstudenten geben hier mit städtischer Genehmigung ihr Bestes. Musiziert wird teils auch in den Waggons. Metrofahrt bei Boccherini Klängen!

Wie sehr die Métro zum Lebensbestandteil der Pariser geworden ist, erkennt man am geflügelten Wortspiel über die drei Schwerpunkte des Lebens: Boulot- Métro- Dodo (Ugs.: schuften, Métro, schlafen).

Für ängstliche Gemüter: die Métro ist das unfallrisikoärmste Verkehrsmittel von Paris. - Die Metro fährt in der Regel unterirdisch, es gibt aber auch Abschnitte (z.B. Trocadéro - Passy), wo sie als Hochbahn auf Eisenstelzen über der Straße fährt (Blick).

Baugeschichte Metro: erste Pläne zum Bau einer Stadtbahn bereits 1855. Im Jahre 1867 wurde innerhalb der Paris- Stadtmauern eine kürzere oberirdische Ringstrecke eröffnet, die die Bahnhöfe verband.

Bei zunehmendem Stadtverkehr in den Straßen von Paris wurde der Ruf laut nach einer unterirdischen Bahn in Tunneln. Es dauerte jedoch noch bis Ende des 19. Jhds., bis mit dem Bau begonnen werden konnte. Der Streit entbrannte insbesondere an der Frage, ob die Metrostrecken die Stadtmauer unterfahren und in Außenbezirke führen sollte. Dadurch - so die Meinung der konservativeren Stadträte, - sei die Schutzfunktion der Stadtmauer mit ihreren Stadttoren im Kriegsfall untergraben. Der eventuelle Feind könne somit durch die Metrotunnel ins Innere der Stadt eindringen. Die ersten Metrostrecken von Paris endeten daher innerhalb des Zentrums an den dortigen Stadttoren. Daher auch der heutige Name vieler Metrostationen „PORTE..." = Stadttor.

Anstoß, nunmehr zügig 1898 mit dem Bau zu beginnen, war die geplante Weltausstellung von 19oo. Die Pläne der Ingenieure umfassten ein Streckennetz von 65 km Tunnel innerhalb der Stadtmauern. Begonnen wurde mit der Linie 1 (Porte Maillot -> Porte de Vicennes), Länge 1o,5 km. Sie wurde nach nur 2 Jahren Bauzeit rechtzeitig zur Weltausstelung am 19.7.19oo eröffnet und ist somit älteste der Pariser Metrostrecken. Typisch für sie die bauchig- eliptische Tunnelröhren und -Bahnhöfe (siehe unten „Caissons").

Bauweise: der relativ weiche Kalkfelsen, auf dem Paris steht, begünstigt den schnellen, unterirdischen Tunnelvortrieb mit Presslufthammer. Hinzu kam eine neue Technologie, die *„Caisson- Bauweise"*. Hierbei wurde oberirdisch ein Schacht gegraben, in den anschließend die „Caissons" (vorgefertigte Tunnelsegmente) herabgelassen. Dies beschleunigte den Bau erheblich. Die Segmente hatten keinen kreisförmigen Querschnitt, sondern flachbauchig- eliptisch. Dies hatte den Vorteil, daß man den Schacht nicht so tief graben mußte (= weitere Zeitersparnis) bei trotzdem breiten, unterirdischen Bahnhöfen. Caissons wurden auch bei der Unterquerung der Seine eingesetzt. Vorgefertigt wurden sie auf Pontons zur Baustelle geschwommen und dort ins Wasser hinabgelassen.

19o3 umfasste das Metronetz bereits 25 km (Linie 1, 2 und 6), als sich am

In den engen Straßenschluchten von Paris war wenig Platz für tiefliegende

1o. August in der Tunnelröhre der Linie 2 eine schwere Brandkatastrophe ereignete, bei der 84 Passagiere an Rauchvergiftung starben. 1914: Gesamtlänge 92 km, 1931: 128 km, die 1o Metrolinien umfassten und alle innerhalb der Stadtmauern lagen.

Das Baukonzept bis Beginn 2. Weltkrieg: die * METRO erschließt unterirdisch die Innenstadt, - während der Zug * RER ab Pariser Fernbahnhöfen auf meist oberirdischen Strekken die Vororte und später Satellitenstädte des stark expandierenden Paris erreicht. Beide Streckennetze sind an Knotenpunkten („Coorespondance“) miteinander verbunden. Ein Konzept, das durchaus seine Vorteile besitzt.

Problem in Paris ab 1945: bei stark wachsendem Streckennetz der RER mußten für neue Querverbindungen durch die Innenstadt Tunnel gegraben werden. Dort liegen die traditionellen Metrostrecken wegen ihrer Caisson- Bauweise in einer Tiefe von nur ca. 1o- 15 m (geringste Tiefe Station Bastille: 4 m unterhalb Straße, tiefste Station: Buttes Chaumont 28,7 m). Die RER - Tunnel, die in der Innenstadt Metrostrecken kreuzen, mußten daher in Tiefen von 2o - 3o m unter Straßenoberfläche gelegt werden und sind in ihren Bahnhöfen über steile Rolltreppen (teils auch Aufzüge) zu erreichen.

Gewundene Streckenführung der Metrolinien: der Grund liegt im Untergrund von Paris, aber auch dem Wasserdruck (Grundwasser) von der Seine. Nun ist der Untergrund von Paris je nach Gesteinsformationen unterschiedlich wasserdurchlässig. Die Metro-Ingenieure zu Beginn des 2o. Jhds. sind beim Anlegen der Streckenführung dem Problem elegant aus dem Wege gegangen: zunächst Probebohrung, - Stellen mit besonders wasserdurchlässigem Untergrund wurden in weitem Tunnelbogen umfahren, bzw. auch unterfahren. Es gibt Tunnelradien von 35o m und Neigungen bis zu 4 %. Dies ist der Grund, warum es auf alten Metrostrecken teils recht kurvig durch den Untergrund von Paris geht.

Noch ein paar **technische Daten**: Entfernung zwischen den einzelnen Metrostationen in der Innenstadt ca. 535 m. Zu Fuß sind das ca. 5 Min. und somit die Metro eine optimale Verkehrsvernetzung der Innenstadt. - Streckenlänge Metro rund 2oo km. - Höchstgeschwindigkeit in der Innenstadt 7o km/h, normal sind aber ca. 2o- 25 km/h, auf Außenstrecken 1oo km/h.

Tunnelquerschnitt (eliptische Bauweise): Höhe über Schiene 4,52 m, Breite 7,1o m. Die Stromführung seitlich am Boden. - Streckenführung: folgt meist den Straßenzügen. Die Seine wird an 7 Stellen per Tunnel unterquert und an 3 Stellen per Brücke. -

Spurweite: 1.44o mm. Die früheren Eisenschienen sind heute gegen Fahrstreifen aus Beton oder Vignol ausgetauscht, auf denen die Metrowagen auf Reifen rollen. Dies

Metro-Schächte. Die meisten Metro-Linien führen daher nur knapp unterhalb der Straßenoberfläche.

hat den Vorteil des erheblich bequemeren Fahrens, - bedeutet aber wegen der Reibung eine erheblich höhere Wärmeentwicklung. Hierzu gibt es in den Tunnelröhren und Bahnhöfen spezielle Entlüftungs- und Klimaanlagen. Fahrzeuge mit Gummireifen wurden erstmals 1952 auf der Strecke der Linie 11 eingesetzt. Die Reifen sind, um die Gefahr von Brand durch Reibung zu reduzieren, nicht mit Luft aufgepumpt, sondern mit Stickstoff gefüllt.

Stromspannung: 75o Volt, es gibt mehrere Umspannwerke und Trafostationen. - Fuhrpark: mehr als 3.ooo (!) Triebwagen und Anhänger. - Zugfolge (= Abstand der einzelnen Züge in der Tunnelröhre): alle 95 Sekunden zur Hauptverkehrszeit, sonst alle ca. 5 - 7 Min. Die Züge werden heute vollautomatisch gesteuert. Überwachungs- und Computeranlagen liefern dem Fahrer die Daten des Aufenthaltes im Bahnhof, seiner Geschwindigkeit im Tunnel sowie Information zum Zug, der vor ihm im Tunnel fährt.

Um eine möglichst dichte Zugfolge im Tunnel zu Zeiten des Stoßverkehrs zu ermöglichen, berechnen Sensoren und Computer auf modernen Metrostecken auch die Zeit, wie lange die Waggontüren beim Halt am Bahnsteig geöffnet sind - und schließt sie automatisch. Im System integriert sind auch Schranken, die den Zugang zum Bahnsteig absperren. Grund: der Zug hält nur kurze Zeit; durch die Absperrung wird die Überfüllung des Bahnsteiges verhindert. Ein System, das aber nicht alle Bahnhöfe besitzen.

BETRIEBSZEITEN

5.3o Uhr früh (= 1. Abfahrt Startbahnhof) bis o.3o Uhr nachts (= letzte Ankunft Zielbahnhof).

ORIENTIERUNG

Am Fahrkartenschalter der Stationen gibts gratis einen Übersichtsplan, der farbig die Strecken der Métro (**M**), der **RER** und der **Buslinien** enthält. Ebenso Namen der Stationen und Umsteigemöglichkeiten.

Bedeutung der Symbole auf Metroplänen

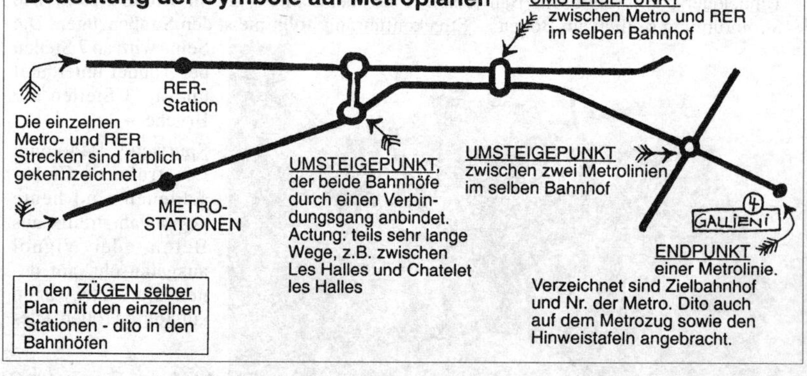

Identisch geht auch die Kennzeichnung in den einzelnen Bahnhöfen weiter: Hinweisschilder in den Gängen mit der Nummer der Metro + Zielbahnhof (bzw. Buchstabe der RER + Zielbahnhof).

Wichtig: immer in den Gängen auf den Zielbahnhof achten, damit man nicht in den Zug der Gegenrichtung steigt.

Vor den Bahnsteigen oft automatische Türen, die zuklappen, wenn in Kürze der Zug abfährt. Damit sollen Unfälle von „last minute-Aufspringern" verhindert werden.

- **SORTIE**: Hinweisschild für den Ausgang ans Tageslicht. Meist befindet sich hier ein Übersichtsplan des Stadtteiles. Automatische Türen verhindern, daß Fahrgäste ohne „Kontrolleinschub" des Tickets den Bereich verlassen können. An manchen Ausgängen sind sie aber so niedrig, daß sie von Schwarzfahrern übersprungen werden.
- **CORRESPONDANCE**: Hinweistafel in den Gängen die Anschlußzüge betreffen; führt zu den Umsteigebahnhöfen.

FAHRKARTEN

* EINZELFAHRSCHEIN (Metro/Bus) im Zentrum: 1,3 Euro, ein CARNET (1o Tickets) 9,6o Euro.
* MOBILIS: Tageskarte für alle Transportmittel ausser den Flughafenlinien: Stadt Paris Zone 1-2: 5 Euro
* PARIS VISITE: in der Regel die preisgünstigste Wahl. Gilt im Stadtzentrum Zone 1- 3: *Umfang siehe gelber Bereich auf dem Buchrückcover dieses Paris- Bandes)* zur beliebigen Benutzung der dortigen Metro-, RER-,Tram-, Bus- und SNCF- Strecken sowie für den Mont martre- Funicular und Nachtbusse.
  Das erweiterte Ticket (Zone 1 - 5) beinhaltet den Großraum wie Charles de Gaulle Airport, Orly Airport, Versailles und Disney Resort.

  ZONE 1 - 3: 3 Tage für 18,5 Euro - 5 Tage für 27 Euro.

  ZONE 1 - 5: 3 Tage für 37,7 Euro - 5 Tage für 46 Euro

  Kinder bis 11 Jahren kosten die Hälfte

  Erhältlich ist die Netzkarte „Paris Visite" in jeder Metro- und RER Station sowie im Airport und Office du Tourisme. Auf dem schwarzen Coupon Namen eintragen und das beigefügte Ticket in den jeweiligen Metro- bzw. RER- Schlitz einfügen. Nicht entwerten!

  PARIS VISITE ergibt zudem 2o % Rabatt für den Besuch des Parc Asterix, der Fahrt im Aufzug auf die Arche de la Défense, Eintritt im Museum Grévin und der Cité des Sience et de l'Industrie. 25 % Rabatt für die Vedettes du Pont-Neuf Boote auf der Seine und den Fahrstuhl im Tour Montparnasse. 35 % Rabatt für die Canauxrama Boote auf dem Canal St. Martin.

  Ob sich allerdings das auf Zone 1 - 5 erweiterte „Paris Visite" lohnt, ist persönliches Rechenexempel. Zwar hat mit dieser Netzkarte der Parisreisende, der CHARLES DE GAULLE erreicht, den Transport vom/zum Airport inklusiv. Trotzdem lohnt die erweiterte Zone preislich nur, wenn man gleichzeitig auch Disney World und Versailles besucht.
* CARTE ORANGE: gilt für Zone 1 - 2 für Mo.- So. Preis ca. 14 Euro. Die preisgünstigste Art, Métro zu fahren. Passbild nötig.

Info: **RATP**: Tel. in Franz.: o8 92 68 77 14, - in Engl.: o8 92 68 41 14
Internet: www.ratp.fr. - Bureau: 54, qu Rapée, 75o12 Paris.

RER-Bahn Paris, Information Ile de France: Tel.: o892 68 77 14 über alle Zugverbindungen der Vororte und der Umgebung von Paris

VORSICHT: *Taschendiebe und Strolche gibt es auch in dieser Großstadt! Tragen Sie Wertsachen, Brieftaschen und Fotoapparate nicht zu offen zur Schau. Alleinstehende Frauen sollten nachts lieber ein Taxi nehmen.*

RER

Schnellbahn, bedient Innenstadt und entfernte Vororte, z.B. Versailles (RER = Reseau Expres Regional). Hier unterscheidet man nach RER- RATP (zum Métronetz gehörige Linien A / B) und RER- SNCF (zur Eisenbahn gehörige Linien C / D / E).

Betrieb: 5.3o- o.3o Uhr. - In der RER gibt es nur noch die 2.Klasse. - Bei Benutzung der RER: immer das Billet aufbewahren für die Sperren am Ausgang!

Bus

RATP- BUS (Städtische Buslinien)

Wer Paris per Linienbus erleben möchte, muß sich unbedingt (erhältlich an allen größeren Métrobahnhöfen und im Touristenbüro 127, Champs Elysées) den großen Faltplan „Grand Plan de Paris- RATP“ besorgen. Auf diesem Plan ist auch ersichtlich, welche Busse nur werktags, welche an Wochenenden und welche nachts verkehren.

Fahrkarten:

1.) Einzelkarten kauft man beim Fahrer (immer vorne einsteigen) und ent wertet sie in dem kleinen Kasten hinter ihm. 2 Fahrkarten steckt man zusammen hinein. Preis: 1,3 Euro (Tickets wie Metro).

2.) Besser und einfacher: Billet Paris-Visite oder Mobilis (siehe Fahrkarten Metro): beim Fahrer nur vorzeigen. Beginn des Busverkehrs: 6.3o Uhr, Ende 2o.3o Uhr.Manche Linien bis 1.3o Uhr.

„NOCTAMBUS“: von 1 nachts- 6 Uhr früh, je nach Linie. Sonn- und Feiertags eingeschränkter Fahrplan (siehe „Grand Plan de Paris RATP“).

Busse für Nachtschwärmer (= *Noctambuls* - lat. *noctu ambulans* = nachts umherschweifend). Auf 1o Linien fahren ab 1 Uhr nachts im Stundentakt die mit einer schwarzen Eule gekennzeichneten (auch an Haltestellen) Busse. Halten auf Handzeichen! Das Publikum ist entsprechend: die Branchés (Szene), Habitués (Eingeweihte und Insider), Filous und Fauchés (Habenichtse).

Tipp: Hier 6 Buslinien, wo man hin und zurück viel von Paris sieht:

29: Bastille, Pompidou Centre, Bourse, Oper, Gare St.-Lazare

3o: Trocadéro, Etoile, Pigalle, Gare du Nord, Gare de l'Est.
47: Gare du Nord, Est Pompidou- Center, Rathaus, Notre- Dame, Pl. Italie
58: Rathaus, Pont Neuf, Odeon, Luxemburg, R. de la Gaîté, Montparnasse
69 Bastille, Rathaus, Louvre, Invalides, Eifelturm
72: Rathaus, Louvre, Tuilerien, Concorde, Eiffelturm, Freiheitsstatue

Weitere Tipps beim Office de Tourisme.

STADTRUNDFAHRTEN/BUSSE

Mit Sight-Seeing-Bussen. Es gibt 2 Unternehmen (Prospekte in Touristbüros):

1.) Paris-Vision: 214, Rue de Rivoli (1.Arr.) **M**: Tuileries.
Tel. : o8oo o3o2 14 Abfahrt am Ende des Louvre und Beginn der Tuileriengärten. Tour geht auch nach Disneyland.
Infos: Tel.: o1 42 6o 86oo, - Internet: www.parisvision.com

2.) Cityrama: 149, rue St. Honoré (1. Arr.) M: Palais Royal.
In bequemen Doppeldecker-Bussen werden verschiedene Programme angeboten: Paris und Kunst, Paris bei Nacht, Paris und Umgebung und andere. Für Gruppen auch mit deutscher Führung. Infos: Tel.: o1 4455 61 oo, Fax: o1 42 60 33 71
Internet: www.cityrama.com, Email: resa@cityrama.fr

Ausserdem

„Balabus": von April bis September von 12.3o- 2o.3o Uhr an Sonn- und Feiertagen, vorbei an den wichtigsten Sehenswürdigkeiten von Paris Stadt.

„Les Cars Rouges": reguläre Touristenbuslinie Tel.: o1 539 539 53, Fax: o1 539 539 52 und

„L´Opentour": offener Doppeldecker-Bus mit verschiedenen Haltestellen. Tel.: o1 43 46 52 o6, Fax: o1 42 66 56 57.,

Taxi

Man bekommt ein Taxi:

1.) Telefonisch vom Hotel aus. **2.)** Auf der Straße anwinken.

3.) An 47o Taxi- Standplätzen „Taxis - Tête de Station".
Auf manchen Stadtplänen sind die Taxistationen vermerkt.

Wenn das Schild auf dem Autodach „Taxi Parisien" leuchtet, ist das Taxi frei. Leuchtet es nicht, sondern einer der drei Buchstaben darunter, A, B oder C, zeigt es, daß es besetzt oder bestellt ist.

Tarif A: Paris bei Tag,
Tarif B: Paris bei Nacht, 2o- 6.3o Uhr und Sonntag,
Tarif C: Vororte.

Extratarife für Gepäck, Bestellung in der Taxizentrale oder an Bahnhöfen.

Was man auch wissen muß: In Paris steigt man in ein Taxi immer hinten ein, auch wenn man zu dritt ist. Der Platz neben dem Fahrer ist reserviert für dessen Zigaretten, belegte Brote, Zeitungen oder gelegentlich auch für dessen Hund. Selbst wenn der Platz leer sein sollte: der Pariser Taxifahrer mag es nicht, wenn man sich neben ihn setzt. Der vierte Fahrgast kostet extra 1,4 Euro - entsprechendes Trinkgeld versteht sich von selbst.

Taxi- Zentralen

Alpha- Taxis: Tel.: o1 45 85 85 85

G7 Radio: Tel.: o1 47 39 47 39

Taxis bleus: Tel.: o8 25 16 1o 1o

Airport Taxi: Tel.: o8 25 16 66 66

Im Taxi **vergessene Gegenstände**
Fundbüro: 36, rue des Morillons 75o15 Paris. M: Convention Tel.: o1 55 76 2o oo oder o8 21 oo 25 25.

Mietwagen

Avis: Tel.: o1 55 38 68 6o

Hertz : Tel.: o1 39 38 38 38
www.hertz.com

Europcar Interrent: Tel.: o1 3o 43 82 82 www.europcar.com

Budget: Tel.: o8oo 1oo oo1
www.budgetrentacar.com

Rent a Car: Tel.: o1 43 45 98 99

Autorent: Tel.: o1 45 54 22 45

Zu Wasser

Vertretungen auch an den Flughäfen und Bahnhöfen

Fahrten auf der **SEINE** und im **CANAL ST. MARTIN**:

1) Bat-o-Bus: Transportmittel auf dem Wasser zwischen Eiffelturm und Louvre (April bis November)

2) Bateaux Parisiens: Abfahrt Nähe Eiffelturm, Tel.: o1 44 11 33 44 / 55 (April bis Sept.) Port la Bourdounais Fax: o1 44 11 33 44 / 53

3) Bateaux- Vedette: Abfahrt bei der Brücke Pont Neuf, Tel.: o1 46 33 98 38, Fax: o1 43 29 86 19

4) Bateaux- Mouches: Abfahrt bei der Brücke Pont de l'Alma am rechten Seine- Ufer, Tel.: o1 42 25 96 1o, Fax: o1 42 25 o2 28. Von diesenSchiffen aus sieht man nur Teile des repräsentativen Paris - je niedriger der Wasserstand umso weniger - und deshalb nicht unbedingt zu empfehlen. Die teuren und nicht besonders guten Menüs sollte man vermeiden. Empfehlenswerter

5) Canauxrama: für Fahrten auf dem Canal St. Martin, um das stille und intime Paris kennenzulernen (siehe Beschreibung im 1o. Arr.).

Abfahrten:

a) Hafenanlage „Paris- Arsenal“ bei der Pl. de la Bastille.

b) Im „Bassin de la Villette“. Auskunft: Tel.: o1 42 39 15 oo, Fax: o1 42 39 11 24

6) Paris Canal: Reservieren unter Tel.: o142 4o 96 97, Fax: o142 4o77 3o Internet:www.pariscanal.co

Paris aus der Luft

1) Paris vom Hubschrauber aus: ein 2o- Minuten- Flug rund um Paris kostet ca. 25 Euro. 2 Tage vorher reservieren!

Héli - France: im Héliport de Paris, 4. Av. de la Porte de Sèvres (südwestliche Ecke des 15. Arr., beim Bd. Péripherique) Tel.: o1 45 54 95 11, Fax: o1 45 54 18 81, e-mail: infos@helifrance.fr, www.helifrance.fr

2) Ballonfahren: France Montgolfières 63, Bd. Ménilmoutand, 75o11 Paris Tel.: o1 47 oo 66 44, Fax: o1 47 oo 66 55 www.franceballons.com

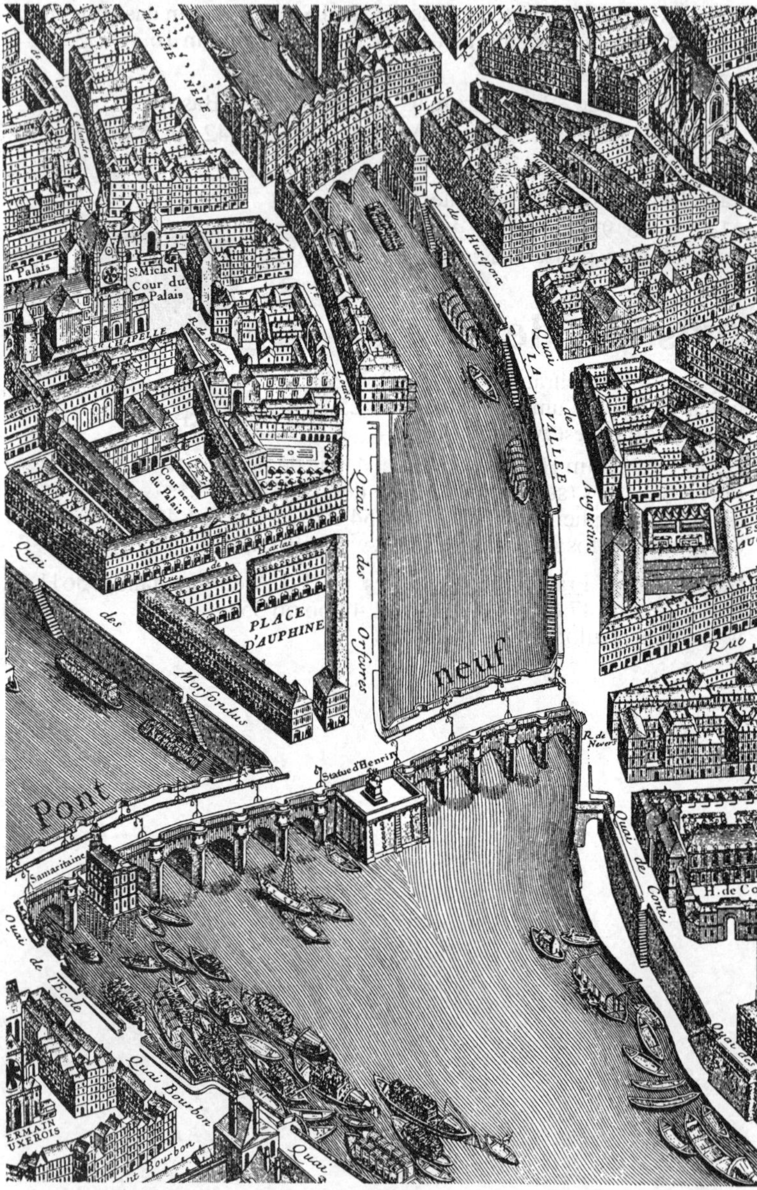

Pont Neuf, Blick auf Westspitze der SEINE-INSEL, Illustration Anfang 17. Jahrhundert

Unterkunft
HOTELS

Oberster Grundsatz: RECHTZEITIG RESERVIEREN!!! Hauptsächlich vom April bis Ende Oktober.

Lassen Sie sich vom „Office de Tourisme“, 127, Champs-Elysées, vorher die kostenlose Broschüre „Guide des Hotels-Paris“ zuschicken!

Staatlich kontrollierte Hotels haben ein blaues Schild neben der Tür mit der Anzahl der Sterne.

Sparen Sie in Paris nicht zu sehr am Hotel. Bei 1 Sternkönnen Sie mit Glück ein nettes Hotel finden, in schöner Lage mit viel Komfort. Aber mit Pech auch eine Bruchbude. Zwei Sterne sind oft nicht sehr viel teurer, müssen aber mehr bieten. Lassen Sie sich Paris zu einer Reihe von Festtagen werden, umso schöner ist die Erinnerung. Meiden Sie die Hotels am Fuße des Montmartre. Sie sind meist teuer, nicht immer sehr sauber, und überfüllt von Laufkundschaft. Die Hotels in den äußeren Arrondissements 11- 2o sind billiger, oft familiär mit viel Stammkundschaft, ruhiger, allerdings manchmal auch „weit vom Schuß“. Viele Hotels reservieren nur, wenn man der schriftlichen Bestellung einen Verrechnungsscheck in Höhe der ersten Übernachtung beilegt. Machen Sie Ihre Bestellung möglichst 3- 4 Wochen vor der Anreise.

Hinweis für Einzelreisende: Es ist in Frankreich üblich, daß Einzelzimmer fast so viel kosten wie Doppelzimmer.

Die hier beschriebenen oder erwähnten Hotels sind vom Autor getestet und für gut befunden worden. Geschilderte Umstände sind Änderungen unterworfen; in diesem Falle bitte einen kurzen Bericht an den Verlag.

Hotels, deren Einstufung nach den neuen Regierungsverordnungen erfolgte, sind in offiziellen Listen mit NC (noveau classement) gekennzeichnet. Diese Verordnung bedeutet: zwar genau kontrolliert hinsichtlich der Zahl der Sterne, aber frei in der Preisgestaltung (letzteres gilt für alle Hotels).

<u>ÜBRIGENS</u>: Sollten Sie irgendwo ein besonders nettes und empfehlenswertes Hotel entdecken und diese Entdeckung nicht nur für sich behalten wollen, lassen Sie es mich auch wissen.

1. ARR.

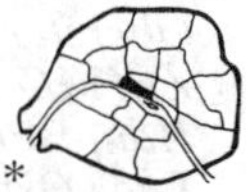

Inter Continental****

3, Rue de Castiglione, Tel. o144 77 11 11 Fax: o144 77 14 6o Métro: Concorde

Gehört zu einem amerikanischen Konzern. Es ist das größte der drei renommierten Hotels (mit dem „Lotti“ eigentlich 4). Vielleicht ein wenig zu groß. Eine gigantische Beherbungsstadt mit einem fast geräuschlos ablaufenden Perfektionismus. Sein marmorner Innenhof mit dem Brunnen ist ein Forum Mondiale. Rom im Zenit. In dem atemberaubenden Salon Imperial, einem Monument Historique, merkt man die Handschrift Garniers, des Architekten der Oper. Die Zimmer und Suites sind mit Stilmöbeln und allem erdenklichen Komfort ausgestattet, viele mit Blick auf die Tuilerien- Gärten. DZ: ca. 33o bis 4oo Euro.

Meurice****

228, Rue de Rivoli, Tel. o144 58 1o 1o Fax: o144 58 1o 15 Métro: Tuileries

Das erste Grandhotel der Welt. Eingang unter den Arkaden, gegenüber den Tuilerien. Besonders schön sind die drei Salons im Erdgeschoß: der Salon Tuileries, der Salon Les 4 Saisons, eine Kopie eines Salons aus dem Schloß Versailles, mit seinen vier allegorischen Skulpturen, Kopien aus dem Louvre und dem Deckengemälde der Milchstraße, und der Salon Pompadour mit seinen einladenden Sitzgruppen am großen offenen Kamin. Authentische Möbel in den Zimmern: Louis XV., Louis XVI., Empire und andere Stile. Im Treppenhaus steht die Sänfte der Marie- Antoinette, später als Aufzug verwendet. In der Suite Nr. 1o6 hatte General Choltiz sein Hauptquartier, wurde mir gesagt. DZ: ca. 48o bis 53o Euro.

Ritz****

15, Place Vendome, Tel. o143 16 3o 3o Fax: o143 16 31 78 Métro: Opéra

Das wohl berühmteste Hotel der Welt. Es ist das kleinste unter den Dreien, aber auch das teuerste. Seine Atmosphäre ist intimer und persönlicher. Eine beeindruckende Menge von Orientteppichen dämpft in Zimmern, Fluren, Hallen und Salons den Schritt. Die Zimmer sind auf das Kostbarste eingerichtet, und der Gast ist König. DZ: ca. 54o bis 68o Euro.

Des Ducs d’Anjou**

1, Rue Ste. Opportune, Tel. o142 36 92 24 Fax: o142 36 16 63 Métro: Chatelet

An der kleinen Place Ste. Opportune, Fußgängerzone, daher kein Verkehrslärm. Moderne Zimmer mit Blumentapeten. Ein sauberes, adrettes Hotel. DZ: ca. 1oo Euro.

Du Palais*

2, Quai de la Megisserie, Tel. o142 36 98 25 Fax: o142 36 16 63 Métro: Chatelet

In der linken Ecke des Théâtre Châtelet (heißt jetzt Théâtre Musical de Paris). Direkt bei der Pont au Change, mit schönem Blick auf die Seine, die Ile de la Cité und Notre Dame. Auf dem Trottoir beginnt hier der berühmte Pflanzen- und Kleintiermarkt des Quai de la Mégisserie. Wer ein wenig Verkehrslärm in Kauf nimmt, hat hier ein zentral gelegenes und nettes Einsterne-Hotel mit NN. DZ: ca. 5o bis 6o Euro.

Grand Hotel de Champagne***

17, Rue Jean- Lantier, Tel. o142 36 6o oo Fax: o145 o8 43 33 Métro: Chatelet

In einem ruhigen Winkel zweier wenig befahrener Nebenstraßen. Einfach eingerichtet, aber man kann sich wohlfühlen. DZ: ca. 1oo bis 16o Euro.

Piemont

22, Rue de Richelieu, Tel. o142 96 44 5o Fax: o149 26 oo 98 Métro: Palais Royal Musée du Louvre

Ein völlig neu eingerichtetes Haus beim Palais Royal und bei der Comedie Francaise. Großzügige Weichleder- Sitzgruppen in der Halle. Die Zimmer mit modernen Möbeln, geradlinigem Design und sauberen Bädern. Mit seiner betonten Zweckdienlichkeit hat es ein wenig die Atmosphäre einer Privatklinik. DZ: ca. 11o Euro.

Moliere***

21, Rue Moliere, Tel. o142 96 22 o1 Fax: o142 6o 48 68 Métro: Palais Royal Musée du Louvre

Ein geschmackvolles Haus im Stil des Palais Royal. Macht zwar auch einen sehr gepflegten Eindruck, aber nicht in der kühlen Art des Piemont. Die Zimmer sind persönlicher und blicken auf einen ruhigen Innenhof. In den Badezimmern phantasievolle Kacheln mit Blumen und Vögeln. DZ: ca. 12o bis 13o Euro.

Louvre-Richelieu*

51, Rue de Richelieu, Tel. o142 97 46 2o Fax: o147 o3 94 13 Métro: Palais Royal Musée du Louvre

Im ersten Stock eines schmalen Hauses mit alten Mauern. DZ: ca. 4o-6o Euro.

Royal St. Honore****

221, Rue St. Honore, Tel. o142 6o 32 79 Fax: o142 6o 47 44 Métro: Tuileries

Halle und Zimmer mit Stilmöbeln. DZ: ca. 28o bis 32o Euro.

Timhotel Opera Richelieu***

2o, Rue Moliere, Tel. o142 6o 31 2o Fax: o142 6o 32 o6 Métro: Palais Royal Musée du Louvre

Henry IV.

25, Pl. Dauphine (Ile de la Cité), Tel. 43 54 44 53 Métro: Pont Neuf

Eine Originalität ist das uralte, kleine Hotel an der hübschen, ruhigen Place Dauphine, super- zentral gelegen. Für bescheidene Ansprüche, niedrig der Übernachtungspreis, groß das skurrile Flair. DZ: ca. 4o Euro.

2. ARR.

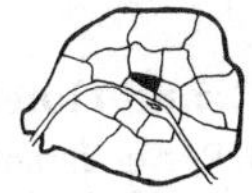

Opéra Comique

4, Rue d'Amboise, Tel. o142 97 56 26 Fax: o142 97 43 59 Métro: Richelieu Drouot

Ein charmantes, kleineres Hotel. Im Salon bequeme Sitzgruppen. Die Zimmer sind einfach, aber nicht lieblos eingerichtet. Originelle Idee: Die Zimmerschlüssel haben als Anhänger einen großen Sektkorken. DZ: ca. 9o bis12o Euro.

Marivaux-Opera***

1o, Rue d'Àmboise, Tel. o142 97 56 58 Fax: o142 96 56 89 Métro: Richelieu Drouot DZ: ca. 6o bis 11o Euro.

3. ARR.

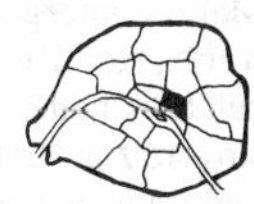

Paris- Bruxelles**

4, Rue Meslay. Tel. o142 72 71 32 Fax: o142 77 62 33 Métro: Républiquc

In der Straße der Schuhgeschäfte, ein paar Schritte vom Place de la République entfernt. Helle Zimmer mit freundlichen Farben und modernen Möbeln, in manchen schöne alte Kamine. Unten ein Restaurant. DZ: ca. 6o Euro.

Paris Le Marais**

5, Bd. du Temple, Tel. o142 72 o8 o4 Fax: o142 72 2o 33 Métro: Filles du Calvaire

Am schönen Bd. du Temple, gegenüber dem Winterzirkus. Neu renoviert; 32 Zimmer mit Bád, WC, TV, Minibar. DZ: ca. 6o bis 7o Euro.

4. ARR.

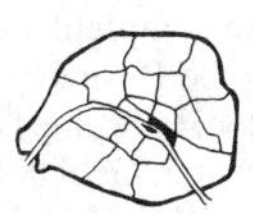

Deux Iles***

59, Rue St. Louis, Tel. o143 26 13 35 Fax: o143 29 6o 25 Métro: Pont Marie

Im Parterre, bei der Halle, ein kleiner, verglaster Innenhof mit üppiger Vegetation. Im Keller mit seinen Mauern aus dem 14. Jh. ein urgemütlicher Salon mit kleiner Bar, Kommoden, Sitzgruppen und offenem Kaminfeuer. DZ: ca. 14o Euro.

Grand Hotel Jeanne d'Arc**

3, Rue de Jarante, Tel. o148 87 62 11 Fax: o148 87 37 31 Métro: Saint Paul

In einer ruhigen Ecke des Marais gelegen, ein wahrhaftiges „Hotel de charme", das man nur Freunden empfiehlt. Das Preis-Leistungs- Verhältnis stimmt wie selten anderswo. Alle Zimmer mit Bad, WC, TV, Tel. DZ: ca. 7o bis 8o Euro.

De la Bretonnerie***

22, Rue Ste.- Croix- de- la- Bretonnerie, Tel. o148 87 77 63 Fax: o142 77 26 78 Métro: Hotel de Ville

In einem fast palais- artigem Haus im Marais untergebrachtes, sehr empfehlenswertes Hotel, mit großen Zimmern (Stilmöbel, Himmelbetten, Holzbalkendecken etc.), sowohl zur Straße als auch nach hinten. Bar und Frühstücksraum im Keller. DZ: ca. 1oo bis 13o Euro.

Lutèce***

65, Rue St. Louis en l'Ile, Tel. o143 26 23 52 Fax: o143 29 6o 25 Métro: Pont Marie

In der Halle offenes Kaminfeuer, Steinplattenbelag aus der Zeit Louis XIV., viele Blumen, intim und gemütlich. Die Zimmer haben oft zwei verschiedene Niveaus. Reservierung 4 - 6 Wochen vorher. DZ: ca. 14o Euro.

St. Louis***

75, Rue St. Louis en l'Ile, Tel. o146 34 o4 8o Fax: o146 34 o2 13 Métro: Pont Marie

So empfehlenswert wie das Lutèce (derselbe Besitzer). Freundlicher Empfang. In der Halle eine Duftmischung aus altem Gemäuer, Gebälk und frischen Blumen, Louis XIII.- Möbel, kleiner Salon. Zimmer mit sehr modernen Badezimmern. Ruhiges Hotel in ruhiger Lage. Fünf Stockwerke, kein Lift. DZ: ca. 13o bis 14o Euro.

Nice**

42 bis, Rue de Rivoli, Tel. o142 78 55 29 Fax: o142 78 36 o7 Métro: Hotel de Ville

Direkt gegenüber dem Rathaus des 4. Arr. Guter Ausgangspunkt für Marais- Liebhaber. Die Rue de Rivoli ist allerdings etwas laut. DZ: ca. 8o Euro.

Sévigné**

2, Rue Malher, Tel. o142 72 76 17 Fax: o142 78 68 26 Métro: Saint Paul

Doppelverglaste Fenster dämpfen den Verkehrslärm der Rue St. Antoine. (Es gibt auch ruhige Zimmer nach hinten!) In der Ecke zur Rue St. Antoine gibt es eine Brasserie. DZ: ca. 6o Euro.

5. ARR.

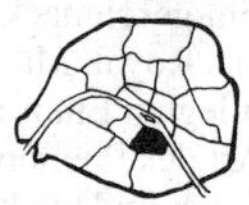

Le Colbert***

7, Rue de l'Hôtel Colbert, Tel. o14o 46 79 5o Fax: o143 25 8o 19 Métro: Maubert Mutualité

In einer ruhigen Seitenstraße gelangt man durch einen Vorgarten zu einem empfehlenswerten Hotel. Links der Rezeption ein einladender Salon mit Möbeln Louis XIV. und XVI., bequeme Sofas und eine kleine Bar. Auch die Zimmer sind mit antiken Möbeln eingerichtet. Einige Zimmer haben Blick auf Notre Dame! Ein Hotel zum Wohlfühlen. DZ: ca. 23o Euro.

Esmeralda*

4, Rue St. Julien- le- Pauvre, Tel. o143 54 19 2o Fax: o14o 51 oo 68 Métro: Saint Michel

Neben dem hübschen kleinen Square Viviani, gegenüber der alten Kirche St. Julien- le-Pauvre. Von vielen Zimmern aus Blick auf Seine und Notre- Dame. Von den alten Mauern im Empfangsraum und vom Balkenwerk kommt ein leicht modriger Geruch. An der Wand ein alter Stich: Esmeralda und ihre Ziege (aus: „Der Glöckner von Notre Dame"). Dem für seine Film-Dekors bekannten Regisseur R.W. Fassbinder gefiel es hier, auch Clauda Cardinale und anderen.

Altertümliche, aber gemütliche Zimmer mit Stilmöbeln. Das ist eines von den Hotels, um das alle, die Wert auf moderne Sachlichkeit, Sterilität und Zweckdienlichkeit legen, einen großen Bogen machen sollten. Sie nehmen den Jouisseurs nur den Platz weg und zufrieden sind sie sowieso nicht. Lange vorher reservieren! Ich wohne auch oft da. DZ: ca. 7o Euro.

Select***

1, Place de la Sorbonne, Tel. o146 34 14 8o Fax: o146 34 51 79 Métro: Cluny La Sorbonne

Direkt am Platz zwischen Boul' Mich' und Sorbonne- Kirche und - Universität. Der Platz ist inzwischen für Autos gesperrt und hat ringsherum Cafés und Buchhandlungen.

Das Haus ist neu renoviert, die Empfangshalle ist hell und mit Ziegelsteinmustern verziert. In den Zimmern stehen unter alten Balkendecken moderne Möbel. Ein schön gelegenes und empfehlenswertes Hotel. Bewachter Parkplatz in der Nähe. DZ: ca. 1oo bis 13o Euro.

De Suez**

31, Bd. St. Michel, Tel. o153 1o 34 oo Fax: o14o 51 79 44 Métro: Saint Michel

Neu renoviert, schöne, saubere Bäder. Für manchen Geschmack vielleicht etwas zu modern und sachlich. Trotzdem: für ein Zweisterne- Hotel eine beachtliche Ausstattung. DZ: ca. 7o bis 8o Euro.

Le Notre Dame***

1, Quai St. Michel, Tel. o143 54 2o 43 Fax: o143 26 61 75 Métro: Saint Michel

Bei der Petit Pont. Schöner Blick auf Seine, Bouquinisten und Notre Dame. Nach der Esmeralda der schönste Blick, deshalb ständig stark belegt. Nimmt keine Reservierung entgegen. Unten drin ist ein Café. DZ: ca. 9o bis 12o Euro.

Hotel du Panthéon***

19, Pl. du Pantheon Tel. o143 54 32 95 Fax: o143 26 64 65 Métro: Cluny La Sorbonne

Aus einem Studentenhotel wurde ein komfortables 3- Sterne- Hotel direkt beim Panthéon. DZ: ca. 12o bis 14o Euro.

Hotel des Grandes Ecoles***

75, Rue du Cardinal Lemoine, Tel. o143 26 79 23 Fax: o143 25 28 15 Métro: Cardinal Lemoine

Zwischen Pantheon und Rue Mouffetard. Durch eine Passage gelangt man zu einem Garten mit Blumen und hohen Bäumen und zum Hotel mit Nebengebäude (schöne Zimmer und freundlicher Service), zu einer ländlichen Idylle und Ruhe mitten in Paris. Das Ganze erinnert in seiner liebevoll- graziösen Verspieltheit an die Rokokozeit. 2 Minuten zur kleinen, alten Place Contrescarpe, dem beliebtesten Platz des Sorbonne-Viertels. DZ: ca. 8o bis 11o Euro.

Ein Hotel mitten im quirligem Séverin- Viertel (wenn Lärm nichts ausmacht):

Europe Saint- Séverin**

38/4o, Rue St. Séverin, Tel. o146 34 o5 7o Fax: o146 33 84 47 Métro: Saint Michel

DZ: ca. 8o bis 12o Euro.

Grand Hotel St. Michel***

19, Rue Cujas, Tel. o146 33 33 o2 Fax: o14o 46 96 33 Métro: Cluny La Sorbonne

Das Hotel heißt nur „Grand Hotel". Die Patronne führt ein strenges Regiment und der Patron lächelt dazu. Im Salon steht ein Konzertflügel, wer macht Tafelmusik? In einigen Zimmern große, prächtige Tische, etwas für Architekten oder Schriftsteller. DZ: ca. 9o bis 14o Euro.

De la Sorbonne**

6, Rue Victor- Cousin, hinter der Sorbonne. Tel. o143 54 58 o8 Fax: o14o 51 o5 18 Métro: Luxembourg

DZ: ca. 9o Euro.

6. ARR.

L'Hotel****

13, Rue des Beaux- Arts, Tel. o144 41 99 oo Fax: o143 25 64 81 Métro: Saint Germain des Prés

Bei der Kunstakademie. Im Anschluß an die Rezeption ein kleiner Salon mit Sofa- Oval und Flügel, weiter hinten ein Speiseraum mit Brunnen, Pflanzen, Eulen und Bar. Origineller Treppenaufgang: wie Theaterlogen in einem engen Rund. DZ: ca. 12o bis 42o Euro.

Victoria Palace Hotel****

6, Rue Blaise- Desgouffe, Tel. o145 49 7o oo Fax: o145 49 23 75 Métro: Saint Placide

So schöne Badezimmer habe ich nicht einmal im Ritz oder im Maurice gesehen. Bis an die Decke schönster Marmor! Die Zimmer mit ihren herrlichen antiken Stilmöbeln bieten die selbe Augenweide wie die der großen Nobelhotels, liegen im Preis allerdings wesentlich darunter. Schöne Salons, Bar, Restaurant. DZ: 26o bis 33o Euro.

Des Marronniers***

21, Rue Jacob, Tel. o143 25 3o 6o Fax: o14o 46 83 56 Métro: Saint Germain des Prés

Wer, wie die Spinne im Netz, im Herzen des Sechsten wohnen möchte und noch dazu ruhig, ist hier bestens untergebracht. Nach einer Passage liegt das Hotel zwischen zwei Gärten und somit ländlich ruhig. Passable Preise bei 3 Sternen. DZ: ca. 12o bis 14o Euro.

De Seine***

52, Rue de Seine, Tel. o146 34 22 8o Fax: o146 34 o4 74 Métro: Mabillon

Wie das Marronniers 3 Sterne, gibt sich aber etwas vornehmer und ist erheblich teurer. Gleichwohl: eine gute Adresse im Sechsten! DFZ: ca. 13o bis 14o Euro.

De Buci****

22, Rue Buci, Tel. o155 42 74 74 Fax: o155 42 74 44 Métro: Saint Germain des Prés

An der lebendigen Rue Buci, dem „Nabel" des 6. Arrondissements. DZ: ca. 19o bis 3oo Euro.

Residence Montparnasse***

14, Rue Stanislas, Tel. o145 44 55 o9 Fax: o142 84 o4 96 Métro: Vavin

Zwar komfortabel, aber für drei Sterne eine teilweise einfache Einrichtung. Ruhige Zimmer in ruhiger Straße. Freundlicher Empfang. DZ: ca. 9o bis 11o Euro.

L'Avenir***

65, Rue Madame, Tel. o145 48 84 54 Fax: o145 49 26 8o Métro: Saint Placide

Ein paar Schritte zum Jardin Luxembourg. Salon mit Ledersofas und Mahagonimöbeln. Modernes Mobiliar in den Zimmern, in einigen alte Schränke. DZ: ca. 1oo Euro.

Grand Hotel des Principautés Unies

42, Rue de Vaugirard, Tel. 46 34 11 8o

Direkt gegenüber dem Jardin du Luxembourg. Kleine Halle mit falschem Marmor. Moderne Einrichtung. Sauber bis steril. Doppelverglaste Fenster. TV- Raum, Parkplätze.

Louis II. Saint Germain des Pres

2, Rue St. Sulpice, Tel. o146 33 13 8o Fax: o146 33 17 29 Métro: Odéon

In einem alten Haus wurde unter Bewahrung der schönen Holzbalkendecken aus einer billigen Studentenabsteige ein komfortables, behaglich eingerichtetes Hotel (viele Stilmöbel) integriert, wo man sich so richtig wohlfühlen kann und zudem noch im Zentrum des 6. Arr., direkt beim Carrefour de l'Odéon, wohnt. DZ: ca. 9o bis 14o Euro.

Welcome- Hotel**

66, Rue de Seine, Tel. o146 34 24 8o Fax: o14o 46 81 59 Métro: Odéon

Ein sympathisches, familiäres Hotel mit freundlichem Service, an der Ecke zum Bd. St.-Germain sehr günstig gelegen. DZ: 8o bis 9o Euro.

Pas- de- Calais***

59, Rue des Sts. Pères, Tel. o145 48 78 74 Fax: o145 44 94 57 Métro: Saint Germain des Prés

An der Grenze zum 7. Arr. Ein sehr modernes Haus mit ganz kleinem Innenhof.

Die Zimmer sehen teilweise aus wie aus einem Musterkatalog von Designerbüros. Für Leute mit Vorliebe für „klare Linien". Immerhin: Hunde sind zugelassen (1o FF extra, gleich ob Bernhardiner oder Rehpinscher). DZ: 11o bis 14o Euro.

Recamier**

3, Place St. Sulpice, Tel. o143 26 o4 89 Fax: o146 33 27 73 Métro: Saint Sulpice

In einer anheimelnden, ruhigen Ecke des Platzes bei der Kirche. Unter dem Platz ist eine Tiefgarage. Viele Habitués unter der Kundschaft zeugen von der Qualität des Hauses. DZ: ca. 7o bis 1oo Euro.

De l'Odéon***

13, Rue St. Sulpice, Tel. o143 25 7o 11 Fax: o143 29 97 34 Métro: Odéon

Die Straße ist eng, aber stark befahren, u.a. von einer Buslinie. DZ: ca. 14o bis 22o Euro.

Du Senat***

22, Rue St. Sulpice, Tel. o143 25 42 3o Fax: o146 34 1o 21 Métro: Odéon

Kleine Halle mit Kiosk, daneben ein TV-Raum. DZ: ca. 11o bis 13o Euro.

Abbaye St. Germain***

1o, Rue Cassette, Tel. o145 44 38 11 Fax: o145 48 o7 26 Métro: Saint Sulpice

Aus einem alten Kloster wurde ein charmantes Hotel. Von einer Bambushalle blickt man hinaus in einen reizenden Innengarten. Die Zimmer haben teilweise Alkoven und Balkendecken. Sehr freundlicher Empfang. DZ: ca. 22o bis 38o Euro.

De Seine***

52, Rue de Seine, Tel. o146 34 22 8o Fax: o146 34 o4 74 Métro: Mabillon

Im Salon große Ledersessel, moderne Zimmer. DZ: ca. 13o bis 14o Euro.

7. ARR.

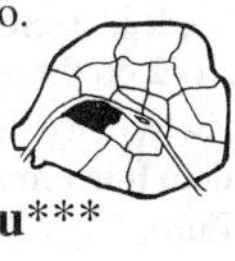

Libertel Sèvres- Vaneau***

86, Rue Vaneau, Tel. o145 48 73 11 Fax: o145 49 27 74 Métro: Vaneau

Das nette Hotel ist neu renoviert und umgebaut worden. Hübsche Zimmer mit stilvollem Mobiliar und Kaminen. Die Aerogare des Invalides, wo die Busse zum Flughafen Orly abfahren, ist ganz in der Nähe. DZ: ca. 13o Euro.

Suède Saint Germain***

31, Rue Vaneau, Tel. o147 o5 oo o8 Fax: o147 o5 69 27 Métro: Saint Francois-Xavier

Ein Haus ganz im Directoire- Stil. Großer Salon mit Holzvertäfelung an der Wand. Sehr schöne Zimmer. Kleiner Innengarten. DZ: ca. 13o bis 15o Euro.

Saint- Germain**

88, Rue du Bac, Tel. o149 54 7o oo Fax: o145 48 26 89 Métro: Rue du Bac

Die Rue du Bac ist eine sehr lebendige, aber nicht allzu laute Straße mit vielen kleinen Geschäften. Im Salon alte Mauern und Balken und ein sehr schöner Gobelin. Die Zimmer sind modern, farbenfroh und geschmackvoll ausgestattet. Ein empfehlenswertes Hotel. DZ: ca. 8o bis 14o Euro.

Cayre

4, Bd, Raspail, Tel. o145 44 38 88 Fax: o145 44 98 13 Métro: Rue du Bac

Traditionsreiches Hotel der Künstler und Literaten (Georges Bernanos, Pablo Casals und andere). Große Halle mit Marmor und Bar. Moderne Zimmer mit viel Komfort. DZ: ca. 21o bis 23o Euro.

Duc de Saint Simon***

14, Rue de St. Simon, Tel. o144 39 2o 2o Fax: o145 48 68 25 Métro: Rue du Bac

Durch ein großes Tor und einen Vorhof betritt man ein bezauberndes Hotel und kommt sich vor wie auf dem Lande. Die Zimmer liegen alle nach hinten, zur ruhigen Idylle eines schönen Gartens. DZ: ca. 21o bis 23o Euro.

D' Orsay**

93, Rue de Lille. Tel. o147 o5 85 54 Fax: o145 55 51 16 Métro: Assemblée Nat.

Direkt neben Hotel Solferino. DZ: ca. 11o bis 12o Euro.

Le Pavillon**

54, Rue St. Dominique, Tel. o145 51 42 87 Fax: o145 51 32 79 Métro: Invalides

Drei Fußminuten zum Invalidendom und zum Aerogare Invalides. Das „Le Pavillon" war früher Teil eines Klosters, hat einen schönen Patio. Moderne, aber gemütliche und vor allem sehr ruhige Zimmer. Die Rue Saint Dominique ist eine geschäftige Straße, ähnlich der Rue du Bac. DZ: ca. 7o Euro.

Hotel de le Tulipe**

33, Rue Malar (Nähe Invalides), Tel. o145 51 67 21 Fax: o147 53 96 37 Métro: Invalides

Aus den (vergrößerten) Zellen des ehemaligen Klosters wurden behagliche Räume, ebenfalls aus der Kapelle im Hof. Ruhige, familiäre Atmosphäre. DZ: ca. 9o bis 11o Euro.

Rapp**

8, Av. Rapp, Tel. o145 51 42 28 Fax: o143 59 5o 7o Métro: Alma Marceau

Kleines Hotel mit modernem Komfort. Weiter vorne in der Av. Rapp. Nr. 29, ist das berühmte Jugendstilhaus. DZ: ca. 5o bis 6o Euro.

Kensington**

79, Av. de la Bourdonnais. Tel. o147 o5 74 oo Fax: o147 o5 25 81 Métro: École Militaire

In unmittelbarer Nähe des Champs de Mars. DZ: ca. 6o bis 8o Euro.

Hotel Prince**

66, Av. Bosquet, Tel. o147 o5 4o 9o Fax: o147 53 o6 62 Métro: École Militaire

Nähe Champs de Mars und Ecole Militaire. Kleine, einfach möblierte Zimmer mit Bad. Doppeltverglaste Fenster. Links neben dem Eingang ein kleines Café, rechts daneben ein vietnamesisches Restaurant. DZ: ca. 6o bis 8o Euro.

8.ARR.

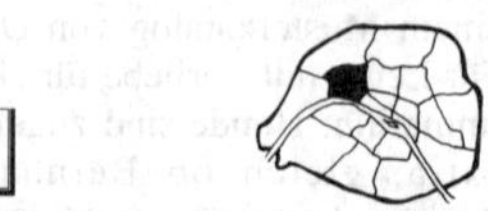

Concorde St. Lazare****

1o8, Rue St. Lazare, Tel. o14o o8 44 44 Fax: o142 93 o1 2o Métro: Saint-Lazare

Erfreulich, daß die Pariser schon immer eine spezielle Liebe zu ihren Bahnhöfen verband. So ist zum Beispiel im Gare de Lyon das schönste Restaurant der Stadt, und im Bahnhofshotel des St. Lazare ein Salon aus dem Jahre 1889, beide zum Monument Historique erklärt. 342 Zimmer, altpariser Stil, neu aufgefrischt. Die berühmte „Academie de Billard" mit 1o Tischen. DZ: ca. 25o bis 36o Euro.

Im Hotel und in der Rue St. Lazare ist eine große Auswahl von Restaurants. Wer von hier aus die Rue St. Lazare entlangschlendert, stellt fest, daß dies wieder eine der kulinarischen Ecken von Paris ist.

Atala****

1o, Rue Chateaubriand, Tel. o145 62 o1 62 Fax: o142 25 66 38 Métro: George V

Nur wenige Schritte zum Verkehrsstrom der oberen Champs- Elysée, unweit des Arc de Triomphe. Die Zimmer liegen zu einem ruhigen Innengarten mit beheizter Terrasse. Freundlicher Empfang. DZ: ca. 17o bis 25o Euro.

Relais de Paris Opera Saint-Lazare***

15, Rue de Constantinople, Tel. o145 22 8o 8o Fax: o145 22 97 15 Métro: Europe DZ: ca. 11o bis 12o Euro.

Hotel du Ministère***

31, Rue de Surene, Tel. o142 66 21 43 Fax: o142 66 96 o4 Métro: Madeleine

Zwischen dem Theater de la Madeleine und dem Innenministerium. DZ: ca. 11o bis 12o Euro.

Hotel de l' Elysée***

12, Rue de Saussaies, Tel. o142 65 29 25 Fax: o142 65 64 28 Métro: Madeleine

Eine „Exklusivität“, die kein anderes Zwei-Sterne- Hotel in Paris zu bieten hat: man wohnt direkt zwischen dem Innenminister und dem Präsidenten. DZ: 1oo bis 23o Euro.

9. ARR.

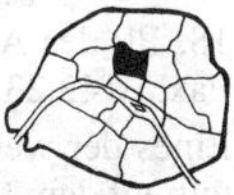

Riboutté- Lafayette**

5, Rue Riboutté, Tel. o147 7o 62 36 Fax: o142 o5 99 67 Métro: Cadet

Sehr sauber. Neu renoviert, modern und trotzdem geschmackvoll. Viel Phantasie in der Farbe der Wände, Teppiche und Vorhänge. Empfehlenswertes Haus in ruhiger Straße. DZ: ca. 6o bis 7o Euro.

Bergere Opera Best Western***

34, Rue Bergère, Tel. o147 7o 34 34 Fax: o147 7o 36 36 Métro: Grands Boulevards

Ein altes Haus, das innen völlig renoviert wurde. DZ: ca. 11o bis 18o Euro.

Lorette**

36, Rue Notre- Dame- de- Lorette, Tel. o142 85 18 81 Fax: o142 81 32 19 Métro: Saint Georges

Ein ordentliches Haus der LOROTEL-Gruppe. DZ: ca. 8o Euro.

1o. ARR.

Terminus- Est***

5, Rue du Huit Mai, Tel. o146 o7 58 5o Fax: o142 o5 99 76 Métro: Gare de l' Est

Gegenüber dem Gare de l'Est. Ein traditionelles, gutes Bahnhofshotel für alle Reisenden aus süddeutschen Richtungen, die es bevorzugen, gleich in Bahnhofsnähe zu wohnen. Stil modern, 199 Zimmer. DZ: ca. 3o bis 9o Euro.

Gare du Nord***

31-33, Rue de St. Quentin, Tel. o148 78 o2 92 Fax: o145 26 88 31 Métro: Gare du Nord

Gegenüber dem Gare du Nord, an der Ecke des im Jahrhundert- Wende- Stil einheitlichen Bahnhofsvorplatzes. Beide Hotels haben keine Restaurants, doch ist im Gare du Nord ein sehenswertes und beliebtes Belle-Epoque- Lokal. DZ: ca. 8o bis 9o Euro.

Am Bd. d. Strasbourg - tagsüber eine recht hübsche, baumbestandene Straße, abends allerdings relativ ruhig - befindet sich eine ganze Reihe von Hotels:

Grand Hotel de Paris

72, Bd. d. Strasbourg, Tel. o146 o7 4o 56 Fax: o142 o5 99 18 Métro: Gare de l'Est

Modern Est**

91, Bd. d. Strasbourg, Tel. o14o 37 77 2o Fax: o14o 37 17 55 Métro: Gare de l' Est DZ: ca. 7o bis 8o Euro.

D' Alsace

85, Bd. d. Strasbourg, Tel. o14o 37 75 41 Métro: Gare de l' Est

Einfaches, aber traditionelles Hotel.

11. ARR

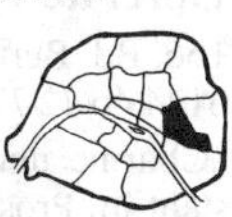

Les Sans- Culottes

27, Rue de Lappe, Tel. o149 23 85 8o Fax: o148 o5 o8 56 Mètro: Bastille

In der geschäftigen kleinen Rue de Lappe entstand hier ein neues, geschmackvoll eingerichtetes Hotel, dessen 1o Zimmer allen Komfort aufweisen. Im Parterre befindet sich ein liebevoll eingerichtetes Bistrot. Garage Renault daneben. Zum Place de la Bastille nicht weit. DZ: ca. 6o Euro.

12. ARR

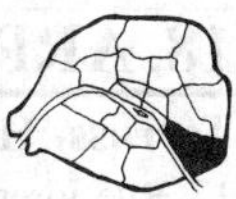

Nouvel Hotel**

24, Av. du Bel- Air. Tel. o14343 o1 81 Fax: o143 44 64 13 Métro: Nation

Ein charmantes Hotel mit modernen und sauberen Zimmern, die alle zu einem Garten hin liegen und sehr ruhig sind. Zum

Place de la Nation sind es nur ein paar Meter. DZ: ca. 6o bis 9o Euro.

Hotel Printemps*

8o, Bd. de Picpus, Tel. o143 43 62 31 Fax: o149 28 97 11 Métro: Picpus

Deutsche Leitung, Nähe Place Nation. DZ: ca. 3o bis 4o Euro.

17. ARR.

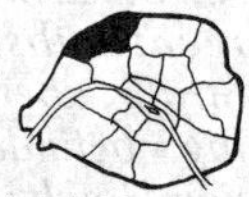

Residence Etoile- Pereire***

146, Bd. Pereire, Tel. o142 67 6o oo Fax: o142 67 o2 9o Métro: Pereire

Der Boulevard ist eigentlich nur eine zweispurige Fahrbahn ohne viel Geschäfte und Lokale, in seiner Versenkung in der Mitte fährt die Eisenbahn. Davon merkt man im Hotel allerdings nichts, da die Zimmer alle nach hinten zu einem Hof hin liegen. Jedes Zimmer hat Großmuttermöbel, einen Ankleideraum, Bad, WC, Radio und Telefon mit Stadt- und Auswärtsanschluß. DZ: ca. 13o Euro.

Hotel de Banville***

166, Bd. Berthier, Tel. o142 67 7o 16 Fax: o144 4o 42 77 Métro: Porte de Champerret

„Charme und französische Atmosphäre" steht im Prospekt. Nicht ganz zu Unrecht. Aber: lauter Aufzug! DZ: ca. 14o bis 17o Euro.

Magellan***

17-19, Rue Jean- Baptiste- Dumas, Tel. o145 72 44 51 Fax: o14o 68 9o 36

Fast alle Zimmer liegen nach hinten zu einem Garten. DZ: ca. 9o bis 1oo Euro.

18. ARR.

Terrass- Hotel****

12, Rue Joseph- de- Maistre, Tel. o146 o6 72 85 Fax: o142 52 29 11 Métro: Place de Clichy

Modernes Haus mit allem Komfort. Für manche vielleicht etwas zu modern. Im großen Salon Bar in der Nähe des Kaminfeuers. Vorne ein Restaurant „Guerlande". Im Sommer Blick über Paris vom Dachgarten aus. Die Zimmer haben alle Bad, WC, Telefon und Minibar. DZ: ca. 21o bis 23o Euro.

Hotel Regyn's Montmartre**

18, Pl. des Abbesses, Tel. o142 54 45 21 Fax: o142 23 76 69 Métro: Abbesses

Eines der wenigen empfehlenswerten Hotels auf dem Montmartre: ruhig, sauber, direkt bei der schönen Jugendstil-Métrostation der Place des Abbesses gelegen, wo der Aufstieg zur Butte Montmartre beginnt. Herr Cadin, Besitzer des Hotels, gründete eine Montmartre- Interessengemeinschaft, zusammen mit ca. 4o Geschäftsleuten, mit dem Ziel: „Weg von Betrug, Nepp, Übervorteilung". Adressenverzeichnis: im Hotel, in Geschäften und im Museum Montmartre. DZ: ca. 7o Euro.

Tim- Hotel- Montmartre**

11, Rue Ravignan, Tel. o142 55 74 79 Fax: o142 55 71 o1 Métro: Abbesses

Ruhige Ecke am Montmartre: Bäume, Blick über die Dächer vom Montmartre. DZ: ca. 11o bis 12o Euro.

Ein etwas einfacheres Hotels auf der Butte Montmartre:

Des Arts**q

5, Rue Tholozé, Tel. o146 o6 3o 52 Fax: o146 o6 1o 83 Métro: Blanche

DZ: ca. 7o bis 8o Euro

Jugendhotels

WICHTIGER TIP FÜR ALLE ZWISCHEN 18 UND 3o! Es kann auch ein bißchen darüber sein. Vor allem für Schüler und Studenten mit kleinem Geldbeutel.

Das **AJF** (Accueil des Jeunes en France) arbeitet mit weiteren 3o Häusern zusammen für die Unterbringung von Jugendlichen und verfügt somit über eine ganzjährige Kapazität von 8.ooo Betten, im Sommer sogar über 11.ooo Betten. Zutritt hat jeder, der das Reglement der Häuser akzeptiert. Von 1 Uhr nachts bis morgens 6 Uhr sind die Häuser geschlossen. Ausnahmen sind möglich, wurde mir augenzwinkernd gesagt.

Anmeldung Mo.-Sa. 1o-18.3o Uhr

1.) 119, Rue St. Martin (gegenüber Centre Pompidou)
75oo4 Paris **M:** Rambuteau
Tel. o1 42 77 87 8o
Fax: o1 42 77 7o 48

2.) 139, Bd. St. Michel
Tel. o1 43 54 95 86

3.) Gare du Nord (im neuen Vorortbahnhof = Nouvelle Gare Banlieue)
Tel. o1 42 85 86 19

Einzelreisende und kleine Gruppen (bis 8 Personen) können entweder über eine oder o.a. Zentralen reservieren lassen oder direkt zu einem der nachstehend aufgeführten Hotels gehen. Reservierung ist sicherer.

Einige der schönsten Häuser

Empfohlen von MIJE (Maison internationale des Jeunes) sind die folgenden drei vollständig restaurierten Jugendhotels, erreichbar unter der gemeinsamen Tel.Nr. o1 42 74 23 45 Fax o1 42 74 o8 93 für Gruppen oder o1 4o 27 81 64 für Einzelreisende, Internet: www.mije.com :

1 Le Fauconnier

11, Rue du Fauconnier, 75oo4, **M:** Saint-Paul bzw. Ponte Marie

Ein renovierter Wohnsitz aus dem 17. Jh., direkt am Hotel de Sens. 111 Plätze in Zwei-, Vier- und Sechsbettzimmern, ebenfalls antike Möbel, Duschen etc. In den Kellergewölben aus dem 14. Jh. Gemeinschaftsräume.

2 Maubuisson

12, Rue des Barres, 75oo4, **M:** Hôtel de Ville bzw. Ponte Marie

Im ehemaligen Wohnhaus der Äbtissinnen der Abtei von Maubuisson, direkt bei der Kirche St. Gervais. 114 Plätze in Zwei- und Vierbettzimmern,

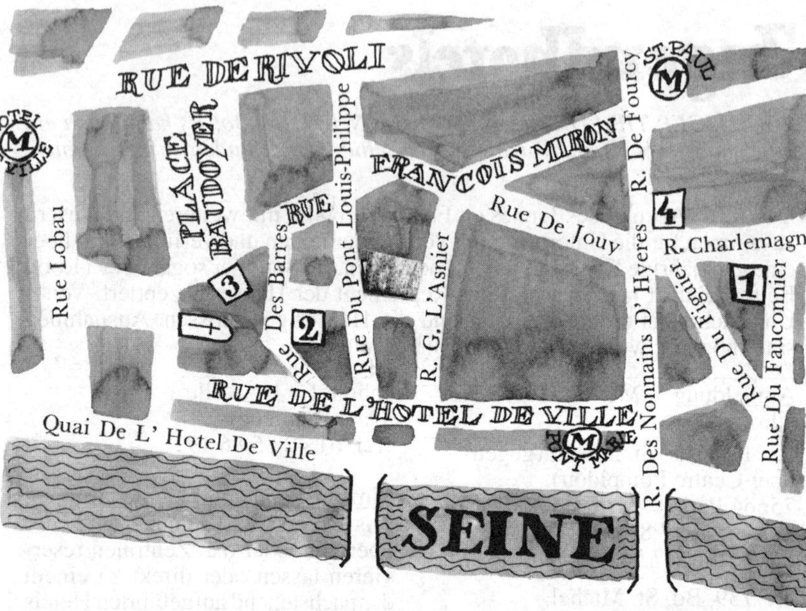

alle mit Waschbecken und Dusche. Antike Möbel (außer den Betten) in den Zimmern und im Gemeinschaftsraum. Holzbalkendecken und alte Mauern.

4 LE FOURCY

6, Rue de Fourcy. **M:** Saint-Paul.

Ähnlich in Ambiente und Austattung wie die ersten beiden Jugendhotels.

4 LA TABLE D'HÔTE

6, Rue de Fourcy. M: Saint Paul

Direkt daneben ist das Restaurant für die Bewohner der 4 Jugendhotels dieser Gegend. Menüpreis ca. 5 Euro, Essenszeiten: ab 12 Uhr mittags und 6 Uhr abends.

WEITERE HÄUSER

FUAJ Fédération Unie des Auberges de Jeunesse (Jugendherbergsverband) 27, Rue Pajol, Tel.Reservierungen:o1 44 89 87 34 / 35 Internet: www.fuaj.org

Auberge de Jeunesse: Le d'Artagnan 8o, Rue Vitruve (2o. Arr.) **M:** Pte. de Bagnolet Tel.o1 4o 32 34 53

Mehr ein Hotel, als die gute alte „JuHe“ für 446 Pers. in 7 Stockwerken. TV in allen Zimmern, Theatersaal und Info- Zentrum, wo auch Deutsch gesprochen wird.

Mail:paris.le-dartagnan@fuaj.com

Auberge Internationale des Jeunes

1o, Rue Troussau, im Bastilleviertel. Tel. o1 47 oo 62 oo Fax o1 47 oo 33 16.
Ledru-Rollin www.aijparis.com

Cité des Sciences

24, Rue des Sept-Arpents, Le Pré Saint-Gervais **M:** Hoche Tel.o1 48 43 24 11 Fax o1 48 43 26 82 paris.cite-des- sciences@fuaj.org

Young and Happy

8o, Rue Mouffetard Tel. o1 43 35 o9 53 Fax o1 47 o7 22 24 **M:** Place Monge, im Quartier Latin.

Internet-Adressen weiterer Jugend-Organisationen:

UCRIF - Union des Centres de Rencontres Internationales de France: www.ucrif.asso.fr. Hier finden sich die Herbergen des BVJ - Bureau des Voyages de la Jeunesse. Oder www.cisp.asso.fr oder wwww.fiap.asso.fr

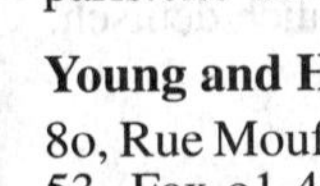

CAMPING

Campingplätze in und um Paris:

Bois de Boulogne

Allée du Bord de l'Eau 75o16 Paris
Métro: Pont de Neuilly (3 km) oder: über die Seine-Brücke (Navette Porte Maillot) zum Bus 244 zur La Defense, dort Metro Linie 1 (Chateau de Vincennes).

Tel. o1 45 24 3o oo Fax o1 42 24 42 95. Im westlichen Teil des Bois de Boulogne, an der Seine.

Im Sommer chronisch überfüllt. Ganzjährig offen. Empfehlung: Vormittags ankommen. Zur Metro ca. 3 km, aber: bei Dunkelheit ist Frauen und ängstlichen Gemütern der Gang durch den Bois nicht zu empfehlen!

Champigny sur Marne

Camping „Paris Est Le Tremblay“, Bd. des Alliés, Champigny sur Marne Tel. 43 97 43 97 Fax o148 89 o7 94.ganzjährig offen. RER A (Joinville Le Pontund), Bus 1o1.

Vorteile gegenüber dem Camping du Bois de Boulogne:

- besser erreichbar, da Nähe A 4 /N4 von Deutschland, 14 km vor Paris Centrum
- bei weitem nicht so überfüllt wie jener, da weniger bekannt
- vom Campingplatz (an der Mar ne) zur RER- Station: 1 km

Achtung: mit Carte Visite (s.S.31) möglich, bei Carte Orange: Zone 1- 3 notwendig.

Maisons Lafitte

Tel. o1 39 12 21 91. 1, Rue Johnson, im Wohngebiet Maisons Lafitte, am Seine- Ufer, 15 km nordwestlich von Paris. Direkte Zugverbindung nach Paris, alle 15- 2o Minuten (RER A). Ganzjährig offen.

Versailles

Tel. o1 39 51 23 61. Camping international. 31, Rue Berthelot (RER C). 1.4.- 31.1o.

Choisy - le - Roi
Tel. 48 9o 92 3o. Camping Paris-Süd, 14 km südöstlich, 125, Av. de Villeneuve-St. George (RER C). 1.2.- 31.1o.

Torcy
Parc de la Colline, Tel. o1 6o o5 42 32. Abfahrt von der A 4 (Metz-Paris) bei Lagny Ausfahrt 1o, beschildert.(RER B). Nahe an Disneyland, 1/2 Std. nach Paris. Ganzjährig offen.

Ranch Davy Crockett
BP 1oo - Disneyland Paris Marne La Vallée 77777
Tel. o1 6o 3o 6o 3o Fax o1 64 74 59 2o

CAMPINGPLÄTZE INFO:

Fédération Francaise de Camping
78, Rue de Rivoli, 75oo4 Paris
Tel: o1 42 72 84 o8 Fax o1 42 72 7o 21 www.campingfrance.com

Camping Club de France
5bis, Rue Maurice Rouvier, 75014 Paris
Tel. o1 45 48 3o o3 Fax o1 45 44 84 16 www.campingclub.ass.fr

WOHNEN PRIVAT

Tourisme Chez L'Habitant
Zimmer in Privatwohnungen, DZ. ca. 23o- 32o FF. 27, Rue Rambuteau, 75oo4 Paris, Tel. 42 71 47 47.

Bed & Breakfast 1
Privatzimmer für mindestens 2 Tage, DZ ca. 4oo FF, Gebühr 5o FF/ Person. Info- Broschüre bei: 7, Rue Campagne Première, 75o14 Paris. Tel. 43 35 11 26, Fax: 4o 47 69 2o.

Allo Logement Temporaire
4, Place de la Chapelle, 75o18 Paris, Tel. 42 o9 oo o7. Wohnungs- oder Zimmervermittlung auf Zeit. Mindestens eine Woche, höchstens ein Jahr. Man spricht auch deutsch.

Die französische Küche
(LA CUISINE FRANÇAISE)

Es muß schon ab und zu mal gesagt werden: Die erste Verfeinerung erfuhr die französische Küche im Zuge der „Italianisierung" vor Henry IV. und vor allem auch während der Regentschaft der Maria von Medici aus Italien.

Viel später hat sie sich dann zu dem entwickelt, was man die „HAUTE CUISINE" nannte: üppig, überladen, mit viel Zierrat und ornamentalem Genuß für das Auge, und nach vielen Gängen schleppte sich der Gourmet als „Hängebauchschwein" von der Tafel.

Brillat- Savarin war es, der als erster dieser Völlerei mit der berühmten Forderung „faites simple" (macht es einfacher) begegnete.

Was ist nun die NOUVELLE CUISINE? Weniger Gänge, kleinere Portionen, oft schon auf dem Teller serviert, einfacher, saisonbezogen, beste Qualität der Zutaten und möglichst naturbelassen (faites simple).

Kurzum, hier schließt sich wieder ein wenig der Kreis wie in der italienischen Küche. Pardon - ähnlich wie.

Nun, was man in den kleinen Restaurants als Menu oder à la carte vorgesetzt bekommt, ist in vielen Fällen weder Haute Cuisine noch Nouvelle Cuisine. Dort gibt es eben auch die sogenannte bürgerliche und gutbürgerliche Küche, aber zu deren Beschreibung folgendes kleine Ereignis:

Wir verbrachten ein paar Tage in Pont de Ruan, einem kleinen Nest am Indre (Nebenfluß der Loîre), wohin sich kaum ein Tourist verirrt, und erfreuten uns dort im Restaurant „Moulin de Balzac“ einer hervorragenden Küche. Vor unserer Abreise bestellte ich beim Patron als Abschiedsessen für den nächsten Tag ein Coq au Vin (Hähnchen in Weinsauce). Seine Antwort: „Monsieur, erwarten Sie, daß ich dazu irgendein Hähnchen aus der Tiefkühltruhe eines Supermarché hole, dann könnte ich Ihnen dieses Gericht vorsetzen. Das mache ich aber nicht! Wenn Sie wieder in diese Gegend kommen, schreiben Sie mir eine Woche vorher eine Karte, dann suche ich ein gutes Hähnchen für Sie aus.“

Es ist in Frankreich leider wie überall in der Welt, wo viele Touristen hingehen (Snackbar, Autobahnraststätten): beim Papstpalast in Avignon und auf dem Montmartre in Paris, entweder die Preise steigen oder die Qualität sinkt, oder auch beides zusammen.

Auch in touristisch weniger frequentierten Gegenden kam in den letzten Jahren der eine oder andere Wirt auf die Idee, mit wenig Aufwand, d.h. unter Verwendung von Büchsengemüse, Steakfrites und Großhandelspastete, das leichte Geld zu verdienen und sein Augenmerk mehr auf den Stern von Untertürkheim als auf den von Michelin zu lenken. Dieses versteckte Fastfood wird auch von nicht wenigen Franzosen stillschweigend akzeptiert, weil sie selbst ebenfalls im Hypermarché einkaufen und nicht mehr die kritischen Esser von einst sind.

Trotzdem, wenn man diese Tatsache berücksichtigt und seine Lokale mit Bedacht aussucht, ist es immer noch ein Vergnügen, in Frankreich essen zu gehen.

Paris und seine Lokale

Eine überwältigende Anzahl. Ich glaube fast, daß alle Pariser darin Platz finden könnten, wenn alle gleichzeitig zum Essen ausgehen würden. Zu bestimmten Tageszeiten hat man auch den Eindruck als würden sie. Die Pariser gehen gern in ihre Lokale. Eins ist hübscher als das andere.

Besonders erstaunlich ist, daß gerade in den Arrondissements, die touristisch überhaupt keine Rolle spielen, wie z.B. im 17. Arr., die meisten Lokale zu finden sind. Das spricht für die Pariser Lokale.

In den touristisch stark frequentierten Arrondissements des Zentrums hat sich in letzten Jahren eine interessante Entwicklung vollzogen: Viele Restaurants wurden immer teurer und gleichzeitig schlechter. Dann schwappte die Fast- Food- Welle in die Stadt: unzählige Snacks schossen wie die Pilze aus dem Boden - „Burger King", „Kiss- Burger", „Long-Burger", „Love-Burger", Mc Donalds usw. Viele kleinere Pariser Restaurants mußten sich etwas einfallen lassen, um in dieser Ketchup-Welle nicht zu ersticken. Die neue Formel heißt: Cousine familiale, was man in Deutschland etwa mit „Hausmannskost" meint, und bedeutet: einfache Gerichte ohne modischen Schnickschnack zu vernünftigen Preisen. Sollte man Mc Donalds dafür nicht ein Denkmal setzen? Nun, ein Denkmal wäre vielleicht etwas übertrieben. Immerhin: es gab Gelegenheiten, wo ich so manchen französischen Wirt einen Mc Donalds vor die Nase wünschte, damit er zur Besinnung komme. Eh-voilà! Kein Denkmal also, aber ein kleines „Merci".

Nun können die einen den Big-Mac haben und die anderen beruhigt im Bistro ein „Plat du Jour" mit einem Glas Beaujolais genießen; chacun à son gout, oder suum cuique.

Es gibt fünf Grundtypen von Lokalen (die Burgers nicht mitgerechnet) in Paris: Restaurants, Cafés, Brasseries, Bistros, Salons de Thé:

RESTAURANT

Obwohl Tausende von Restaurants in der Stadt zu finden sind, gibt es die typische Pariser Küche eigentlich nicht.

Man ißt entweder provençalisch oder bretonisch, normannisch oder elsässisch, burgundisch oder korsisch, spanisch, indisch, russisch, bayrisch oder vegetarisch.

Aufgrund eigener Erfahrungen habe ich hier und in den Arrondissements einige Restaurants erwähnt oder empfohlen, obwohl ich weiß, daß nichts schwieriger ist als dies.

Man beurteilt Restaurants nach Lage, Ausstattung, Sauberkeit, Qualität der Speisen und Getränke, nach Bedienung und momentaner Stimmung. Im selben Lokal erwischt man einmal einen freundlichen Kellner, ein anderes Mal einen übelgelaunten Choleriker, der Koch oder der Besitzer hat gewechselt. Einer bekommt im einfachen Lokal per Zufall Köstliches, ein Anderer im renommierten Etablissement per Zufall Durchschnittliches.

Man braucht eben auch Glück und eine gute Spürnase!

Für Ergänzung, Lob oder Kritik meiner Leser bin ich für die nächste Auflage stets dankbar.

Ein paar Dinge, die man wissen muß:

1.) In den Restaurants der gehobenen Klasse muß man meist rechtzeitig reservieren.

2.) Es ist üblich, daß man auf die Frage „Vous etes combien?“ (wieviele Plätze brauchen Sie?) einen Tisch zugewiesen bekommt. Auch die Pariser müssen sich das gefallen lassen.

3.) Wer sich an die Menüs hält, erlebt keine Preisüberraschung. Essen à la Carte ist meist teurer. Manchmal sogar sehr teuer!

4.) Die normalen Essenszeiten im Restaurant: 12- 14.3o und 19- 2o.3o Uhr. Bei der Beschreibung der in den Arrondissements aufgeführten Restaurants mit N.Z. gekennzeichnet.

Als Vorinformation für den Paris-Besucher wurden die Restaurants in fünf Preisklassen differenziert:

(1): weniger als 15 Euro/Person
(2): 15-23 Euro
(3): 23-3o Euro
(4): 30-55 Euro
(5): mehr als 5o Euro

Die Klassifizierung bezieht sich allerdings auf die Preise à la carte, also auf die teuersten, Menüs sind billiger.

Auch in Bistros und Brasseries kann man ein Plat du Jour (Tagesgericht) für 8,5 Euro, ein kleines Menü oder einfach nur eine Kleinigkeit wie einen Zwiebelkuchen, einen Teller Charcuterie (Aufschnitt-Art) oder ein Quiche bestellen, was noch billiger ist.

Brasserie (wörtlich: Brauerei)

Neben dem Bistro eine für Paris typische Lokalart. Für den Touristen hat die Brasserie drei Vorteile (auch die Pariser gehen gern in ihre Brasserien!):

1.) Die meisten haben eine Bar, den sogenannten Zinc, einen Tresen also, wo man einfach nur ein Glas Wein oder ein Bier vom Faß trinken kann.

2.) Man muß kein ganzes Menü bestellen oder aufwendig à la carte essen, sondern kann auch eine Kleinigkeit zu sich nehmen: ein Plat du Jour, ein paar Austern, ein Eintopfgericht oder ähnliches mehr.

3.) Die meisten haben durchgehende Küche und sind bis Mitternacht oder noch länger geöffnet.

Auch: Bistro. Das Pariser Lokal schlechthin. Der Zinc des Bistro ist das eigentliche Kommunikationszentrum des Quartiers. Und jedes Quartier hat seine Bistros. Nur, wer in einem „Bistrot authentique", in einem echten, richtigen Pariser Bistro war, kann von sich sagen, eine Spur dessen erahnt zu haben, was zur Seele von Paris gehört.

Wer den Eiffelturm und die Champs-Elysées, den Louvre und Notre Dame, den Montmartre und die Place Pigalle, den Arc de Triomphe und die Opera usw. besucht hat, hat Paris gesehen.

Wer in einem Bistrot war, hat Paris erlebt.

Die Charakteristik des Bistrots läßt sich in etwa folgendermaßen darstellen:

1.) Angenehm menschliche, ungezwungene Atmosphäre in Verbindung mit fröhlicher und lauter Betriebsamkeit, im Gegensatz zur gedämpften und mehr oder weniger verkrampften Feierlichkeit so mancher Restaurants.

2.) Eine Menü-Karte gibt es nicht. Das Plat du Jour steht mit Kreide an einer schwarzen Tafel geschrieben. Es gibt Bistrots, die richtige Menüs, warme Mahlzeiten also, anbieten, andere wieder nur einen Zwiebelkuchen, eine Quiche Lorraine, Pasteten, Schinken, Wurstwaren (Charcuterie) warmen Apfelkuchen, manche sogar Graubrot aus der Bretagne - und alles schmeckt köstlich, denn es ist von bester Qualität.

3.) Tischdecken gibt es meist nicht, die Holz- oder Marmortische, häufig mit schweren, gußeisernen Füßen, sind oft so winzig, daß gerade zwei Teller und zwei Gläser Platz haben. Die Tische stehen manchmal so nah beieinander, daß nicht mal ein Messer durchfallen kann, weshalb die Ankunft neuer Gäste aufwendige Verschiebeaktionen zur Folge hat.

4.) Die Gerichte (Repas) sind einfache, aber zumeist solide Hausmannskost (cuisine familiale) ohne das Brimborium der Cuisine Nouvelle oder der Haute Cuisine.

5.) Die Preise sind bürgerlich und entsprechen somit dem Publikum: Die Leute von nebenan, Arbeiter, Verkäufer, kleine Angestellte. Daß der Rechtsanwalt im Nadelstreifen- Maßanzug neben dem Ouvrier (Arbeiter) im Blauen Anton am Zinc steht, gehört ebenso zum Bild des Bistrots.

Wie sagten die Eßkritiker Gault und Millau: „Retour à la simplicité, à l'economie, à la convivialité, à la cuisine bourgeoise" (zurück zur Einfachheit, zur Sparsamkeit, zum Miteinander, zur bürgerlichen Küche!). Damit liegen auch die Vorteile für den Touristen mit wenig Zeit und/oder wenig Geld auf der Hand: für 5o- 6o FF ein einfaches Plat du Jour oder einfach ein „Casse Croute", ein mit einer Pastete belegtes Landbrot (Pain de Campagne) und ein Glas Rotwein („Ballon") dazu.

6.) Viele Bistrots, die meisten eigentlich, haben im ebenerdigen Raum eine große Theke (Zinc), um diesen herum ein paar kleine Tischchen, sowie einen weiteren Speiseraum dahinter oder einen Stock höher.

Was Wolfram Siebeck in seinem 1988 erschienenen Buch als „Die schönsten und besten Bistros von Paris" vorstellt, ist sicher gut gemeint, geht aber häufig am Titel vorbei. Zum einen beschreibt er Restaurants, die nie Bistros waren, wie z.B. das „Train Bleu" im Gare de Lyon oder die „Brasserie Lipp" am Bd. St. Germain, zum anderen, und dies ziemlich häufig, solche Etablissements, die den Charakter des Bistros längst abgelegt haben und zu Nobelrestaurants wurden, wie z.B. das „Pharamond", das „Benoit", das „Allard" und andere mehr.

In Paris gibt es seit einigen Jahren eine Bistro- Kette:

Bistro Romain:

1o, Rue Coquillère 1.Arr.
7, Rue Gozlin 6.Arr.
26+73+122, Av. des Champs Elysées 8. Arr.
117, Rue St. Lazare 8. Arr.
88, Rue Clichy 9. Arr.
1, Rue Henri Desgrange 12. Arr.
6, Av. Jean Moulin 14. Arr.
6, Pl. Victor Hugo 16. Arr.
9, Av. des Ternes 17. Arr.
191, Av. Jean Jaurès 19. Arr

Das Gemeinsame dieser Lokale ist ein verspielter Bistrot- Stil: Das Interieur und die Schäferinnen- Trachten mit den niedlichen Strohhüten des weiblichen Personals sollen ein wenig die Atmosphäre italienischen Landlebens vermitteln.

Wenngleich diese Lokale mit dem alten Pariser Bistrot nur wenig Ähnlichkeit haben - ich möchte sie eigentlich gar nicht zu den Bistros zählen - muß doch zu ihrer Anerkennung gesagt werden: sie sind liebevoll eingerichtet und bieten zu einem Einheitspreis ein Menü, das gar nicht erst den Ansprüchen verwöhnter Kochkritiker standhalten will, sondern bewußt einfach und relativ solide gehalten ist.

Aus den bei Bistros und Brasseries beschriebenen Gründen empfehle ich in jedem der 2o Arrondissements zunächst eine Reihe dieser beiden Lokalarten und erst dann noch einige Restaurants. Eine Auswahl der schönsten authentischen Bistros, deren Beschreibung (und vieler anderer) in den einzelnen Arrondissements erfolgt:

La Tour de Montlhery (1. Arr.)	De la Grille (6. Arr.)
A la Cloche des Halles (1. Arr.)	Le Petit St. Benoit (6. Arr.)
Taverne Henri IV (1. Arr.)	Au Sauvignon (7. Arr.)
Vivienne (2. Arr.)	Voltaire (7. Arr.)
Bistrot du Marais (4. Arr.)	Melac Jacques (11. Arr.)
Au St. Severin (5. Arr.	

CAFÉ

Ob die schon jemand gezählt hat? Abbé Galiani sagte einmal: „PARIS-DAS CAFÉ EUROPAS“.

Das Café ist hier ein Bestandteil des Lebens. Hier können Sie beruhigt Schach spielen, lesen, stricken oder einfach gar nichts tun. Man wird Sie, wenn Sie einmal Ihren Kaffee, Wein oder Apero bestellt haben, in Ruhe lassen und nicht immer wieder fragen, ob Sie noch etwas bestellen wollten.

Dementsprechend ist das Café- Publikum sehr gemischt: Alt und Jung, Arm und Reich, der Schreiner steht neben dem Advokaten am Zinc, ein alter Mann sitzt an einem Tisch und hat gar nichts bestellt, der Briefträger macht zwischen zwei Häusern hier Station, der Gemüsehändler, der eben seine Kisten abgeladen hat, belohnt sich mit einem „ballon“, und eine Studentin blättert etwas zerstreut in einem Scriptum, den Rest ihres längst erkalteten „café crème“ interessiert nur noch eine Fliege.

In Frankreich geht man ins Café nicht „aus“, man geht eben „kurz mal rüber“, prendre un coup (einen lüpfen). Ausnahmen: Literaten und Maler - die wohnen da (A. Polgar: Das Café ist der traute Herd derer, denen der traute Herd ein Greuel ist.).

Ein besonderer Tipp für alle Kaffee-Freunde: die Kaffeebrennerei des Torrefacteur Verlet in der Rue St. Honoré Nr. 256 !

Man wird Ihnen im Café auch gerne einen kleinen Imbiß bereiten, z.B. Omelette oder Schinken.

HÄUFIGE GETRÄNKE UND WIE MAN SIE NENNT:

UN CAFÉ	la petit noir, der kleine Schwarze
(CAFÉ) NOISETTE	Kaffee mit ganz wenig Milch (nußfarben)
CAFÉ CRÈME	Kaffee mit Milch „normal“ oft identisch mit:
CAFÉ AU LAIT	halb Kaffee, halb Milch
UN DEMI (A LA PRESSION)	ein Bier (vom Faß)
UN CALVA	ein Calvados (alter Apfelschnaps)
UN MARC (sprich: mar)	Treberschnapsm
UN PASTIS	Absinthschnaps, mit Wasser verdünnen, die bekanntesten: Pernod, Ricard, „51“, Werbe-slogan von „51“: heureux comme un 51 dans l'eau (glücklich wie ein 51 im Wasser)

UN APERO	ein Aperitif, häufig auf Wermuthbasis, bekannt: Dubonnet, Byrrh, Picon
UN BALLON (ROUGE ODER BLANC)	ca. 1/8 Liter Rot- oder Weißwein

Aus dem Strassenbild nicht wegzudenken sind die luftigen Tische im Freien - die STRASSENCAFÉS. Eine Rangliste der Besten gibt es in der Redaktion des „Figaro".

Das ist eher die Art Kaffeehaus, wie man sie in Deutschland antrifft. Kaffee und Kuchen - im Pariser Café gibt es keinen Kuchen - mit einem Wort, das Lokal für das „Kaffee- Kränzchen".

Meist bekommt man auch Kleinigkeiten zu essen, Würstchen, belegte Brote, Omeletts oder ähnliches. Übrigens - die Pariser Süßigkeiten schmecken vorzüglich.

Angelina 226, Rue de Rivoli (1.Arr.)

A Priori Thé Galérie Vivienne (2.Arr.)

Mariage Frères 3o, Rue Bourg Tibourg (4.Arr)

La Maison des Trois Thés 5, Rue du Pot-au-Fer (5.Arr.)

Ladurée, in der Rue Royale, die zur Madeleine führt. Aus alter Glanzzeit. (8.Arr.)

L´arbre á Cannelle, Passage des Panoramas (9.Arr.)

Taverne de Maître Kanter 6, Place de la République (11.Arr.)

In diesem Zusammenhang noch einige wichtige Hinweise:

Wer nur einen heben will, darf nicht in ein Lokal gehen, wo Restaurant drauf steht, sondern muß darauf achten, ob das Wort „Café“ oder „Bar“ dabeisteht. Ausnahme: am Zinc, wenn einer da ist.

Am Zinc (Tresen, Theke) trinkt man billiger als am Tisch. Aschenbecher dürfen am Zinc nicht stehen, aus hygienischen Gründen (Gesetz!). Megots (Zigarettenstummel) usw. ohne Hemmungen auf den Boden!

Paris- Neulinge suchen in vielen Cafés und Bars auf den Toiletten vergeblich den Lichtschalter. Sie kommen ratlos gestikulierend zurück, und die am Zinc grinsen sich eins; verraten aber ihrerseits mit lebhaften Gesten des Rätsels Lösung: Wenn kein Schalter da ist, geht das Licht automatisch an, wenn die Tür von innen verriegelt wird.

Infos:

Office de Tourisme (127), Av. des Champs- Elysees: hier gibt es kostenlos den „Guide des Restaurants“ (vorher schicken lassen).

„Guide Michelin“ für Restaurants und Hotels. Jedes Jahr neu. Die berühmten Sterne. In ganz Frankreich gibt es nur 13 Dreisterne-Restaurants, in Paris 6!

„Gault- Millau“ Restaurantführer, jährlich neu. Statt Sterne gibt er Kochmützen, daneben Nummerierungen: 19/2o soviel ich weiß, die höchste Auszeichnung, die verliehen wurde.

„Pariscope“ oder „L’Officiel des Spectacles“ Restaurants nach Ländern, Spezialitäten oder Arrondissements alphabetisch geordnet.

Nova Boire & Manger (Fooding 2oo1): Am Kiosk für 6 Euro.
1ooo Adressen von Restaurants und Bars, franz. und engl.

Außer diesen 5 Grundtypen der Pariser Lokale gibt es auch Mischungen aus mehreren Arten, wie z.B. das „Le Louis IX.“ im 4. Arr. auf der Ile St. Louis: Bar, Café und Brasserie.

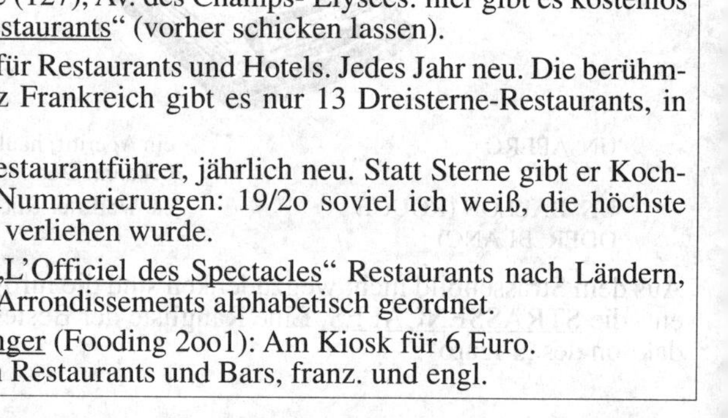

BAR À VIN

(Weinbar) Im Prinzip ist jedes Bistrotauch eine Bar à Vin, da man am Zinc jederzeit einen Ballon trinken kann, und einige Bistros hervorragende Weinkeller haben. Genauso könnte man so manche Bar à Vin als Bistrot bezeichnen, da man auch Kleinigkeiten zum Essen bekommt. So wie in den folgenden in den Arr. beschriebenen Bars à Vin:

Aux Bons Crus (2. Arr.)
Les Délices du Louvre (1. Arr.)
Caveau du Palais (1. Arr.)
Bistrot des Augustins (6. Arr.)
La Chai de l'Abbaye" (6. Arr.)

Ferner gibt es 5 Weinbars unter einer Regie und unter dem Namen „l'Ecluse". Gemeinsame Eigenschaften: anspruchsvolle Weine, dementsprechende Preise und Kunden, zum Essen ebenso gute wie teure Kleinigkeiten. Öffnungszeiten: 12- 2 Uhr:

15, Quai des Grands Augustins (6. Arr.)
15, Place de la Madelaine (8. Arr.)
64, Rue François (8. Arr.)
4, Rue Halévy (9. Arr.)
4, Rue Grange aux Belles (1o.Arr.)

Eine Auswahl von Restaurants, Bistros und Brasseries, wo man auch spät, sehr spät oder sehr früh essen kann (Beschreibung in den Arr.)

Rund um die Uhr:

Arr.	Restaurant/Brasserie
1.	LA TOUR DE MONTLHERY, 5, Rue des Prouvaires, Mo. 7 Uhr - Sa. 7 Uhr (So. und Mitte Juli- Mitte August zu)
1.	AU PIED DE COCHON, 6 Rue Coquilliere
6.	PUB SAINT GERMAIN 17, Rue de l´Ancienne Comédie
8.	LA MAISON D'ALSACE, 39, Champs- Elysées
18.	LA BOHÈME DU TERTRE 2, Place du Tertre

Bis nach Mitternacht:

Arr.	Restaurant	Uhr
1.	GAMBRINUS, 61, R. des Lombards	6 h
1.	AU CHIEN QUI FUME, 33 R. du Pont Neuf	2 h
1.	LA POULE AU POT, 9, R. Vauviliers, Halles	6 h
3.	CHEZ JENNY, 39, Bd. du Temple	2 h
4.	BRASSERIE BOFINGER, 3- 7, R. de la Bastille	1 h
6.	LE PROCOPE, 13, R. de l'Ancienne Comédie	2 h
6.	RELAIS ODEON, 132, Bd. St. Germain	2 h
6.	BRASSERIE LIPP, 151, Bd. St. Germain	2 h
6.	L'ARBUCI, 27, R. Buci	2 h
6.	CHOPE D'ALSACE, 4, Carréfour Odéon	2 h
6.	VAGENENDE, 142, Bd. St. Germain	1 h
8.	BRASSERIE LORRAINE, Place des Ternes	2 h
8.	PIZZA PINO, 33, Champs- Elysées	5 h
9.	LE GRAND CAFÉ CAPUCINES, 4, Bd. des Capucines	2 h
9.	BRASSERIE LA CHAMPAGNE, 1o, Pl. Clichy	3 h
9.	TAVERNE KRONENBOURG, 24, Bd. des Italiens	1 h
1o.	BRASSERIE FLO, 63, R. du Fb. St. Denis	2 h
1o.	JULIEN, 16, R. du Fb. St. Denis	1.3o h
11.	LE RELAIS D'EGUISHEIM, 6, Pl. de la République	2 h
12.	L' EUROPEEN, vor Gare le Lyon	o.45 h
12.	LES GRANDES MARCHES, Pl. de la Bastille	1.15 h
14.	LA COUPOLE, 1o2, Bd. Montparnasse	1 h
14.	LE DOME, 1o8, Bd. Montparnasse	1 h
18.	BRASSERIE WEPLER, 14, Pl. Clichy	1 h

Austern Fruits de Mer:

Arr.	Restaurant	Uhr
Zunächst: in allen Restaurants rund um die Uhr und in vielen Brasseries.		
3.	CHEZ JENNY, 39, Bd. du Temple	2 h
4.	BRASSERIE BOFINGER, 3- 7 R. de la Bastille	1 h
6.	L'ARBUCI, 25 und 27, R. Buci	2 h
6.	VAGENENDE, 142, Bd. st. Germain	1 h
12.	LES GRANDES MARCHES, Pl. de la Bastille	1.15 h
14.	LE DOME, 1o8, Bd. Montparnasse	1 h
14.	LA COUPOLE, 1o2, Bd. Montparnasse	1 h
18.	CHARLOT, ROI DES COQUILLAGES, 12 Pl. de Clichy	2 h

Die Austern

K.F. von Rumohr: *„Mit jeder Auster, die du schlürfst, schlürfst du auch deinen Anteil am Ozean."*

Ich verrate Ihnen an dieser Stelle das Rezept, wie Sie einen Tag in Paris zum pariserischsten Tag, zum Höhepunkt, zum Fest- Tag machen können: Nehmen Sie einen schönen Frühjahrs- oder Herbsttag, gehen Sie nach dem kargen Hotelfrühstück in einen Park, in den Luxembourg, die Tuilerien oder in den Jardin des Palais Royal, oder schlendern Sie eine der vielen Marktstraßen entlang, am Buci, in der Rue Mouffetard, dann, so am späteren Vormittag, lenken Sie Ihre Schritte ins „GRAND CAFE", ins EUROPEEN (Bistro), ins „CHOPE D'ALSACE" oder eines der o.a. Lokale zu einem Dutzend Austern (man kann auch halbe Dutzend bestellen, „une demie douzaine").

Dies ist die Stunde der Wahrheit!

Die Seele fängt an zu schweben. Die Welt ist wie am Schöpfungstage: klar und unendlich. Ich habe Menschen gesehen, die dabei ein andächtiges Gesicht bekamen, voll tiefer Heiterkeit und mit einem überirdischen Lächeln.

Für den Nachmittag suchen Sie sich irgendetwas aus diesem Buch, was Ihnen persönlich Spaß macht. Zwischendurch immer wieder mal einen „BALLON“ am „ZINC“ eines alten Bistros, oder einen „PETIT NOIR“ am Tischchen eines Cafés. Währenddessen wählen Sie mit Bedacht ein Lokal „OU ON SE FAIT UNE BOUFFE“, um lang und feierlich zu soupieren.

Anschließend besuchen Sie ein Kabarett mit „Ambiance Authentique“, z.B. das „LAPIN AGILE“ oder das „CAVEAU DES OUBLIETTES“ und Sie werden, auch wenn Sie des Französischen nicht so mächtig sind, vom Flair eines solchen Abends entzückt sein.

Austern werden an der Atlantik- Küste gezüchtet, im Becken von Arcachon zum Beispiel. Nach drei Jahren, wenn sie erwachsen sind, gibt man sie noch in Klärteiche (Claires) mit reinem Meerwasser. Im geschlossenen Zustand leben Austern auch im Trockenen und bei ca. 4 Grad Celsius ein bis zwei Wochen.

Sie haben kaum Fett, wenig Kalorien, viel Vitamine, Eiweiß und Mineralstoffe, eine richtige Diätkost also.

Die <u>beiden Arten</u> der französischen Austern:

<u>PORTUGAIS</u>:
länglich, dick
Claires: einfache Austern
fines de Claires: etwa 2 Monate im Klärteich

Speciales de Claires: ca. 3 Monate im Klärteich

BELONS:

flach und glatt (die besten)

Die Qualitätsreihenfolge: Belons, Speciales, Fines, Claires

Die Handelsgröße wird in Nullen angegeben. Je mehr Nullen, desto schwerer sind sie, z.B. oo bis 77 g, ooo bis 87 g etc.

Zur Beruhigung für den Anfänger: Man muß schon ein sehr intimer Kenner sein, um mit verbundenen Augen die Unterschiede im Geschmack feststellen zu können.

Die Weine, die man dazu trinkt:
Grundforderung: weiß und trocken
am besten (u. teuersten): weiße Burgunder wie Chablis und Meursault
auch gut (u. nicht so teuer): Muscadet oder Riesling vom Elsaß.

Wie man sie isst:

Wie man sie ißt:

Wer noch nie welche gegessen hat, sollte zunächst seine Vorurteile vergessen und es wenigstens oder gerade in Paris einmal versuchen. Wie sagte der Fischhändler zum Asterix auf dessen Frage, warum er immer alte Fische verkaufe, wo man doch das Meer vor der Haustüre habe; die Fische kommen alle erst einmal nach Paris, und bis sie dann mit den Ochsenkarren wieder bei uns sind...

Man nehme die erste Auster aus ihrem Eisbett, sie darf nach gar nichts riechen, nur eben frisch, löse sie mit der kleinen Gabel von der Schale, u. U. 1 - 2 Tropfen Zitronensaft darüber, dann, ebenfalls mit Hilfe der Gabel, diese kühle Köstlichkeit reinschlürfen. Zwei bis drei Bissen in das weiße, glatte Fleisch eröffnen eine Harmonie des Geschmacks, darüberhinaus dann den erfrischenden Saft aus der Schale, einen Schluck Wein hinterher. Und - die Vorfreude auf die nächste! Zwischendurch ab und zu einen Bissen Graubrot mit Butter.

AUSTERN- HAUPTSAISON ist die Zeit zwischen September und April. Zu dieser Zeit sind sie am besten und frischesten.

Frankreich produziert mehr als 1o.ooo verschiedene Weine. Mit ein wenig System kann man aber, auch ohne Wein- Spezialist zu sein, einen ungefähren Überblick bekommen.

Zunächst die vier Qualitäts- Stufen:

A.O.C. „Appellation d'Origine Contrôlée" - Kontrollierte Herkunftsbezeichnung. Spitzenweine, die einer scharfen Kontrolle unterliegen, bezüglich Qualität, Anbaugebiet, Lage, Rebsorte, Höchstertrag pro Hektar, Anbau- und Verarbeitungsverfahren.

V.D.Q.S. „Vin Delimité de Qualité Supérieure". Weine hoher Qualität und bestimmter Herkunft. Auf dem Etikett steht der Name des Anbaugebietes.

Vins de Pays Landwein: Unverschnittene Weine bestimmter Gegenden. Auf dem Etikett ist das Departement oder die Produktionszone angegeben.

Vins de Table Tischweine: ohne innerfranzösische Herkunftsbezeichnung. Verschnittene Weine verschiedener französischer Anbaugebiete.

Die wichtigsten Anbaugebiete und ihre häufigsten Weine:

Sehr gute trockene Weißweine. Ich habe schon oft erlebt, daß Deutsche, von ihrem „Traubi - Cola" Liebliches gewöhnt, zunächst vom Elsässer enttäuscht waren, „...ist der sauer!", nach ein paar Flaschen aber keinen anderen mehr trinken wollten.

Die bekanntesten Weine: Riesling, Gewürztraminer, Sylvaner als Weiße, Pinot Noir als Rose- Wein.

VORSICHT: Der so bekannte Edelzwicker ist keine Rebsorte, sondern eine Mischung aus verschiedenen Weißweinen und variiert in der Qualität stark!

Im Elsaß gibt es noch sehr viele Privat- Kellereien, weniger die großen Genossenschaften. Kaufen Sie lieber bei den Caves Privées, als bei den Caves Cooperatives.

Was die Elsässer Weine zunächst so „sauer" erscheinen läßt: Sie sind endvergoren. Die Gärung wurde nicht chemisch abgestoppt, so hat der Wein Zeit, im Holzfaß ein Jahr reif und erwachsen zu werden und wird nicht als Halbstarker, gestützt durch ein Korsett aus Chemie, lieblich hergerichtet durch Zucker und die Blume Algeriens, gewaschen und gekämmt durch scharfe Filtration, als Sklave auf den Weihnachtsmarkt gestellt.

Als ergänzende Lektüre empfehle ich das Deutsche Weingesetz!

Das größte Anbaugebiet, das mit seiner Bodenbeschaffenheit und seinem ausgeglichenen Klima beste Weine hervorbringt. Was nicht bei allen Weinen gilt, hier ist dies der wichtigste Grundsatz: Je älter, je besser.

Bekannte Rotweine: St. Emilion, Medoc, Graves, Pauillac, St. Estephe, St. Julien, Margaux, Bourg.
Bekannte Weißweine: Sauternes, Entre- deux-Mers, Barsac.

Burgund und Maconnais - nicht nur als Gegend guter Weine, sondern auch durch eine exzellente Küche bekannt.

1. Die großen Rotweine der „Cote d'Or" (nördlich Beaune): die Grands Crus und Permiers Crus (sehr edel und sehr teuer), die Hautes Cotes de Beaune und andere (gut und erschwinglich).

2. Die Spitzen-Weißweine von Chablis (Chardonnay- Traube): Grands Crus und Lagenweine.

3. Der normale Weißwein Burgunds: der „Bourgogne Aligoté".

4. Im Maconnais: der berühmte Beaujolais.

fruchtige und unkomplizierte Rot- und Rosé- Weine, keine Spitzenerzeugnisse, aber gute V.D.Q.S.-Sorten.
Weiß: Cassis.
Rot: Bandol.

nördlich von Avignon ist das kleine Anbaugebiet des Châteauneuf- du- Pape, eines dunkelroten, feurigen und alkoholreichen Weines. Nördlich von Valence ist der Hermitage beheimatet, und im übrigen gibt es noch die „Côtes du Rhône - Villages" - recht gute „Vins du Pays".

überwiegend trockene Weiß- und Roseweine. Bei Nantes: der Muscadet. Weitere bekannte Namen: Anjou - Saumur, Côtes de Touraine, und die Weine von Orleans, Chinon, Vouvray, Pouilly und Sancerre.

WELCHER WEIN ZU WELCHEM ESSEN?

zu Fisch und Krustentieren:	trocken und weiß
zu Fleisch und Geflügel:	leichte Rote und Rose
zu Wild und Käse:	kräftige Rote
zu Dessert und Obst:	süß und weiß

WELCHE WEINTEMPERATUREN?

Trockene Weiße und Rose:	8- 12 Grad C
leichtere Rote (Beaujol.):	1o- 12 Grad C
Kräftige Rote (Burgund):	15- 16 Grad C
Elegante Rote (Bordeaux):	18- 19 Grad C
Süße und Champagner:	5- 8 Grad C

Weine liegend, dunkel und kühl aufbewahren. Rotweine dekantieren.

Champagner

Die SPEZIELLE TRAUBE, klein und als Dessert ungeeignet, wächst nur in der Champagne, der Gegend um Epernay und Reims. Ihr Saft wird wie normaler Wein mindestens ein Jahr im Holzfaß vergoren.

Dann wird er auf Flaschen gefüllt und mit „Sucre“ versetzt:

BRUT: besonders guter Wein mit nur 1- 2 % Sucre (Kandiszucker) = sehr trocken.

SEC: guter Wein mit etwas mehr Sucre. Trocken. Daher kommt das Wort Sekt.

DEMI- SEC: mittlere Qualität mit 5- 6 % Sucre. Halb trocken.

Und dann spricht man in Fachkreisen noch vom „Gout americain“ (Let's have schämpein.).

Die Flaschen werden mit einem provisorischen Korken verschlossen und zwei Jahre gelagert, in tief unter der Erde liegenden Felsengängen. Zwischendrin werden sie, mit dem Hals nach unten, in drahtartig angeordnete Tafeln gesteckt und nach rechts und links mit Viertel- und Halbumdrehungen gedreht, damit sich die Hefe am Korken ansammelt.

Dann kommt die schwierige Arbeit des „DEGORGEURS“: den provisorischen Korken abzuziehen, den Hefeansatz aus dem Hals zu entfernen und die Flaschen endgültig zu verschließen. In den großen Kellereien wird das heute alles maschinell gemacht. Das Drehen mit Rüttelvorrichtung, das Degorgieren mit Vereisungsapparaten.

Renomierte deutsche Sekthersteller verwenden etwa 2o % echten Champagnertraubensaft.

Der fidele Mönch, Dom Pérignon, erfand den Champagner.

Paris bei Nacht

1.) OPER, OPERETTE, BALLETT, KONZERT

Ein „Großer Abend", auch ohne Sprachkenntnis, in altehrwürdigen prunkvollen Häusern von hohem internationalem Niveau.

Ein Ballettabend in der Opéra Garnier z.B. ist unvergeßlich, ebenso ein Besuch in der modernen Opéra Bastille.

Konzerte finden in der Regel im Maison de la Radio, im Salle Pleyel und im Palais de Chaillot statt. Für Detailinformationen, Anfangszeiten, Spielorte etc. unbedingt nützlich der Blick ins „Pariscope".

2.) SCHAUSPIEL (STAATSTHEATER)

Der Genuß daran steht direkt proportional den Sprachkenntnissen, sagt man, aber läßt er sich nicht auch ins Optische umsetzen, z.B. in der Comédie Française, beim Anblick der stilechten Bühnenbilder und Kostüme einer Molière- Inszenierung? Es wird so komödiantisch- eindringlich gestikuliert, daß dem Spiel leicht zu folgen ist.

Übrigens, nirgends in der Welt, schon gar nicht in den Provinz- Theatern, werden die klassischen Bühnenstücke so werkgetreu aufgeführt, wie in Paris. Keine Experimente von Pseudo- Genies, sondern Respekt vor den Klassikern - eine Wohltat!

3.) PRIVAT- THEATER

Auch hier kann der Besuch für Sprachunkundige zur „Augenweide" werden. Mit wenigen Ausnahmen agieren an diesen Bühnen beliebte Stars von Film und Fernsehen.

4.) MUSICAL, VARIETÉ UND MUSIC- HALL

Unter Varieté versteht sich beispielsweise das traditionsbewußte Olympia mit weltbekannten Artisten und Chansoniers von Piaf bis Valente.

Echte Music- Halls sind rar geworden, seit man die größte, das „Bobino", in eine Show - Disco umwandelte, aber „Belle Epoque" oder „Alkazar" zählen sich dazu.

Musicals bringt man auf Theaterbühnen wie „Théatre de la Ville", „Mogador" und im „Trianon".

In Paris fällt die große Spannweite des Repertoires der einzelnen Bühnen auf. Bei uns ist man da viel mehr spezialisiert.

Das Theaterleben in Paris ist so brillant und interessant, daß es unmöglich ist, es erschöpfend zu beschreiben. Riesengroß ist das Angebot an Aufführungen in glanzvollem gediegenem oder originellem Rahmen. Einmalig ist die Treue der Pariser zu ihren Bühnen-Klassikern, alle Theater, ob groß oder klein, spielen immer wieder ihren Molière, Zola, Beaumarchais. Auch Theater mit Namen wie „Bouffe Parisienne", „Théâtre de Paris" oder solche am Montmartre (Dix Heures, Lysée, Atelier) haben „seriöse" Spielpläne. Und die vielen kleinen, wie hübsch und unterhaltend sie sind!

Wer einmal einige Kostproben genommen hat, kann damit nicht mehr aufhören. Ich kenne Leute, die die Sehnsucht nach Paris treibt, dort wieder einmal einen Theaterabend zu erleben, obwohl sie die französische Sprache gar nicht beherrschen.

Hier gilt dasselbe, wie für die Museen: „Nur Mut!" Nehmen Sie Ihr „Pariscope", schlagen Sie es dort auf, wo am Außenrand der Seiten „Théâtre" steht und wählen Sie blind - falls Sie sich nicht schon etwas Besonderes vorgenommen haben.
Dort finden Sie auch Reservierungsadressen und Telefonnummern. Abonnements in der Comédie Française werden von Generation zu Generation vererbt.

Ein Ereignis der jüngeren Vergangenheit möchte ich besonders würdigen: die Ernennung des ODEON zum „EUROPÄISCHEN THEATER". Damit geht Paris, wie schon so oft in seiner Geschichte, wieder einen Riesenschritt voraus. Diesmal wurde eine kühne Vision aufgegriffen und in die Realität umgesetzt: europäische Begegnungen in der Kunst. Nicht umsonst wurde das dafür würdige ODEON- THEATER gewählt, in dessen Mauern sich schon oft historisches abspielte. Hervorgegangen aus der Comédie Francaise war es in der Folge „Theater der Kaiserin", während der Revolution „Theátre L'Egalitée", dann „Theátre de France", zuletzt „Nationaltheater". Nun hat es sich zum Ziel gesetzt, die gesamte Kultur Europas widerzuspiegeln. Die Stücke werden jeweils in ihren Originalsprachen aufgeführt.

5.) BOITE DE NUIT
(Nachtlokal vom Typ „Crazy Horse Saloon")

(Siehe auch unter „Parisex"): ob typisch Paris, ist eine Streitfrage. Die Preise dort sind keine Streitfrage. Höchstens, ob man sie zahlen kann.

6.) BOITE DE NUIT (Typ „Striptease vulgär")

Hauptsächlich in der Gegend von Place Pigalle und Place Blanche (18. Arr.). Wie in der Münchner Goethestraße und in Hamburgs Sankt Pauli.

7.) Boite de nuit (Typ „Kellerlokal")

Hauptsächlich im 5. und 6. Arr. Literarisch, avantgardistisch, folkloristisch, politisch usw.

Hier sind Sprachkenntnisse wünschenswert, ansonsten müssen Sie sich eben an dem Anblick der Kostüme der Lautensänger erfreuen und die schaurig-tiefen Kellergänge (z.B. im „Cave des Oubliettes", 5. Arr.) besuchen.

8.) DISCO

Sie sind meist kleiner, intimer und gemütlicher als bei uns, oft in mittel-

alterlichen Kellern. Einige neue Hyper- Discos allerdings sind exzentrischer als anderswo.

9.) DINER- SPECTACLES UND CAFE- THÉÂTRES

Die Unterschiede sind nicht klar zu definieren.

ETABLISSEMENTS, wo man neben dem Genuß von Chansons, Boulevardtheater, literarischer Kleinkunst etc. auch gleichzeitig den Genüssen des Gaumens zusprechen kann, also dinieren, soupieren oder ganz einfach trinken.

z.B.Chansons und Poesie: Au Lapin Agile (18.Arr.9 Montmartre 22, Rue des Saules **M:** Lamarck -Caulaincourt. Tel: O1 46 O6 85 87

Die „CAF'CONC" (Cafe- Concert), wie sie ursprünglich hießen, sind eine typische Pariser Spezialität. Spontanität ist eine ihrer Eigenschaften. Sie kommen und gehen, wechseln Besitzer, Milieu und Namen. Einige Vorschläge sind in den Arrondissements (besonders: 4.- 6. 14., 16. und 18. Arr.), sonst: Pariscope.

Pariscope Internet: www.pariscope.fr

TEL.: ANSAGE DER VERANSTALTUNGEN IN DEUTSCHER SPRACHE: o1 49 52 53 57

Eine Vorschau auf alle Veranstaltungen bekommt man bei Paris-Spectacle-Kartenservice Tel. o6252 / 746 18 Fax: o6252/ 9821o4
e-mail: ParisSpectacle@t-online.de www. paris-spectacle.de

PARISEX

Die Assoziation „Paris" und „Sex" enthält viel abgestandenes Klischee (siehe auch Kapitel „Paris und die Pariser") und die zunehmende Vermarktung brachte viel Spreu und wenig Weizen. (Siehe auch: „PARISCOPE", Paris la Nuit - Spectacles Erotiques.)

1.) SHOPS

Untere Hälfte der Rue St. Denis (Les Halles), zwischen Place Pigalle und Place Blanche (Montmartre) und Rue de la Gâite (Montparnasse).

2.) SHOWS

Strip elitär bis karikierend

Crazy Horse
(8. Arr.) 12, Av. Georges V **M:** Georges V. Tel. o1 47 23 32 32 Fax o1 47 23 54 54 www.lecrazyhorseparis.com

Ausstattungs- Super- Revuen

(Vorbestellung empfohlen!)

Moulin Rouge
(18. Arr.) 82, boul.de Clichy **M:** Blanche
Tel. o1 53 o9 82 82 Fax o1 42 23 o2 oo www.moulin-rouge.com

Paradis- Latin
(5. Arr.) 28 Rue du Cardinal Lemoine, **M:**Cardinal Lemoine Tel. o1 43 25 28 28 Fax o1 43 29 63 63 www.paradis-latin.com

Lido
(8. Arr.) 116bis, Ch. Elysées, **M:** Georges V. **RER:** Charles-de-Gaulle-Étoile Tel. o1 4o 76 56 1o Fax o1 45 61 19 41 www.lido.fr

La Belle Epoque
(2. Arr.) 36, Rue des Petit Champs, **M:** Pyramides **RER:** AUBER Tel. o1 42 96 33 33 Fax o1 49 27 o3 42 www.belleepoqueparis.com

Folies Pigalles
(9. Arr.) 11,Place Pigalle, **M:**Pigalle Tel. o1 48 78 25 56

„L'Elephant Bleu":
(8.Arr.) 49, Rue de Pontheu, Tel. o1 43 59 58 64,

3.) ALLGEMEINES

Prostitution

Bordelle sind in Frankreich seit 1945 verboten. Ein wachsames Auge, aber eben nur eines, über die „Belles de la Nuit" (auch Turf, Tapin, Pute oder Respectueuse genannt), hat die „Brigade Mondaine" - sie heißt wirklich so - in der Prefecture de Police.

Die Gummiwarenindustrie verdient auf diesem Sektor wenig - Vorsicht also! Ein Beamter der Brigade Mondaine riet eindringlich, vor allem vor den „Les Cabarets" zu warnen, den Lokalmiezen, wegen ihres erhöhten Sitzpunktes auf Barhockern manchmal auch „Echassieres" genannt, die im Verein mit Barkeepern und Zuhältern den ahnungslosen Touristen manchmal schröpfen, daß dem die Lichter ausgehen.

Der normale Straßenstrich: die Rue St. Denis und ihre Seitengässchen, z.B. Rue Blondel rund um die Place Pigalle, rund um die Madeleine und in Richtung Oper, dort allerdings, wie auch auf den Champs- Elysées, die etwas teurere „Venus im Pelz"

Der gehobene Straßenstrich, meist motorisiert: Avenue Foch, rund um den Arc de Triomphe, Rue Tilsit, Rue Presbourg.

„Sur l'herbe" = im Grünen: Homos, Transvestiten und Nüttchen im Bois de Boulogne.

Paris und die Kleinen

Wo Sie Ihre Kinder abgeben können (vorübergehend natürlich):

1.) KID Service, 17, Rue Molière (1. Arr.) Tel. o1 42 61 9o oo. Fax o1 42 61 55 oo www.kidservices.fr

2.) Agence N.A.P.P. (Nurse au Pair Placement) 16, Rue Le Sueur 75116 Paris Tel. o1 45 oo 33 88 oder

3.) Sagad 12, Rue Boyer Barret 75o14 Paris Tel.o1 45 42 29 29 www.sagad.com

Besser:

Wo Sie mit Ihren Kindern hingehen können, damit sie auch ihren Spaß an Paris haben:

1)Jardin d´enfants des Halles:

1o5, Rue Rambuteau 75oo1 Paris (Mo. zu) Abenteuer für Kinder von 7-11 Jahren **M**: Châtelet.

2)Jardin d'Acclimatation: Bois de Boulogne, 75o16 Paris

Nach einem Besuch dieses Kinderparadieses werden Sie in Zukunft auch auf den Gesichtern Ihrer Kinder jenes gewisse Leuchten sehen, wenn der

oder ganzKleinen

Name Paris fällt. Nur eine kleine Aufzählung: Bootsfahrten, Bowling, Miniatur - und Kinderzüge, ferngesteuerte Spielboote usw.

Winter: 1o- 18 Uhr, Sommer: 1o- 19 Uhr. **M**: Porte des Sablons.

3)Euro Disney Resort

s.S.385

4)Cité des Sciences et de l'Industrie:

Cité des enfants 3-12 J. Techno-Cité ab 11 J. s.357

5)Zoos

Bois de Vincennes
M: Porte Dorée, offen von 9-18.3o Uhr (u. Marionetten - Theater)

Jardin des Plantes
57, Rue Cuvier 75oo5 Paris Beim Gare d'Austerlitz, an der Seine. Klein, aber sehr hübsch. Menagerie. M:Jussieu, Gare D´Austerlit

6)Zirkus

Cirque de Paris
Une journée au Cirque 115, Boul.Charles-de-Gaulle 92329 Villeneuve-la-Garenne Tel.: o1 4799.4o 4o

Cirque d'Hiver
11o, Rue Amelot, 75o11 Paris Tel. o8 92 68 o8 92
M: Filles du Calvaire.
Nur im Dez.: Mi., Sa., So.!

Cirque Alexandra Bouglionne
Tel. o1 45 oo 87 oo **M**:

Porte Maillot imJardin d'Acclimatation, Bois de Boulogne 75o16 Paris

Marionettentheater

Marionette du Luxembourg
Jardin du Luxembourg.

Marionette du Champ de Mars
Nähe Eiffelturm.

Marionettes du Champs- Elysées
Untere Champs- Elysées rechts. Kasperltheater „Guignol".

Spielplatz:

Jardin du Luxembourg
zwischen Rue Guynemer und Boul.Saint-Michel 75oo6 Paris
RER B: Luxembourg

PARIS von A - Z

Notarzt SAMU-24-Std-Ambulanz: 15 Polizei- Notruf: 17
Feuerwehr: 18

ADRESSE
DEUTSCHE ADRESSEN

Botschaft

(8. Arr.) 13-15, Av. F.D. Roosevelt Tel: o1 5383.45 oo Fax: o1 4359.74 18 E-mail: info@amb-allemagne.fr www amb-allemagne.fr **M**: Franklin D. Roosevelt

Konsulat

(16. Arr.) 311, Rue Marbeau Tel.: o1 5383.45oo, Fax: o1 472o o16o E-mail: service consulaire@amb-allemagne.fr **M**:Porte Maillot / Porte Dauphine

DER=DB France

(2.Arr.) 45, Av. de l'Opéra oder 4, Rue d´au Nou Tel.: o1 4742.o7o9

Lufthansa

(2. Arr.) 1o6, Boulevard Haussman Tel. o8 2o33o.33o Mo-Fr 9-18 Uhr = Star Alliance Sales Office, 15 Airlines!

Flughafen 24Std Service o8 o2 o2o o3o Charles- de- Gaulle: o1 48 62 12 12 Orly Sud: o1 49 75 15 15, für beide: o1 48 62 22 8o

Deutsch- französisches Jugendwerk (OFAJ, Office Franco Allemand pour la Jeunesse)

(13. Arr.) 51, Rue de l'Amiral Monchez. Tel. o1 4o 78 18 18 Fax - 88 für Studenten und Arbeitssuchende

In der BRD:

Berlin o3o 288 757- o Fax -88 für

Schüler

Arbeitsgebiete: Ferienprogramme, Ski-, Segel-, Sprachkurse usw., Hilfe bei Schulbesuch und Studien, Arbeitsaufenthalte, Au- pair-Vermittlungen usw.

Goethe Institut

(16. Arr) 17, Av. d'Iéna

Tel.: o1 4443.92 9o, Fax o1 4443. 924o www. goethe.de/fr/par

M: Iéna

Aussenstelle für Sprachkurse: 31, Rue Condé Tel. o1 4o 46 69 6o **M**: Odéon und das Heinrich Heine Haus in der Cité Universitaire 27 C, Boul.Jourdan, 75o14 Paris Tel: o1 4416.16oo

ÖSTERREICHISCHE ADRESSEN

Botschaft

(7. Arr.) 17, Ave. Villars Tel. o1 4o 63 3o 63 **M**: Invalides

Austrian Airlines

kein eigenes Stadtbüro, s.o. unter LH star alliance Ticket Service Flughafen, Tel.: o8 o2816.816

Austrian Airlines

(7. Arr.) 3o Bd. des Invalides

Tel.: o1 47o5.27 1o, Fax o1 47o5.26 42 E-mail: autrcult@onenet.fr
M: Francois Clavier

SCHWEIZER ADRESSEN

Botschaft
(7. Arr.) 142, Rue de Grenelle
Tel. / Fax: o1 4955.67oo oder o1 53 69.63oo (Visa) E-mail: vertretung@par.rep.admin.ch
M: Latour Maubourg Mo - Fr. 9-12 Uhr Tel.innerh. Frankr: oo 8oo 1oo 2oo 3o

Konsulat
(15.Arr.) 13, Rue du Laos
Visa-Abteilung Tel.: o1 4566. oo8o Fax: o1 4o 61 91 95 **M**: Champ de Mars

Swissair
(2. Arr.) 45, Av. de l'Opéra
Tel.: o1 53 45 48 2o, Fax o1 53 45 48 231 **M**: Opéra
Charles- de- Gaulle CDG 2: Ticket-service: Tel.: o48 16 5o oo, Fax o1 48 16 5o o9

Schweizer Kultur-Zentrum
(3. Arr.) 32, Rue Francs Bourgeois
Tel.: o1 4271.44 5o, Fax o1 4271.51 24 www.ccsparis.com

ARZTBESUCH

SOS Medicine, 24 Std.
Tel.: o1 47o7.77 77

Notarzt (SAMU) Tel.: 15

Krankenwagen
Tel.: o1 4o44.4345
Verbrennungen bei Kindern
Tel.: o1 4473.6254, bei Erwachsenen Tel.: o1 4234.1758
Vergiftungen
Tel.: o1 4oo5.48 48
SOS Dentaire (Zähne)
Tel.: o1 4337.51 oo

Für die **Begleichung der Rechnungen** aus ambulanter oder stationärer Behandlung gibt es drei Möglichkeiten:

1)
Anspruchsausweis E 111 von der jeweiligen Krankenkasse. Vorgang:

a) man geht mit E 111 zum behandelnden Arzt,

b) man bezahlt den Arzt, sodann bestätigt dieser auf einer Art Krankenschein, dem sog. „Feuille de soins", seine ärztlichen Leistungen und die Personalien des Patienten,

c) der Patient geht mit dem „Feuille de Soins" zur Krankenkasse „Caisse primaire d'assurance maladie" (Adresse beim jew. Arzt erfragen), wo er Teile des bezahlten Betrages zurückerstattet bekommt.

d) bei Medikamenten: in der Apotheke erst bezahlen, blaue oder weiße Etiketten auf den Krankenschein kleben, dann Anteile der bezahlten Beträge bei der o.a. „Caisse primaire" zurückfordern.

2)
Man sucht einen frz. Arzt als Privatpatient (ohne E 111) auf. Vor-

gang:

a) Rechnung bezahlen, bestätigen lassen, der heimischen Kasse vorlegen.

b) Diese Kasse zahlt aber nur noch die landesüblichen, d.h.französischen Anteile zurück!

Die Möglichkeiten 1) und 2) haben zwei erhebliche Nachteile:

a) umständlicher Verwaltungskram. Ohne Sprachkenntnisse kann noch ein weiteres Krankheitsrisiko dazukommen: Gastritis oder Herzinfarkt.

b) Teuer. Die Eigenanteile sind wesentlich höher als bei uns: bei stationärer Behandlung 2o Prozent! Bei Medikamenten mit blauem Etikett: 6o Prozent, mit weißem Etikett: 3o Prozent.

3)
Private Auslandskrankenversicherung. Unbedingt zu empfehlen!!!

Kosten: um die 2o DM / Monat.
Vorgang:

a) Begleichung der Arztrechnung.

b) Volle Rückerstattung vom Versicherer.

Anbieter: Reisebüros, Banken, allg. Versicherungen (die man vielleicht sowieso schon hat) oder u.a. ADAC, dort für Mitglieder günstige Jahresversicherungen, Familientarife etc. Vorher Anbieter vergleichen lohnt sich.

APOTHEKEN

Rund um die Uhr geöffnet sind:

Pharmacie „Déry"
In der Galerie des Champs **M**: George V. (8. Arr.) 84, Champs-Elysées, auf halber Höhe in Richtung Arc de Triomphe.

Auch Sa., So. u. feiertags.
Tel.: o1 4562.o241.

Gegen Gebühr (15 Euro) werden Medikamente auch ins Haus/Hotel geliefert!

Länger als normal:

Pharmacie Opéra Capucines

M: Opéra, (9. Arr.) 6, Bd. des Capucines, Tel.: o1 4265.8829
9 - o.3o Uhr

Pharmacie Internationale:
5, Place Pigalle 75oo9 Paris Tel.: o1 4878.3812 tägl.bis 0 Uhr, Sa bis 1

Drugstore Champs-Elysées
133, Av. des Champs-Elysées, 75oo8 -Paris, Tel.: o1 472o.3925 geöffnet tägl. bis tief in die Nacht.

ANTIQUITÄTEN

„**Le Louvre des Antiquaires**" (1. Arr.) 2, Pl. du Palais Royal 11-19 Uhr ausser Montags. **M**:Palais-Royale. Über 3 Etagen und 1o.ooo qm. Wegen hohen Mieten sind viele Händler ausgezogen.

„**Village Suisse**"
M: La Motte Picquet, bei der Militärakademie, (15. Arr.) 78, Av. du Suffren Do.- Mo 1o.3o- 19 Uhr

„Village Saint-Paul „
M: Rue St.Paul. Do. - Mo. 11-19 Uhr

„Triangle rive droite“
Av. Matignon, Rue du Faubourg St.-Honoré, Rue de Miromes-nil
M:Miromesnil

„Carré rive gauche“
Rue du Bac, Rue de Lille,Rue de Beaune, Rue des Sts. Pères, Rue de Verneuil, Quai Voltaire. **M:**Rue du Bac, RER C: Musée d´Orsay. www.carrerivegauche.com Hier finden zweimal im Jahr Speziell organisierte Ausstellungen und Aktionen statt!

Straßen:
Rue Jacob, Le Marais, Rue Saint Denis, am Parc Monceau. Rue de Seine, Rue Bonaparte, Rue Jaques-Callot.

Antiquitätenmesse:
Biennale des Antiquaires, meist im Herbst!

ÄRGER MIT DEM AUTO

Automobilclubs, Verhalten bei Pannen und Unfällen: siehe im Kapitel „Anreise mit dem Auto“.

ADAC-Notruf rund um die Uhr:
Tel.: **o4 72 17 12 22.**

Für AIT-Mitglieder (Schweiz) Tel.: o8 oo o8 92 22.

Pannenhilfe auf Autobahnen über Notrufsäulen .
Polizei-Notruf bei Unfall Tel.: **17**

France - Clés

(verlorene Autoschlüssel)
21, Bd. de Sébastopol, Di.- Sa. 8.3o-13 und 14- 18.3o Uhr, Mo. vormittags zu.
Wenn man die Nummer des Schlüssels notiert hat, kann man hier Nachschlüssel bestellen. Ausnahme: japanische Autos.

Straßenzustandsberichte: Paris und Umgebung Tel. o1 48 99 33 33

AUKTIONEN

Hotel Drouot, 9, Rue Drouot, Tel. o1 48 oo 2o 2o **M:**Richelieu-Drouot ist das älteste Auktionshaus der Welt. Es gibt noch 4 weitere Filialen in Paris. Jeden Freitag kommt das Programm des Hótel Drouot in Form der Broschüre „Gazette de l´Hôtel Drouot“ neu heraus und ist an den Zeitungskiosken erhältlich. www.gazette-drouot.com

AUSKUNFT

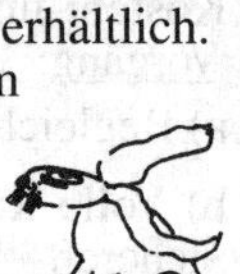

Siehe auch unter Adressen.

Amtl. Franz. Reisebüro
Office de Tourisme et des Congrès de Paris
M: George V. RER: Charles-de-Gaulle-Étoile (8. Arr.)
127, Av. des Champs- Elysees, 9- 2o Uhr tägl. offen, 1.1, 1.5 und 25.12 zu Tel.: o8 3668.3112
Email:info@paris-touristoffice.com
www.paris-touristoffice.com

Zweigbüros im Gare de Lyon
Tel.: o1 4343.3324 und

Eiffelturm (Mai- Sept. 11- 18 Uhr)
Telefonische Auskünfte über Veranstaltungen rund um die Uhr und auf deutsch über Tel. o1 49 52 53 57.

Städtisches Touristenbüro
Mairie de Paris, Empfangsbüro (4. Arr.) 29, Rue de Rivoli
M: Hotel de Ville
Tel.: o1 427.64343

Paris im Internet :
www.paris-capital.com,
www.paris-france.org,
www.franceguide.com

AUSSICHTS-PUNKTE

* **Kaufhaus La Samaritaine,** Tipp! Dachterrasse, siehe 1. Arr.
* **Eiffelturm**, Wahrzeichen von Pa ris, 3oo m, höchster und bester Rundblick, siehe 7. Arr.
* **Arc de Triomphe**, im Westen des Stadtzentrums, 36o Grad Panora mablick auf sternförmig Avenues, siehe 8.Arr.
* **Notre Dame**, absolut zentral, Quasimodo Blick, siehe 4. Arr.
* **Tour Montparnasse**, mit Abstand höchstes Bürogebäude im südl. Zentrum von Paris. Aussicht in 56. und 59. Etage. Siehe 15. Arr.
* **Centre Georges Pompidou** Zentrumsblick, siehe 4.Arr.
* **Sacre Coeur**, Hügel am nördlichem Zentrumsrand. Lohnt unbedingt, Terrasse und Turm, siehe 18. Arr.
* **Parc von Belleville** 2o.Arr.
* **Grande Arche**, Paris La Défence. Außerhalb des Stadtzentrums mit Fernblick über Paris. siehe nach 8. Arr.

AUSSTELLUNGEN

Alle Details über neueste Ausstellungen im „**Pariscope**“ oder „**L'Officiel des Spectacles**“ sowie im „**Télerama**“. Erscheinen wöchentlich, erhältlich in Kiosken.

BADEN

Aquaboulevard de Paris
4, Rue Louis Armand (15.Arr.)
M: Balard Mo-Do 9-23 Uhr Fr.9-24 ,Sa 8-24,So 8-23 Uhr. Wellenbad und Riesenrutschen!

Piscine des Halles
Forum des Halles Niveau 3 (1. Arr.) 1o,Place de la Rotonde Tel.: o1 42 369.844 **M**: Châtelet- les- Halles). Billard + Sportzentrum.

Piscine St. Merri
16, Rue de Renard (4. Arr.)
Nähe Pompidou -Center, Tel.: o1 42 76.78o1 **M**: Hôtel de Ville, Rambuteau.Montagsgeschlossen. Wassergymnastik

Piscine Reuilly
13, Rue Hénard (12.Arr.), Tel.: o1 4oo2.o8o8.

Hamman Dampfbad
39, Rue Geoffroy Saint-Hilaire im

5. Arr. Plüsch, Tee, Dampf und ... Dies getrennt für Männern und Frauen

BAHNHÖFE

Siehe Kapitel „Anreise-Zug“.

BEGRÜSSUNGS-KÜSSCHEN

man beginnt links, d.h. man küßt die rechte Wange des Gegenübers! In Paris 4 mal, im restlichen Frankreich 2 mal

BUSSE

Siehe Kapitel „Transport in Paris“ Seite 32

BUCHHANDEL

FAST ALLES:

Joseph Gibert
(5. Arr.) 26- 3o, Bd. St. Michel
www.gibertjoseph.fr

Gibert Jeune
(5. Arr.) 5, Pl. St. Michel

FNAC
(6. Arr.) 136, Rue de Rennes
(8. Arr.) 26, Av. de Wagram
(1. Arr.) Forum des Halles
www.fnac.fr

SPEZIAL BUCHHANDLUNGEN

La Hune
Kunst, (6. Arr.) 17o Bd. St. Germain

Caligrammes
Deutsche Bücher in dt. Sprache (also nicht: Molière auf deutsch), (5. Arr.) 8, Rue de la Collegiale.

Galignani
Eine der ältesten Buchhandlungen von Paris: 224, Rue de Rivoli

Guénégaud
Alles über Frankreich: Rue de l´Odéon

Le Moniteur
Architektur und Städtebau: Place de l´Odéon

Le Coup -Papier
Theater und Film: Rue Bonaparte

Librairie des Femmes
Alles über Frauen, (6. Arr.) 74, Rue de Seine.

L. des Alpes
(6. Arr.) 6, Rue de Seine

L. du Spectacle
Alles über Theater (6. Arr.) 39, Rue de Seine

L. de Medicis
Mystik, Esoterik, Alchimie und Zen, (6. Arr.) 3, Rue de Medicis

Monte Christo - L. Jules Verne
Erst- und Sonderausgaben. (5. Arr.) 5, Rue de l’Odéon und 7, Rue Legrange

L. Ulysse
Reise und ferne Länder. (4. Arr.) 26, Rue St. Louis- en- l’lle

L. „Shakespeare u. Co.“
Originelle Buchhandlung, Antiquariat, (5.Arr.) Square Viviani.

La Maison de la Presse
Unmassen an Zeitschriften. 93, Rue Montmartre (2. Arr.)

Librairie de Images
auf mehreren Stockwerken Unmengen von Comix. 84, Bd.St.Germain (5. Arr.)

CAMPING

Infos:

Camping Club de France
5bis, Rue Maurice Rouvier Paris 14, Tel.: o1 4548.3oo3, Fax: o1 4544 8416. www.campingclub.ass.fr E-mail:secretariat@ campingclub.asso.fr

Fédération Francaise de Camping
78, Rue de Rivoli, 75oo4 Paris Tel: o1 4272.84 o8, Fax: o1 4272 7o21 www.campingfrance.com

Campingverzeichnisse beim Office de Tourisme.

Weitere Details siehe auch Kapitel „Unterkunft“.

CAFE - THEATER

Eine typische Pariser Spezialität. Spontanität ist eine ihrer Eigenschaften. Revuen, Parodie, Chansons, Kabarett, Neues, Originelles. Vorschläge sind in den Arrondissements beschrieben (besonders: 4.bis 6., 14., 16. und 18. Arr.), sonst: „Pariscope“.

CD's

Auf ins größte Geschäft für CD's von Frankreich:

Virgin Megastore
52, Champs- Elysées
Métro George V. Auch in der Louvre- Pyramide! www.virgin.fr

Gibert Jeune
5 Pl. St. Michel
www.gibertjoseph.fr

FNAC
eine der größten CD'-Ketten von Paris mit breitem Angebot und meist günstigen Preise. www.fnac.fr

Shops u.a.:
* 24, Boulevard des Italiens,
* 4, Place de la Bastille
* Forum des Halles

DIEBSTAHL

Bei der nächsten Polizeidienststelle die „declaration de vol“ ausfüllen (für die Versicherung). Bei Paßverlust: mit dieser Erklärung zur Botschaft (siehe “Adressen“)

EINKAUFEN

Siehe auch unter „Mode“, „CD's“, „Galerien“, „Buchhandel“ und „Märkte“.

WARENHÄUSER

Die haben meist auch schicke Boutiquen. Das Älteste ist:

Au Bon Marche
(7. Arr.) 22, Rue de Sèvres
M: Sèvres- Babylone. Donnerstags bis 21 Uhr. Sehr gute Lebensmittelabteilung mit Weinkeller!

Samaritaine
(1. Arr.) 19, Rue de la Monnaie **M**: Pont Neuf RER: Châtelet-les Halles Donnerstags bis 22 Uhr Schon das Gebäude selbst ist sehenswert - ein Meisterwerk des Jugendstils! Aussichtsterrasse auf die Skyline von Paris!

Samaritaine de Luxe
(8. Arr.) bei Opéra Garnier

Les Trois Quartiers (Madelios)
(1. Arr.) 23, Bd. Madeleine, **M**: Madeleine

Printemps
(9. Arr.) 64, Bd. Haussmann, **M**: Havre- Chaumartin RER A: Auber www.printemps.fr Donnerstags bis 22 Uhr. Viel Mode und große Kosmetikabteilung. Ausgesprochen schöne Glaskuppel im Zentrum des Kaufhauses.

Galeries Lafayette
(9. Arr.) 4o, Bd. Haussmann,
M: Chaussee d'Antin, Havre Caumartin RER A: Auber www.galerieslafayette.com Donnerstags bis 21 Uhr geöffnet. Jeden Mittwoch ist kostenlose Modenschau. Reservierung Tel.: o1 4874. o23o. Architektur mit großer Glaskuppel, versteckte Aussichtsterrasse mit Parisblick.

Belle Jardiniere
(1. Arr.) bei Pont Neuf

Bazar de l'Hotel de Ville (BHV)
(1. Arr.) 54, Rue de Rivoli, **M**: Hotel de Ville www.bhv.fr Mittwochs bis 22 Uhr geöffnet. Unmengen an Werkzeug, im Umfeld viele kleine Läden.

EINREISE

Reisepaß oder Personalausweis reicht aus, praktisch und sicherer ist es, beides mitzunehmen, falls ein Dokument deponiert werden muß (Camping/Hotel etc.), den zweiten Ausweis brauchen Schweizer z.B. für Geldwechsel auf Banken. Bei einem Aufenthalt über 3 Monate ist eine behördliche Aufenthalts-Genehmigung erforderlich. Weitere Details siehe „Zoll".

Für das Auto Fahrzeugschein und Führerschein. Grüne Versicherungskarte ist ratsam.

Hunde oder Katzen benötigen ein amtstierärztliches Impfzeugnis gegen Tollwut. Impfung muß mind. 1 Monat zurückliegen, und darf nicht älter als 1 Jahr sein.

FAHRRAD-VERLEIH

Maison Roue Libre
Fahrradservice der RATP. 95bis, Rue Rambuteau (1.Arr.)**M**: Les Halles Tel.: o1 5346.4377
www.ratp.fr

ParisVelo
2, Rue du Fer à Moulin (5. Arr.), **M**: Censier- Daubenton. Tel.: o1 4337 5922

Paris à vélo c'est sympa!
37, Boul. Bourdon (4.Arr.) **M:** Bastille Tel.: o1 4887.6oo1

www.parisvelossympa.com
E-mail:info@parisvelosympa.com

FEIERTAGE

1. Januar, Ostern, 1. Mai, 8. Mai, Himmelfahrt, Pfingsten, 14. Juli, 15. August, 1. und 11. November, 25. Dezember

Jour de fêtes
FESTSPIELE

Neujahr - Grand Parade de Paris

Febr. Festival du Imaginäre, Maison des Cultures du Monde

März bis September: Les Nouveux Plaisirs de Versailles

März: Festival du Film

21.Juni - Fête de la Musique

14.Juli - Nationalfeiertag Militärparade und Riesenfeuerwerk

Juni-Juli - Jazzfestival im Parc de La Villette und im Bois de Vincennes

Juni-Juli - Chopin-Festival in der Orangerie de la Bagatelle im Bois de Boulogne

Mitte Juli - Ende August: Open Air Kino Festival in La Villette. Pro gramm im Pariscope - Liegestühle zum ausleihen. Eintritt frei.

September: Seine-Festival

Der Musikalische Herbst in Versailles

Ravel-Tage im Oktober

Festival Claude Debussy alle zwei Jahre Ende September, Anfang Oktober

Wichtigstes Pariser Kulturereignis : Festival d'Àutomne à Paris (Herbstfestspiele Ende Sept.- Ende Dez.)

Während eines Paris - Aufenthaltes: nachschauen im „Pariscope"

FUNDBÜRO

Bureau des Objekts trouvés

(15. Arr.) Préfecture de Police, 36, Rue des Morillons
M: Convention

Mo.- Fr. 8.3o - 17Uhr Die.+Do. bis 20 Uhr. Tel.: o1 5576.2020

GALERIEN

Kunstkauf und -verkauf ist Vertrauenssache. Wer sich auf dem Kunstmarkt nicht auskennt, sollte lieber die Finger davon lassen. Galerien kommen und gehen, was dort gerade zu sehen und zu kaufen ist, ändert sich zum größten Teil laufend und ist am besten und aktuellsten zu ersehen im „Pariscope" unter „Expositions dans les Galeries".

In vielen Galerien liegt ein kostenloses Informationsblatt der ASSOCIATION DES GALERIES über alle Austellungen, Öffnungszeiten mit Adressen und Lageplan aus.

Die jüngste, abstrakte Kunstszene entwickelt sich im * BASTILLE-

VIERTEL (Rue du Lappe, Rue Keller, Rue Charonne) und in der Passage Thiéré. Die zahlreichsten und vielseitigsten Galerien aber findet man im * 6. ARRONDISSEMENT (École des Beaux Arts!).

* ALTE STICHE: zwischen Palais Luxembourg und Place Odéon sind Fundgruben: Rue Condé, Rue Monsieur le Prince.

* GALERIEN: u.a. in der Rue Jacob, Rue Callot, Rue Tournon. - Für einen gemütlichen Galerienbummel em-pfehle ich die Rue de Seine und ihre Seitengassen, zwischen Bd. St. Germain und der Seine, wo jeweils in 7 Häusern 5 Galerien sind. Der Gang durch dieses lebendige und malerische Altstadtviertel ist ein Vergnügen.

Im Jahre 1997 entstand das * VIADUC DES ARTS für junge und angewandte Kunst. Ausstellungsräume und Werkstätten für Designer, Künstler, Handwerker in den alten Gewölben. Cafés, begrünte Arkaden und Plätze beleben das heute restaurierte Viadukt, auf dem einst die Züge von Bastille nach Vincennes verkehrten:
9 bis 129, Ave. Daumesnil 75012 Paris **M:** Bastille, Gare-de-Lyon RER A: Gare-de-Lyon. Tel.: o1 4475 8o66 www.viaduc-des-arts.com

* AVANDGARDISTEN: zwischen Belleville und Ménilmontant haben sich die wirklichen Avantgardisten niedergelassen. Besonders im Trend liegt das Viertel Oberkampf, wo die Lokale und Bars entlang der Rue Oberkampf wie Werkstätten eingerichtet sind und sich gegenseitig im Understatement zu übertrumpfen versuchen.

Tipp: „Tage der Offenen Tür“! Zeitgenössische Künstler lassen sich in ihren Werkstätten besuchen: Génie de la Bastille, Belleville, Ménilmontant,Cachan, Montreuil. Termine und Orte bei der Stadt Paris oder Centre des Arts Plastiques á Paris.

Im Herbst in Paris: FIAC - Internationale Messe für zeitgenössische Kunst. Tel.: o8 3668.oo51.

GELD

Kreditkarten haben in Frankreich einen höheren Gebrauchswert als bei uns. Fast schon: wer seine Spiegeleier mit Kreditkarte bezahlt, fällt nicht mehr auf.

Akzeptiert werden: Visa, Eurocard, Mastercard, American Express, Diners Club und andere international gültige Karten. Creditkarten können angesetzt werden in größeren Hotels, bessere Restaurants, in Tankstellen, größeren Warenhäuser sowie Boutiquen etc.

Verlust und Diebstahl von Kreditkarten:

* Mastercard/Eurocard, Tel.: o1 45 67.5353
* Visa, Tel.: o8 3669.o88o
* American Express, Tel.: o1 477 7.72 oo
* Diner‘s Club Tel.: o1 49o6.175o

Eurocard: wird in Hotels akzeptiert, teils auch größere Restaurants sowie Geschäfte. Weiterhin kann man mit der Eurocard in Banken und bestimmten gekennzeichnete Postämter Bargeld bekommen.

Travellerschecks haben den Vorteil,

daß es bei Verlust Ersatz gibt. Nachteil: Bearbeitungsgebühren. Achtung: Die französische Post akzeptiert American Express Travellerschecks nicht!

Geldnachschub

Bargeld erhält man mit Eurokarte, Creditcards (Amex, Visa etc) oder Travellerschecks in Banken und speziell gekennzeichneten Postämtern. Das Postsparbuch ist nicht (!) einsetzbar in Postämtern.

Die Zahl der Geldautomaten mit dem blau- roten ec- Zeichen nimmt ständig zu. Geldautomaten von American Express auch in Flughafen.

Normale Banköffnungszeiten

Mo.- Fr. 9 bis 16.3o Uhr durchgehend, Samstag und Sonntag zu.

Im Office de Tourisme

CCF: 9-19.30 jeden Tag

Jeden Tag 6- 23.3o Uhr

Flughäfen Orly und Charles- de-Gaulle- Roissy.

Geschäftszeiten

Größere Geschäfte

9.3o oder 1o Uhr - 18.3o oder 19 Uhr, meist durchgehend. Warenhäuser haben eigene Öffnungszeiten (siehe dort) und einen langen Abend pro Woche. Der Drugstore auf der Champs-Elysées ist rund um die Uhr geöffnet.

Kleinere Geschäfte

7- 2o Uhr, mittags zu. Diese kleineren haben aber teilweise auch an sonn- und feiertagen vormittags offen. In der Rue de Buci gibt's bis 22 h alles. Montags sind die meisten Geschäfte zu.

Straßenmärkte

Die unter ‚Märkte' aufgeführten Straßenmärkte für Lebensmittel sind am Sonntag bis ca. 13.oo Uhr offen. Ausser Montags täglich.

Wo man nachts Lebensmittel bekommt

Cochon Rose

44, Bd. de Clichy, Métro Pigalle. 18-5 Uhr, auch Sonntag und Feiertag. Do. und August zu.

Drugstore St.- Germain

146, Bd. St.- Germain beim Pl. St.-Germain, gegenüber Café deux Magots, 1o- 2 Uhr.

Flo- Prestige

Gourmet- Edel- Boutiquen, tägl. 9.3o- 24 Uhr,

1. Arr.: 42, Pl. Marché St. Honoré, 7. Arr.: 36, Av. de la Motte Piquet, 12 Arr.: 22, Av. de la Porte de Vincennes.

Internet Cafés

Mega-Cybercafe, 37, Bd. Sébastopol. 1.Arr. 375 Bildschirme auf 1.100 qm Fläche!

Jardin de L´Internet, 79, Bouevard. St. Michel (5.Arr.) www.jardin-internet.net

Cyberport, Forum des Halles 1.Arr. www.forumdesimages.net

C@FÉ CA&RI
Telemation 72, Passage de Choiseul www.cari.com/internet

Net Café
27, Rue Lacépède (5.Arr.)

Web Bar 32, Rue de Picardie, untergebracht in einer ehemaligen Kunstgalerie! www.webbar.com

Toyota 79, Av. des Champs-Elysées (1.Etage!) 8.Arr.

INLINE SKATING:

Freitags ab 19 Uhr auf der Champs-Élyssées!

KONZERTE

Klassische Konzerte finden in der Regel im Maison de la Radio, im Salle Pleyel, der Cité de la Musique (www.cite-musique.fr) und im Palais de Chaillot statt.

Kirchenkonzerte in St. Eustache mit der berühmten Orgel und in der Madeleine. - In der Notre Dame: jeden Sonntag 17 Uhr Orgelkonzerte. Eintritt frei. Saint Chapelle: Konzerte bei Kerzenschein.

Rock-Konzerte meist im Zenith im Parc de la Villette oder im Palais Omnisport.

Jazz im Elysée-Montmartre, La Cigale und Petit Journal de Montparnasse. www.jazzfrance.com

Für Detail-Informationen, Anfangszeiten, Spielorte etc. unbedingt nützlich der Blick ins „Pariscope".

Kostenlose Konzerte finden von Mai bis September in den 20 Parks von Paris statt. Programme gibt es in den Rathäusern und im Tourismusbüro.

Siehe auch im Kapitel „Paris bei Nacht" vor der Faktenfundgrube und in den einzelnen Arrondissements.

MÄRKTE

Es gibt 13 Markthallen und 84 Straßenmärkte. Im Rathaus (Eingang Rue de Rivoli)erhältlich eine Liste „Marchés de Paris".

1.) Markthallen (Auswahl)

Öffnungszeiten im allgemeinen 8.3o- 13/ 16- 19.3o Uhr ausser Mo. So. 8.3o- 13 Uhr.

St.- Germain (6. Arr.) 3, Rue Lobineau

Europe (8. Arr.) 1, Rue Corvetto

St. Quentin (1o. Arr.) 85, Bd. Magenta

St. Martin (1o. Arr.) 31/33 Rue du Chateau d´Eau

Beauvau (12.Arr.) Place d´Aligre
Passy (16. Arr.) Place de Passy
Ternes (17. Arr.) 8bis Rue Lebon
Batignolles (17. Arr.) 96, Rue Lemercier

Riquet (19. Arr.) 42, Rue Riquet

2.) Straßenmärkte (Auswahl)

Maubert (5. Arr.) Place Maubert Di., Do., Sa.

Monge (5. Arr.) Place Monge Mi., Fr., So.

Raspai (6. Arr.) Bd. Raspail Di., Fr.

Alibert1o (1o. Arr.)Rue Alibert So.

E. Quinet (14. Arr.) Bd. E. Quinet Mi., Sa.

Daguerre (14. Arr.) Rue Daguerre

Daumesnil (12. Arr.) Bd. de Reuilly

Belleville (11. Arr.) auf dem Grünstreifen des Boul. de Belleville. Di. und Fr. 7-13.3o

3 der schönsten Straßenmärkte: (tägl. außer Mo.):

* Rue de Buci (6. Arr.) **M**: Odéon
* Rue Mouffetard (5. Arr.) **M**: Place-Monge
* Rue Lepic (18. Arr.), Montmartre **M**: Abbesses

3.) Vögel und Kleintiere

* Quai de la Mégisserie (1. Arr.), gegenüber der Conciergerie, täglich
* Place Louis-Lépine (1. Arr.) , **M**: Cité, nur Sonntag

4.) Flohmärkte / Antiquitätenmärkte

Die sog. „Marché aux Puces“ von Paris sind keine eigentlichen Flohmärkte mehr, auf denen Privatleute ihre nicht mehr benötigten Dinge von Speicher und Keller verkaufen. Es sind vorwiegend professionelle Händler, die hinter den Tischen stehen - entsprechend auch die Preise bei den üblichen Gewinnspannen.

Das Angebot ist gemischt: von billigem Trödelramsch bis hin zu teils hochwertigen und teuren Raritäten.

Um Preise zu verhandeln ist durchaus üblich und „Sport“ auf den Pariser Flohmärkten. Wer sich mit den marktüblichen (End-) Preisen auskennt, tut sich beim Handeln erheblich leichter. Die Sache locker angehen, nicht beim ersten Händler kaufen, sondern rumschauen. Vorallem: niemals eigenes Interesse am Gegenstand dem Händler zu deutlich zeigen -> andernfalls reduziert sich die Möglichkeit zu Handeln.

Die Ware wird rangekarrt von den Profihändlern aus ganz Frankreich, teils auch Benelux und GB. Billigsachen bis hin zu Replikas stammen meist aus asiatischer oder China-Produktion.

BEGINN/ENDE der Flohmärkte: Aufgebaut wird ab ca. 5/ 6 Uhr, Beginn ab ca. 7 oder 8 Uhr, wenn die ersten Besucher eintrudeln.

Dies ist die Zeit, wo man weitgehend freien Blick auf die Gegenstände des jeweiligen Standes hat - ohne Menschenmassen. Jedoch nicht die Zeit für Preis-Schnäppchen: der Händler hat den Tag noch vor sich; warum soll er jetzt schon billig verkaufen!

Hauptandrang Mitte Vormittag bis Mitte Nachmittag. Abbau der Stände ca. 17- 19 Uhr. Die Zeit, wo man für Durchschnittsware meist beste Preise erhandeln kann. Der Händler spart sich Heimtransport und/oder will zum Abschluß des Marktes gegebenenfalls noch einen Verkaufserfolg“

Die wichtigsten Flohmärkte:

Porte St.- Quen
M: Porte de Clignancourt (18. Arr.)
Sa.- Mo. 7-19.3o Uhr
www.antikita.com

Porte des Lilas
M: P. des Lilas (2o. Arr.)
nur Sonntag

Porte de Vanves
Av. Georges-Lafenestre (14. Arr.)
M: Porte de Vanves Sa.und So 7-19.3o

Bicetre
In Südosten von Paris Nähe Seine und Metro Station. **M**: Curie. Nur am Sonntag.

Montreuil
M: Porte de Montreuil (2o.Arr.)
Samstag und Sonntag

Place d'Aligre
M: Ledru- Rollin (12 Arr.)
ist gleichzeitig auch ein täglicher Gemüsemarkt, wo man laut Aussagen von Pariser Hausfrauen das beste Gemüse bekommt.

6.) Blumen

Place L. Lepine (4. Arr.) auf der Ile de La Cité. **M**:Cité. Und. Place de la Madeleine (8. Arr.) **M**: Madeleine 8-19.3o ausser Mo.

7.) Briefmarken

Ecke Av. de Marigny und Av. Gabriel, im Park der Champs- Elysées,
M: Champs Elysées. Samstag und Sonntag, eine Fundgrube auch für Sammler alter Postkarten!

8.) Alte Bücher

Rue Brancion im Parc Georges-Brassens (15 Arr.) **M**: Convention

Mietwagen

siehe auch Kapitel „Transport in Paris"

Autovermietungen

sind am Flughafen (teils auch Bahnhöfen) vertreten

Avis Tel.: o1 461o.6o6o
Budget Tel.: o 8oo.1oo.oo1
Europcar Tel.: o 8o3.352.352
Hertz Tel.: o1 3938.3838
Sixt Tel.: o1 4438.5555
Rent-a-car Tel.: o1 45222.828

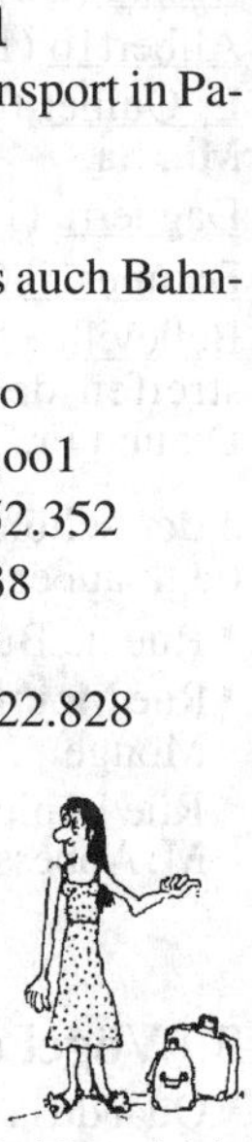

Mitfahrzentrale

Mitfahrzentrale „Allôstop" (9. Arr.) 8, Rue Rochambeau
Mo.- Fr. 9-19 Uhr, Sa. 9-13 und 14-18 Uhr, Tel.: o1 532o.4242 **M**: Cadet www.ecritel.fr/allostop

Mode

Auch heute noch gibt es die Stammhäuser der HAUTE COUTURE mit ihren weltbekannten Namen wie Dior, Balmain, Cardin, Courrèges, Givenchy, St. Laurent und ihren Exclusivmodellen für Leute mit ganz dicker

Brieftasche bzw. Creditcard.

Diese Modehäuser haben Boutiquen mit Kleidung *„Pret à Porter“* (Fertig zum Mitnehmen, inklusiv des angenähten Dior- Emblems!) für Normalverbraucher gerade noch erschwinglich, wenn sie etwas tiefer in die Tasche greifen. Ihr tägliches Brot allerdings verdienen die „Grand Couturiers“ heute mit Entwürfen für die Fabrikation von Kleidung und modischen Accessoires vielerlei Art.

Die * **Stammhäuser** der Couturiers befinden sind alle im 8. Arrondissement - hier eine Auswahl der wichtigsten:

Dior	3o, Av. Montaigne
Balmain	44, Rue François I.
Valentino	17, Av. Montaigne
Cardin	27, Av.de Marigny
Chanel	42, Av. Montaigne
Lacroix	73, R. Fb. St. Honoré
Givenchy	3, Av. Georges V.

Beim „Chambre Syndicale de la Couture Parisien“, 1oo, Rue Fbg. St. Honoré (Métro Champs- Elysees-Clemenceau) kann man Adressen und Auskünfte über Modevorführungen und „Premieren“ erhalten. Tel.: o1 4266.6444.
www.modeaparis.com

Einige * **Boutiquen** der Grands Couturiers:

Kenzo	(1. Arr.) 3, Place des Victoires
Lagerfeld	(8. Arr.)144 , Champs Elysées
Nina Ricci	(1. Arr.) 39, Av. Montaigne
Ungaro	(8. Arr.) 2, Av. Montaigne
Laroche	(8. Arr.) 29,Av. Montaigne
Chanel	(1. Arr.) 31,Rue Cambon
St-Laurent	(16. Arr.) 5, Av. Marceau
Hermès	(8. Arr.) 24, Rue du Faub. St.Honoré
Vuitton	(8. Arr.)1o1,Champs Elysées

Bei diesen Adressen können Sie auch das Flair der Umgebung mitgenießen. Wer diese Namen bequemer, allerdings in steriler Umgebung beieinander haben möchte, findet sie im * Forum des Halles: Ch. Jourdan (Schuhe, Schmuck und Accessoires), Saint Laurent und Ted Lapidus (Männer und Frauen), Brummel (Männer) und Cardin.

Früher waren die Stammhäuser im 8. Arr. dominierende Adresse der Großen. Jetzt streuen sie Boutiquen über Paris aus, wobei sie das alte *Marais- Viertel und die * Place Victoire im 1. Arr. bevorzugen (z. B. der berühmte Japaner KENZO). Dadurch wird es allmählich von der billigsten zur teuersten Einkaufsgegend.

„Günstig“ sind Discountläden für Mode wie „Tati“, 2-42, Boul. Rochechouart. oder „Le Mouton à Cinq Pattes“ in der Rue Saint-Placide (8,1o,18,48). Miss Griffes, 19, Rue du Pethière, Ecke Fb. St. Honoré (8. Arr.).

Oder Second Hand-Läden wie „Réciproque“ in der Rue de la Pompe (89,95,97,1o1 und 123) oder Didier Ludot am Palais Royal: 24, Passage de la Galérie Montpensier.

Weitere Boutiquen - Viertel

Rive Droite - das rechte Seine-Ufer: Les Halles, le Marais, Place des Voctoires, Place des Vosges, Rue Saint-Honoré, Rue Etienne-Marcel, Rue de Passy, Rue des Francs-Bourgois

Rive Gauche - das linke Seine-Ufer:

Saint-Germain-des Près, Rue de Rennes, Rue de Sèvres, Rue de Grenelle, Rue Saint-Sulpice, Rue Bonaparte, Rue de Tournon.

Tipp: das Fächermuseum (Musée de l´Eventail) des Ateliers Hoguet. 2, Bd. Strasbourg, 1o. Arr. Tel.: o1 42o 8.9o2o

MUSEEN PARIS

Die staatlichen Museen sind dienstags geschlossen, die städtischen montags. Zu empfehlen ist die

„Carte Musées - Monuments“: Gilt für bieliebig viele Besuche von über 7o Museen und Monumenten in Paris und Umgebung.

Es gibt Karten für einen Tag (12 Euro), 3 Tage (25 Euro) und 5 Tage (37 Euro).

Vorteil: man muß nicht mehr Schlange stehen! Bei Museen, wie z.B. dem Musée d'Orsay, wo selbst im Winter eine mehrere hundert Meter lange Schlange im Freien vor sich hin friert, hat man keinerlei Wartezeiten. Ähnlich lange Wartezeiten vermeidet man auch bei: Louvre, Versailles, Centre Pompidou, Katakomben bei Pl. Denfert- Rochereau u.a.

Erhältlich ist der Ausweis:

1.) an allen großen Métrostatioen (da geht es am schnellsten)
2. in Reise- und Touristenbüros im Louvre und auf den Champs Elysées
3.) in FNAC-Läden
4. in den Museen oder Bauwerken selber (mit o.g. Wartezeiten)

Mit der Karte bekommt man auch kostenlos eine Liste der betreffenden Museen. Weitere Infos unter www.monuments-france.fr oder www.intermusees.com

Museen von A-Z (Auswahl)

Die Adressen und nähere Angaben zu den einzelnen Museen in unserem jeweiligen Arrondissement-Kapitel (= Arr.) unter „Museen“.

C.M. = hier gilt die Carte Musée

Affiche = Publicité .... (1. Arr.) Plakate, Werbedesign, TV Werbespots und Video Clips

Grande Arche C.M. LaDefense

Archives Nationales .... (4. Arr.) Geschichte Frankreichs

Armée C.M. .... (7. Arr.) Militärgeschichte, Waffen, mit rund 1/2 Million Exponaten eines der größten Museen zu diesem Thema. Weiterhin Grab Napoleons

Arts Africains C.M. ..... (12. Arr.) Afrika, Aquarium Tropical, weiterhin Exponate vom Maghreb/Nordafrika und Ozeanien.

Arts Decoratifs C.M. ..... (1. Arr.) Dekor- Kunst Mittelalter bis 2o. Jahrhundert

Arts et Traditions Populaires C.M. .... (16. Arr.)
Volkskunst, Puppentheater

Art Juif .... (18. Arr.)
Jüdische Kunst

Art Moderne C.M. .... (4. Arr.)
(siehe Centre Pompidou)

Balzac C.M. .... (16. Arr.)
Wohnhaus + Garten des berühmten Dichters, weiterhin persönliche Gegenstände und Originalmanuskripte

Bourdelle C.M. .... (15. Arr.)
Skulpturen

Camondo, Nissim C.M.. (8. Arr.)
Privatsammlung Gemälde, Porzellan und Louis XVI.- Stilmöbel

Carnavalet C.M. .... (3. Arr.)
Geschichte von Paris. Erste archäologische Funde, bis Franz. Revolution und Neuzeit. Auch Gemälde, Skulpturen, Möbel etc. Untergebracht in einem schönen Privathaus 16./19. Jahrhundert.

Cartier pour l´Art Contemporain .... (4. Arr.)
Fondation und Ausstellung für moderne Kunst

Catacombes de Paris ... (14. Arr.)
In unterirdischen Gewölben alte Knochen vom Pariser Friedhof, gruselig!

Centre de la Mer .... (5. Arr.)
Meeresforschung

Centre Pompidou C.M.. (4. Arr.)
Wechselausstellungen über mehrere Stockwerke,u.a. moderne Kunst ab 1914, rund 1.4oo Exponate. Zudem schöner Blick über die Dächer des Zentrum von Paris

Cernuschi C.M. .... (8. Arr.)
Alte Keramik, Vasen aus China, Skulpturen, Elfenbeinschnitzereien

Chasse et de la Nature ... (3. Arr.)
Jagdwaffen, Natur, Tiere, Bilder

Cinéma C.M. .... (16. Arr.)
Kino- und Filmgeschichte: verlegt in das Maison du Cinéma in Bercy

Cité des Sciences et de l'Industrie C.M. .... (19. Arr.)
Wissenschaft, Technik, Physik. Eines der großen Pariser Museen, Besuch lohnt. U.a. Physik, Weltraum, Astronomie. Weiterhin U-Boot, das im Inneren besichtigt werden kann sowie Imax Kino.

Cluny C.M. .... (5. Arr.)
Römer - Mittelalter - Renaissance

Cognacq-Jay C.M. .... (3.Arr.)
Sammlung von Kunstwerken aus dem 18.Jahrhundert

Contrefaçon .... (16. Arr.)
Markenprodukte und deren Fälschungen

Christal .... (1o. Arr.)
Glas- Kunst

Curiosité et de la Magie. (4. Arr.)
Roboter und opt. Illusionen

Dali .... (18. Arr.)
(Espace Montmatre) gewidmet dem Maler Salvador Dali

Dapper .... (16. Arr.)
Afrikanische Kunst

Découverte .... (8. Arr.)
Technik + Naturwissenschaften

Delacroix C.M. .... (6. Arr.)
Wohnhaus + Atelier des Malers

Fragonard .... (9. Arr.)
Parfume, Geschichte der Parfume-Herstellung Antike bis heute (siehe auch **Osmothèque de Versailles** - 7oo Parfums zum Schnuppern)

Gobelins .... (13. Arr.)
Wandteppich - Manufaktur in Technik des 18. Jahrhunderts und Museum mit Gobelins.

Grand Palais .... (8. Arr.)
Wechselausstellungen in Gebäude aus Stahl/Glas, gebaut 19oo für die Weltausstellung.

Grévin .... (1 + 9. Arr.)
Mehr als 5oo Wachsfiguren

Guimet C.M. .... (16. Arr.)
Exponate zu Fern-Ost; wegen Renovierung momentan geschlossen.

Goustave Moreau C.M. .. (9.Arr.)
Haus und Studio des berühmten Symbolisten.

Histoire Naturelle........... (5. Arr.)
Naturgeschichte und Evolution, tropische Gewächshäuser, Steingarten Insektensammlung und Menagerie im Botanischen Garten.

Homme......................... (16. Arr.)
Geschichte der Menschheit

Hugo, Victor C.M. .... (4. Arr.)
Wohnung (1832- 48) des berühmten Schriftstellers. Die Exponate: Portraits und Möbel etc.

Jeu de Paume .... (8. Arr.)
zeitgenössische Kunst und Wechselausstellungen.

Jacquemart André .... (8.Arr.)
Ambiente aus dem 18.Jahrhundert, u.a. Möbel und Gemälde.

Légion d'Honneur C.M. (7. Arr.)
Ehrenlegion inkl. Orden.

Louvre C.M.................... (1. Arr.)
Eines der berühmtesten und größten Kunstmuseen der Welt. Gegliedert in 7 Abteilungen, - Kunst bis 1845, Altertum, Antike, Neuzeit. Wer sich für Kunst interessiert, sollte genügend Zeit mitbringen (Minimum 1 Tag), Wegen der gigantischen Flut an Eindrücken und Erlebnissen empfiehlt sich aber, den Louvre- Besuch auf mehrmals aufzusplitten.

Lunettes .... (ehem. 8. Arr.)
Brillen - wiedereröffnet an neuer Adresse.

Maillol .... (7.Arr.)
Das Werk von des Künstlers Maillol + Privatsammlung von Dina Vierny. Klein, aber beachtlich, u.a. Matisse, Dufy, Picasso, Rodin, Kandinsky und weitere.

Maison du Cinéma C.M. (Bercy)
Kino- und Filmgeschichte. Umfangreich und interessant; neu eröffnet im Vorort Bercy.

Marine C.M. .... (16. Arr.)
Franz. Seefahrt mit vielen Schiffsmodellen von Fischfang bis Krieg, Gallionsfiguren etc.

Marmottan .... (16. Arr.)
Maler Claude Monet + Freunde. Ein kleineres, aber lohnendes Museum, wer sich für Impressionismus interessiert.

Mode et Costume C.M. (16. Arr.)
Historische Kleidung.

Mode et du Textile C.M . (1. Arr.)
Accessoires, verschiedene Textilien, Kostüme 17. Jhd. bis heute.

Monnaie C.M. .... (6. Arr.)
Geld, - als Museum ein Eldorado für Münzsammler.

Monum. Français C.M. (16. Arr.)
Historische Bauten

Montmartre .... (18. Arr.)
Geschichte der „Butte" und Wechselausstellungen zu Malern, die sich

vom früheren Flair Montmartres inspirieren ließen. fr

Moreau .... (9. Arr.)
Belle- Epoque und Symbolismus-Schinken.

Musique .... (19. Arr.)
Sammlung von knapp 1.ooo Musikinstrumenten ab 16. Jahrhundert.

Notre Dame C.M. .... (4. Arr.)
Geschichte der Kathedrale

Camondo, Nissim C.M. .(8. Arr.)
Privatsammlung: Gemälde, Porzellan und Louis XVI.- Stilmöbel

Opéra .... (9. Arr.)
Geschichte des Opernhauses, Kostüme, Bühnendekoration - aber zugleich auch das Gebäude.

Orangerie C.M. .... (1. Arr.)
Monet (Seerosen), Cezanne u.a.

Orsay, Musée de C.M. .... (7. Arr.)
Eine Bahnhofshalle von 19oo, heute stillgelegt und als Museum genutzt. Ob die Präsentation der Exponate gelungen ist, steht auf anderem Papier. In jedem Fall aber das mit Abstand wichtigste Museum von Paris für Kunst 1848-1914 (u.a. Impressionisten), - und zeitliche Fortsetzung der Louvre Exponate.

Piaf, Edith .... (11. Arr.)
Wohnhaus der berühmten Sängerin

Picasso (C.M.) .... (3. Arr.)
Gemälde + Skulpturen des Künstlers in Maison 17. Jahrhundert.

Postal .... (15. Arr.)
Exponate zum Thema Postwesen

Prefecture de Police .... (5. Arr.)
Geschichte des Verbrechens

Publicité .... (1. Arr.)
siehe unter „Affiche“

Radio France .... (16. Arr.)
Rundfunk

Rodin C.M. .... (7. Arr.)
Haus + Skulpturen

Sculpture moderne .... (5. Arr.)
Freiluftmuseum

Serrure ....(3. Arr.)
Schlüssel + Schlösser

Tabac .... (7. Arr.)
Tabak + Pfeifen

Techniques C.M. .... (3.Arr.)
Geschichte der Technik

Villette C.M. .... (19. Arr.)
(siehe „Cité des Sciences“)

Vin .... (16. Arr.)
Weinmuseum im Kellergewölbe der Passy Kirche.

Zadkine .... (6.Arr.)
Skulpturen

Weitere Museen siehe Hauptteil dieses Bandes im jeweiligen Arrondissement unter Rubrik „Museen“.

PARKEN

siehe Kapitel „Anreise mit dem Auto“). Parkmöglichkeiten sind in den einzelnen Arrondissement- Kapiteln aufgelistet.

Immer mehr Parkuhren funktionieren nur noch mit Plastikkarten „CARTE A PUCE“ (puce = elektron. Floh, Chip), erhältlich in Bistrots, Cafés, Tabacs. Abgesehen davon ist Parken in Paris ein teurer Spaß.

Per METRO - RER erheblich besser, bequemer, schneller und billiger in Paris, - Details siehe dort!

PARKS

So unglaublich es auch klingen mag: Pro Kopf der Bevölkerung kommt in den 2o Arrondissements von Paris 1 qm Grünfläche. Wenn man den unmittelbar an das 16. Arr. grenzenden Bois de Boulogne und den ans 12. Arr. grenzenden Bois de Vincennes dazurechnet und zum Beispiel den großen Père Lachaise nicht nur als Friedhof sondern als großen Park betrachtet.

1.) Die großen öffentlichen Parks

Jardin des Tuileries 1. Arr.
Jardin des Plantes 5. Arr.
Les Jardins du Marais 3.Arr
Cimetière du Montparnasse 14.Arr.
Luxembourg 6. Arr.
Esplanade des Invalides 7. Arr.
Champ de Mars 7. Arr
Parc de Bagatelle 16. Arr
Parc André-Citroen 15.Arr.
Parc de Monceau 8. Arr.
Bois de Vincennes 12. Arr.
Parc de Montsouris 13. Arr.
Jardin Shakespeare 16. Arr
Jardin d´Auteuil 16. Arr.
Parc de Belleville 2o. Arr
Bois de Boulogne 16. Arr.
Parc de la Villette 19. Arr.
Parc des Buttes Chaumont 19. Arr

2.) Die Squares (franz. Aussprache „skar“): Außer den großen Parks gibt es in Paris unzählige größere oder kleinere Squares, oft ziemlich versteckt in den verschiedenen Quartiers, grüne Inseln auf kleinen Plätzen mit Bäumen, Büschen, Blumen und Bänken; manchmal auch Kinderspielplätze, Boule- Plätze, ein kleiner Brunnen.

Die Squares sind die „Salons im Freien“, wo sich Jung und Alt trifft zu Spiel, Betrachtung und Unterhaltung. Ein gut Teil des Pariser Lebens spielt sich auf diesen Plätzen ab, weshalb sie so typisch für die Stadt sind. Als besonderes Beispiel sei auf die Beschreibung des „Square de Temple“ im 3. Arr. hingewiesen.

3.) Das versteckte Grün

In vielen Museen, privaten und öffentlichen Palästen befinden sich Grünanlagen.

Etwas Besonderes sind die **geführten Spaziergänge**, die Promenaden durch die Gärten und Plätze in jedem Arrondissement, auch Anregung für eigene Erkundung. Sehr gutes Info-Matrial und die Daten gibt es bei der Mairie de Paris: Direction des Parcs, Jardins et Espaces Verts - Section des Visites, 3, Av. de la Porte d´Auteuil 75o16 Paris: „Visites guidées des Jardins de Paris“.

PASSAGEN

Sie stammen aus dem 18. und 19. Jahrhundert und bilden mit ihren Dächern aus Glas und Eisen jede ein kleines Universum für sich. Wegen der bunten Mischung von Geschäften und Cafés/ Resraurants sind sie besonders beliebt. Manchmal ist auch ein Museum angegliedert (Musée Grévin) z.B. an der

* Passage Jouffroy 1o, Boul. Montmartre (9. Arr., stammt von 1845)
* Galerie Véro-Dodat 19, Rue de Jean-Jacques Rousseau (1. Arr., gebaut 1826, heute mit Puppenmuseum).
* Passage des Panoramas, 11, Boul. Montmartre, 2. Arr., gebaut 18oo,

mit schönem Teesalon

* Galerie Vivienne 4, Rue des Petits-Champs (gebaut 1823) und die Galerie Colbert 6, Rue des Petits-Champs (gebaut 182, sind miteinander verbunden, - 2. Arr.)
* Passage Choiseul 44, Rue Saint Augustin, gebaut 1827, 1. Arr.
* Passage du Caire 2, Place du Caire. Eine der ältesten Passagen (1799). Erinnert an den Ägypten Feldzug Napoleons.
* Passage du Grand-Cerf 145, Rue Saint-Denis, gebaut 1825, 4. Arr.
* Passage de l´Industrie 42,Rue du Faubourg-Saint-Denis, 1o. Arr., stammt von 1827.

POLIZEI

Polizeiwachen der 2o Arrondissements:

Arr.	Adresse
1.	Pl. Marché St. Honoré
2.	5, Pl. des Petits- Pères
3.	5, Rue Perrée
4.	Pl. Baudoyer
5.	Rue Basser de Carme
6.	78, Rue Bonaparte
7.	116, Rue Grenelle
8.	1, Av. Gén. Eisenhower
9.	Rue Chauchat
1o.	1, Rue Hittdorff
11.	Pl. León Blum
12.	Rue Bignon
13.	144, Bd. de l,Hôpital
14.	114, Av. Maine
15.	154, Rue Lecourbe
16.	73, Rue de la Pompe
17.	19, Rue Truffaut
18.	77, Rue du Mont- Cenis
19.	2, Rue André Dubois
2o.	46, Rue Ramponeau

POST

Normale Öffnungszeiten

Mo.- Fr. 8- 19 Uhr

Sa. 8- 12 Uhr.

Postamt 71, Av. des Champs Elysées werktags von 8- 22 Uhr und Sonn- und Feiertags von 1o-12 und 14-2o geöffnet.

Rund um die Uhr

Hauptpost, (1. Arr.) 52, Rue du Louvre. Auch für alle „Poste Restante“ ohne Arr.- Angabe. **M**: Louvre-Rivoli, Tel.: o1 4o28.2o oo

Briefmarken

gibts in jedem Postamt sowie in Tabakläden

und - Kiosken.

RAUCHEN

In der Metro und deren Stationen bei Strafe verboten.

Viele Lokale haben Tische oder Abteilungen „ESPACE NON-FUMEURS“.

RESTAURANTS

Siehe Kapitel „Paris und seine Lokale“ und in den Arrondissement- Texten! Restaurant-Listen im Internet: www.Paris-touristoffice.com oder www.alegria.fr/fr./dej.

SPRACHKURSE

Prospekte und Informationen bei:

1) **Alliance Française**
1o1, Bd. Raspail (6. Arr.),Tel.: o1 42 84 90 oo Fax: o1 42 84 9o 1o
www.alliancefrancaise.fr

2) Im **Centre Pompidou**
Tel.: o1 44 78 49 19
Fax: o1 44 78 12 o7 www.cnac-gp.fr

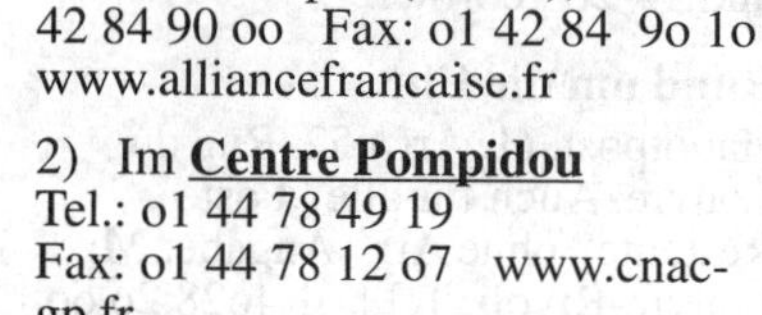

TANKEN **Einige Beispiele**

4.Arr. 3, Boul Bourdon
46, Rue Archives
5. Arr. 72, Boul. Port Royal
6. Arr. Place Saint-Sulpice
7. Arr 15, Boul.des Invalides
8. Arr. 170 Bis, Boul. Haussman
23, Rue Bayard
1o. Arr. 21, Av. Claude Vellefaux
142, Rue La Fayette
25, Boul. Chapelle
11. Arr. 189, Boul. Voltaire; 127 Av. Philippe Auguste
12. Arr. 16, Av. Porte de Vincennes
61, Boul. des Courcelles
173, Av.Daumesnil
13. Arr. 1, Av. de Porte d´Italie
114, Boul. Hôpital
231, Rue Tolbiac
15. Arr. 56, Av. Maine
47, Boul. Vaugirard
34, Boul.Grenell.
Quai d'Issy
17. Arr. 3, Boul.Yser
37, Av. Porte de Clichy
13, Av. de la Porte de St. Ouen
18. Arr. 21, Rue Ordener;
19. Arr. 152, Boul. Villette
19 + 135, Boul. Sérurier
41, Av. Simon Bolivar
2o .Arr. Av. Léon Gaumont
15, Av. Porte de Vincennes

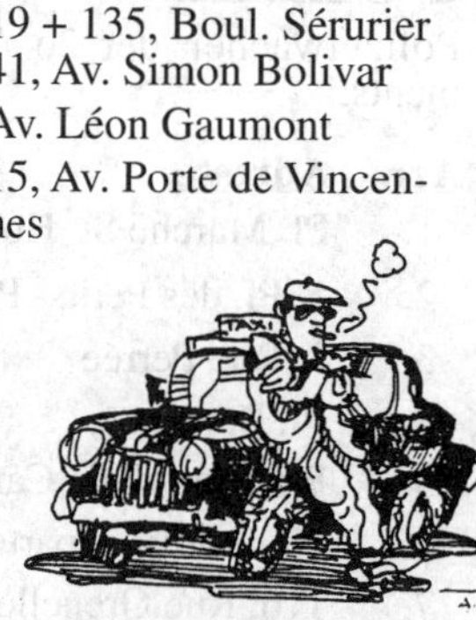

TAXI

47o Taxistandplätze sind über ganz Paris verteilt, entlang den Boulevards und oft in der Nähe von Métro-Stationen.

In manchen Stadtplänen sind sie verzeichnet, z.B. im Stadt-Plan vom Tourist Office. Taxistände siehe auch im VELBINGER Paris im Hauptteil dieses Buches. Sie sind dort sowohl eingetragen in den Karten der einzelnen Arrondissements, wie auch dort im Text unter „Taxi“.

Es gibt Tag- und Nachttarife und Zuschläge für Gepäck, Bahnhofsfahrten, eine 4. Person und Tiere.

Die Taxis können von Taxi-Rufsäulen aus gerufen werden oder per Telefon.

Zentrale Rufnummern:
Taxis bleus: o1 493.61o1o
Taxi Radio Étoile: o1 412.2727
Alpha Taxis: o1 4585.8585
G7: o1 4739.4739
ARTAX: o1 42o3.5o5o

Für eventuelle Beschwerden ist der Service de la réglementation générale des voitures publiques in der Polizeipräfektur zuständig:
36, Rue des Morillons 75o15 Paris, Tel.: o1 5576.2ooo
M: Convention

TELEFON

Deutschland/Österreich/Schweiz nach -> Paris
oo 33 - 1 + Rufnummer des Pariser Teilnehmers.

Paris nach -> Deutschland
oo - 49 + Ortskennzahl (ohne die erste Null!) + Telefonnummer des Teilnehmers.

Paris nach -> Österreich
oo- 43 + Ortskennzahl (ohne die erste Null!) + Telefonnummer des Teilnehmers.

Paris in die -> Schweiz
oo - 41 + Ortskennzahl (ohne die erste Null!) + Telefonnummer des Teilnehmers.

Innerhalb Frankreichs
von der Provinz nach -> Paris: o1 + Tel. Nr.

von Paris in die -> Provinz: Vorwahl des Ortes + Tel. Nr.

Innerhalb von Paris
Auch wenn man sich selber bereits in Paris befindet, muß immer die Nummer für Paris (o1) mitgewählt werden.

Öffentliche Telefonzellen
funktionieren nur noch mit der „TELECARTE“: erhältlich bei den Postämtern, in den meisten Tabakgeschäften und in Café- Tabacs. Es gibt Karten mit 5o Einheiten und mit 12o Einheiten . Die Karte (Pfeil beachten) in den Schlitz stecken. Die Klappe (die am Apparat!) schließen. Wählen.

Münzfernsprecher
gibt es nur noch in den Postämtern und einigen wenigen Cafés, da vor der Einführung der Télécarte die öffentlichen Münzautomaten ständig aufgebrochen wurden.
In Restaurants, Cafés, Bars, Bistros: Manchmal wird man gefragt, ob man etwas trinken möchte.

Handys
Extrem verbreitet, ähnlich wie auch bei uns zu Hause. In manchen (besseren) Restaurants ist das Handy verboten, damit die Gäste nicht durch das ständige Geklingen gestört

werden. Wer sich dagegen „vibrieren" läßt: kein Problem.

THEATER

Paris steht mit 18o Aufführungen pro Abend an erster Stelle unter allen Hauptstädten der Welt.

Bei Theater- Liebhabern darf ich wohl von der Annahme ausgehen, daß Französischkenntnisse vorhanden sind, aber eigentlich lohnt es sich auch ohne diese. Vor allem wegen der Aktualität der Programme empfehle ich hier dringend: „Pariscope" oder „L'Officiel des Spectacles".

Im übrigen sind einige Theater, Café- Théâtres (siehe S. 85 und 71), Cabarets und Caveaus (Keller) in den Arrondissements beschrieben.

Tickets

* Von Deutschland aus:
Paris Spectacle Kartenservice
Peter Müller Tel. und Fax: o6252/ 746.18 www.paris-spectacle.de

* In Paris:
Office du Tourisme
Tel.: o1 4952.5353 (nur an Ort und Stelle, für den selben Abend) www.paris-touristoficce.com
Specta Plus Tel.: o1 5353.586o
Fax: o1 5353.5861
Chèque Théâtre o1 4246.724o
Fax: o1 48oo.9393
Edwards + Edwards Tel.: o1 4265.3921, Fax: o1 4265.391o
Kartenbüros von **FNAC** und **Virgin Megastore** oder an den Kiosken Montparnasse, Madeleine und Châtelet.
FNAC Billetterie: nur Tel. o 8o3 8o8. 8o3

TOILETTEN

sind nun mal die zweitwichtigste Sache im Leben. Öffentliche Toiletten:

1.) Die schönste von Paris: die im Jugendstil 19o5 erbaute, erste unterirdische Toilette, bei den Blumenständen rechts von der Madeleine. 9.3o- 11.3o und 12.3o- 19 Uhr.

2.) In den Métrostationen: täglich 9.3o- 11.3o und 12.3o- 19 Uhr

3.) Die „Sanisettes". Die alten, malerischen Blechhäuschen „*Urinoirs publiques*" hat man leider inzwischen abgerissen. Nun gibt es in ganz Paris die gewiß zweckdienlicheren und hygienischeren Betonhäuschen, wo sich die Tür nach Geldeinwurf automatisch öffnet (von innen muß man die Tür von Hand öffnen), und wo man nach dem Verlassen geheimnisvolle Geräusche hört: der Fußboden kippt mitsamt dem Sitzbecken nach unten weg und wird automatisch gespült, gebürstet und desinfiziert. Keine Angst, es wurde noch nie ein Benutzer mit weggekippt.

4.) In Bars, Restaurants und Cafés: Die „*Toilette à la turque*", die Stehklos, wo man mit hochgekrempelten Hosenbeinen der Wasserflut entfliehen mußte, gibt es nur noch vereinzelt.

Für Paris- Neulinge: Es gibt Toiletten, wo das Licht nicht per Schalter, sondern über den Türverschluß- Mechanismus eingeschaltet wird.

TRINKGELDER

Taxis

ca. 15 %, wobei aufgerundet wird.

Restaurants

ebenso, es sei denn, auf der Karte oder Rechnung steht: „s.c." (= Service Compris). Wenn ich in ein Restaurant oder Café öfters gehen will, gebe ich trotzdem ein kleines zusätzliches Trinkgeld (1o bis 15%) Kenner wissen warum.

WC

Wenn in Toiletten- Vorräumen ein Teller ist, wirft man kleinere Münzen rein. 1 bis 2 Franc hinein.

Platzanweiserinnen

Die Damen in Kinos und Theatern erwarten auch einen kleinen Obulus.Ebenso Garderobieren, Hotelpersonal und Reiseleiter.

ZEITUNGEN

An Bahnhofskiosken und an den Grands Boulevards bekommt man deutsche Zeitungen..

Für Sprachenkundige: Die überregionale Tageszeitung Le Monde (seriöse Mitte), Rouge (L'Humanité) et Noir (Le Figaro), France-Soir (gehobener Boulevard- Stil).

ZOO

Der größte von Paris und einer der schönsten Europas:

Parc Zoologique de Paris im Bois du Vincennes (12. Arr.) 53, Av. de Saint-Maurice Métro: Porte Dorée, St-Mandé-Tourelle. Eingang Av. Daumesnil am Carrefour de la Demi Lune, und 9-17.3o oder 19 Uhr. Tel. o1 44 75 2o oo

Jardin d'Acclimatation im Bois du Bologne (16. Arr.). Métro: Porte Maillot oder Sablons, Eingang Porte des Sablons, 1o- 18 Uhr. www.jardindacclimatation.fr

Ménagerie du Jardin des Plantes
Musée d´Histoire Naturelle 57, Rue Cuvier (5.Arr.) **M:** Jussieu, Gare d´Austerlitz www.mnhn.fr

GESCHICHTE

Vorgeschichte:

Zu Urzeiten ließen sich hier die Parisier, ein friedlicher Keltenstamm, auf den Inseln in der Seine nieder - wohl wegen des Fischreichtums des Flusses. Der hartnäckige Glaube an das ewige Fortbestehen dieses Segens aus den Fluten treibt vermutlich noch heute Scharen von geduldigen Petri- Jüngern an die Seinequais, obwohl inzwischen das Ondit umgeht, in der ganzen Seine von Paris sei nur noch ein einziger Fisch, und wenn diesen einer der Angler tatsächlich am Haken hätte, würde er ihn enttäuscht zurückwerfen.

Die ersten Anfänge:

Lutuhezi - Wasserwohnung - so nannte sich die kleine Ansiedlung. Den ersten Schimmer eines mondänen Metropolchens erhielt sie durch den Zuzug der römischen Besatzungsmacht (Cäsar). Auf gut römisch hieß sie nun Lutetia und die Einwohner Parisii. Das linke Ufer wurde Villen- Vorort der Römer, die hier ihre Thermal- Bäder bauten. (Am heutigen Hügel St. Genevieve.)

Antike Zeugen dieser Epoche findet der interessierte Besucher vor allem noch im Cluny- Museum und in der römischen Arena (Arenes de Lutece) im 5. Arrondissement. Auf der Ile Cité am späteren Platz der Notre Dame, erhob sich der Mars- Tempel und auf dem Montmartre der Säulentempel des Merkur. Doch Roms Glanz erlosch auch hier.

Im Jahre 3o7 wird die Siedlung zum ersten Mal Paris genannt. Ca. 45o rettet die heilige Genoveva Paris vor der Zerstörung durch die Hunnen (Attila) und wurde deshalb zur Schutzpatronin der Stadt ernannt. Auf dem Pont de la Tournelle hat man ihr in der Neuzeit ein Denkmal gesetzt, dessen künstlerischer Wert umstritten ist.

Später kamen die Franken, deren Chlodwig 496 der erste christliche König von Frankreich wurde. A.D. 5o8 machte er Paris zur „Cathedra Regni Francorum“. Hier beginnt sozusagen die Geschichte Frankreichs und die seiner ständigen Hauptstadt Paris.

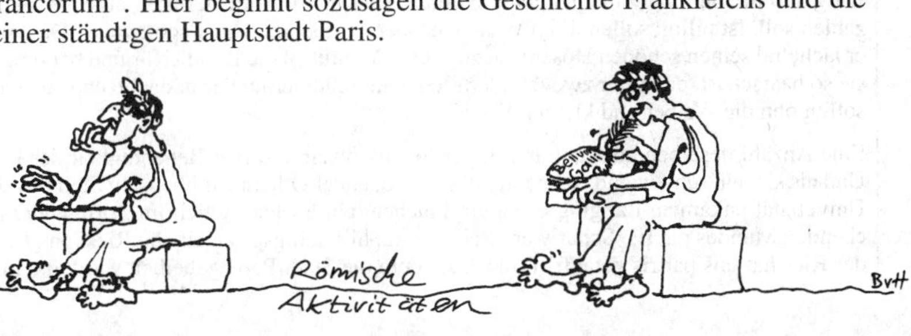

Bis zum Jahre 886 versuchten die Normannen aus den nördlichen Provinzen wiederholt, dieses Gebiet zu plündern und zu erobern, was jedoch am erbitterten Widerstand der Pariser scheiterte, wachgehalten vor allem durch den Grafen Eudes, Capet, der daraufhin Graf von Paris und der erste König aus der Dynastie der Capetinger wurde. Den Normannen überließ man später das Gebiet der Normandie.

Mittelalter:

1163 wurde der Bau der Notre- Dame begonnen. Von da an bis ca. 166o war Paris die Stadt des Mittelalters, des „Glöckners von Notre- Dame", François Villon, der engen unüberschaubaren Gäßchen, des „Cours de miracle" - einer Gegend, in die sich kein Bürger, nicht einmal die Polizei, hineintraute, wo sich allabendlich die Bettler aus der ganzen Stadt zusammenfanden, um das Wunder (miracle) der Verwandlung zu vollziehen, indem sie ihre Krücken, Buckel, Augenklappen und Binden abwarfen, sich reckten und zu üppigen Tafeln niederließen. Das spielte sich in der Ecke der heutigen Rue St. Denis, Rue Reaumur und Rue d'Aboukir ab (2.Arr.). Die ehemalige Zwielichtigkeit dieses Gevierts wird heute ein wenig fortgesetzt durch die Dienerinnen der Liebe, die dort strichweise und reichlich anzutreffen sind.

Was die Entstehung der Namen „Lutetia" und „Paris" betrifft, entnehme ich zur Erbauung des Lesers ein ergötzliches Kapitelchen aus dem trefflichen Buch „Gargantua" des großen Meisters François Rabelais (in der Übersetzung von G. Regis), zu dessen Lektüre ich ein gutes Gläschen in einem gemütlichen Pariser Café empfehle:

17. Kapitel: „Wie Gargantua den Parisern seinen Willkomm bezahlt, und wie er die großen Glocken von unserer Frauenkirch abnahm": „Nachdem sie sich etlich Tag erquickt, ging er aus, die Stadt zu beschauen: und alle Leut betrachteten ihn voll Staunens und Verwunderung. Denn das Pariser Volk ist so läppisch, gaffigt und albern von Natur, daß ein Taschenspieler, ein Ablaßkrämer, ein Maultier mit seinen Cymbeln, ein Leyermann auf der Gassen mehr Leut um sich her versammelt als der best Evangelienprediger: und drangen ihm also beschwerlich zu Leib, daß er zuletzt gezwungen war, sich auf die Thürm der Fraunkirch zu retiriren und niederzulassen. Wie er nun da saß und dieß viele Volk um sich her sah, sprach er laut:

Ich glaub die Schlingel meinen, daß ich ihnen hier mein Proficiat und meinen Willkom zahlen soll. Ist billig; sollen ihren Wein han, aber par ris, per risum, spottweis. - Da lupft' er lächelnd seinen schönen Hosenlatz, zog seine Mentul an die Luft herfür und bebrunzelt sie so haarscharf, daß ihrer zweyhundertsechzigtausendvierhundertundachtzehn elend ersoffen ohn die Weiber und kleinen Kinder.

Eine Anzahl deselben aber entrann dieser Seichschwemm durch Behendigkeit der Füß. Und als sie nun schwitzend, schnaufend, speiend, außer Othem zur höchsten Stell bey der Universität ankamen, itzt ging es an ein Fluchen, ein Lästern, etlich im Zorn, andre lachenden Mundes par ris, Schariwari, Schariwara: hilf heiligs Fräulein, ho Ries! pah Ries! der Ries hat uns par ris getauft! Danach seitdem die Stadt Paris geheißen ward, die man vorher Leucetia nannte, wie Strabo meldet lib. IV., das ist auf griechisch Weißheim (1), von den weißen Beinen der Frauen des Orts: und gleichwie nun bey dieser neuen Namensstiftung ein Jeder in der Meng bey dem Phariser und Heiligen seines Kirchspiels schwur, so sind die Pariser, als ein Volk aus allen Enden und Stücken geflickt, von Haus aus gute Schwörer und Störer, und ein wenig oben hinaus. Daher auch Joaninus de Baranco, libro de copiositate reverentiarum der Meinung ist, daß sie mit einem griechischen Namen Parrhesier, das ist, erschreckliche Plaudertaschen (2) genannt sind worden".

Nun noch das Glossar zu 1 und 2:

1) Julian Apostata schreibt Leucetia, vom griech. Λευκοζ, weiß; bei Strabo heißt die Stadt Λουκοτια, bei Cäsar Lutetia. Die Pariser hießen von alters her „Babauds", Maulaffen.

2) R. scheint einen oder mehrere Gelehrte zu meinen, die das Wort Paris von παρρηια Freimut, Keckheit im Reden ableiten. Eine andere Ableitung ist Keltisch: „par", Schiff, und „is", Mann, Leute, also Schiffsleute. Die Stadt Paris hat allerdings ein Schiff im Wappen.

Zurück zu unserer Pariser Historie. Für die ganzen Jahrhunderte des Mittelalters erspare ich mir und meinem Leser, welcher König in welchem Jahr welchen Flügel welchen Schlosses erweiterte und welchen Teil welcher Ringmauer dazubaute. Nur ein paar Begriffe, Namen und Stichworte:

Der Louvre im 15. Jahrhundert (nach einer Illustration von Pol de Limbourg aus dem Stundenbuch des Duc de Berry)

13. Jahrhundert

Gotik. Beginn von Notre Dame, Sorbonne, Louvre, Ste. Chapelle u.a. Gegen Ende dieses Jh. war Paris die größte Metropole des nördlichen Europas (ca. 7o.ooo Einw.), doppelt so groß wie London.

14.Jahrhundert

Das für Paris unerfreulichste Jahrhundert: Bürgerkriege, Pestepidemien, Besetzung und Plünderung durch die Engländer (s. Jeanne d'Arc), Wölfe, Überschwemmungen und Brände.

15.+16.Jahrh.

Renaissance. Vor allem unter Franz I. (1515-1547), der Architekten, Bildhauer und Maler aus Italien holte.

Heinrich IV., der „gute König Heinrich", versuchte den „Italianismus" durch bodenständige Kultur abzulösen, was allerdings nach seiner Ermordung 161o von Maria von Medici, die für den unmündigen Dauphin, den späteren Ludwig XIII., die Regentschaft übernahm, wieder rückgängig gemacht wurde. Henri Quatre, der „Vert Galant", der immergrüne Liebhaber, dessen Denkmal auf der Spitze der Ile de la Cité beim Pont Neuf steht, war ein beliebter König, unter dessen Herrschaft Paris viel an Glanz gewann: das Marais, früher ein Sumpfgebiet, wurde zum Wohnsitz der Adeligen, die Place Royale, heute Place des Vosges, stammt aus seiner Zeit, u.v.a. Der urspünglich protestantische König konnte nur nach seinem Übertritt zum katholischen Glauben nach Paris zurückkehren. Seine Begründung hierfür wurde zum geflügelten Wort: „Paris ist eine Messe wert!"

17. Jahrhundert

Steht unter dem Zeichen Ludwig XIV. (1643- 1715). Der Sonnenkönig, um den alle Adeligen in Versailles wie Planeten kreisten. Seine Lösung des Problems der durch rege Bautätigkeit (Versailles) erschöpften Staatsfinanzen:"L'état c'est moi!"

Mitte des 2o. Jh. hatte Paris bereits 6oo.ooo Einwohner.

Die Revolution 1789

Ihre Auswirkungen auf alles, was an die Monarchie erinnerte, ist sattsam bekannt - zerschlagene Standbilder, geplünderte Herrscherhäuser, Kirchen die als Heuschober und Pulvermagazine dienten, und die Tricoteusen, jene Pariserinnen, die neben der Guillotine saßen und zwischen zwei linken und zwei rechten Maschen mit einem befriedigten Kopfnicken den Kopf des Marquis de ..... fallen sahen.

Der heutige Franzose und die Revolution? Nun ja - égalite - jeder Franzose hat das Recht auf Jagd. Versuchen Sie mal, in Frankreich ein Reh oder ein Wildschwein zu finden. Ansonsten verweise ich auf das Kapitel „Frankreich und die Franzosen".

L'Empereur

Einschneidende Einflüsse auf die Stadt hatten Napoleon I. (Verwaltung, Bauten, Straßen) und Napoleon III. mit seinem Architekten Haussmann (siehe „Stadtbild von Paris").

Vorletztes Kapitel:

Den letzten und wohl brutalsten „Einfluß" hätte dann wohl Hitler ausgeübt, der die Stadt beim Herannahen der Alliierten zur Festung ernannnte und sie damit der völligen Zerstörung preisgegeben hätte, ja - hätte, wenn nicht der dort eingesetzte Stadtkommandant, General Choltitz, gewesen wäre, der diesen Befehl geschickt zu umgehen wußte, die schöne Stadt unversehrt den Alliierten übergab, und dafür in Abwesenheit des Hochverrats angeklagt und zum Tode verurteilt wurde.

letztes Kapitel:

Den letzten Einfluß auf die Stadt hat, wenn auch mit einer kleinen Verzögerung, die letzte, die große égalite verhindert: der Tod. Georges Pompidou wollte die Stadt modern und vor allem „autogerecht" gestalten. Sein erstes Paradestück: der Voie Georges Pompidou, die Autoschnellstraße am rechten Ufer, die einen guten Teil der Romantik der Seinequais mit ihren Anglern, Clochards und Liebespaaren verdrängte, und die im Frühjahr am schönsten ist: da verschwindet sie nämlich meist im Hochwasser der Seine!

Sein zweites Denkmal: das Centre Pompidou, Näheres siehe im 4. Arrondissement.

Sein Nachfolger Giscard D'Estaing hingegen setzte es sich zur Aufgabe, die große schöne Stadt „menschengerecht" zu erhalten, und so wurde Paris zum zweitenmal gerettet. François Mitterand setzte mit neuen Bauten futuristische Akzente: Opera Bastille, Louvre- Pyramide, La Grande Arche (s.S. 288, S. 141, S. 263).

Opera Bastille

Kunst und Künstler

François I. sagte schon 154o: „Andere Städte sind nur Städte, Paris ist eine Welt!“

Das gilt natürlich, oder vor allem auch für Kunst und Kultur. Der Zentralismus in Frankreich hat die Gültigkeit dieser Behauptung nur gefördert.

Kunst ist nicht nur Malerei, sondern jede Erscheinungsform der Kultur: Architektur, Bildhauerei, Literatur, Musik, Kochkunst und eben auch die der „ars vivendi“, der „Savoir vivre“, der Kunst zu leben. Vermutlich war es auch diese letztgenannte Kunst, die so viele Künstler nach Paris gezogen hat.

Die Kunst im Mittelalter

In der Architektur hat die Romanik in Paris nicht die reinen und klaren Spuren hinterlassen, wie sie der Provence- Reisende in der Abtei Senanque bei Gordes, oder der kleinen Kapelle St. Sixte bei Eygaliere findet.

Es sind nur architektonische Bruchstükke: der Glockenturm von St. Germain- des- Pres (5.), die Kapitelle der Kirche St. Pierre de Montmartre (18.) oder die Krypta von St. Denis. Umso häufiger sind die Meisterwerke der Gotik: der Hochgotik in der Notre- Dame (4.) und der Ste. Chapelle (1.), der Spätgotik im Hotel de Cluny (5.), Hotel de Sens (4.). Malereien, Skulpturen, Glasmalereien dieser Epoche sind in den Innenräumen und an den Fassaden dieser Gebäude und im Louvre zu sehen. Von zarter Schönheit sind Schloß und Landschaftsbildchen aus dem „Stundenbuch des Herzogs von Berry“ aus dem 14. Jahrhundert.

Die französische Musik wurde im 11. Jh. vor allem in den Klöstern gepflegt. So auch in Paris. Um 12oo entstand die Motetten-Schule „Notre-Dame“ von Paris. Im 13. Jh. brachte Guillaume de Machault die höfische Musik unter die Bürger. Er war auch der Dichter der Ars Nova.

16. Jahrhundert:

RENAISSANCE, HENRI IV., MARIA VON MEDICI

Die Kriege mit Italien brachten Anregung und Interesse für die Renaissance nach Frankreich. Auch wenn Henry IV. sich gegen diese „Italianisierung" sträubte, die von ihm angelegte und gebaute Place Royale (heute Pl. des Vosges), Place Dauphine (dort sind heute im Gegensatz zur Pl. des Vosges nur noch die beiden vorderen Eckhäuser original) und die Brücke Pont Neuf atmen doch ganz und gar den Geist der Renaissance.

Weitere Beispiele: die Renaissance- Fassaden des Louvre, der Kirche St. Sulpice, viele Hotels im Marais, das Hotel de Ville (Rathaus). Skulpturen der Renaissance: der Innocents- Brunnen bei den Hallen, die Fontaine des Medicis im Jardin du Luxembourg.

In der Literatur jener Zeit muß vor allem der große Meister François Rabelais genannt werden mit seinem hervorragenden, satirisch- zeitkritischen Werk „Gargantua und Pantagruel".

Der Übergang vom 16. in das 17. Jahrhundert steht unter dem Schatten der Ermordung Heinrichs IV. (161o) durch den jesuitischen Eiferer Ravaillac, der dann dazu verurteilt wurde, auf dem Place Greve von vier Pferden zerrissen zu werden.

Für die Frau Heinrichs IV., Maria von Medici, wurde anfangs des 17. Jahrhunderts das Palais Luxembourg, in Anlehnung an den Palazzo Pitti in Florenz, gebaut.

Die Musik bringt nun vier- bis fünfstimmige Psalmen und Chansons hervor sowie die „Lautenisten" mit Denys Gaultier (16. Jahrhundert).

17. Jahrhundert:

DAS „GRAND SIECLE", LOUIS XIV., BAROCK

Der Sonnenkönig zog aus dem Louvre um nach Versailles.

In jener Zeit entstanden: Place Vendome, Place des Victoires, das Pantheon, das Institut, Schloß Versailles, Dome des Invalides, Val de Grâce und, im Jesuitenstil, einer Spielart des Barock, die Sorbonne- Kirche.

Die Malerei dieses Jahrhunderts findet man überwiegend im Louvre: die harmonischen, mystischen Meditationen eines Poussin „Die Inspiration des Poeten", „Die Schäfer Arkadiens", die Landschaftsbilder eines Claude Lorrain, die Portraits Ludwigs XIII. und Richelieus von Ph. de Champaigne und die realistischen Volks- und Bauernszenen von Le Nain.

Klangvolle Namen der Literatur: Molière mit seinen Charakterstudien in

Form von Komödien, Racine mit seinen klassischen Dramen und La Fontaine mit seinen Fabeln.

Richelieu gründet die Académie Française und die Madame Sevigné beschreibt in unzähligen Briefen die „Hofluft".

In der Kirche St. Gervais bildete sich eine Dynastie der Orgelmusiker mit der Familie Couperin heran, angeführt von dem großen Komponisten des Barock, François Couperin (1668- 1733).

18. Jahrhundert:

KLASSIZISMUS, LOUIS QUINZE ROKOKO, REVOLUTION

Klassizistische Architektur (Napoleon), wenn auch zum Teil später vollendet: Arc de Triomphe, Madeleine, Säulenfassaden am Palais Bourbon und der Place de la Concorde.

Die Malerei des „galanten Jahrhunderts" nennt vor allem drei Namen: die poetischen und manchmal etwas melancholischen Pastelltöne des Watteau, die Schäferszenen des Boucher, und Fragonard, ein Schüler Bouchers.

Nicht ganz so galant ging es in der Literatur der Zeit zu: die Aufklärung, der Mensch als Wesen der Vernunft, verfochten von Voltaire und den Enzyklopädisten. Eine kleine Anekdote spiegelt den Geist dieser Männer wohl besser als viele gelehrte Worte:

In Begleitung eines Freundes grüßt Voltaire ein von einem Priester vorbeigetragenes Sakrament. Der Freund: „Haben Sie sich mit dem lieben Gott versöhnt?" Voltaire: „Wir grüßen einander, aber wir sprechen nicht miteinander."

Im Ausklang des 18. Jahrhunderts erscheint, hauptsächlich für Dekoration, Möbel und Mode, in der Zeit Napoleons I., der geradlinige und strenge Empire- Stil.

Im 18. Jahrhundert erlebt die Cembalomusik, vor allem durch Couperin und Rameau ihren Höhepunkt. Gleichzeitig gewann die von Kardinal Mazarin aus Italien eingeführte Kunstform der Oper durch Gluck's „Iphigenie" an dramatischer Bedeutung. Und dramatisch ging es auch im Volksgesang zu. Noch heute kennt man die meisten der aggressiv- frivolen Revolutionslieder, aus denen wiederum zum Teil die Opera Comique entstand.

19. Jahrhundert:

NAPOLEON III., HAUSSMANN, EKLEKTIZISMUS

Das Klassische überwiegt und wird erhalten. In dieser Zeit bekommt Paris sein heutiges Gesicht. Eine Mischung aus Renaissance und Klassizismus (siehe Stadtbild von Paris).

Garnier baut die Oper, Baltard die Hallen und Eiffel, zur Weltausstellung von 1889 (1oo- Jahr- Feier der Revolution), seinen Turm.

Die damaligen Meister der Staffelei:

L. David, der Maler der Revolution (Ermordung Marats), später Portraits von Napoleon, Madame Recamier.

Dom. Ingres „Das türkische Bad“ (Louvre).

Vor allem aber: Delacroix, der Romantiker „Die Freiheit führt das Volk“ (Louvre).

Nicht zu vergessen: Gustave Doré - er illustrierte über 3o Werke der Weltliteratur, die Bibel, Rabelais, Balzac, Goethe u.v.a. - und die Grafiken und Karikaturen des H. Daumier.

Aus Elementen der Revolutionsmusik und der deutschen Musik entwickelte sich die französische Romantik, vor allem durch Hector Berlioz, 18o3- 1869. Mit Bizet, Auber, Meyerbeer und Gounod kam die große Oper.

Die Virtuosen des Worts:

Die größten französischen Schriftsteller: Honoré de Balzac und sein Hauptwerk „Comédie Humaine“, Victor Hugo „Die Elenden“ und „Notre-Dame de Paris“ (Der Glöckner von Notre- Dame).

Später: A. Dumas, Musset, Baudelaire und Emile Zola mit seinen Pariser Schilderungen „Der Bauch von Paris“ u.a.

Das letzte Viertel des 19. Jahrhunderts, das „Fin de Siècle“, steht hauptsächlich unter drei Begriffen: Impressionisten, Belle Epoque, Jugendstil.

Impressionismus:

„Wiedergabe des Eindrucks von Atmosphäre und Licht“. Sein Begründer Claude Monet (184o- 1926).

Im Musée d'Orsay sind die meisten der Impressionisten zu sehen. Beim ersten Rundgang stellt man mit Überraschung fest, wieviel Bekanntes man dort sieht. Von Monet, Manet, Cezanne, Renoir, Sisley, Pissaro, Degas, Moriot. Ob man nun Maler wie Gaugin, van Gogh oder den Schilderer des Fin de Siècle, Toulouse- Lautrec, den Impressionisten zuordnet oder nicht - jeder ist für sich einmalig und großartig. Fest steht, daß sie - mit Cézanne an der Spitze - zur modernen Malerei übergeleitet haben.

Was völlig neu war bei den Impressionisten: die Staffelei in die Natur zu stellen, Stimmungen und Nuancen des Lichts in Einklang zu bringen mit momentan Empfundenem und persönlichem Eindruck (Impression). Als Vater der Stilrichtung gilt Monet, nach dessen Bild „Impression, soleil levant“ der Impressionismus benannt wurde. Seine Bilder hängen im Musée d'Orsay und im Marmottan- Museum. Nehmen Sie sich viel Zeit, die fünf Bilder der Kathedrale von Rouen, zu verschiedenen Tageszeiten gemalt, zu betrachten. Sie erklären mehr als alle Worte, was die impressionistische Malerei wollte.

Über welche Stilrichtung Fachleute auch palavern mögen: Es gibt wohl kaum beeindruckendere Plastiken als die von Auguste Rodin, im Museum Rodin: „Der Denker“, „Der Kuß“, die verschiedenen Statuen Balzacs, einschließlich der an der Kreuzung Bd. Montparnasse/Bd. Raspail.

Dem Impressionismus in der Musik huldigte Claude Debussy, 1862- 1918, vor allem mit „L'apres midi d'un Faune“. Mit seiner Oper „Pelleas und Melisande“ leitete er die Moderne ein - fortgesetzt von Maurice Ravel, 1875- 1937.

Die Belle Epoque:

Nach dem Krieg 7o/71, etwa ab 1873, trat so etwas wie ein Nachholbedarf an Leben auf, wie es nach Kriegen oft vorkommt. Eine Art Renaissance des Barock.

Belle Epoque und Jugendstil werden nicht nur oft in einem Atemzug genannt, sondern als identisch betrachtet, was jedoch völlig falsch ist. Zum einen kam der Jugendstil nach der Belle Epoque, zum anderen ist er in seiner Idee fast konträr.

Das Pompöse, Überladene und das Repräsentative der Belle Epoque kommt in den damals gebauten Gebäuden deutlich zum Ausdruck: Grand und Petit Palais, Eiffelturm, die Bahnhöfe Est, Nord und d'Orsay, die Nationalbibliothek, die Glaskuppel über dem Selbstbedienungsrestaurant des Kaufhauses Le Printemps, vor allem aber: „Le Train Bleu“ im Gare de Lyon, dem wohl schönsten Bahnhofsrestaurant der Welt.

Der Jugendstil

(Art Nouveau): Er dauert nur etwa 15 Jahre, von 189o- 19o5, in welcher Zeit er nicht nur in der Architektur, sondern auch für Möbel, Geschirr, Tapeten, Lampen und Gebrauchsgegenstände bis hin zur Schrift maßgebend wurde. Gußeisen und Glas werden in stilisierter Pflanzendarstellung verschlungen zu ästhetischen Ornamenten; Geraden, Flächen und Massen werden aufgelöst zu gewundenen, sich verdünnenden und verdickenden Linien und Bändern. Form ist Wollust.

Der Jugendstil ist ein nicht wegzudenkender Bestandteil des Pariser Straßen- und Lokalbildes:

Die Metrogitter und „Lampes tulipes“, Tulpenlampen in Form von Frauenschuhen, von Hector Guimard, die man zwar im Modernisierungswahn schon teilweise abmontiert hatte, zum Glück aber rechtzeitig wieder aus der Rumpelkammer hervorholte und jetzt wieder aufstellte, ebenso von Guimard die Synagogenfassade in der Rue Pavee 1o (4.), das Haus Beranger in der Rue La Fontaine 14 (16.) hinter dem O.R.T.F. Das Haus Nr. 29, Av. Rapp.
Im übrigen gibt es eine Vielzahl von Cafés, Bistros und Restaurants mit authentischen Fassaden und Interieurs (in den Arrondiss., aufgeführt): Vagenende (6.), die Lokalkette Bistro de la Gare und Assiette au boeuf, das Julien (1o.), Maxim's (8.), Brasserie Lipp (6.), Chartier (9.) u.a. Bei den Spaziergängen durch Paris entdeckt man auch immer wieder Türen- und Wanddekorationen in Bäckereien und anderen Läden.

Die Musik in der Belle Epoque:

Jacques Offenbach (1819- 188o) gelang es, neben der Oper auch der Operette künstlerische Geltung zu verschaffen. Zu seiner zündenden Musik verwendete er für dieses Genre ungewohnt intelligente Librettis aus der griechischen Sagenwelt, zum beispiel in „Die schöne Helena“ oder „Orpheus in der Unterwelt“. Daß der von ihm erschaffene Can- Can einen wahren Siegeszug antrat, gehört zwar gewiß nicht in diese Kunstbetrachtung, kennzeichnet aber wie ein Brillantfeuerwerk die überschäumende Lebenslust der Pariser „Belle Epoque“:

20. Jahrhundert:

Malerei:
Expressionismus: Vlaminck, Dufy, Braque, Matisse
Kubismus und abstrakte Malerei: Braque, Picasso
Surrealismus: Salvadore Dali
Von allen diesen Malern hängen Werke im Musée de L'Art Moderne im Centre Pompidou.

Namen der Literatur, die auch bei uns hinreichend bekannt sind:
Colette, Cocteau, Simenon, Montherlant, Giraudoux, Guitry und Sartre. Über das Musikschaffen unseres Jahrhunderts mag sich der Interessierte selbst einen Eindruck verschaffen durch einen Besuch im IRCAM (siehe 4. Arr. beim Centre Pompidou), wo Zwölftonmusik mit computergesteuerten Elektronentönen angereichert wird.

Architektur:
Sacre- Coeur (Bauzeit 1876- 1910), Radiogebäude der O.R.T.F., UNESCO-Gebäude, Stadtteil La Defense, Turm Maine- Montparnasse, ein Wolkenkratzer von 200 m Höhe, Centre Pompidou (siehe Stadtbild von Paris), Forum des Halles, Glaspyramide im Louvre- Hof, Technik-Museum „La Villette", Opéra Bastille.

Sie hat schon Tradition, die Neigung französischer Könige, Kaiser und Präsidenten, ihrer Macht und der Größe Frankreichs auch architektonisch Ausdruck zu verleihen, und meist dargestalt, daß die Welt staunend davor steht. Dabei haben die hohen Herren meist das Glück, daß die Franzosen so etwas lieben. Sie haben nun mal eine gewisse Neigung zum

Prunkvollen und Exzentrischen. Und somit verdankt der Besucher der Kapitale Frankreichs eben diesen Neigungen die Bewunderung großartiger Objekte, wie etwa der Place des Vosges des Henry IV., des Louvre mit den Tuilerien, des Versailles des Sonnenkönigs, des Arc de Triumphe des Grand Empereurs Napoleon I., der Grands Boulevards oder des Centre Culturell eines George Pompidou, um nur einige zu nennen.

Der ehrgeizigste Potentat auf diesem Gebiet ist nach Louis XIV. ohne Zweifel François Mitterand, der mit sicherem Instinkt für Spektakuläres und Sensationelles „Grands projets“ in Auftrag gab, die in ihrer Art einmalig sind. Sein Augenmerk lag dabei auf nichts geringerem als der großen historischen Ost- West- Achse der Stadt, die in 3 Punkten die bedeutenden Epochen Frankreichs widerspiegelt: im Osten die Bastille als Zündfunke der Revolution, in der Mitte der Louvre, einst das Haus der Könige, am westlichen Ende kündet der Arc de Triomphe von Napoleons ruhmreichen Taten.

Es ist schlicht ausgedrückt genial, wie er in diese Achse drei Akzente der Gegenwart und der Zukunft setzen ließ.

Da steht zum einen in der westlichen Verlängerung und als Krönung dieser Achse, jenseits der Seine und vor dem Hintergrund der ultramodernen Architektur der La Defense, die Grande Arche, anläßlich der 2oo- Jahrfeier der Revolution auch „Arche de la Fraternité“ genannt, ein 11o Meter hohes gigantisches Tor, gleichzeitig Bürohochhaus mit Aussichtsplattform, in dessen umbauten freien Raum man die gesamte Kathedrale Notre Dame wie in einen riesigen Bilderrahmen stellen könnte. Es hat Stil in seiner kolossalen Einfachheit und Pfiff in dem leichten Winkel, mit dem es zur großen Achse steht. Es hat das gewisse Etwas, was ich typisch französisch nennen möchte: wo in aller Welt würde sonst so etwas gebaut? Es wird auch im 21. Jh. ein kaum zu übertreffendes Zeugnis moderner Architektur sein. (Zu den interessanten Einzelheiten mehr im Kapitel „La Defense“ siehe Seite 263).

Das zweite „Grand Projet“: der Louvre. Durch den Auszug des Finanzministeriums wurde er zunächst einmal zum Superlativ: das größte Museum der Welt. Und mitten in diesem Superlativ, im Cour Napoléon, ließ Mitterand jene Glaspyramide erstellen, deren ästhetischen Wert man kaum bestreiten kann. (Siehe meine Beschreibung im 1. Arr.)

Der Louvre hat aufgehört, nur ein Museum zu sein, er ist jetzt ein Erlebnis aus Vergangenheit durch die Freilegung der unterirdischen Grundmauern des mittelalterlichen Königshauses, Gegenwart und Zukunft.

Am östlichen Ende der großen Achse erhebt sich, beeindruckend in ihren Dimensionen, die Opéra Bastille, die „Sitzbadewanne für ein Nashorn“, wie die Pariser sie spöttisch nennen. Auch sie ist ein Superlativ: sie gilt bezüglich ihrer technischen Ausstattung als die modernste Oper der Welt, und das große Granittor, das sich freistehend über die Eingangsfreitreppe wölbt, bildet den Kontrapunkt zur Grande Arche im Westen. Wie diese streng geometrisch in sich, aber ebenfalls nicht im rechten Winkel zur Achse stehend. Ohne diese leichten Abweichungen von der Geraden wären diese beiden „Tore“ nicht so wirkungsvoll.

Der Eiffelturm wird mit Sicherheit weiterhin das Wahrzeichen der Stadt sein, aber mit Opéra Bastille, Glaspyramide und Grande Arche hat Paris 3 neue Attraktionen, die gleichzeitig modern, geistreich, witzig und einmalig sind - ein Geniestück aus einem Guß!

Das vierte „Grand Projekt“ Mitterands „La Bibliothèque de France“ siehe Seite 160.

Frankreich und die Franzosen

Wenn man in einer französischen Küche statt blitzendem Chromgeschirr noch überwiegend Kasserollen aus Großmutters Zeiten findet, so könnte diese Tatsache auch Rückschlüsse auf das Wesentlichere zulassen: Lieber etwas Delikates in einem alten Topf, als Büchsenbohnen in Chromnickelstahl. Eine Art Weltanschauung.

Wenn man an französischen Autos mehr Kratzer und Beulen sieht, so hüte man sich vor der voreiligen Schlußfolgerung, die Franzosen seien schlechtere Autofahrer. Man weiß doch, wie nervenaufreibend der Kampf mit Versicherungsgesellschaften, Autowerkstätten etc. ist. Und wieviel Zeit man damit vergeudet. All das wegen einer kleinen Beule?

Seine Freizeit verbringt der Franzose mit so herrlich unnützen Dingen wie dem Boule- Spiel oder einem Café- Besuch. In der Zeit haben wir das Auto gewaschen und den Rasen gemäht.

Unvergeßlich wird mir eine kleine Begebenheit an einem Sommernachmittag in einem kleinen Städtchen der Provence sein: in Begleitung eines Landsmannes bot sich mir durch ein schief in den Angeln hängendes schmiedeeisernes Tor der Blick in einen wunderschönen alten Garten. Unter hohen Bäumen und breiten Büschen, zwischen verfallenen Mauerresten und überwachsenen Pfaden wucherten seidene Gräser und wilde Blumen hoch und heiß ins flirrende Licht der Provence.

Ergriffen hielt ich meinen Begleiter am Ärmel fest und sagte: „Was für ein schöner Garten!“ „Aus dem man etwas machen könnte!“ erwiderte kurz mein Landsmann.

Das Café! Es ist in Frankreich noch eine Weltanschauung und kein kalkuliertes Renditegeschäft.

Auch dazu zwei kleine und typische Begebenheiten:

Mit einem Gast aus dem Ausland wollte ich einmal, nach einem Rundgang zu den Sehenswürdigkeiten unserer Stadt, in einem Café bei Kaffee und Cognac eine Partie Steckschach spielen. Dies wurde uns sowohl von der Bedienung als auch vom Inhaber barsch untersagt. Das ist zwar schon einige Jahre her, aber noch heute kann ich mich beim Gedanken an diesen nachhaltigen Eindruck von unserer Gastronomie, den ein Fremder so erhielt, eines peinlichen Gefühls nicht erwehren.

In Isle- sur- Sorgue holten wir uns einmal an einem Pizza- Auto einige große, nach Provencekräutern duftende Pizzas, setzten uns mit diesen ins Café gegenüber und bestellten die dazu passenden Getränke. Die Besitzerin des Cafés sieht die Pizzas, bringt, ohne ein Wort von uns, Messer und Gabeln und wünscht „BON APPETIT!“.

Ein letzter Aspekt, der vielleicht noch etwas mehr zum Verständnis des französischen Wesens beiträgt: Auch in der Brust des Franzosen wohnen, ach, zwei Seelen:

Die eine ist die revolutionäre Seele - Fraternité, Liberté, Egalité; - die andere ist die gut- bürgerliche, fast royalistische - seine Wohnungseinrichtung besteht, wenn irgend erschwinglich, aus Stilmöbeln.

Ich glaube, der Franzose würde am liebsten den Nationalfeiertag am 14. Juli (Erstürmung der Bastille 14.7.1789) - in einem Louis XIV.-Sessel feiern.

Paris und die Pariser

Eine Prophezeiung von Nostradamus:

„Solang Paris noch nicht vergeht, die Freude in der Welt besteht.“

Mein Resümée nach vielen Paris- Streifzügen:

Nirgends ist das Spektrum des Seins größer als in Paris.

Je öfter ich in Paris bin, umso weniger wage ich zu behaupten, Paris zu kennen. Das ist eine Lebensaufgabe. Eines ist mir allerdings inzwischen klar geworden: Ich kenne es in seiner Gesamtheit besser als die meisten

Pariser - deren ganze Hingabe beschränkt sich auf „ihr“ Arrondissement oder Quartier - und besser als die meisten seiner Besucher; und das ermutigt mich, zwei der häufigsten Klischee- Behauptungen kritisch zu betrachten:

der Vorwurf: Paris - ein teures Pflaster
die Erwartung: Paris und die Frauen

Zum „Vorwurf“: er stimmt!

Aber - lesen Sie weiter. Er stimmt nicht deshalb, weil in Paris „alles teurer ist“, sondern zum einen, weil es dort für viele Dinge das Besondere gibt: die meisten Drei- und Zweisternerestaurants, die exquisite Mode mit all ihren Accessoires wie Parfums, Schuhe, Hüte, Negligés, Lederwaren und Schmuck, die besten Theater, Revuen und Kabaretts, die spezialisiertesten Galerien und Buchhandlungen usw.

Zum anderen, weil man dort angeregt wird, sich auch einmal etwas Ausgefallenes zu leisten, oder Dinge zu tun, an die man im grauen Alltag nicht denken würde oder könnte. Man füllt mit lässiger Gebärde einen weiteren Euroscheck aus, ohne besonders an die Grenzen des Dispositionskredits zu denken, oder man geht nach einer durchbummelten Nacht um 4 Uhr oder 5 Uhr früh zum Austernessen ins Grand Café oder ins Pied de Cochon.

Wie sagte Hemingway: „Paris ist ein Fest“. Festtage sind immer schon etwas teurer gewesen als der Alltag.

Zu der „Erwartung“: Laßt sie fahren!

Man hört des öfteren, Paris sei eine feminine Stadt. Gleich darauf folgen Aufnahmen und Berichte vom Pigalle und von Striplokalen. Was ist daran feminin? Sexshops, Strip und leichte Mädchen gibt es in jeder Stadt. Und - „nach Paris der Liebe wegen?

Gegen Geld, ja. Aber warum deswegen nach Paris fahren? Ein Anruf im „Massage- Institut“ (Anzeige in der Tageszeitung) um die Ecke spart teure Fahrt- und Hotelkosten.

Operettentext: „Dann geh’ ich ins Maxim, dort bin ich sehr intim“. Gut, gut. Aber die Schampusgläser schwingenden Chambre- Separée- Miezen der Belle- Epoque namens Lou- Lou und Frou- Frou waren alles andere als die typische Pariserin. Die ist nämlich in Dingen der Liebe und Moral weder offenherziger noch prüder als ihre Geschlechtsgenossin in Marseille, München oder Rom.

Was sich von anderen Städten unterscheidet, ist Paris selbst. Jeder Raum, jedes Lokal, jeder Bäckerladen verrät verspielte Liebe zum Detail und macht diese Weltmetropole zum gemütlichen Aufenthaltsort.

Das Stadtbild

Ein einheitlicher Baustil prägt das Gesicht der Stadt: der großbürgerliche Repräsentationsstil, zurückgehend auf den Hausarchitekten von Napoleon III., Baron Haussmann, der auch die breiten Boulevards geplant und gebaut hat und sich so ganz nebenbei damit reich gemacht hat, indem er durch Hintermänner die Häuser vorher billig aufkaufen ließ, die später zur Verwirklichung der Pläne abgerissen werden mußten.

Auf einem eigens dafür gebauten, hohen hölzernen Turm stehend, wischte er mit einer Handbewegung ganze Viertel weg, wobei viel mittelalterlich Wertvolles der Spitzhacke zum Opfer fiel.

Nostre Dame
Petit pont
Le Palais
La S. Chapelle
Place Dauphine
La pompe
Le pont neuf

Eine der Absichten bei der Planung dieser Boulevard- Schneisen war, revolutionäre Zusammenballungen überschauen und bekämpfen zu können.

Beim Rundblick von der Terrasse des Kaufhauses Samaritaine sieht man an einigen Stellen „Neues“: Montparnasse- Turm und -Bahnhof, Grenelle (hinter dem Eiffelturm), La Defense (hinter dem Arc de Triomphe), die neue naturwissenschaftliche Universität beim Jardin des Plantes und das Viertel hinter dem Place d’Italie.

Wer einmal solche Zentren von innen gesehen hat, stellt fest, daß sie in Optik und Atmosphäre beliebig austauschbar sind mit solchen in Mailand, München, New York oder Barcelona. Hier könnte man den Alptraum einer uniformierten Welt erleben: der Mensch in Jeans, zwischen sterilen Glas- und Betonwänden, stereophon mit globalem Pop behämmert, in der einen Hand ein Coca- Cola, in der anderen Mc Donalds Big Mac.
Genug - machen Sie die Augen wieder auf für Paris.

Diese Stellen sind nur ein paar blinde Flecken im Spiegel dieser schillernden Stadt. Und Gott sei Dank noch an der Peripherie.

Die Regierung unter Giscard d’Estaing hat so manches noch von Georges Pompidou geplante Projekt gestoppt, z.B. das Zubetonieren des zauberhaften Canal St. Martin oder das überdimensionale Hochhausprojekt auf dem Gelände der ehemaligen Hallen.

Stattdessen wurde dieses riesige Areal in der Mitte der Stadt zwar originell- modern, jedoch maßvoll und einfallsreich, fast anmutig neu gestaltet.

Durch Grünflächen im westlichen Teil wurde aus dem ehemals geschäftigen „Bauch von Paris“ eine „Grüne Lunge“ und in der östlichen Ecke spiegeln sich in reizvollen neuen Häusern alte Giebel und Fassaden.

François Mitterand hat gewaltige, kostspielige und ehrgeizige Projekte verwirklicht, oft gegen massiven Widerstand ankämpfend:

* die neue Opéra Bastille
* das Technikmuseum „La Villette“ mit der „Sphären“- Kugel GEODE
* einen gigantischen Triumphbogen im Stadtteil „La Defense“
* die neue Bibliothek
* die Glaspyramide im Cour Napoléon des Louvre (s.S. 141)

Paris kann das alles verkraften - so groß ist die Gesamtharmonie des Stadtbildes. Selbst die verrücktesten, gewagtesten Konstruktionen setzen lediglich pikante, neuzeitliche Akzente. Und diese fallen in Paris stets origineller, frecher und beschwingter aus als anderswo in der Welt. Das ist schon seit Monsieur Eiffels Zeiten so. Diese Stadt ist eben immer für eine Überraschung gut.

Aufgeschlossenheit für alles Neue und gleichzeitige Anhänglichkeit an das Alte, Überlieferte ergeben das zauberhafte Resultat - PARIS.

An jeder Straßenecke in Paris steht auf den Straßenschildern (mit ganz wenigen Ausnahmen) auch die Nummer des Arrondissements (Stadtbezirks), in dem man sich gerade befindet.

Man steht an irgendeiner Straßen ecke in Paris und stellt sich die häufige Frage des Besuchers einer fremden Stadt: „Was jetzt"?

Diese Reiseführer gibt leicht und schnell die Antwort:

- Blick auf das Straßenschild: z.B. 4. Arr.
- das 4.Arrondissement im Buch aufschlagen
- jedes Arrondissement beginnt mit einem Übersichtsplan,

dann folgen: Allgemeine Charakteristik des Arr.
Blickpunkte und Plätze
Profanbauten
Kirchen
Museen
Besonderes
Restaurants
Informationen (Nützliches, Vergnügliches, Praktisches)

So kann sich jeder sein eigenes Paris.Programm, sozusagen à la carte, zusammenstellen, da er in kurzer Zeit einen Überblick gewinnt, was gerade in diesem Arrondissement an Kulturellem, Originellem, Typischen oder Kulinarischem zu finden ist.

In der nun folgenden Beschreibung der 2o Arrondissements wurde bewußt auf vorgezeichnete oder vorgeschlagene Rundgänge verzichtet, deren Nachteile dem erfahrenen Touristen bekannt sind: ständig unter Zeitdruck, die Nase in Plan und Karte, erst folgt man der Route, zu der man nur schwer zurückfindet, wenn man sich erst einmal verirrt hat. Macht das Wetter noch einen zusätzlichen Strich durch die Rechnung, gibt man frustiert auf.

Dieses Buch soll Sie ständig begleiten und Ihnen zu jeder Zeit und überall spontane Tipps und Anregungen geben.

Mein besonderes Anliegen: meine Leser sollen nicht nur das repräsentative Paris sehen, sondern auch die Atmosphäre der Stadt erleben, die man jedoch beim Eiffelturm und auf den Champs-Elysées nicht findet.

Meine Devise: „Die vergangenheit bewundern - die Gegenwart genießen".

PARIS in 2 Teilen

Bevor ich zur Beschreibung der 2o Arrondissements komme, mache ich es wie die Pariser, die, um eine generelle Übersicht über ihre Stadt zu haben, zwei Teile unterscheiden:

Rive Droit

Rechtes Ufer, d.h. alles, was Seineabwärts gesehen rechts ist.

Da ist zunächst einmal das KOMMERZIELLE PARIS: die Börse, Großkaufhäuser, wie Samaritaine, Lafayette u.a., die berühmte Rue du Faubourg St. Honoré mit ihren klangvollen Namen u.a. Das Originellste in Sachen Kommerz ist leider verschwunden: Les Halles, die alten Markthallen bei der Kirche St. Eustache. An ihrer Stelle steht nun das neue Forum.

Zum zweiten das REPRÄSENTATIVE PARIS: Die Champs Elysées mit Arc de Triomphe, die Rue Rivoli mit Louvre und Rathaus, die Place de la Concorde, die Oper, die großen Boulevards, die Place Vendome. Kühn-futuristisch: das Industrie- und Wissenschaftsmuseum „La Villette", die Glaspyramide im Louvrehof, das Centre Pompidou und die neue Oper an der Bastille.

Drittens ist hier auch eher das Paris des MASSENTOURISMUS: Montmartre und Place Pigalle, Place Tertre und Sacre Coeur.

Viertens gibt es aber auch auf dieser Seite der Seine viele Gegenden, ja ganze „Quartiers" (Viertel), ohne berühmte Namen oder besondere Attraktionen, eben „NUR- PARIS", aber gerade da zeigt sich die Stadt typisch, liebenswert und unverfälscht. In den Beschreibungen der 2o Arrondissements findet der Leser dieses Buches genügend Gelegenheiten, die Atmosphäre der Stadt in solchen intimeren, aber gleichwohl lebendigen Vierteln zu finden. Die Avenue des Champs- Elysées ist zwar in Paris, ist aber nicht Paris.

Rive Gauche

Linkes Ufer - gemütlicher, intimer, geruhsamer, zwangloser - vier nicht ganz objektive Eigenschaftsworte. Man könnte auch sagen: individueller, aber das liegt natürlich am Publikum.

Man vergleiche einmal das Publikum des „Deux Magots“ an der Pl. St. Germain mit dem des weltberühmten „Café de la Paix“ bei der Oper. Im ersten bilden die Besucher kleinere oder größere Gruppen, man unterhält sich, tut verliebt, spielt Schach, diskutiert oder liest Zeitung. Hinter den Fenstern des zweiten gibt man sich in Nerz und Nadelstreifen steif und snobistisch.

Die Atmosphäre des RIVE GAUCHE wird mitgeprägt vom „Quartier Latin“ dem Studentenviertel, das neben der Ile de la Cite und der Ile St. Louis zu den am frühesten besiedelten Gegenden in diesem Raum gehörte, wovon die noch vorhandenen römischen Ruinen zeugen. In diesem Viertel wurde im MA lange Zeit nur lateinisch gesprochen. Bauten: Eiffelturm, Invalidendom, Musée d'Orsay, Sorbonne.

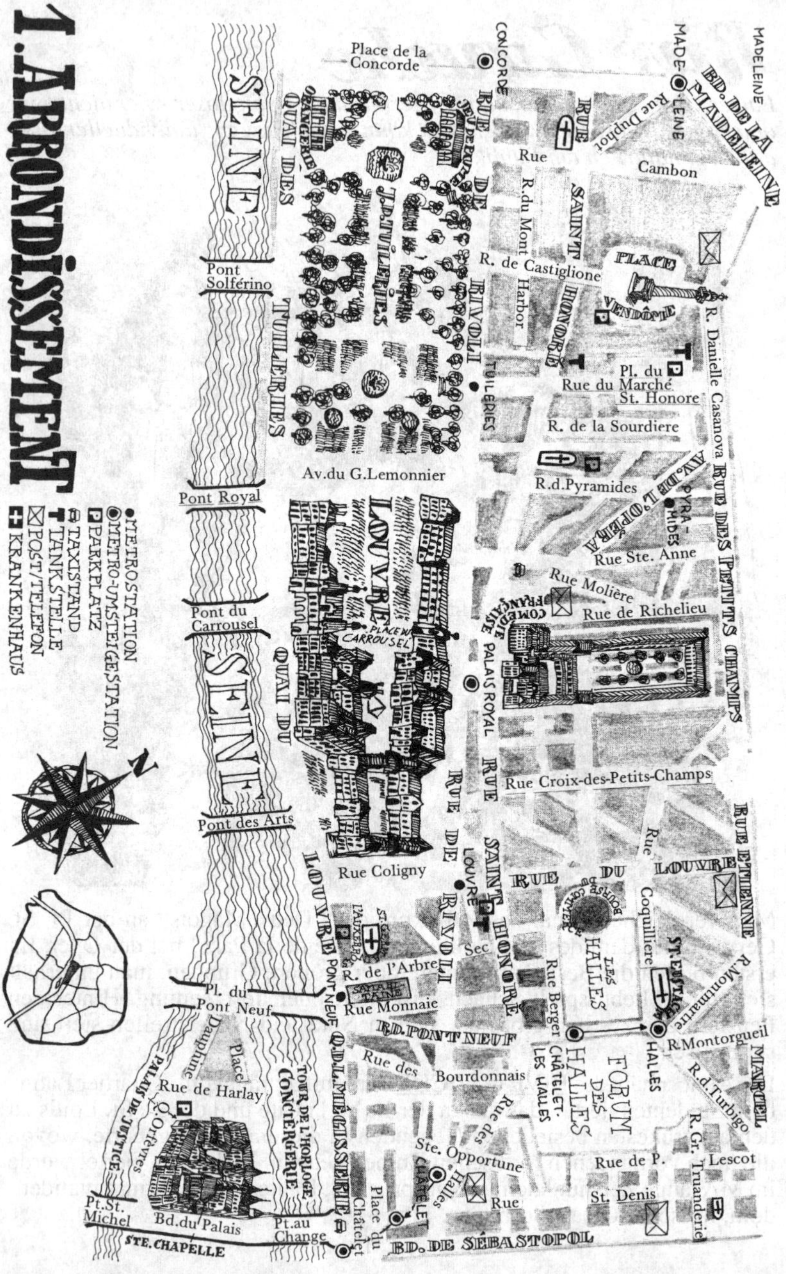
1. ARRONDISSEMENT
METROSTATION
METRO-UMSTEIGESTATION
PARKPLATZ
TAXISTAND
TANKSTELLE
POST/TELEFON
KRANKENHAUS
N
Place de la Concorde
CONCORDE
MADELEINE
BD. DE LA MADELEINE
Rue Duphot
Rue Cambon
PLACE VENDÔME
R. de Castiglione
R. du Mont Harbor
RUE SAINT HONORÉ
RUE DE RIVOLI
TUILERIES
JEU DE PAUME
ORANGERIE
JARDIN DES TUILERIES
QUAI DES TUILERIES
SEINE
Pont Solférino
Pont Royal
Pont du Carrousel
Pont des Arts
Av. du G. Lemonnier
LOUVRE
PLACE DU CARROUSEL
QUAI DU LOUVRE
R. Danielle Casanova
Pl. du Marché St. Honore
Rue du Marché St. Honore
R. de la Sourdiere
R. d. Pyramides
PYRAMIDES
AV. DE L'OPÉRA
RUE DES PETITS CHAMPS
Rue Ste. Anne
Rue Molière
Rue de Richelieu
COMÉDIE FRANÇAISE
PALAIS ROYAL
Rue Croix-des-Petits-Champs
RUE ETIENNE
RUE DU LOUVRE
Rue Coquillière
BOURSE DU COMMERCE
LOUVRE
Rue Coligny
ST. GERMAIN L'AUXERROIS
R. de l'Arbre Sec
SAMARITAINE
PONT NEUF
Rue Monnaie
Pl. du Pont Neuf
BD. PONT NEUF
Dauphine
Place
Rue de Harlay
Q. Orfèvres
PALAIS DE JUSTICE
Pt. St. Michel
Bd. du Palais
STE. CHAPELLE
TOUR DE L'HORLOGE
CONCIERGERIE
Q. D. L. MÉGISSERIE
Pt. au Change
Place du Châtelet
CHÂTELET
Rue des Halles
Rue des Bourdonnais
Ste. Opportune
Rue Berger
LES HALLES
FORUM DES HALLES
CHÂTELET-LES HALLES
HALLES
ST. EUSTACHE
R. Montmartre
R. Montorgueil
RUE MARCEL
R. d. Turbigo
R. Gr. Truanderie
Lescot
Rue de P.
St. Denis
Rue
BD. DE SÉBASTOPOL

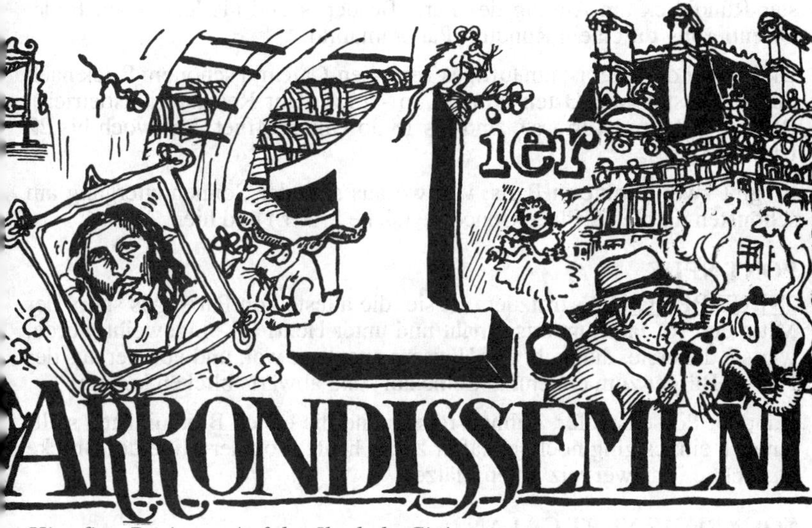

Hier fing Paris an. Auf der Ile de la Cité.

Der Faden der Geschichte ist nirgends deutlicher zu sehen, als hier: die CONCIERGERIE, PONT NEUF, der LOUVRE, PALAIS ROYAL, PLACE VENDôME und FORUM DES HALLES

Da war zunächst das „LUTUHEZI" (Wasserwohnung) der Kelten. Aus den Steinen der Montmartre-Brüche wurden dann die festen Häuser des römischen „Lutetia Parisiorum" gebaut.

Der sichtbare Faden fängt allerdings an bei der Concier-gerie, einem Teil der ersten Königsresidenz, läuft dann, über die Ste. Chapelle hinüber zum Louvre, zunächst ebenfalls königliches Domizil, später dann Musentempel des geistigen Genusses, von wo aus nur ein paar Schritte hinüberführen, falls man nicht den kleinen Umweg über Place Vendôme und Palais Royal macht, zu dem Gelände der ehemaligen Hallen mit ihren leiblichen Freuden. Auch wenn diese bereits der Vergangenheit angehören, ist hier schon wieder ein neuer Kontrast: das ultramoderne „Forum des Halles".

In einem Halbrund von nicht einmal einem Kilometer spannt sich ein Faden über acht Jahrhunderte.

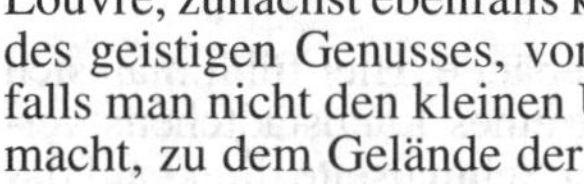

BLICK VON DER TERRASSE DES KAUFHAUSES SAMARITAINE

Bei der PONT NEUF. Der schönste Rundblick über Paris; besser als vom Eiffelturm, weil mitten in der Stadt. Empfehlenswert als erster Rundblick am Anfang des Paris-Besuches und als letzter am Ende. Orientierung durch ein Rundum-Panoramabild.

Drei Meter darunter ist ein luftiges Terrassen-Café mit schönem Blick nach Süden, Westen und Osten (von 11.3o - 15.oo Uhr Restaurationsbetrieb). Beides, Café und Terrasse, sind bis 18.3o Uhr geöffnet, Mittwoch bis 22 Uhr.

Es gibt zwei Punkte in Paris, von wo aus sich der Sonnenuntergang am schönsten darbietet: Place Concorde (siehe 8. Arr.) und hier.

PONT NEUF

„NEUE BRÜCKE" - trotzdem ist sie die älteste von Paris. Als sie in der Mitte des 16. Jahrhunderts erbaut und unter Henri IV. eingeweiht wurde, war sie die erste, die nicht mit Häusern zugebaut war, und von der aus der Pariser Bürger zum erstenmal Seine auf- und abwärts blicken konnte.

Händler, Possenspieler, Zahnausreisser und die ersten Bouquinisten stellten sich ein, es ging noch lebhafter zu als heute. Von der Mitte der Brücke aus geht es zu zwei reizvollen Plätzen:

SQUARE DE VERT GALAN

An der Statue Heinrichs IV. vorbei steigt man zu diesem hübschen kleinen Platz hinab, an der Westspitze der Ile de la Cité. VERT GALAN - immer grüner Galan - war der Spitzname des Henri IV., der von seinen Parisern sehr geliebt wurde.

Seinem Beispiel folgend treffen sich auch heute noch die Verliebten unten in der hübschen Grünanlage, und im Frühling erwärmt sich Alt und Jung auf den Ufersteinen knapp über der glitzernden Seine an den ersten Sonnenstrahlen.

PLACE DAUPHINE

Auf der ILE DE LA CITÉ, hinter dem Justizgebäude. Hier fühlt man sich plötzlich in die Ruhe und Zurückgezogenheit eines Landstädtchens versetzt. Man blickt durch die Häuserreihen an der Schmalseite direkt auf das Denkmal von Henri IV. und die Spitze der Insel, Vert Galant; zwischen dem Denkmal und der Place Dauphine wälzt sich allerdings der Verkehr einer Millionenstadt über die Pont Neuf.

Zwei schöne Renaissance-Häuser an der Brückenseite, die einzigen, die erhalten blieben, schirmen den kleinen Platz völlig ab.

RUE DE RIVOLI

Eine Straße mit vielen Gesichtern. Von der Place de la Concorde, entlang den Tuilerien, bis zum Louvre eine der TEUERSTEN EINKAUFS-STRASSEN der Stadt. Unterhalb des Louvre ist sie die Straße der großen Kaufhäuser, u.a. das größte: LA SAMARITAINE, etwas weiter unten überquert sie den Rathausplatz um dann, bevor sie in der Rue St. Antoine ihre Fortsetzung findet, eine ganz normale Pariser Straße zu werden. An ihrem Anfang aber ist sie mit strengen, einheitlichen Fassaden geschmückt, was ein herrliches Bild ergibt.

PLACE DU CARROUSEL

Zwischen den Westflügeln des Louvre. In seiner Mitte steht der kleine Triumphbogen - der dem Serverusbogen in Rom nachgebildet ist - mit Darstellung aus napoleonischen Feldzügen.

Durch den Bogen hindurch geht der Blick über die Tuileriengärten, die Place de la Concorde und die Avenue des Champs-Elysées bis hinauf zum großen Triumphbogen, dem Arc de Triomph de l,Etoile.

DIE TUILERIEN-GÄRTEN

Sie sind des PARISERS LIEBLINGSAUFENTHALT von Kindesbeinen an, nicht zuletzt deshalb, weil man in dem großen Wasserbecken die Schiffchen fahren lassen kann.
Als ein Kunstwerk der klassischen französischen Garten- Architektur wurden sie von Katharina von Medici angelegt.

Das TUILERIEN-SCHLOSS, das gleichzeitig entstand und die vierte, ab-

schließende Seite des Louvre bildete, wurde während der Kommune 1871 in Brand gesteckt und vernichtet.

Ob das berühmte Hausgespenst, das „ROTE MÄNNLEIN“, mit dem Schloß unterging, bleibt abzuwarten. Es trieb sich jahrhundertelang in den Mauern der Tuilerien und des Louvre herum, kündete Unheil, wo immer es auftaucht. Viele gekrönte Häupter, bis zu Napoleon, hatten Angst vor ihm. Der armen Marie-Antoinette erschien es kurz vor ihrer Enthauptung.

PLACE VENDOME

Zwei Plätze zeichnen sich in Paris wegen ihrer vollkommenen einheitlichen Architektur durch wohltuende Harmonie aus: DER PLACE DES VOSGES (4.), ein rundum einheitlich erhaltenes Zeugnis der französischen Renaissance unter Henri IV., und der PLACE VENDOME als prächtiges Denkmal des Grand Siécle unter Louis XIV., nach dem er ursprünglich auch Place Louis le Grand genannt wurde.

In der Baugeschichte dieses Platzes erscheint eine interessante und wohl einmalige Originalität: J.Hardouin- Mansart, der Architekt, baute zunächst in einem länglichen Achteck nur die einheitlichen Fassaden mit ihren Arkaden im Parterre, den korinthischen Pilastern und den beiden darüberliegenden Stockwerken und im Dach - (nach ihm sind die ersten „Mansardenfenster“ benannt) - die Grundstücke dahinter wurden erst später verkauft und bebaut.

Colette am Fenster ihrer Wohnung im Palais Royal

In der Mitte des Platzes steht die VENDOME-SÄULE, auch AUSTERLITZ- SÄULE genannt. Spiralenförmig zieht sich an ihr ein Bronzerelief hoch, das Napoleon I. aus den erbeuteten Kanonen von Austerlitz gießen ließ, und das die Geschichte der Schlacht darstellt.
Rom-Kenner erinnern sich: Deja Vu! Sie ist tatsächlich eine Imitation der Trajansäule, und Napoleon steht oben in Römertoga und Cäsarenpose.

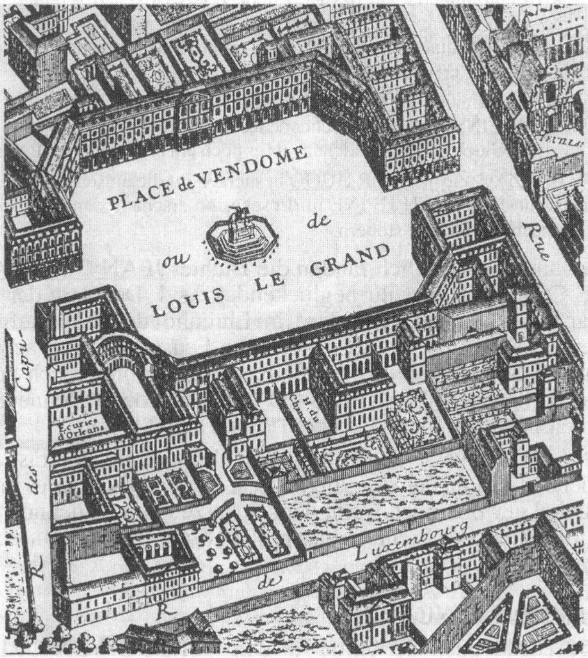

Viele ZYLINDER sieht man drumherum: Vierzylinder, Sechszylinder, Achtzylinder, die Silver Lady und den Stern von Untertürkheim. Große Namen von gestern und heute: das Nobelhotel Ritz mit seiner legendären HEMINGWAY-BAR, die Rothschild-Bank und Cartiers Juwelen. In der Nr. 12 starb 1849 Chopin.

DAS PALAIS ROYAL UND SEIN GARTEN

Sitz des STAATSRATS. 1632 von Cardinal Richelieu erbaut, bewohnt, dann an Louis XIII vermacht. Die Kommune steckte es Mitte des 19. Jahrhunderts in Brand. Später wurde es restauriert und man blickt heute vom Garten aus auf eine einheitliche Fassade der Hoch-Renaissance rings-herum. Dieses Carré mit seinen Arkaden ist eine Oase der Stille.

Wer von der verkehrsreichen RUE DE RIVOLI hier eintritt, glaubt die Tür einer Maschinenhalle hinter sich zu schließen.

Rosen, graziöse steinerne Figuren, prächtige Kastanienbäume umgeben einen herrlichen Springbrunnen. Auf den zierlichen Eisenstühlen sitzen zeitungslesende Männer, junge Mädchen und da und dort eine Mutter, die ihrem spielenden Kind und den tanzenden Wassertropfen der Fontäne zuschaut.

In der Mitte des 18.Jahrhunderts war das ganz anders. CASANOVA schildert 175o das Palais Royal und seine Kolonnaden als einen Ort, gedrängt voll mit lauten, lebhaften Menschen, darunter auch Gauner, Freudenmädchen, Spielsaalbesitzer und fliegende Händler, so daß „beinahe einige erstickt wären".

Am Vorabend der Erstürmung der Bastille, also am 13.7.1989, hielt unter einer Akazie CAMILLE DESMOULINS seine aufpeitschende Rede und NAPOLEON suchte hier sein Vergnügen und etwas Glück bei den Mädchen, als er noch ein armer, kleiner Leutnant war.

HONORE DE BALZAC und VICTOR HUGO besuchten oft die umschwärmte Dichterin Valmore - und wenn HEINRICH HEINE im Lesekasino erschien, dann nur, um in den Wochenblättern nach Kritiken zu stöbern.

Im 20. Jahrhundert schließlich fanden die Dichter JEAN COCTEAU und MADAME COLETTE hier ihr beglückendes Asyl. Der Sarg der Colette wurde sogar, bedeckt mit der Trikolore, im Ehrenhof des Palais aufgebahrt. Heute ist eine kleine Gedenktafel unter ihren Fenstern angebracht. Dort, an der hinteren Schmalseite der Palais-Fassaden, befindet sich auch das ehrwürdige „THEATRE DE PALAIS ROYAL" Im Cour d´Honneur stehen seit 1985 die 26o „Colonnes - Plastiken" von Daniel Buren.

Die Lichteffekte der verschieden hohen Säulenstümpfe kontrastieren zu den umgebenden Kolonaden des Ehrenhofes. Am schönsten ist es im Jardin wenn es dunkel geworden ist, wenn der schwarze Himmel dennoch leuchtet vom Widerschein der Lichter einer großen Stadt, von der nur ein leises Summen hier hereindringt.

DIE COMÉDIE FRANCAISE

Das heutige Theatergebäude wurde für den HERZOG VON ORLEANS als Nebengebäude des Palais Royals errichtet. Es ist von großer Harmonie und Anmut mit seinen geraden Linien und den schlichten, zierlichen Säulen.

Im Inneren befindet sich die berühmte Skulptur des VOLTAIRE VON HOUDON. Seit 1792 spielen hier die französischen Schauspieler, denen Napoleon den Status Staatsschauspieler verlieh. Auch heute noch geht im sehr traditionellen Spielplan der Geist Molières um.

An der gleichen Stelle stand hier früher das Stadttor St. Honoré, vor dem die JEANNE D,ARC, als sie die Stadt von den Engländern befreien wollte, zum ersten Male Schiffbruch erlitt. Am Knie durch einen Pfeil schwer verwundet, mußte sie den Angriff abbrechen. Die Befreiungstat wurde dann von einem anderen Tor aus, von einem anderen Heerführer, vollbracht. Auf der nahen Place des Pyramides steht das vergoldete Reiterdenkmal der Jungfrau.

36, QUAI DES ORFEVRES - eine Adresse, die durch die Krimiserie auch bei uns nicht mehr ganz unbekannt ist.

EORGES SIMENON, Verfasser von ca. 8o Kriminalromanen und, genau weiß er es selbst nicht mehr, etwa 3oo sonstigen Romanen, war sehr oft im Palais des Justice, um die Gerichtsverfahren zu beobachten und setzte sich dann, gleich um die Ecke, in eines der Lokale an der Place Dauphine, um über die Verhandlungen zu reflektieren. So entstand die ganz spezifische Methode des Kommissar Maigret, einen Fall nicht einfach nur durch eine Aneinanderkettung von Indizien und Logismen, sondern vor allem durch das Erspüren psychischer Reaktionen und Verhaltensweisen zu lösen.

PALAIS DE JUSTICE

Diesem mächtigen, strengen Gebäudekomplex mußte nach Beschluß des Stadtplaners Baron v. Haussmann die gotische Altstadt der Ile Cité weichen. (Näheres darüber im 4. Arr., Notre Dame). Er steht auf dem Boden der uralten Königsburg der Capetinger, die 12oo von Philippe Auguste ihr gotisches Aussehen erhielt. Im 16.Jh., der schweren Zeit (Pest und Kriege), wurde sie teilweise abgetragen, teilweise brannte sie aus.

Der TOUR D´ HORLOGE blieb erhalten und auch die drei wuchtigen Rundtürme an der Conciergerie.

Die MAUERN des Justiz-Gebäudes verbergen in einem der viereckigen Innenhöfe das grazile Wunderwerk der frühgotischen Saint Chapelle.

CONCIERGERIE

1.4.- 3o.9.: 9.3o - 18.3o Uhr 1.1o.- 31.3.: 1o - 17 Uhr Eintritt 5 Euro **M:** Cité

Vom Quai de la Mégisserie hat man den schönsten Blick auf die Conciergerie, einen gotischen Profanbau aus dem 13.Jahrhundert, ehemaliger Königspalast. Vier Türme: links der Uhrturm, TOUR DE L´ HORLOGE, in welchem die erste Uhr von Paris installiert war, rechts der TOUR DE BONBEC, in der Mitte die beiden Rundtürme, TOUR DE CESAR und TOUR D´ ARGENT. Links neben den mittleren Türmen ist der Eingang zur Conciergerie.

Interessanter als die alte Geschichte dieses Palastes ist seine Bedeutung während der Revolution, als „WARTESAAL ZUR GUILLOTINE". Beeindruckend ist das von drei Säulenreihen getragene, gotische Gewölbe

Die Guillotine:

So paradox es auch klingen mag: die Guillotine wurde aus „humanitären" Gründen erfunden. Das Töten mit Schwert oder Beil, von überforderten Henkern oft nicht schnell und „sauber" erledigt, schaffte zusätzliche Qualen für die Verurteilten und Entsetzen bei den Anwesenden.

In dem Hof des Hauses Nr. 9, im Cour du Commerce, (Pl. Odéon) experimentierte 179o DR. GUILLOTIN mit einem deutschen Klavierbauer namens Schmidt mit einer „Philanthropique machine a decapiter" (Menschenfreundliche Enthauptungsmaschine) und köpfte erst eineinmal eine Anzahl von Hammeln. Dr. Louis, emeritierter Hofarzt, begutachtete die Maschine, die darauf zunächst den Spitznamen Louisette bekam. Später, als Dr. Guillotin sie der Nationalversammlung mit den Worten:"Sie sterben ohne es zu merken" vorführte, erhielt sie die bleibende Bezeichnung Guillotine.
Schmidt ergab sich später dem Suff und starb im Delirium tremens.

der „Salle des Gens d'Armes", früher der Speisesaal der 2 bis 3 Tausend königlichen Bediensteten, für die in der großen Küche daneben, auf vier riesigen Feuerstellen, gebraten, gekocht und gebacken wurde, später der Aufenthaltsraum für die bewaffneten Wächter, den „gens d'armes", nach denen heute die Gendarmen benannt sind.

Von diesem Saal aus kommt man durch die „RUE DE PARIS", benannt nach dem Henker „Monsieur de Paris", zu den nebeneinander liegenden Kerkerzellen von Marie Antoinette und Robespierre. Im anschließenden „HOF DER FRAUEN" ist eine Ecke mit einem Gitter abgetrennt, hinter welchem sich immer die jeweils nächsten 12 Gefangenen für den Abtransport zur Guillotine bereit halten mußten.

SQUARE DES INNOCENTS
Der dichteste Menschenstrom zwischen Forum des Halles und Centre Pompidou fließt über diesen rechteckigen Platz, der von der Südost-Ecke des Hallengeländes und der Rue St-Denis begrenzt wird. In seiner Mitte

erhebt sich die schöne Fontaine des Innocents, ein mit Skulpturen geschmückter, kleiner Renaissance-Tempel (1549), der von Treppen mit Wasserkaskaden umgeben ist. Unter ihm lag einst der größte Friedhof von Paris. Millionen Gebeine, darunter auch königliche, ruhten hier, ehe sie in den Katakomben (Eingang 14. Arr.) gestapelt wurden.

DIE SAINTE CHAPELLE

1.4.- 3o.9.: 1o - 18 Uhr 1.1o.- 31.3.: 1o - 17 Uhr, Feiertags zu. Eintritt 6 Euro

Das Kleinod der Ile Cité. Im 13. Jahrhundert von Ludwig d. Heiligen erbaut, Französische Hochgotik in ihrer reinsten und schönsten Form. Zwei Kirchen übereinander: Unterkapelle für das königliche Personal, Oberkapelle als Palastkapelle des Königs, deren Wände nur aus Strebepfeilern und bunten Glasgemäldefenstern bestehen. Wenn irgend möglich, sollte man diese Kapelle nur bei Sonne und am frühen Nachmittag besuchen - wegen der Lichtwirkung, z.B. ab 13.3o Uhr.

ST. EUSTACHE

Große, fünfschiffige, gotische Kirche, Pfarrkirche der Hallen, direkt neben dem großen Loch, wo früher „Les Halles" standen, und wo jetzt in mehreren Stockwerken unter der Erde ein moderner Großbahnhof der Metro und das „Forum des Halles" entstand. Sie ist nach der Notre-Dame die schönste Kirche von Paris. Louis XIV. empfing hier die Erst-Kommunion.

Während der Revolution war sie der Tempel des Ackerbaues mit der Göttin der Vernunft auf dem Altar. Später hatten die Zünfte der Markthallen-Händler ihre eigenen Kapellen im weiträumigen Innern.

An der Rückwand liegt die Mutter Mozarts, der oft in Paris gastierte, begraben.

ST. GERMAIN L´AUXERROIS

An der PLACE DU LOUVRE. Baustile aus 5 Jahrhunderten. Romanisch, gotisch, Renaissance.

Während der Revolution: Futterlager! Schöne Rosetten aus dem frühen 15.Jahrhundert. Angeblich war es die Glocke dieser Kirche, die am 24. August 1572 das Signal zur Bartholomäus-Nacht gab, in der Tausende von Hugenotten ermordet wurden.

MUSEEN

DER LOUVRE - Cour Napoléon - Haupteingang Pyramide

M: Palais-Royal-Musée-du-Louvre. Geöffnet: Mo + Mi 9-21.45 Uhr, Do bis So 9 - 18 Uhr, Dienstag zu. Pyramide und Boutiquen: 9 - 21:45 Uhr, Dienstag geschlossen.

Eintritt 7 Euro, nach 15 Uhr sowie ganztägig am Sonntag 4,5 Euro. Kinder unter 18 frei. Am ersten Sonntag im Monat auch für Erwachsene frei.

Mit der „Carte Musées" (siehe Fakten Fundgrube „Museen") spart man sich die Warterei an der Kasse.

Tel.: o1 4o 2o 5o 5o. www.louvre.fr

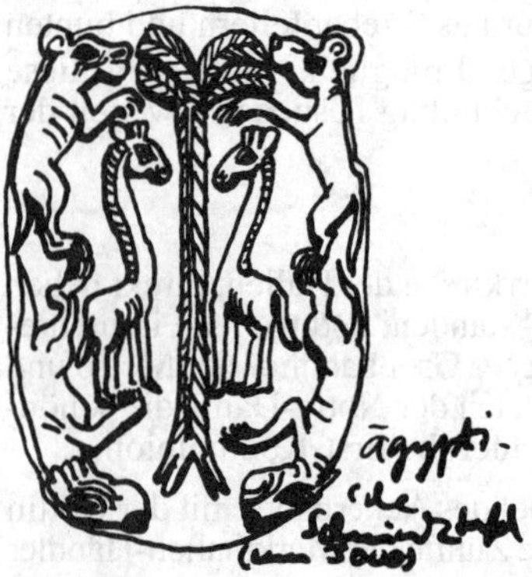

Kunstkenner muß man nicht erst zu einem Besuch des bedeutendsten Museums der Welt motivieren, aber auch unter den anderen wird es nur wenige geben, die achtlos und unbeeindruckt an dieser Sammlung von über 4oo.ooo Kunstwerken aller Epochen und Kulturen vorbeigehen. Der mehrflügelige Bau wurde 12oo als Festung begonnen und von Henry II zum Renaissancepalast ausgebaut. Von vielen Königen wurden immer wieder neue Teile angefügt und Kunstschätze gesammelt. Die Idee zu einem öffentlichen Museum stammte von Ludwig XV. Verwirklicht wurde sie 1793 vom Nationalkonvent.

<u>Die Erweiterung und Neuordnung</u> des Louvre sowie der Bau der **Pyramide** und die Gestaltung der Anlagen unter dem Cour Napoleon geschah in den Jahren 1988-93 im Auftrag von George Mitterand (siehe Seite 126) Aus dem Louvre wurde der „Grand Louvre", das soll heißen:

- nach dem Auszug des Finanzministeriums aus dem Nordflügel (Richelieu) wurde die Ausstellungsfläche fast verdoppelt, wodurch der Louvre nun das größte Museum der Welt ist, bezogen auf Fläche und Exponate.
- die Präsentation der Exponate, Anordnung, Beleuchtung usw. wurde modernisiert, die Räume neu gestaltet.
- Die Infrastruktur für den Publikumsverkehr wurde verbessert: mehrere Cafés (z.B. das <u>Café Marly</u> im Richelieu-Flügel mit herrlicher Aussicht!) Restaurants usw.
- Unterirdische <u>Parkgarage</u>: Zufahrt ab Av. du General Lemonnier
- Neugestaltung der kommerziellen Sektors (im Untergeschoß unterhalb

der Glaspyramide): Buchhandlungen, Virgin CD-Laden, Poster- und Postkartenverkauf, Boutiquen aller Art.

Den wichtigsten Impuls zur Modernisierung setzte die NEUE GLASPYRAMIDE in der Mitte des Innenhofes „Cour Napoléon", 21 Meter hoch, umgeben von computergesteuerten Fontänen.

Wenn die Sonne scheint - oder im Licht der abendlichen Scheinwerfer - glitzert sie zwischen den alten Renaissance-Flügeln des Louvre wie ein Diamant am Hals einer reiferen Dame. In den Glaselementen ihrer geneigten Flächen spiegeln sich skurril-verzerrt die Fassaden der königlichen Gebäude. Flankiert von Wasserbecken bildet sie den zentralen Haupteingang zum Museum. Der chinesische Architekt Ieohn Ming Pei entwarf diese eigenwillige Konstruktion, die im krassen Gegensatz zu ihrer Umgebung steht, im Auftrag von Francois Mitterrand. Sie wird heute schon im Volksmund „Monument Mitterrand" genannt.

Kassen und Verkaufsstände, Infotheke und kostenlose Übersichtspläne in 9 Sprachen befinden sich unter der Pyramide, durch eine geschwungene Freitreppe mit der Eingangshalle des Louvre verbunden. Hier ist auch der Zugang zu einer großen, ebenfalls neuen und unterirdischen Parkgarage. Bei den Bauarbeiten wurden die Grund-mauerreste der mittelalterlichen Königsburg (Abb. siehe Geschichtsteil dieses Buches) freigelegt. Auch Teile der Quai-Mauern, von denen aus die Seine mit Ketten gesperrt werden konnte, sind nun sichtbar. Schon beim neuzeitlichen Entrée also eine Reise durch alte Epochen des Louvre-Geländes.

ZUGÄNGE ZUM LOUVRE (siehe Plan)

1. Der Haupteingang in der Glaspyramide(1). Je nach Besucherandrang muß man mit langen Warteschlagen rechnen, die bis nach draußen rei-

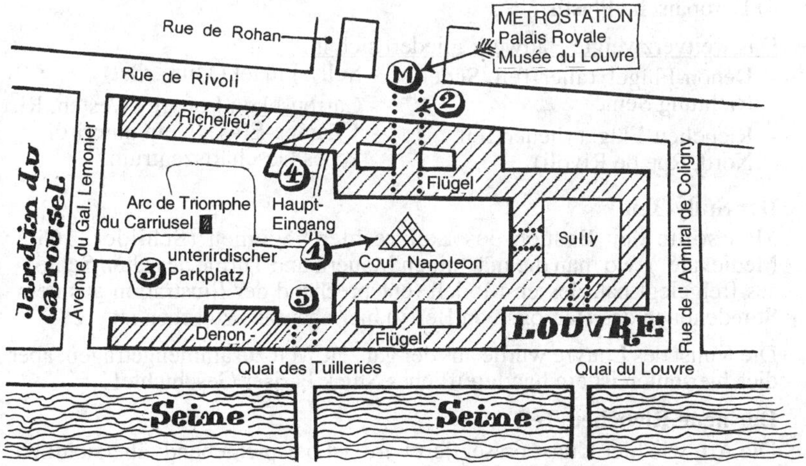

chen können. Wenn's regnet, nicht gerade angenehm. Abhilfe: die bereits erwähnte „Carte Musées", die zu Gratiseintritt verschiedener Pariser Museen (auch des Louvre)berechtigt und damit das Schlangestehen an der Kasse spart.

2. METROSTATION „Palais Royale, Musée du Louvre": der bequemste Zugang zum Louvre, wer in Paris die Metro als Verkehrsmittel benutzt. Die Station liegt im Schnittpunkt zweier Metrolinien und ist zudem schön mit Replikas von Ausstellungsstücken des Louvre dekoriert. Ab Metro-Station anschließend unterirdischer Gang zur Pyramide und Eingang des Louvre.
3. Mit EIGENEM AUTO/MIETWAGEN: unterirdische Parkgarage (3). Sie ist ab Rue de Rivoli bzw. Quai des Tulleries über die Ave. du Gal. Lemonier zu erreichen und bietet Platz für 65o PKW. Kann zur HS eng werden, zudem gebührenpflichtig. Ab Parkgarage im Unterstock durchs dortige Shoppingcenter zum Louvre-Eingang/Pyramide.
4. Eingang Rue de Rivoli/Rue de Rohan:führt ebenfalls ins Untergeschoß und Shoppingbereich zum Eingang/Pyramide.
5. Eingang Quai des Tuilleries/Denon Flügel und weiterzum Eingang Louvre/Pyramide. Achtung: in der Regel gibts weder in der Rue de Rivoli (4) noch Quai des Tulleries (5) Parkmöglichkeit. Die Metro (2) ist in jedem Fall die beste Wahl für den Louvrebesuch!

Die wichtigsten Abteilungen des Museums sind:

1) Ägyptisches Altertum
2 Griechisches-römisches- etruskisches Altertum
3) Orientalisches Altertum
4) Europäische Plastik
5) Europäische Malerei und Grafiken
6) Kunsthandwerk
7) der mittelalterliche Louvre

Das weitverzweigte Bauwerk gliedert sich in:

- Denon-Flügel (alter Teil, Süden Richtung Seine)
- Richelieu-Flügel (neuer Teil, Nord, Rue de Rivoli)
- Sully-Flügel (Mitte, Ost)
- Carrousel du Louvre (Westen, Ri. Champs-Elysés): ein unterirdisches Geschäftszentrum.

Der Sully-Teil

Man sollte den Besuch des Louvre hier beginnen (Schilder: „Cité Medievale"), wo man die mächtigen Mauern und Türme des alten Schlosses freigelegt hat, dessen Modell (entsprechend der Illustration aus dem Stundenbuch des Herzogs von Berry) hier ebenfalls zu sehen ist.

Die Kunst des Louvre wurde aus der ganzen Welt zusammengetragen, aber dies hier unten ist ein handgreifliches Stück Pariser Geschichte!

Der neue Richelieu-Teil

Die Art, wie hier Kunst präsentiert wird, ist beispielgebend: übersichtlich,

geschmackvoll und „ins rechte Licht gerückt“. Ein Muß!

Der Teil Carrousel du Louvre

Im Korridor dorthin: Louvre-Buchhandlung mit angeschlossener „Chalkographie“ (frz.: Cahalco-graphie), wo man sich von alten Kupferstichplatten einen Original-Kupferstich bestellen kann.

Kunstbuchladen für Kinder, Post, Läden mit Kunstdrukken, Posters und Replika von Skulpturen und Modelle der neuen „Unterwelt“.

Ca. 2oo Meter nach der Rotunde unter der großen Pyramide gelangt man zur kleineren, verkehrten d.h. mit der Spitze nach unten hängenden Glaspyramide, von der aus man ein neues unterirdisches Stadtviertel erreicht: unzählige Boutiquen, der CD- und Video/DVD-Gigant Virgin Megastore, Auditorien, Kongreßzentren, Modeschauen...

Parkdecks für Busse und PKWs etc. Kunst und Kommerz friedlich vereint.

GALERIE DU JEU DE PAUME siehe 8.Arr.

In der 1o7, Rue de Rivoli - nördliche Louvre-Arkaden, **M:** Palais Royal-Tuileries - sind drei Museen untergebracht:

*** MUSEE DES ARTS DECORATIFS**

11- 18 Uhr (Mittwochs bis 21 Uhr) Eintritt 6 Euro. Dekor-Kunst aus dem letzten Jahrtausend: Möbel, Musikinstrumente, Gobelins, Glas, Gold, Keramik, Wohnkultur seit dem Mittelalter - aber auch zeitgenössisches Kunsthandwerk. www.ucad.fr

*** MUSÉE DE LA MODE ET DU TEXTILE** und *** MUSÉE DE LA PUBLICITÉ** 11-18 Uhr,Mi bis 21 Uhr. Eine aussergewöhnliche Sammlung von 3 Jahrhunderten Öffentlichkeitsarbeit und Medien. Eintritt für beide Museen zusammen ca 7 Euro.

MUSÉE DE LA PRESSE 52, Rue de l´Arbre Sec

Zeitungen und Magazine aus alter Zeit bis heute, in einem Palais aus dem 18.Jahrh.: Boutique La Galcante. www.lagalcante.com

LE LOUVRE DES ANTIQUAIRES

In einem palastähnlichen Gebäude beim Place du Palais Royal, neben dem Louvre, findet man in 25o Verkaufsräumen, auf drei Stockwerke verteilt, alle Schätze dieser Erde. Kostbare Möbel, Bilder, Gläser, Teppiche, Waffen, Juwelen, Spielzeug, Uhren usw. aller Provenienzen und Jahrhunderte.

Man braucht etwas Zeit und viel, aber schon sehr viel - ich glaube, das Wort nimmt man dort gar nicht in den Mund. Die Verkäufer dreier oder mehrerer Räume sitzen oft in einem der Glaswand-Karrees und trinken Café. Es gibt eben doch nicht so viele Leute mit sehr viel - merde alors! - Geld. Zudem sind wegen hohen Mieten einige der Laden-Inhaber ausgezogen.

Größtes Fußgänger-Areal Europas - größtes Einkaufszentrum Frankreichs.

DAS GELÄNDE VOR DER ST-EUSTACHE

Auf dem riesigen Gelände, wo früher, überragt von der gotischen Kirche St-Eustache, die berühmten Markthallen standen, jene von Baltard erbauten Konstruktionen aus Eisen und Glas (19. Jh.), von wo aus ganz Paris täglich mit Fleisch, Obst, Gemüse und Fisch versorgt wurde, von Emile Zola in seinem Buch „Der Bauch von Paris“ beschrieben, schuf die Stadt Paris ein in der Welt einmaliges Zentrum für Handel, Kunst, Sport und Freizeit. Einmalig vor allem auch deshalb, weil man beim Betreten der Anlage zunächst gar nicht viel sieht: im Westen eine weiträumige Parkanlage mit viel Grün, Brunnen, filigranem Gitterwerk und vielen Sitzgelegenheiten. Über der Porte du Pont Neuf wölbt sich ein hohes, zartes Gebilde aus Eisen und Glas, eine Nachempfindung und nostalgische Erinnerung an Baltards abgerissene Hallen.

An der Nordseite ein Kinderspielplatz mit phantastischen Spiellandschaften zur Animation der Kleinen. Im Osten elegante, fächerartig nach oben sich erweiternde Konstruktionen aus Stahl und Glas, die wie Fontänen aus der Tiefe kommen und sich dem Licht öffnen. Nur die Glasbalkone und Galerien des „Forum des Halles“ vermitteln eine erste Ahnung davon, daß hier vieles in der Tiefe verborgen ist, nun im „Bauch der Erde“.

Mensch in Gelee - so sieht es aus, wenn man von oben hinein blickt.

Kaskadenförmig wölben sich die Glasbalkone hinunter zu einem quadratischen Platz - um den in mehreren Etagen ein gewaltiges „CENTRE COMMERCIAL“ entstanden ist. Inzwischen hat es über 2o Millionen Besucher im Jahr.

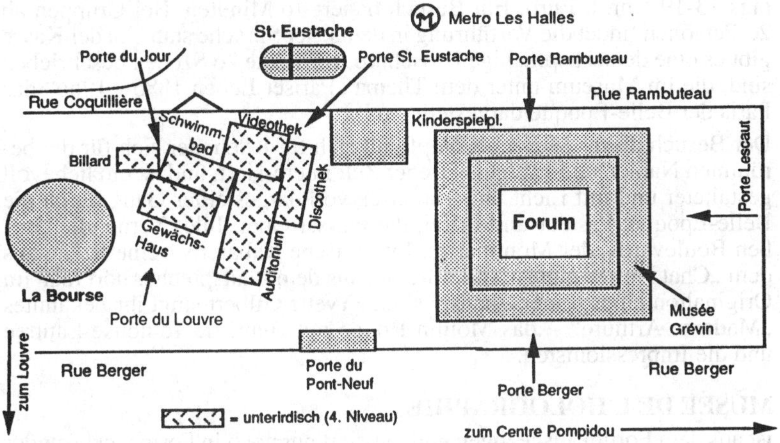

1. Niveau:

Oberste Galerie (GRAND BALCON): Hier befindet sich das Wachsfiguren-Kabinett „MUSEE GREVIN „ (siehe Beschreibung unten). Die „Haute Couturiers“ sind mit Boutiquen vertreten, Mode für Männer und Frauen. Ferner Pelze, Schmuck, Geschenke, Feinkost-Geschäfte und Bars. Die netteste ist beim Eingang des Musée Grevin.

2. Niveau:

Hier dominiert der CD-Bücher-Video-Hifi, DVD-Gigant FNAC, er belegt allein 1o.ooo qm in der 2. und 3.Etage. Cafés und Snacks und über 3oo Geschäfte, die alles haben: von der Orgel bis zur Nähmaschine, vom Parfum bis zur Baby-Windel und von der Gänseleber bis zum Schokotrüffel.

3. Niveau:

Im Freien - ein viereckiger Platz, wo mitunter Mimen auftreten. Und wieder in „Gelee“: Pizza- und China-Restaurants, sowie ein Kinozentrum, in dem ständig Filme gezeigt werden. Immer wieder zieht es die Blicke durch die Glaswände hinaus auf die eigenwillige Baukonstruktion.

Endlose Tunnels zu den Metro- und RER-Stationen. Unter dem grünen Rasen und den rieselnden Brunnen der westlichen Seite verbergen sich die Zentren des SPORTS, der KULTUR und der FREIZEIT: Durch die „Porte du Jour" erreicht man: Billardsaal, Schwimmbad, Turnhallen, Tropen-Gewächshaus. Durch die „Porte St.-Eustache": Videotheque und Discotheque mit Unmassen von CD's und das Auditorium.

MUSÉE GREVIN

Wachsfiguren-Museum. Im Niveau 1 (Grand Balcon) des Forums. Werktags 13-19 Uhr. 6 Euro. Ein Besuch dauert 4o Minuten. Bei Gruppen ab 2o Personen findet die Vorführung in deutscher Sprache statt. An der Kasse gibt es eine deutschsprachige Broschüre, worin die 2o Szenen beschrieben sind, die im Museum unter dem Thema „Pariser Leben 1885 - 19oo" das Paris der Belle-Epoque dargestellt sind.

Der Besuch dieses Museums empfiehlt sich für jeden, der sich für die berühmten Namen und Ereignisse jener Zeit interessiert, und ist ein liebevoll gestalteter und mit Licht und Ton effektvoll dargestellter Gang durch die Belle-Epoque: Pasteur und Eiffel, die Pariser Oper, Jules Verne, die Großen Boulevards, der Montmartre, Literarische Kabaretts - eine Szene aus dem „Chat Noir" zeigt Aristide Bruant, aus dem Lautsprecher hört man im Originalton eines seiner Chansons, und Yvette Gilbert singt ihr bekanntes „Madame Arthure" -, das Moulin Rouge mit Henri de Toulouse-Lautrec und die Impressionisten.

MUSÉE DE L'HOLOGRAPHIE

ist aus dem Forum ausgezogen und existiert nur noch in Form wechselnder Ausstellungen an verschiedenen Orten. Infos unter:
www.museeholographie.com

PAVILLON DES ARTS

Les Halles - Porte Rambuteau 1o1, Rue Rambuteau **M**: Châtelet-Les-Halles. Ein Forum für wechselnde Kunstausstellungen in Zusammenarbeit mit Kulturinstitutionen und Museen aus aller Welt.

Und damit beenden wir den Forum-Rundgang

Als ich von der Rolltreppe wieder ausgespuckt war, am Ausgang Rue Pierre Lescaut stand, atmete ich tief durch, sah voll Dankbarkeit den blauen Himmel über mir und im weiten Rund die schönen altpariser Häuser und deren Spiegelung in den Wänden der Forum-Neubauten. Letztere sind ein Beispiel dafür, daß auch moderne Architektur Charme haben kann. Ihre weißen Fassadenleisten wirken wie gebündelte, oben auseinanderschwingende Blütenstengel.

Dahinter erhebt sich das gotische Halleluja der St. Eustache. Nach einem letzten Blick ging ich beschwingten Schrittes ins gute alte „Deux Saules" an der Ecke der Rue St-Denis hinüber auf einen Marc.

Kleiner nostalgischer Rückblick

Wie war es zu den Zeiten der alten Markthallen? Morgens um 5 Uhr begann ein quirliges und geschäftiges Treiben: Hallenarbeiter, Metzger Gemüse- und Fischhändler genehmigten sich das erste, illustre Nachtschwärmer das letzte Gläschen, dazu Zwiebelsuppe, dazu Austern oder Schweinsfuß in den Lokalen, die noch heute diese Namen tragen wie: Pied de Cochon (Schweinsfuß), Chien qui fume (rauchender Hund), Père tranquille (Zum stillen Vater), Escargot d´Or (Goldene Schnecke), La Cloche des Halles (die Glocke der Hallen), Eustache oder Vattier. Auch die Nachfolgerinnen von Irma la Douce schwenken noch ihre Täschchen in der Rue St.Denis. Die Nächte sind hier aber ruhiger geworden, und die Tage dienen dem Bummel durch die Parks und Forum-Etagen, dann weiter zum Centre Pompdou und dem bunt-bewegten Tinguely-Saint Phalle- Brunnen. Doch noch immer gibt es die drei großen Austern- und Schlemmerlokale neben St Eustache.

Restaurants

BISTROS

Im Bewußtsein, Individualisten als Leser zu haben, verrate ich - und dies eben deswegen nicht als Verrat empfindend - hier zwei der schönsten und originellsten Bistros von Paris, die mir ans Herz gewachsen sind, weil sie in

Restaurants

allem, was ich im Artikel „Paris und seine Lokale - Bistros" an typischen Merkmalen aufgezeigt habe, so recht dem Pariser Bistro entsprechen.

Bistro „A la Cloche des Halles" (1-2)

28, R. Coquillidra, 8-21 Uhr, Sa. Abend und So. zu.

Über dem Eingang hängt die Glocke, mit der zu Zeiten der alten Markthallen (Les Halles) zum Ende des Marktes geläutet wurde. Während der Mittags- und Abendzeiten herrscht drangvolle Enge, am Zinc steht man in Zweier-Reihen, um auf eines der winzigen Tischchen zu warten, oder, so man sich in die erste Reihe vorgetrunken hat, gleich am Tresen eine der guten Spezialitäten des Hauses zu genießen: eine Quiche, einen Teller mit Schinken oder die herzhaft-deftigen und köstlichen Charcuteries de Pays: Würste, Sülzen und Pasteten; als Nachtisch eine Tarte Tatin - ein warmer Apfelkuchen.

Trotz des Ansturms wird flink, freundlich und schwungvoll serviert. Das Publikum ist bunt gemischt: Arbeiter, Angestellte, Verkäuferinnen oder distinguierte Herren aus Kanzleien und Praxen. Einer von ihnen spricht mich in gutem Deutsch an. Auf meine Frage nach seinen deutschen Sprachkenntnissen antwortet er mit verschmitztem Lächeln: „Isch war bei Adolf eingeladen". Humorvoll bewältigte Vergangenheit. „A votre santé, Monsieur!"

In einem Bistro wie diesem hat man mehr von Paris gesehen und erlebt, als nach einer Besichtigung von Eiffelturm, Champs-Elysées und Louvre. An der Ecke gegenüber des Bistros liegt die

Bistro Taverne Henri IV. (1-2)

13, Pl. du Pont Neuf, gegenüber dem Denkmal des Henri IV. 11.3o-21.3o Uhr, Sa. So. und Aug. zu.

Robert Cointepas, einer der Veteranen „de la Coupe du Meilleur Pot" (besondere Auszeichnung eines Bistros durch die Academie Rabelais), dirigiert sein altehrwürdiges Etablissement ruhig und gelassen von der Theke aus. Hinter der Eingangstüre hängt rechts an der Wand eine Widmung an Georges Simenon; der oft hier saß. Köstlich sind die 6 „Assiettes paysannes"

1. ARR.

Restaurants

herrlichen Pasteten aus dem Quercy, der Auvergne und der Bretagne. Für den kleineren Hunger gibt es, ebenfalls mit diesen Pasteten belegte Brote, sog. „Casse-Croûtes" mit dem herzhaften Landbrot „pain poilâne". Überflüssig zu sagen, daß die Weine, Beaujolais, Val de Loire, Bourgogne, Bordeaux u.a. sorgfältig ausgewählt sind.

Les Rubis (1-2)

1o, R. du Marché-St.-Honorè

Mo. - Fr. 7-22 Uhr, Sa. So. und Aug. zu. Ein kleines Bistro mit viel Atmosphäre und einem einzigen Nachteil: man findet selten einen Platz. Ein Plat du Jour gibt es schon für 5-7 Euro.

La Tour de Monthlery (2)

5, R. des Prouvaires, Tag und Nacht geöffnet, So. und 14.7.-16.8. zu.

Die kleine Straße bei den Hallen öffnet den Blick auf die Kirche St. Eustache. Hier weht noch der Geist der alten Hallen, wenngleich zu seinem Publikum nicht mehr die Metzger und Gemüsehändler des ehemaligen „Bauches von Paris" zählen.

Bistro St. Eustache (1)

R. Berger, direkt gegenüber der Kirche St. Eustache, auf der anderen Seite der Parkanlagen „Les Halles".

Ein stimmungsvolles, kleines Bistro, wo es auch einfache Plats du Jour gibt und wo aus dem Lautsprecher ständig aber nicht aufdringlich gut ausgewählter Jazz ertönt und gelegentlich auch „live" vorgetragen wird.

BRASSERIES

Au Pied de Cochon (Zum Schweinsfuß) (3-4)

6, R. Coquillière, 24-24 Uhr, ganzjährig.

Dieses gastliche Haus mit fröhlich-bunter Fassade ist das bekannteste aller Hallenlokale und hält seine Türen wie eh und je Tag und Nacht weit offen. Die appetitlichen Austernbänke im Freien werden von rotbefrackten Obern

Restaurants

ständig liebevoll betreut. Die Erweiterung des mehrstöckigen Lokals trifft mich allerdings ein wenig schmerzlich, denn der schöne alte Zinc fiel ihr zum Opfer. Das zweite „Rund-um-die-Uhr"-Lokal liegt gleich nebenan:

l´Assiette Lyonnaise des Halles (3)

14, R. Coquilliére, 24-24 Uhr, ganzjährig.

Hier gibt es sie noch, die Atmosphäre der alten Hallen-Lokale, wenngleich zum Publikum inzwischen auch viele Japaner und Amerikaner zählen. Die „bancs des huitres" vor dem Eingang, mit den Austern, Muscheln, Krebsen und anderen Schalentieren ist reich beladen und die Küche verdient Lob.

Alsace aux Halles (3)

16, R. Coquillière, 24-24 Uhr, ganzjährig.

Wand an Wand, fast kann man sagen Auster an Auster mit der von Robert Vattier. Ebenfalls noch in altem Dekor und mit einem schönen großen Zinc, der den „noctambules" (Nachtschwärmer) einen Halt im Leben gibt. Austernbank vor dem Haus.

Brasserie Le Palais Royale

2o2, Rue St. Honoré. Bei der Metrostation für den Louvre-Besuch. Zum Ausruhen: Alt-Pariser Flair, kleine Gerichte.

RESTAURANTS

Abgesehen von den rund um das Gelände der alten Hallen, vor allem auf der östlichen Seite neu hinzugekommenen Fast-Food-Snacks haben sich auch alteingesessene Restaurants dem Massentourismus geöffnet und damit etwas von ihrem urspünglichen Ambiente verloren, wie z.B. das „Au Chien qui fume", das „Au Père Tranquille" oder das „Au Pied de Cochon".

Au Chien qui fume (Zum rauchenden Hund) (3-4)

33, R. du Pont Neuf, 12 - 15, 19-1 Uhr.

Aus dem historischen Hallen-Bistro wurde ein Restaurant mit kühler Ele

Restaurants

ganz. Einzig der Zinc mit den Bildern der rauchenden Hunde ist noch vorhanden, wirkt aber ein wenig deplaziert. nach wie vor schöner Blick auf das Hallengelände.

Au Père tranquille (Zum stillen Vater) (3-4)

16, R. Pierre Lescaut, beim Forum.

Auch hier wurde aus einem traditionellen Hallen-Restaurant eine dem Massentourismus des Forums angepaßte Lokalität. Das einst so berühmte Lokal verliert seine Ausstrahlung trotzdem nicht.

Pharamond (4)

24, R. de la Grande-Truanderie, So. Mo. Mittag und Juli zu. 11-22 Uhr.

Ein Besuch in diesem Restaurant lohnt sich aus zwei Gründen: das wunderschöne Belle-Epoque-Dekor und die normannische Küche: Tripes à la mode de Caen oder Coquilles Saint Jacques, beides mit Cidre (Apfelwein) zubereitet. Gutes war immer schon etwas teurer.

Caveau François Villon (3)

64, R. de. l'Arbre-Sec. So und Mo zu, N.Z.

In dem alten Kellergewölbe riecht es immer ein wenig nach Knoblauch, was von den provençalischen Spezialitäten stammt. Aber auch ein Hauch von Mittelalter läßt sich nicht verleugnen.

A l´ Escargot-Montorgueil (4-5)

33, R. Montorgueil, Tel.: o1 42 36 83 51 (vorbestellen) täglich bis 23 Uhr.

Schöner Empire-Stil. Die goldene Schnecke an der Fassade weist auf die Spezialitäten des Hauses hin, das schon immer zu den traditionellen Feinschmeckerlokalen von Paris gehörte.

Il Delfino (3)

74, Quai des Orfèvres, auch Eingang von der Pl. Dauphine, gegenüber der Taverne Henri IV.

Der Chef ist ein freundlicher Italiener; seine Saltimbocca und andere italie

Restaurants

nische Gerichte sind gut zubereitet, aber nicht gerade billig. Ausblick nach beiden Seiten: Plätzchen und Seine-Quai, so schmal ist das Haus.

Le Grand Vefour (5)

17, R. de Beaujolais, Tel.: o1 42 96 56 27 (vorbestellen). Sa. Mittag, So. und Aug. zu.

Einer der Gourmet-Tempel von Paris, der immer noch zu den besten zählt. Durch die Fenster des im Empire-Stil gehaltenen Restaurants blinkt man in den schönen Garten des Palais-Royale. Mittags gibt es zwar ein Menü für 29o FF; ißt man jedoch à la carte, muß man mit 7oo-8oo FF rechnen.

WEIN-BARS

Les Délices du Louvre

34, R. Coquillière, 12 - 24 Uhr.

Ein richtiger, alter Gewölbekeller mit erlesenen Tropfen.

Caveau du Palais

17, Pl Dauphine, 8.3o -2o Uhr, Sa. und So. zu. Weinbistro der alten Facon auf der Île de la Cité.

BIER-BAR

Gambrinus - Dieu de la Bière (1-2)

62, R. des Lombards, 11-6 Uhr.

Auf einer langen Theke stehen 3o Zapfsäulen aus bemalter Keramik, aus denen Bier aus Deutschland, Belgien, Irland, CSSR und andere aus dem Faß fließt. Menus für ca. 5o FF. Das Lokal steht unter Denkmalschutz.

SNACKS

Auf dem Weg vom Forum des Halles zum Centre Pompidou häufen sich die Fast-Food-Lokale wie „Kiss-Burger“, „Love-Burger“, „Burger King“, „Mac Donalds“.

1. ARR.

PARKEN

Place du Carrousel
Forum des Halles
Rue Bourdonnais
Rue des Pyramides
Place du Marché St. Honoré
Rue Duphot
Place de la Colonne
Rue du Mont
Bourse de Commerce
Quai des Orfèvres

TAXI

Place André-Maleaux
Place du Chàtelet
Mètro Concorde

SHOPS

La Samaritaine
75, R. de Rivoli. **M:** Pont Neuf 9.3o bis 19 Uhr, Do. bis 22 Uhr

In den drei Häusern muß man zwar von einer Abteilung zur anderen auch mal über die Straße, aber die Pariserin geht nicht nur wegen einer Blumenvase oder einer Kaffeemaschine hin, sondern auch, um Schickes einigermaßen preiswert zu erstehen. Sehenswert: die Aussicht vom Dach des Kaufhauses!

Madelios
23, Bd. de la Madeleine **M: Madeleine**, 1o-2o Uhr.

Bazar de l´Hôtel de Ville
52/64 Rue de Rivoli www.bhv.fr

FNAC Forum des Halles. Riesiger Bücher- und Musiktempel www.fnac.fr

Gargantua:
284, Rue St. Honorè.
Gargantua wäre hier wahrscheinlich Stammkunde gewesen. Ein Feinkostgeschäft mit beachtlichem Sortiment bester französischer Weine aller Provenienzen.

Hauslieferung fertiger Menus (keine Tiefkühlkost!) für Festlichkeiten. Ein paar Tische für Gäste, die gleich dort essen wollen. Man kann auch ein Fäßchen (Holz) mit 2o Litern Beaujolais mitnehmen.

In der Kaffeebrennerei **Torrefacteur Verlet** 256, Rue St. Honoré ist allein schon der Duft betörend.

Die köstlichste Chocolade gibt´s bei **Angelina - Salon de Thé** 226, Rue de Rivoli

Vergnügliches

MUSIK-CLUBS

Le petit Opportun
15, Rue des Lavandières Sainte Opportune **M:** Chârelet:

Jazz Piano-Bar Le Ring
9, Rue de la Grande Truanderie
Oldtime und modern Jazz, nicht aus der Konserve, sondern live - So. 22.30 - 2 Uhr.

Cave de Jazz „Slow-Club“:
13o, Rue de Rivoli.
Tel. o1 42 33 84 30
Dort geht man hin, um den Tag, bzw. den Abend nett ausklingen zu lassen. Gute Jazzbands, Sextetts etc. wechseln sich jeden dritten Tag ab. Es ist romantisch hier. Von 21.3o - 2 Uhr, Freitag und Samstag bis 2.3o Uhr.

Au Duc des Lombards:
42, Rue des Lombards, nahe Les Halles.
Eins der tradionsreichsten und besten Jazzlokale von Paris! Big Bands, Jam Sessions - !!

La Scala de Paris

188bis, Rue de Rivoli ab 22.3o Uhr: Riesen Musiktempel, Super Disco, mehrere Bars, Lightshow. Frauen haben unter der Woche freien Eintritt!

THEATER

Théâtre Palais Royal:
38, R. Montpensier
Tel.: o1 42 97 59 81.
Ein alteingeführtes ehemaliges Singspielhaus an einer ruhigen Ecke des Palais, das seinen kultivierten Charme bewahrt hat und heute auch bekannten Solisten wie Charles Trenet Gelegenheit zum Gastspiel bietet.

Comédie-Française:
1, Place Colette **M:** Palais Royal.
Tel.: o1 44 58 15 15
Historisches Theater, Tragödie - Schauspiel - Komödie, Klassisches Repertoire: Voltaire, aber auch Jean Giraudoux u.a.

Théâtre Chatelet (oder Théâtre Musical de Paris)
2, Rue Edouard Colonne M: Châtelet. 3.6oo Plätze, das größte Theater von Paris.
Tel.: o1 4o 28 28 oo Fax o1 4o 28 29 o1 www.chatelet-theatre.com
Nach der Renovierung wird hier wieder „Großes Theater“ geboten. Von der Oper über Dramen zu Ballett- Abenden und Symphoniekonzerten. Namhafte Sänger, Solisten und Chansoniers gastieren hier. Sehr beliebt sind die Sonntagsvormittagskonzerte.

Unvergeßlich bleibt Jacques Offenbachs spritzige Operette „La Vie Parisienne“. Offenbach war übrigens der einzige Konkurrent, den Johann Strauß fürchtete. Nicht zu Unrecht. Schenkte dieser doch Paris und der Welt die berühmteste und mitreißendste „Pariser Can-Can“- Melodie.

Piscine Forum des Halles:
1o, Pl de la Rotonde, **M:** Les Halles.
Wer nach dem Marathonlauf durch das Forum Erfrischung braucht, stürze sich in die Fluten dieses hübschen Hallenbades, in das die subtropischen Bäume des Gewächshauses nebenan hereinschauen. Billard und Fitnesszentrum.

DIE BOUQUINISTEN

Auf den Mauern der SEINE-QUAIS liegen die Boîtes (Kisten) der Bücherhändler, wo man „schmökern“ kann, inzwischen aber auch in alten Stichen, Reproduktionen von Stichen, modernen Posters etc. blättern kann.

Die BOUQUINISTEN sind eine Pariser Originalität wie der Eiffelturm und die Clochards, und bleiben hoffentlich noch lange erhalten. Sie sind auch an den Quais des 4., 5. und 6.Arr. zu finden.

Ihre Existenz geht immerhin bis ins 16.Jh. zurück.

Ihre Boîtes dürfen nicht länger als 8 Meter sein. Sie dürfen nicht an Zweite vermietet oder verpachtet werden, nicht länger als einen Monat geschlossen sein, und derlei Gesetze mehr.

Und die Wirklichkeit? Eh - bien, c’est comme ca ....

Blumen - u. Vogelmarkt:
Place Lepine, auf der Ile de la Cité. Vogelmarkt nur Sonntag.

Pflanzen - u. Tiermarkt:
Am Quai de la Mégisserie, zwischen Pont Neuf und Pont au Change, gegenüber der Conciergerie. 1o-19 Uhr tägl.

Die ganze Stadt entlang findet man hier, in den Geschäften und auf den Trottoirs, eine Vielzahl von Getier, von weißen Mäusen und Ratten bis hin zu Hühnern, Kaninchen, Gänsen, Fasanen und Schwänen, sowie alle Arten von Blumensämereien, Kakteen und - man höre und staune: richtige Vorgartenzwerge!

„AU REVOIR" im ersten Arrondissement! Sie werden wiederkommen, denn hier führt der Weg oft vorbei. Hier ist eben, zusammen mit dem östlichen Teil der ILE DE LA CITÉ (Notre Dame) und der ILE ST. LOUIS, beide im 4. Arr., das Herz der Stadt, auch Metro-mäßig.

In diesen beiden Arrondissements befinden sich die größten Umsteigebahnhöfe der U-Bahn: „Les Halles-Chatelet" und auch der tiefste (außer Abesses im Montmartre), „Cité".

Diese Station hat ihre Einfahrt unter den Wassern der Seine und ein riesiger, uralter Fahrstuhl-Veteran führt ratternd in die Tiefe und wieder herauf. Dann steigt man mitten am Blumenmarkt der Seine-Insel ans Licht, ist umrahmt von einem Geländer und zwei hochstrebenden Blütenstengeln im schönsten Jugendstil von Hector Guimard, blickt hinüber zum filigranhaften Turm der St. Chapelle, die leider in die wuchtigen Mauern des Justizpalastes eingesperrt ist, freut sich über ein Äffchen, daß einem duldsamen Pariser im Halskragen herumturnt und atmet den Duft des bunten Blumenmarktes, der immer noch in kleinen eisernen Hallen im Stil des Fin de Siècle abgehalten wird.

In den Gängen und Waggons der Pariser Metro ertönt Musik aller Art, von jungen Musikern dargeboten

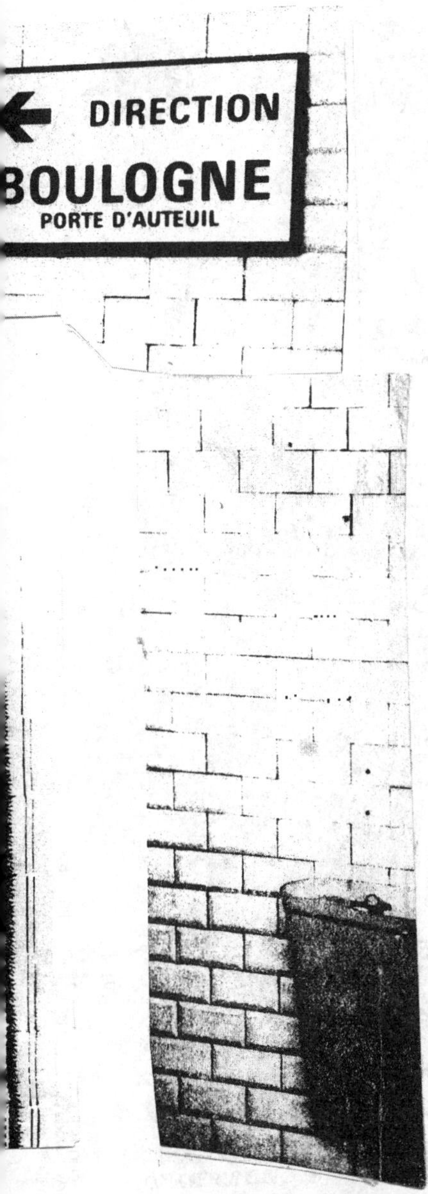
DIRECTION
BOULOGNE
PORTE D'AUTEUIL

2. ARRONDISSEMENT

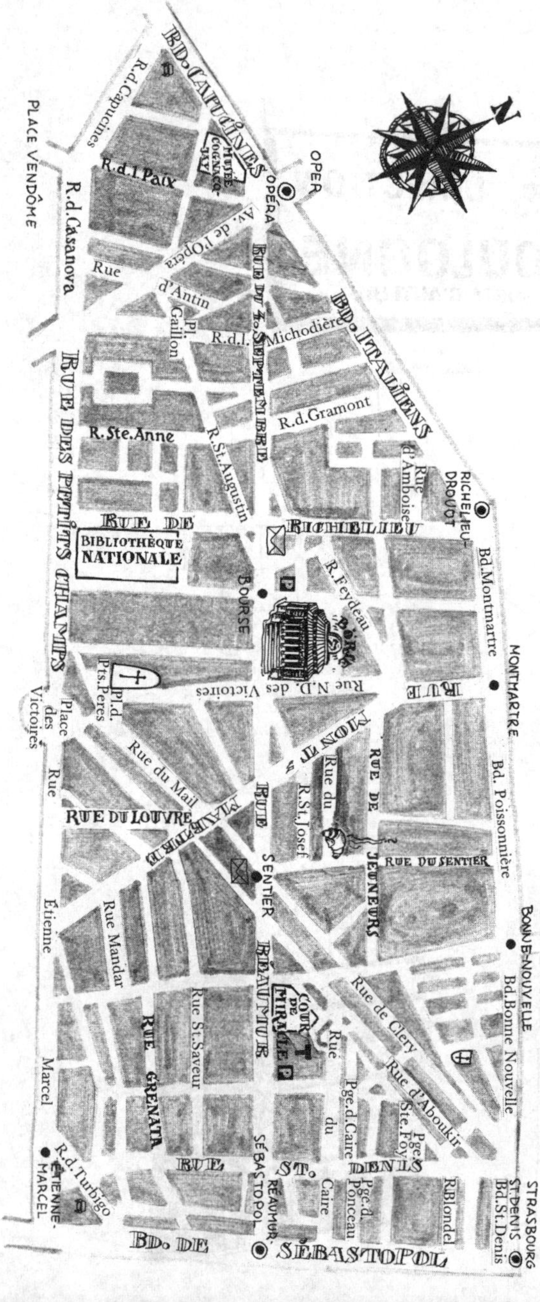

- ● METROSTATION
- ◉ METRO-UMSTEIGESTATION
- P PARKPLATZ
- TAXISTAND
- TANKSTELLE
- ⊠ POST/TELEFON
- ✚ KRANKENHAUS

Was für das 1. Arrondissement Geschichte und Kunst, ist für das 2. Information und Geld.

Hier ist der Nabel des Nachrichtenwesens, die AFP (Agence France-Presse), und der Finanzen, die Börse.

Dies ist das kleinste der 2o Arrondissements. So klein, daß das bedeutsame Treiben drumherum, die Grands Boulevards und die Rue de Rivoli, hineinstrahlt, so gewichtig aber andererseits, daß von hier aus die großen Entscheidungen der hohen Finanz und die täglichen Druckerzeugnisse der Grands Quotidiens (Tageszeitungen) hinaus in die Welt gehen.

Und so trifft man hier auch allenthalben Zeitungsleute am Zinc des Bistros und die Intimfreunde des Mammon am Restauranttisch. Ein kleines, aber emsiges Arrondissement.

In der Rue St. Joseph verkündet eine Tafel an der Nr. 1o, daß am 2.4. 184o Emile Zola hier geboren wurde, eine andere, an der Nr. 112 in der Rue Montmartre, daß F. Mistral 1859 hier seine „Mireille" geschrieben hat. In der Rue du Mail Nr. 13 wohnte Franz Liszt von 1823 bis 1878.

P.S.: Unter „Grands Bd.s" versteht man nur einen einzigen kilometerlangen Boulevard mit verschiedenen Namens- Abschnitten.

Blickpunkte & Plätze

Das <u>ZWEITE</u> hat als nördliche Begrenzung seinen Anteil an den <u>GRANDS</u>

BOULEVARDS, sozusagen bis zur Straßenmitte. Die andere Hälfte gehört überwiegend dem 9. Arrondissement, wo sie genau beschrieben sind. Die Schönheit dieser belebten Boulevards mit ihren hohen, alten Bäumen hat auch Renoir zu einem sehr bekannten Gemälde inspiriert.

An der SÜDLICHEN Begrenzung ist der perfekte Kontrast dazu das bescheidene Plätzchen des Petits Pères und nur wenige Schritte weiter, am Place des Victoires, steht funkelnd auf hohem Sockel die vergoldete Reiterstatue des Sonnenkönigs Ludwig XIV. In zeitloser Würde hebt er sein Perücken-Lockenhaupt über den harmonischen, runden, verhältnismäßig ruhigen Platz. Auch an der Place Gaillon ist es nett, in einem Bistro zu sitzen.

Diagonal durchquert das gesamte Arrondissement die RUE MONTMARTRE. Schon hier klingt also dieser Name zum erstenmal auf, obwohl wir noch tief in der „EBENE" sind. Bis zur „Butte" Montmartre ist noch ein langer Weg.

GEBÄUDE DER BIBLIOTHÈQUE NATIONALE (Richelieu)

Ein riesiger Gebäudekomplex, hervorgegangen aus dem Palais Cardinal Mazarins (1654). Der Kardinal war der Nachfolger Richelieus und ging als ein äußerst geschickter Staatsmann in die Geschichte Frankreichs ein.

Im Lesesaal mit seinen vielen Tischen wölben sich über 16 schlanke Metallsäulen domartig neun Glaskuppeln.

Nach dem Eingang (durch den Innenhof): rechts das Informationsbüro, geradeaus geht es zum großen Lesesaal, links, an einem Verkaufsstand (Bücher, Plakate etc.) vorbei, erreicht man das große Treppenhaus, wo links über einer Türe „Administration" steht. Wenn man dort um Erlaubnis fragt, kann man in einem der folgenden Säle die Statue Voltaires sehen, in deren Holzsockel das Herz des Philosophen aufbewahrt wird.

In dieser Bibliothek findet sich neben Manuskripten, Karten, alten Stichen und Photos und eine Sammlung von antiken Münzen und Medaillen. Mit ca. sieben Millionen Bänden eine der reichsten Sammlungen der Welt.

58, Rue de Richelieu, **M:** Bourse/ Palais Royal, täglich 9-18 Uhr, außer sonntags und in den Schulferien.www.bnf.fr

BIBLIOTHÈQUE NATIONALE DE FRANCE (Mitterand)

Am Seine- Ufer (gegenüber dem Sportpalast Bercy) ist 1996 die neue Bibliothek entstanden, die größte der Welt: vier gläserne Ecktürme mit je 12o Meter Höhe in Form aufgeschlagener Bücher umstehen ein Forum aus Grünanlagen, Lese- und Vortragssälen. Beschreibung siehe 13.Arr.

DIE BÖRSE

Beim Bau dieses Spekulantenforums stand der Vespasian Tempel in Rom

Pate, und der Geist Merkurs flattert zwischen den 1o Meter hohen Säulen des äußeren Umgangs.

NOTRE DAME DES VICTOIRES

Am Place des Petits- Pères. Wallfahrts- Stätte der Marienverehrung. Ca. 3o.ooo Votivtafeln und gegenüber dominiert ein großes Devotionalien-Geschäft. Das ganze Plätzchen wirkt wie herausgehoben aus der Großstadt.

Bibliotheque Nationale, Lesesaal

Besonderes

In der Gegend der Rue Réaumur Nr. 1oo war vor langer Zeit der ehemalige „**COUR DE MIRACLE**“.

Zu Zeiten des „GLÖCKNERS VON NOTRE DAME“ ein unübersehbares und unkontrollierbares Gewirr von Höfen, Gäßchen und Winkeln, wo die bizarren Gestalten der Bettler - oft mit falschen Wunden und Gebrechen - sogar ihren eigenen König hatten.

Kein Normal- Sterblicher durfte den „HOF DER WUNDER“ je betreten. Heute kann man die Hinterhöfe und Laderampen der Zeitungsverlage zwar betreten, aber von den skurrilen und makabren Zeremonien dieser armen, bunten Welt des Königs „GROSSER COESRE“ und seines Lumpenvolks läßt sich nur noch träumen.

Wenn es dunkel wurde, konnten die Lahmen springen und die Buckeligen verloren ihre Höcker. Wenn das keine Wunder waren!

In dieser NORDÖSTLICHSTEN Ecke des 2. Arr. sind noch heute viele kleine Gäßchen und Passagen, wo gewisse Damen dem ältesten Gewerbe der Welt nachgehen. Vor allem Rue Blondel an der Rue St. Denis. Versuchen Sie nicht, hier die Kamera zu zücken, so schnell haben Sie die nicht am Auge, wie die „Beschützer“, wie aus dem Boden gewachsen, auftauchen.

Diese **RUE ST. DENIS**, die den Namen des größten Pariser Heiligen trägt, ist überhaupt etwas Besonderes. Sie beginnt ganz unten im 1. Arr. in der Nähe von Les Halles, hat an ihrem Anfang noch altehrwürdige Hallenlokale, aber dort ißt man bereits seine Zwiebelsuppe im Anblick blitzender Sexshops.

Wand an Wand mit ihnen eine schöne alte Kirche. Und dann gerät man in den Sog dieser verhältnismäßig schmalen, aber ungeheuer geschäftigen Straße.

Wenn Sie noch nicht von einem Stoffballen schleppenden Commis umgerannt oder von einem kleinen, knatternden Lieferwagen überfahren worden sind, kommen sie weiter oben heil an. Aber hier nun... wie gesagt: KAMERA vorsichtshalber lieber auf das prächtige Siegestor richten, das im Blickfeld von einer bis zur anderen Straßenseite erscheint. Mitten im Gewühle steht es da und kündet von des Sonnenkönigs Schlachtensiegen.

Durch den Bogen hindurch erspäht man, daß es in der Fortsetzung (RUE DU FAUBOURG ST. DENIS) genauso geschäftig weitergeht. Im Gegenteil, sich noch steigert. Denn hier fängt das Freß- Paradies an. Auch sonntags sind sie alle da mit ihren Schmankerln! Aber das gehört wiederum schon zum 1o. Arrondissement.

Restaurants

BISTROS

Auch in diesem Arr. gibt es wunderschöne Bistros:

Bistro Vivienne (1- 2)

4, R. des Petits- Champs (beim Eingang zur Galerie Vivienne), geöffnet bis 23 Uhr, So. zu.

Schon die Fassade mit den Holzschnitzereien wirkt einladend, und das Innere läßt das Herz des Bistro- Liebhabers höher schlagen. Im Erdgeschoß dominiert der Zinc, die üblichen kleinen Tischchen drängen sich im Raum, und eine alte Holztreppe führt in den Speiseraum im ersten Stock. Plats du Jour, hervorragende Tarte á l'oignon (warmer Zwiebelkuchen). Auch hier intakte Alt- Pariser Atmosphäre.

Bistro- Restaurant Le Gavroche (1- 2)

19, Rue Saint Marc, **M:** Richelieu- Drouot; N.Z., So. zu.

Die Witwe von Paul Georgé eröffnete dieses sympathische Lokal, nachdem der Pachtvertrag für das altehrwürdige Bistro „Duc de Richelieu“ in der Rue de Richelieu, das Paul 46 Jahre (!) lang führte, und bei dem Präsidenten zu Gast waren, vom Finanzimperium eines Pariser Mode- und Parfum- Hauses nicht verlängert wurde. Geld riecht eben nicht. Verstehen Sie etwas von Monopoly? (Siehe auch 6. Arr. Vorwort zu Restaurants!)

Bistro Chez Georges (3)

1, R. du Mail, **M:** Bourse/ Sentier; So. und August zu, N.Z.

An der Grenze vom Bistro zum Restaurant, eigentlich eher letzteres, aber mit familiärem Fluidum. Küche und Weinkeller liegen in Qualität und Preis über dem Bistro- Durchschnitt.

Bistro du Boursier (2)

88, Rue de Richelieu; tägl. bis 24 Uhr, So. zu.

Mittags traditionelle Cuisine francaise, abends Fondues und Raclettes.

2. ARR.

Restaurants

La grille Montorgueil

5o, Rue Montorgueil, **M:** Les Halles; Mo.- Fr., N.Z.
Ein quicklebendiges Bistro, wohin sich selten Fremde verirren, sondern die Leute von Quartier und die Habitués auf ein freies Tischchen warten.

RESTAURANTS

Pizza Bruno (3)

11, Bd. Montmartre, täglich bis 1 Uhr. Italienische Küche und Pizza vom Holzfeuer.

La Tour de Jade (3)

2o, R. de la Michodière, Mo. und August zu. N.Z.

Vietnamesische Spezialitäten.

Le Vaudeville (3- 4)

29, R. Vivienne, **M:** Bourse; täglich bis 2 Uhr.

Ein bei den Parisern beliebtes Restaurant im Dekor der 3oer Jahre, wo sie an der Bar gerne warten, bis ein Tisch frei wird.

Le petit Coin de la Bourse (4)

16, R. Frydeau, Sa./So. zu, N.Z.

Ein schönes Bistro mit altem Dekor, jedoch in Qualität und Preis weit über dem Bistro- Durchschnitt.

Drouant (5)

18, R. Gailion, **M:** Opéra. Tel.: o1 42 65 15 16 (vorbestellen), täglich bis 22.3o Uhr.

Ein distinguiertes Etablissement mit hervorragender Küche und entsprechenden Preisen.

2. ARR.

Restaurants

Les Noces de Jeannette (3)
14, R. Favart, So. abends zu, N.Z.
Im authentischen Belle- Epoque- Dekor wird gute burgundische Küche serviert.

WEIN - BAR

Aux Bons Grus (Willi´s Wine Bar)
R. de Petits- Champs, 8- 22 Uhr, Sa./So. zu.
Gehört eigentlich zum 1. Arr. Ein schöner Tresen, um einen guten Tropfen zu heben, im Hintergrund ein paar Tischchen, wo man Schinken und andere Köstlichkeiten essen kann. Direkt nebenan:

Le Nid de PÂtes
6, Passage des Panoramas
mit großer Auswahl an Pasteten und Käse.

INTERNETCAFÉ

C@FÉ CA&RI Telemation,
72, Passage de Choiseul www.cari.com/internet

PARKEN

Bourse: Pl. de la Bourse

TAXI

Place de L'Opéra
Porte Saint Denis

Markt in der Rue Montorgueil

Der Kontrast zum Forum könnte größer nicht sein: dort modernes Design, Chic, High- Tech, Futurismus und Tourismus; hier, einen Steinwurf hinter der Eustache, der Straßenmarkt mit seinen Metzgern, Bäckern, Obst-, Gemüse- und Fischhändlern; die Welt der leiblichen Genüsse und der 1oo köstlichen Düfte, so eine Art kleiner Bauch von Paris.

Eine weitere Spezialität sind die **überdeckten Passagen,** die überwiegend aus dem vorigen Jahrhundert stammen. In diesem Arrondissement befinden sich gleich mehrere Beispiele dieser Großstadt - Oasen : <u>Passage Choiseul:</u> 44, Rue des Petits-Champs, <u>Galerie Vivienne</u>: 4, Place des Petits-Champs, <u>Galerie Colbert:</u> 6, Rue des Petits-Champs <u>Passage des Panoramas</u>: 11, Boul.Montmartre <u>Passage du Caire:</u> 2, Place du Caire <u>Passage des Princes:</u> 97, Rue de Richelieu

Debauve und Gallais

Haus der Schokolade
33, Rue Vivienne, **M:** Bourse. Verkaufsraum einer alten Schokoladenfabrik, für Freunde von Schokolade und Pralinen der feinsten Art: Er wurde 18oo von den Königlichen Hoflieferanten gegründet.

THEATER

Bouffes Parisiennes

4, Rue Monsigny **M:** 4.Septembre, Tel.: o1 42 96 92 42
Unterhaltungstheater mit Musik- und Sprechbühne. Leitung: Jean-Claude Brialy. Gaststars wie Michèle Morgan, Jean Marais u.a.

Opéra Comique 5, Rue Favart Tel.: o8 25 oo oo 58 **M:** Richelieu-Drouot

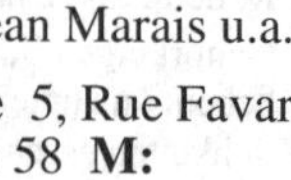

Rex- Club

5, Bd. Poissonière, **M:** Bonne-Nouvelle, Tel.: o142 36 83 98.
Keller- Disco- Bar. Musikpalette von den 6oer Jahren bis zum aktuellsten Stand. Eintritt: 12- 17 Euro.

KABARETT

La Belle Epoque „New Look"

36, R. de Petits- Champs, **M°** Pyramides,
Tel.: o1 42 96 33 33, Fax o1 49 27 o3 42 www.belleepoqueparis.com
täglich geöffnet.

Eine feste Institution des traditionellen Pariser Nachtlebens ist dieses, im Belle- Epoque- Stil ausgestattete Alt- Pariser- Revue- Kabarett. Bereits im Foyer vermeint man Toulouse- Lautrec begegnen zu können.

Neuer Zauber und Schwung kam in das Samt- und Plüsch- Lokal durch eine neue Direktion, und seither ist es wieder ganz groß „in“, wie man so sagt. Um 2o Uhr „Diner“, um 22 und o. 3o Uhr die „Spectacles“. Erstklassige Orchester, Chansonniers, Artisten, Magier, Revueballett und viel Esprit. Die Sitzanordnung an langen Tischen läßt fast familiäre Gemütlichkeit aufkommen. Hier ist „Paris bei Nacht“ noch ein wenig so wie früher. Es empfiehlt sich, 2- 3 Tage vorher zu reservieren.

3. ARRONDISSEMENT
• METROSTATION
◉ METRO-UMSTEIGESTATION
P PARKPLATZ
TAXISTAND
T TANKSTELLE
⊠ POST/TELEFON
+ KRANKENHAUS
BD. DE SEBASTOPOL
R. RAMBUTEAU
RAMBUTEAU
RÉAUMUR SÉBASTOPOL
STRASBOURG-ST. DENIS
BD. ST. DENIS
BD. ST. MARTIN
RUE ST. MARTIN
CONSERVATOIRE NATIONAL DES ARTS ET METIERS
ARTS ET MÉTIERS
ÄLTESTES HAUS VON PARIS
RUE DE TURBIGO
R. Gr. St. Lazare
Rue de Montmorency
Rue Beaubourg
RUE CHAPON
RUE DES GRAVILLIERS
Rue Volta
R. Réaumur
Rue N. D. de Nazareth
Rue Meslay
Rue du Vertbois
RUE DU TEMPLE
SQUARE DU TEMPLE
TEMPLE
PLACE DE LA RÉPUBLIQUE
RÉPUBLIQUE
Rue Béranger
R. Dupetit-Thouars
R. de Bretagne
BD. DU TEMPLE
ARCHIVES NATIONALES
R. d. Haudriettes
Rue des Archives
RUE PASTOURELLE
R. d. 4 Fils
Rue Charlot
Rue de Poitou
R. d. Normandie
FILLES DU CALVAIRE
RUE DES FRANCS BOURGEOIS
R. Barbette
R. d. l. Perle
Rue Vieille du Temple
R. Thorigny
Rue Payenne
MUSÉE CARNAVALET
RUE DE TURENNE
Rue des Commines
ST. SÉBASTIEN FROISSANT
R. St. Gilles
BD. BEAUMARCHAIS
CHEMIN VERT
N

Ich muß an dieser Stelle einmal etwas klarstellen. Arrondissements sind Verwaltungsgrenzen, und für den Fremden die wichtigste Orientierungshilfe. Für den Pariser ist die Abgrenzung das Quartier, sein Quartier.

Das MARAIS, der südliche Teil des dritten und der nördliche Teil des vierten Arr., ist so ein Quartier. Und eine WELT für sich.

URSPRÜNGLICH ein Sumpfgebiet, wurde es im 17. und 18. Jh. ein Wohnviertel der Fürsten, Kardinäle, Höflinge und der guten Gesellschaft, die dort ihre Stadtpaläste, die sogenannten Hôtels, bauten. Stattliche Domizile, überwiegend Renaissance und auch Barock, mit schönen Gärten und prunkvollen Portalen in engen Gassen.

SPÄTER, zur Zeit des Rokoko, zogen die Herrschaften um. Hauptsächlich in das Gebiet des Fb. St. Germain. In den Hotels richteten sich kleine Handwerker und Gewerbetreibende ein. In den Salons wurden Bretter gehobelt, und in den Foyers pochte des Schusters munterer Hammer. Die Centaine (runde 1oo) von größeren und kleineren Palästen überzog sich mit dem Grau der Geschichtslosigkeit.

ANDRE MALRAUX, seines Zeichens Kultusminister von De Gaulle's Gnaden, hatte unter anderem zwei Unternehmungen voll Mark und Nachdruck initiiert: den großen Frühjahrsputz von Paris, nach dem alle Fassaden wieder weiß erschienen (das mag ganz schön gestaubt haben!), und die Sanierung des Marais.

Sein Werk wurde fortgesetzt, und so war ein Gang durch dieses QUARTIER eine Zeit lang von zwei markanten Gerüchen begleitet: modriger Duft aus dem Kellerfenster des einen, Geruch nach frischem Mörtel und nach Farbe aus dem Geviert des anderen Gebäudes. Und der begüterte Zeitgenosse hat heute die Gelegenheit, das eine oder andere Haus oder Palais als Besitzer einer vorbildlich und vollkommen stilgerecht renovierten und sanierten Immobilie zu beziehen. So zum Beispiel am PLACE DES VOSGES (4. Arr.).

Blickpunkte & Plätze

LE TEMPLE

Ein Gegenstück zum Marais, und nördlich von diesem, bildet das Quartier „LE TEMPLE" schon immer ein Viertel der einfachen Leute.

Der PALAST des Templer- Ordens, der spitztürmig und burgartig dort stand, wurde von Philipp IV. 1312 dem Großprior des Johanniter- Ordens zugesprochen. In den prachtvollen Räumen des Palastes wurde bis zur Revolution ein recht unmönchisches Leben in Prunk und Glanz zelebriert.

Nach der Zerstörung der Bastille wurde es zum Gefängnis für LOUIS XVI. und seiner Familie bis zur Umquartierung in die Conciergerie und zur Guillotine. Unter NAPOLEON III. fiel auch dieses Gebäude Haussmanns spitzer Hacke zum Opfer.

Der Square du Temple: In dieser Gegend ist heute ein kleiner, volkstümlicher Park, in dem ich immer wieder auf einer Bank sitze, um die Nase der Seele in die Witterung des „NUR- PARIS" zu halten, wo keine Cityramabusse durchdonnern, und das ständige Klikken der Kameras die Hundertstel- Sekunden- Beschau unseres automatisierten Zeitalters dokumentiert, sondern wo ein Schmerbauch mit Schiebermütze, die Hände in den Hosentaschen und den erkalteten Papier- Mais- Megot im Mundwinkel, gelassen den Enten im Teich zusieht und sie sich wahrscheinlich gerupft und knusprig braun vorstellt, wo das süße Ninettchen dem süßen Susettchen in den Sandkuchen tritt, und wo auf der Bank gegenüber ein schmalschultriger Rabbiner in einem etwas zu großen Mantel den Talmud studiert.

PLACE DE LA REPUBLIQUE

Bevor ich zum erstenmal mit der Metro dort hinaus fuhr - ich sage „hinaus", weil er eigentlich außerhalb des „Wendekreises des Touristen" liegt, jenseits also des Paris der Sehenswürdigkeiten, erwartete ich mit etwas bangem Gefühl, bereits der Gesichtslosigkeit der Peripherie gegenüberzutreten. Wie angenehm war ich überrascht, als im Rahmen des Metroausganges auch hier die gewohnten, schönen Hausfassaden mit ihren Balkongittern erschienen, auf dem Platz das gewohnte Pariser Leben brodelte mit der für diese Stadt typischen Mischung aus Hektik und „Ars vivendi", der Kunst, dem Leben immer angenehme Aspekte zu verschaffen.

Paris hat nirgends Leerlauf. Georg Stefan Troller sagte einmal: „in London langweilt man sich sogar wochentags, in Paris nicht einmal am Sonntag."

Besonderes

In der **Rue Volta**, Nr. 3, ist das älteste Haus von Paris, aus dem 13. Jh. Trotzdem lebt es hinter seiner 7oo- jährigen Fachwerkfassade.

Historiker wollen nun nachgewiesen haben, daß das Haus in der Rue **François Miron Nr. 13** das älteste sei. Sei's drum.

In der **Rue Du Temple** verbrachte Balzac fünf Jahre seiner Jugend, nachdem seine Eltern von Tour an der Loire, wo Honoré 1799 geboren wurde, nach Paris gezogen waren.

MUSEEN

MUSEE „HOTEL CARNAVALET" (C.M.)

23, Rue de Sevigné, **M:** Saint- Paul. 1o- 17.4o Uhr. Montags und feiertags zu. Eintritt: 5 Euro.

Wenn Sie dieses Museum besuchen, schließen Sie vor dem Eintreten kurz die Augen und erinnern Sie sich an die Conciergerie mit ihren düsteren Säulenhallen, wo Schritte und Worte ringsum ein steinernes Echo bekommen, und wo man noch die Seufzer der Gefangenen durch das Blechgerassel der Waffen zu hören meint und das ständige Schließen von Türen.

Hier, im Carnavalet, tritt man vom Dunkel ins Licht: ein Renaissance-Gebäude mit hellen Räumen, Holzfußboden, Fenster mit Ausblicken auf schöne Gärten und Innenhöfe. Die Galerie

Cabinet de Colbert-Villacerf
Musée Carnavalet, 3. Arr.

von Bildern und Gegenständen stellt die Geschichte der Stadt Paris dar, von Henri IV., bis zur Belle- Epoque; Stadtmodelle verschiedener Epochen, Dokumente, Skulpturen, Möbel (Louis XV. und XVI.), Erinnerungsstücke an die Revolution, das einzig erhaltene Original- Fallbeil einer Guillotine, die Darstellung der Handwerkszünfte und die Räume, die von Madame Sevigné bewohnt waren.
Manchmal sind auch interessante Wechselausstellungen dort.

ARCHIVES NATIONALES - MUSÉE DE L´HISTOIRE DE LA FRANCE

Im Hôtel Soubise: 60, Rue des Francs-Bourgois. 1o-17.3o ausser Die. Eintritt 3 Euro.

Die Geschichte Frankreichs in 6 Milliarden Dokumenten - unter anderem einer der Briefe der Jeanne d´Arc. Interieur von Rokoko-Künstlern wie Boucher und Natoire reich dekoriert. Wechselnde Ausstellungen.

BIBLIOTHÈQUE HISTORIQUE DE PARIS
Im Hôtel Lamoignon schon im 4.Arr. - aber ganz in der Nähe! Geschichte von Paris. Lesesaal mit prächtiger Balkendecke!

MUSEE PICASSO (C.M.)
5, R. de Thorigny, **M:** Saint- Paul, Sommer: 9.3o-18 Uhr, Winter: 9.3o-17.3o Uhr, Do.: 9.3o-2o Uhr. Eintritt: 5 Euro.

Das Hotel Salé, in dem sich das Museum befindet, war der Palast des Pierre Aubert de Fontenay (Mitte 17. Jh.), der mit der Eintreibung der Salzsteuer ungeheure Gewinne erzielte, weshalb das Palais im Volksmund bald Palais salè (gesalzener Palast) genannt wurde.

Er zählt zu den schönsten Privatpalästen des Marais. Das Museum zeigt im Inneren und im Garten einen Querschnitt durch die Schaffensperioden Picassos: blaue und rosa Periode, Kubismus, Surrealismus und andere in Malerei, Graphik und Skulptur
Zum Museum gehört eine Caféteria (nur mittags), kleine Gerichte, Salate, Gegrilltes.

MUSEE DE LA SERRURE (Bricard) Hôtel Libéral-Bruant
1, Rue de la Perle, **M:** St. Paul. 14- 17 Uhr. Sa./So. und feiertags zu.
Schlösser und Schlüssel aus zwei Jahrtausenden.

MUSEE DES ARTS ET MÉTIERS - TECHNIQUES (C.M.)
6o, Rue Réaumur, im Conservatoire des Arts et Metiers, **M**: Arts et Métiers, Tel. o1 53 o1 82 2o 1o-18.oo Uhr. Do. bis 21.3o Mo. und feiertags zu. www.cnam.fr/museum
<u>Das technische Museum</u> ist in der Kirche St. Martin- des- Champs, aus dem 12.- 13. Jh.; das erste Stromlinienauto von Panhard, ein Peugeot

„Voiture de grande tourisme" von 19o5, ein Dampfauto von 1873, der erste Helikopter von 19o5, der 1. Entwurf der New Yorker Freiheitsstatue, ca. 3 m hoch. Das Foucaultsche Pendel schwingt hier ohne Unterlaß und zeigt die Rotation der Erde an - seit dem Welterfolg des Romans von Umberto Ecco ein Publikumsmagnet!

Im „Salle des Echos" muß eine Person leise in die eine Ecke sprechen, dann hört es die andere Person in der gegenüberliegenden Ecke. Die Ecken erkennt man am abgegriffenen Mauerwerk. Falls man allein ist: der Museumsdiener spielt gern mit, auch wenn man ihm kein Trinkgeld gibt, wenn ich das mal so dezent formulieren darf. Das Museum wurde komplett renoviert und Anfang 2ooo wiedereröffnet.

MUSEE DE LA CHASSE ET DE LA NATURE

Hôtel de Guénégaud-des-Brosses 6o, Rue des Archives, **M:** Rambuteau oder Hotel de Ville. Neben den Archives Nationales. 11 - 18 Uhr, Mo. zu. Eintritt: 5 Eu}].

Jagdwaffen von der Vorgeschichte bis ins 19. Jh., Jagdtrophäen, Gemälde von Rubens, Breughel, Rembrandt. Das Museum ist in einem Palais untergebracht, das selbst wie ein Jagdschloß aussieht.

MUSEE D´ART ET HISTOIRE DU JUDAISME

im Hôtel de Saint- Aignan (164o) 71, Rue du Temple **M**: Rambuteau von 11-18 Uhr . Samstags geschlossen Eintritt 6 Euro

Musée Cognacq-Jay

Hôtel Donon 8, Rue Elzévir, M: Saint-Paul, 1o.oo-17.3o Uhr.
Kunstwerke aus dem 18. Jahrhundert, die der Gründer des Kaufhauses Samaritaine mit seiner Frau gesammelt hat. Nebenan: Das Szenecafé Le Detour, 5 Rue Elzévir, Mo. geschl.

Restaurants

BISTROS

L' Ami Louis (5)

32, R. du Vertbois, **M:** Temple/ Arts et Métiers; Mo., Di. und vom 15.7.-31.8. zu, N.Z.

Das Lokalinnere entspricht durchaus einem Bistrot, aber das ist auch schon alles. Es gilt als das teuerste Bistro von Paris. Die Klientel ist so erlesen wie die Gerichte aus der Küche, und für den Betrag, der auf der Rechnung steht, kann man im Grand Vefour essen. Das Lokal ist berühmt und hat durchaus einen guten Namen unter Kennern. Trotzdem würde ich einen guten Freund nicht hinschicken. Warum ich es dann überhaupt erwähne? Eigentlich, um davor zu warnen. Ich empfehle in diesem Arrondissement:

BRASSERIE

Brasserie Chez Jenny (3)

39, Bd. du Temple, an der Pl. de la République **M:** République, täglich zu normalen Zeiten.

Fisch, Fruits de Mer, Sauerkrautgerichte, Gegrilltes.

RESTAURANTS

L' Ambassade d'Auvergne (3- 4)

22, R. de Grenier- St.- Lazare, **M:** Rambuteau; täglich bis 23.3o Uhr.

Spezialitäten der Auvergne mit hohem Niveau.

3. ARR.

Restaurants

Taverne aux Templiers (2)
18, Rue Caffarelli bis 22 Uhr.

Bunte Küche im mittelalterlichen Milieu.

Für Liebhaber der nordafrikanische Küche hier zwei interessante Adressen: **Chez Omar** 47, Rue de Bretagne und **Le 4o4** 69, Rue Gravilliers

INTERNET-CAFÉ:

Web Bar

32, Rue de Picardie www.webbar.com In einer ehemaligen Kunstgalerie!

Nützliches & Praktisches

Parken

Saint- Martin
Rue Saint- Martin
Beaubourg
Rue Rambuteau, Saint-Martin et Saint- Merri

TAXI

Metro- Rambuteau
Square du Temple

Monoprix
République 164 Rue du Temple. Preiswert und wenige Schritte vom lebhaften Place de la République entfernt.

Tati - Das Billigkaufhaus
13, Place de la République

Pellas Aldo antiquaire

15, Rue Payenne.
Antiquites, Brocante (Antiq.- und Trödler- Geschäft). An einem kleinen grünen Platz, hinter dem Musee Carnavalet. Einmal ein Schrank Louis XIV., ein andermal ein Unterrock der Belle-Epoque.

Rue des Archives
Vom Rathaus bis zum Square du Temple, eine schmale Straße, von den Türmen und Mauern der Marais-Paläste flankiert, ist eine Straße der Antiquitätengeschäfte.

Rue de Meslay

Von der Place de la République in

östl. Richtung, ist eine der erstaunlichsten Einkaufsstraßen von Paris. Nur Schuhgeschäfte, en gros und en detail.

Sodexor

119, Rue du Temple, Sa. und August zu. Guter und preiswerter Schmuck, da der Inhaber Hersteller, Groß- und Einzelhändler ist.

MARKT

Kleidermarkthalle

Carreau du Temple, **M:** Temple/ Arts-et-Métiers,

Di.- So. 9- 12.3o Uhr. Kleider und Lederbekleidung. Man kann handeln!

THEATER/KABARETT

Caveau de la République

1,Boul.Saint-Martin, **M:** République, Tel. o1 42 78 94 95.

Buntes Programm: Chansonniers, Humoristen etc. (Siehe 1o. Arrondissement, denn hier verläuft je nach Straßenseite die Arr.- Grenze).

Les Bains

7, Rue du Bourg-l'Abbé, **M:** Etienne Marcel, Tel o1 48 87 o1 8o. Schickimicki- Disco mit Gesichtskontrolle und ca. 25 Euro Eintritt, ab Mitternacht bis morgens.

Les Caves

12, Rue Haudriettes, M° Rambuteau. Kleine, beliebte Disco, preiswerter als „Les Bains".

EIN NACHTSPAZIERGANG DURCH DAS ROMANTISCHE MARAIS- VIERTEL (3. u. 4. Arr.)

Das Nette an dem so stark an die Vergangenheit erinnernden Marais-Viertel ist, dass sich ausgerechnet hier die jungen Leute so wohl fühlen. Immer stärker zieht es auch Schauspieler und Pantomimen in den Sommernächten in die schmalen Gassen mit den feudalen Palais und alten Häusern, um zur Freude der Passanten Straßentheater- Szenen aufzuführen.

Dieses Interesse bringt es auch mit sich, dass hier immer mehr junge Bühnen eröffnen. Wo früher im Mondschein echte Säbel- Duelle zwischen Kavalieren in spitzenumrieselten Brokatgewändern stattfanden, werden jetzt solche Dramen auf die Bühne verlegt. Und da sich selbstverständlich auch avantgardistische Ensembles einfinden, bleibt das Marais auf dem Wege in die Zukunft nicht zurück.

4. ARRONDISSEMENT
Pont St.Michel
ST. MICHEL
Bd. du Palais
Pont au Change
Place Chatelet
CHATELET
BD. DE SEBASTOPOL
RUE
Quai du Marché neuf
Place Lépine
CITÉ
Q. DE GESVRES
TOUR ST JACQUES
Rue des Lombards
Rue St. Martin
CENTRE POMPIDOU
RUE
Pont N.Dame
HÔTEL-DIEU
PLACE DU PARVIS NOTRE-DAME
Av. Victoria
Rue du Renard
Rue Beauburg
RAMBUTEAU
Pont au Double
Rue d'Arcole
PLACE DE L'HOTEL DE VILLE
HOTEL DE VILLE
R.d.l. Verrerie
R.Bretonnerie
Rue du Temple
RAMBUTEAU
NOTRE DAME
Rue de Lobau
RUE DES ARCHIVES
Pt.Archevêche
Pont St. Louis
Q. DE L'HOTEL DE VILLE
ST. GERVAIS
DE RIVOLI
R. du B.Tibourg
RUE DES FRANCS BOURGEOIS
Quai d'Orléans
R. du Pont Louis Philippe
R. Vieille du Temple
Rue St. Louis
Quai de Bourbon
ÎLE ST LOUIS
R G. l'Asnier
R.d.Bl. Manteaux
Rue des Rosiers
R. Roi de Sicile
Rue Miron
Pont d.l. Tournelle
Pont Marie
PONT MARIE
Quai de Béthune
Rue St. Louis en l'Ile
Quai d'Anjou
VILLE
HÔTEL DE SENS
Rue Pavée
ST. PAUL
Rue St. Paul
R.Caron
Pont de Sully
Quai des Célestins
RUE ST. ANTOINE
PLACE DES VOSGES
R.Beautreillis
R. de Birague
SULLY-MORLAND
BD. HENRI IV
SEINE
Q. HENRI IV.
Bd.Morland
R.de la Bastille
Bd.Beaumarchais
Rue Crillon
Bd.Bourdon
Q. D.L. RAPÉE
PLACE DE LA BASTILLE
BASTILLE
GARE DE L'ARSENAL
Bd. de la Bastille
N
METROSTATION
METRO-UMSTEIGESTATION
PARKPLATZ
TAXISTAND
TANKSTELLE
POST/TELEFON
KRANKENHAUS

Vier recht unterschiedliche Gesichter hat das Vierte:

der Termitenhügel der Kultur, das Centre Pompidou in der linken oberen Ecke, das RATHAUS der Stadt Paris und die RUE DE RIVOLI, das MARAIS und die ILE ST. LOUIS und die östliche Hälfte der Ile de la Cité mit der NOTRE DAME.

Für einen aus dem Marais ist die Ile St. Louis eine fremde, eine andere Stadt. Sie wird oft vornehm genannt, aber dieses Adjektiv wird der Insel nicht gerecht, denn mit Vornehmheit eines Stadtteils assoziiert man eine sterile, abweisende und introvertierte Atmosphäre.

Sie strahlt etwas Vornehmes aus, aber das ist etwas anderes, und ist trotzdem voller Leben, wie in der Rue St. Louis en I'lle mit ihren vielen guten Restaurants, Hotels, Lebensmittelgeschäften und Boutiquen, ihren Seitengäßchen mit schiefen Mauern und holperigem Pflaster.

DIE ILE ST. LOUIS

Sie ist der schönste Teil des Vierten. Umgeben von der Seine, eingerahmt von Quais mit hohen Bäumen, an welchen noch vorzufinden ist, was die Pompidou- Schnellstraße auf dem gegenüberliegenden Ufer verschlungen hat: Tauben, Verliebte, Angler und Spaziergänger.

Sechs Brücken führen zu ihr hin, darunter solche, die schön anzusehen sind, wie die Pont Marie, und solche, von welchen aus man schöne Ausblicke hat, wie von der Pont de la Tournelle den einmaligen Blick auf den Chor der Notre Dame.

Von der Ostspitze, über die Pont de Sully, führt der breite Boulevard Henri IV. auf kurzem Weg direkt zur Place de la Bastille.

Blickpunkte &Plätze

Von der Neuzeit zum Mittelalter sind es in Paris manchmal nur ein paar Schritte: noch im Schatten des Centre Pompidou gelangt man nach Überquerung der Rue Beaubourg in die schmale Rue St. Merri, biegt links in die Rue du Temple ein und betritt durch eine Toreinfahrt (bei der Nr. 41) einen quadratischen HINTERHOF, wo die Zeit stehengeblieben zu sein scheint. Ringsum Häuser aus dem 16. Jahrhundert, in einem das Theater „Café de la Gare". Es ist vor allem nach Einbruch der Dunkelheit eine verzauberte Ecke. Im ersten Stock zweier Häuser ist eine Ballettschule, und man sieht überall die Schattenspiele der angehenden Ballettratten an Fenstern, Dekken und Wänden.

Von da an sollte man dann kreuz und quer zur PLACE DES VOSGES schlendern. Wenn es dazu noch Spätherbst oder Winter ist, erlebt man sehr intensiv die Atmosphäre des Marais. Plötzlich steht man auf der Place des Vosges. Die Stille eines Winterabends.

Die Laternen gießen ein mildes Licht nach unten, die schwarzen Bäume ragen in den von der Stadt rötlich beleuchteten Nachthimmel, des späten Wanderers Auge ruht wohlgefällig auf den schönen Renaissance- Fassaden des Henri IV., erspäht sodann, gerade noch am Rande des Gesichtsfeldes, unter den dunklen Arkaden in der nordöstlichen Ecke des Platzes, ein einladendes Licht und er geht erwartungsvoll darauf zu: die Brasserie „Ma Bourgogne" (siehe Restaurants); Atzung, ein Glas Wein und Erholung für die müden Füße. Mai oui!

PLACE DES VOSGES

Als Place Royal 16o5 von Henri IV. angelegt. Älteste Platzanlage von Paris, mitten im Marais, umgeben von einer einheitlichen Renaissance- Architektur. Wird mit Recht als einer der schönsten Plätze von Paris bezeichnet.

In der Mitte der Südfassade ist der Pavillon du Roi, links in der Ecke, Nr. 6, das Haus und Museum Victor Hugos. In der Mitte der Nordfassade der Pavillon de la Reine. Auch wenn man nicht über die finanziellen Mittel verfügt, sich eines der restaurierten Häuser zu kaufen: man setze sich auf eine Bank im Park des Platzes, um sich wie in einem schönen, königlichen Zimmer vorzukommen.

Sehenswert: Hôtel Sully, Sitz der französischen Verwaltung für Denkmalschutz. 8-19.oo Uhr täglich geöffnet. Photoausstellungen der Gesellschaft füt Photographie. Buchladen mit Literatur über die Bauten von Paris tägl. ausser Montags geöffnet von 1o-19 Uhr Info: o1 44 61 21 75. www.monuments-france.fr

RUE DES ROSIERS, JUDENVIERTEL

Um die Rue des Rosiers ist ein altes Viertel, das vornehmlich von Juden bewohnt wird. In den Schaufenstern sind hebräische Schriftzeichen, die Metzgereien sind „strictement cachère" - streng koscher, und vielleicht läuft Ihnen ein Herr im schwarzen Gehrock, mit steifem Hut und Beigeles (Schläfenlocken) über den Weg. Doch auch hier tut sich einiges: früher ein ärmliches Viertel; heute steht man in der Rue des Rosiers staunend vor den Auslagen von Boutiquen, wo ein Kleid 8.000 bis 9.000 FF und ein Paar Schuhe ca. 1.000 FF kosten.

SQUARE JEAN XXIII.

Ruhiger Platz hinter der Notre Dame, geeignet zur Erholung der müden Beine, eigentlich eine Grünanlage. Der kleine Square Vert Galant (1 Arr.) bildet das spitze Heck des steinernen Schiffes Ile de la Cité. Dieser Platz ist dessen Bug.

Zum Ausruhen eignet sich auch der **PLACE DU MARCHÉ SAINTE CATHÉRINE** - ohne Autoverkehr ist er wie eine Oase in der Großstadt.

PLACE LEPINE

Auf der Ile de la Cité, bei der Polizeipräfektur. Blumen und Vogelmarkt (Vogelmarkt nur Sonn.). Hier ist ein einziges buntes Blühen und Flattern.

Pont Marie, Ile St. Louis; 4. Arr.

PLACE IGOR STRAWINSKY

Zwischen Centre Pompidou und der Kirche St. Merri befindet sich der „schönste Nebenfluß der Seine“: der Strawinsky-Brunnen (Fontaine Str.). Die Maschinen des Schweizers Jean Tingely, die man gerne als männliches Element interpretiert, und die er selbst „Maschinen mit Seele“ nennt: naß, schwarz, kalkuliert, intellektuell, technisch präzise, aber doch eben nutzloses Spiel oder spielerische Nutzlosigkeit, ergänzen sich wunderbar mit den „weiblichen“ Figuren von Niki de Saint- Phalle, in ihrer Buntheit und Phantasie ein Ausdruck von Lebensfreude, Traum und Spiel: der Feuervogel (Huldigung an Strawinsky) als zentrales Motiv, angesprüht vom schwarzen Violinschlüssel Tingelys, ein Herz und ein großer, roter Mund als Symbole der Liebe, ein Clownshut und eine Schlange drehen sich auf der Wasserfläche, und die Fontänen aus den schwarzen Mobiles hüllen alles in einen zarten Schleier aus Licht und Wasser. Siehe auch Centre Pompidou.

HOTEL DE VILLE

M: Hotel de Ville, am ehemaligen Place de Grêve, im Mittelalter Platz der Hinrichtungen. Später der Treffpunkt der Arbeitslosen, daher die heutige Bedeutung des Ausdruckes „FAIRE LA GRÊVE“ = streiken. 1871 abgebrannt. Jetzt: Place de l’Hôtel de Ville. Neubau des Rathauses 1882 im Neo-Renaissance-Stil. Besichtigungen: jeden 1. Montag im Monat, nach vorheriger Anmeldung. Neben dem Oberbürgermeister hat jedes der 2o. Arr. sein eigenes Rathaus und einen Bürgermeister.

HOTEL DE SENS

1, Rue du Figuier, vollständig erhaltenes, spätgotisches Privatpalais aus dem Mittelalter. Ursprünglich Sitz des Erzbischofes von Sens. Aus derselben Zeit gibt es nur noch das Hotel de Cluny (5. Arr.).Die.-Fr. 13.3o-2o Uhr, Sa.von 1o-2o.3o Uhr. Freier Eintritt. Interressante Bibliothek für Architektur und Kunst.

HOTEL LAUZUN

17, Quai d’ Anjou. Auf der Ile St. Louis, das schönste Privatpalais aus dem 17. Jahrhundert. Inneneinrichtung authentisch aus der galanten Zeit vor 3oo Jahren. Sehr glanzvoll! 17, Quai dÁnjou. Besichtigung nur über das Amt für Denkmalschutz, Tel.o1 44 61 2o oo

HÔTEL HÉNAULT-DE-CANTOBRE

Beherbergt das Haus der Europäischen Photographie, wechselnde Ausstellungen. 5, Rue de Fourcy. www.mep-fr.org

Kirchen

NOTRE DAME

6, Place du Parvis-de-Notre-Dame, **RER** Saint Michel-N. Dame.

Fünfschiffige, rein gotische Kathedrale aus dem 12.- 13. Jahrhundert. 8- 18.45 Uhr, Samstag und Sonntag 8-19.45.

Besonders schön sind die beiden Rosetten in den Querschiffen und die klare Gliederung der vorderen Hauptfassade in fünf Ebenen.

Unten die drei Portale, darüber die Königsgalerie mit 28 Statuen der Könige von Israel und Juda, die von der Kommune fälschlicherweise für französische Könige gehalten und gestürzt wurden. Später von Le Duc restauriert. Es folgt die Etage der Rosetten, darüber die große Galerie der gotischen Arkaden und Strebepfeiler, oben dann die beiden 69 m hohen Türme. Erst auf der Balustrade, zwischen den beiden gewichtigen

Türmen, in der steinernen Welt der Chimären und Wasserspeier- Unholde, erfaßt man die Gewalt und Schönheit dieses uralten Bauwerkes, in das Ludwig der Heilige 1239 nach seinem Kreuzzug barfüßig die Dornenkrone trug, und in dem sich viele Jahrhunderte später Napoleon in Samt und Hermelin selbst die Kaiserkrone aufsetzte. Hier oben in dem luftigen Reich Quasimodos, des buckligen Glöckners von Notre Dame, geht der Blick über die Seine und auf die vor dem Portal sich weitende Place du Parvis Notre Dame. Dort kennzeichnet eine Kupferplatte den Punkt, von dem aus die Straßen in alle Richtungen Frankreichs auseinanderlaufen und kilometermäßig gezählt werden. Trotz aller moderner Konkurrenz steht die Notre Dame noch immer an 1. Stelle der Besucherzahlen.

Die PLACE PARVIS, die einmal „Asphaltsee" genannt wurde, entstand durch Haussmanns rigoroseste Tat: das Abreißen des historisch wertvollen Viertels um die Kathedrale.

Er benötigt dazu die Zeitspanne von 1853- 187o. Vorher drängten sich 54 Kirchen und Kapellen, das Bischofspalais und zahllose Gassen mit spitzgiebeligen Häusern an die damals etwas erhöht gelegene Notre Dame.

Von einem dieser Gäßchen und einer verlorengegangenen Kapelle erzählt folgende Geschichte: Wo die RUE CHANOISSE von der später angelegten RUE D'ARCOLE abgeschnitten wird, befand sich eine Kapelle, die der heiligen Marine geweiht war, die den

Mädchen ihre verlorene Unschuld wiedergeben konnte.

Ihr Vater hatte sie, als er Witwer war, in Knabenkleider gesteckt, und ging mit ihr ins Kloster. Eines Tages wird Marine, im Kloster als Bruder Marin bekannt, angeklagt, ein Mädchen vergewaltigt und geschwängert zu haben, und schlimmen Foltern ausgesetzt, die sie gottergeben erduldete, ohne sich zu verteidigen.

Als sie gestorben war, entdeckten die Mönche zu ihrem Entsetzen, daß sie ein Mädchen war. Später wurden in dieser Kapelle die Mädchen „OHNE EHRE" getraut, mit einem Ring aus Stroh am Finger. Die KAPELLE stand in der Gegend der Rue d'Ursins und de la Colombe, einem malerischen Winkel am Quai aux Fleures (N - Ufer, links hinter der Notre Dame).

Moritat vom Pastetenbäcker

Im Handwerksbuch der Zünfte des Jahres 1253 ist die nachfolgende schauerliche Geschichte vermerkt, die sich bis auf die heute lebenden Pariser überliefert hat.

Auf der Insel CITÉ, im Schatten der Notre Dame, lebte in der RUE MOUSETS ein Barbier, dessen Laden an den des für seine Pasteten berühmten Bäckers stieß.

Eines Tages gab es einen Menschenauflauf vor dem Barbierladen, weil eine riesige Dogge dort wie wütend bellte. Ihr Herr, ein deutscher Student, war seit zwei Tagen verschwunden. Die Stadt- Sergeanten untersuchten das Haus und fanden darin fürchterliche Blutspuren.

Der Barbier pflegte mit seinem Rasiermesser den Kunden den Hals abzuschneiden und warf die Leichen in den Keller, den er mit seinem Nachbarn teilte. Dieser machte sodann aus ihnen Hackfleisch, mit dem er seine Pasteten füllte.
BON APPETIT!

Die Morgue

Das durch die Literatur und viele Filme weltbekannt gewordene Leichen- Schauhaus von Paris wurde 183o bei der Place Michel erbaut.

1864 verlegte Haussmann es auf die Ile Cité hinter die Notre Dame bei der Grünanlage Square Jean, so daß die Kirchgänger, die zuerst für ihr Seelenheil beteten anschließend diejenigen besuchen konnten, die bereits ins bessere Jenseits eingegangen waren.

Meist handelte es sich bei den nackt Aufgebahrten um Selbstmörder oder nicht identifizierbare Personen. Für die Pariser wurde ein Spaziergang zur Morgue zu einer lieben Gewohnheit von Kindesbeinen an.

Vielleicht waren sie immer auf der Suche nach einem so schönen, bleichen, aus dem Wasser gezogenen Mädchen, wie die „L'Inconnue de la Seine". Die Unbekannte aus der Seine mit dem glücklich- gelösten, unergründlichen Lächeln auf den Lippen. Sie war so geheimnisvoll schön, daß der Dichter R.C. Muschler durch sie zu seiner unsterblichen Novelle angeregt wurde.

Die „Morgue“ ist seit Jahren in einer Klinik an der Peripherie untergebracht, es wurde eine steril- tiefgekühlte Leichenaufbewahrung daraus (Eintritt verboten!) - der makaber-herzliche Kontakt zwischen den Parisern und ihren Morgue- Leichen ist für immer abgebrochen.

TOUR ST. JACQUES

Place du Châtelet, **M:** Châtelet. Es ist nur noch der spätgotische GLOCKENTURM der ehemaligen Kirche St. Jacques- la- Boucherie. St. Jacques, weil es eine Station des Pilgerpfades nach Santiago de Compostela war. La Boucherie, weil sie von den Fleischern zu ihrer Kirche erklärt worden war.

Ganz oben steht eine große Statue von Jakobus dem Älteren, dem Jünger Christi, zu dessen Grab in Santiago de Compostela (Nordwestspanien) im Mittelalter Millionen auf dem Jakobsweg (Chemin de St. Jacques, der sich in der Rue St. Jacques (5) fortsetzt) pilgerten, ist als Vater der Pilger mit Tasche, Stab und Mantel dargestellt, am Hut das Kennzeichen aller Jakobspilger: die Jakobsmuschel.

Der Weg nach Santiago wurde inzwischen vom Europarat zur europäischen Kulturstraße ernannt, und verlockt heut wieder viele, durch die schönsten Landschaften Frankreichs und Nordspaniens der Spur der Pilger zu folgen, die gesäumt ist von herrlichen Zeugnissen der romanischen Kunst.

ST.GERVAIS- ST. PROTAIS

Klassizistische Fassade: unten dorische, in der Mitte ionische, oben korinthische Säulen (Vergl.: St. Sulpice). Mit der berühmten Orgel der Musikerfamilie Couperin.

ST. MERRI

In der Rue St. Martin. Spätgotische Kirche mit der ältesten Glocke von Paris. Durch den Häuserabriß jetzt vom Centre Pompidou aus zu sehen. Welch ein Kontrast!

CLOITRE DES BILLETTES

Rue des Archives. Der einzige gotische Kreuzgang von Paris. Heute evangelische Kirche.

ST. PAUL- ST.LOUIS

99, Rue St. Antoine, M° St. Paul. In der Mitte des 17. Jahrhunderts von den Jesuiten in deren Stil erbaut.Malereien von Delacroix.

ST.- LOUIS- EN- L'ILE

In der ruhigen Rue St. Louis, die sich schmal und gerade durch die Insel zieht, sollte man an dem in der Häuserfront liegenden Portal nicht vorübergehen, das in diese schöne Kirche führt.

Man ist überrascht über die Größe des Innenraumes und darüber, daß er im Barock- Stil gestaltet ist, den man sonst in Pariser Kirchen kaum vorfindet. Hier zeigt sich allerdings die strengere Form: der Jesuitenstil. Ohne überladen zu sein, ist die Kirche sehr eindrucksvoll in Weiß und Gold mit Alabaster- Reliefs.

MUSEEN

PAVILLON DE L´ARSENAL
21, Boul. Morland Die-Sa 1o.3o-18.3o, So. 11-19 Uhr. Freier Eintritt.

Die elegante Stahlkonstruktion aus dem 19. Jh. beherbergt heute das Informationszentrum für Architektur und Städtebau von Paris. www.pavillonarsenal.com

CENTRE POMPIDOU (C.M.)

Place Georges - Pompidou

18, Rue Beaubourg, **M:** Rambuteau/ Hôtel Ville

RER: Châtelet-Les-Halles

Das Centre ist von 12-22 Uhr geöffnet. Mu um und Ausstellungen täglich 1o- 22 Uhr Atelier Brancusi 13-19 Uhr. Dienstags geschlossen.

Tel.: o1 44 78 12 33 Internet: www.cnac-gp.fr oder www.centrepompidou.fr

Eintrittstarife: 4,5o euro, wechselnde Ausstellungen extra zwischen 4,57 und 7,62 euro.

Centre Pompidou: "Capricorne" von Max Ernst (1948)

Bibliothek ist gratis. Konzerte zwischen 9,15 und 13,72 euro

Erster Aspekt
Anfangs war es ein Schock! Die Pariser nannten es: POMPIDOLEUM, LA PETROLE, LA RAFFINERIE, und so sieht es auch aus.Am besten gefiel mir Jürgen von Manger's Formulierung: „Wie ein Kühlschrank von hinten."

Aus 681 Entwürfen wurde von einer Jury, die aus 4 Franzosen und 5 Ausländern bestand, der Entwurf von Renzo Piano und Richard Rogers ausgewählt. Die Stahlkonstruktion ist von Krupp.
Heute ist das Centre Pompidou voll integriert und liegt mit seinen Besucherzahlen im Bereich der Rekorde. Eine Fahrt auf den Rolltreppen in den Plexiglasröhren an der Aussenfront der Fassade bietet Aussicht über die Dächer von Paris von Sacré Coeur bis Notre Dame.

Zweiter Aspekt:

Der EIFFELTURM sei anfangs auch abgelehnt worden und sei nun das Wahrzeichen von Paris. Wer diese Meinung vertritt, läßt etwas Wesentliches außer acht: Der Eiffelturm steht außerhalb des Zentrums, sozusagen im Freien. Dieses Monster aus vertikalen Abflußrohren aber steht mitten zwischen den Gotik- und Renaissancebauten des Hallenviertels und des Marais! Aber allen Unkenrufen zum Trotz: Die umgebenden Plätze sind voller Leben und Attraktionen und ziehen ungeheure Menschenmassen an.

Dritter Aspekt:

Baukosten rund eine Milliarde FF. Verbaut wurden 15.ooo Tonnen Stahl - hier ein unglaublich klingender Vergleich: der Eiffelturm hat nur 7.ooo Tonnen! In den ersten zwei Jahren, 1977- 79, waren 12,7 Mio. Besucher dort (interessant: 75 % der Besucher sind unter 35 Jahren). Heute sind es täglich 25.ooo!

ABTEILUNGEN

Unter der Erde (Niveau -1)

Veranstaltungsebene: mit Foyer, Kino, Saal für Theater + andere Events (Programm im Pariscope!)

Erdgeschoß (Niveau o)

Forum, Eingangsebene mit Information und Kasse.Kunstbuchhandlung Flammarion - bestens sortiert - und Museumsshop.CCI- Zentrum für industrielles Design.

Galerie des Enfants: bis 18 Jahre Eintritt frei, Erwachsene haben keinen Zutritt. In den verschiedenen Werkstätten sollen Vorstellungs kraft, Kreativität, Kommunikation und Sensibilität gefördert werden.

Niveau 1, 2.und 3

Riesige Bibliothek und Mediathek, freier Eintritt. 2 ooo Leseplätze.

35o ooo Bücher (können gelesen aber nicht ausgeliehen werden), 2 3oo Zeitschriften aus aller Welt, Zeitungen, 2 2oo Dokumentarfilme und 1o.ooo CD´s.Dort ebenfalls: Mediathek, d.h. Sprachlabors, wo 13o Fremdsprachen gelernt werden können, CD Roms und Internetzugang.

Die Dia- Serien können in Spezialbetrachtern selbst bedient werden. Filme werden über Fernsehmonitore gezeigt. Schallplatten sucht man sich aus und hört sie über Kopfhörer. Boutique, Café und Kino.

Niveau 4 und 5

Musee National de l'Art Moderne. Hier wird moderne Kunst von 19o5 bis heute gezeigt. Kubisten, Fauvisten, Surrealisten etc. Drei Dachterrassen, Panorama-Blick.

Niveau 6

Restaurant, Sonderausstellungen.

Atelier Brancusi auf der Piazza vor dem Centre Pompidou!

Neben dem Centre: ICRAM.

Ein von Pierre Boulez inspiriertes Institut zur Erforschung und Koordination von Akustik/Musik - mit anderen Worten: Zusammenarbeit von Wissenschaftlern, Technikern und Musikern aus aller Welt für den Einsatz von neuen Technologien in der modernen Musik, die dann auch in verschiedenen Veranstaltungen dem Publikum vorgestellt wird.

Direkt daneben befindet sich der STRAWINSKY-BRUNNEN, eine Création von Niki de Saint Phalle und Jean Tinguely. Nach dem dem anstrengenden Museumsbesuch kann man sich dort wunderbar erholen.

KUNST: bis 1845 im Louvre, von 1848 bis 1914 im Gare d'Orsay, moderne Kunst ab 1914 im Nationalmuseum (Centre Pompidou) und im städtischen Musée de l'Art Moderne (siehe 16. Arr.).

MUSEE VICTOR HUGO (C.M.)

6, Place des Vosges, **M:** Bastille, 1o- 17.4o Uhr. Montag und Feiertag zu. Eintritt: ca. 4 Euro. Tel. o1 42 72 1o 16.

Victor Hugo, Verfasser des bei uns bekannten, auch mehrfach verfilmten Buches „Der Glöckner von Notre- Dame", bewohnte dieses Haus von 1832-38. Drei Museen in Paris strahlen heute noch so viel vom Geist und der persönlichen Atmosphäre der Männer wider, die darin gewohnt haben, daß man meinen könnte, in einem Zimmer sei der Mâitre selbst und würde jeden Moment hereinkommen.

Das Haus von Balzac, das von Delacroix und dieses. Überall sieht man seine Handschrift, sein Tintenglas, der Stuhl, in dem er saß, der Tisch, an dem er arbeitete und an den Wänden die Vielzahl seiner erstaunlich guten Zeichnungen. Zwischen den Vorhängen hindurch sieht man hinunter auf die schöne, harmonische Place des Vosges.

MUSEE NOTRE- DAME (C.M.)

1o, Rue du Cloitre- Notre- Dame. Mi,Sa und So: 14.3o - 18 Uhr

Schatzkammer der Kirche: kostbarer Kirchenschatz und Handschriften.

MUSÉE DES CURIOSITÉS DE LA MAGIE

1, Rue Saint Paul **M:** Saint-Paul. Mittwochs, Samstags und Sonntags von 14-19 Uhr. 7 Euro: Optische Täuschungen und magische Tricks, Shows und interaktive Spiele für Kinder.

Ihr Haupt-, Neben-, und Zwischengericht war nun mal der SCHWEINEBRATEN. Unverdrossen und ungesalzen wurde er verspeist. Den Tag, an dem es einem von ihnen einfiel den Braten zu salzen, könnte man als den Geburtstag der Feinschmeckerei bezeichnen.

BROT aß man kaum. Unvorstellbar, wenn man an den heutigen Baguette- Konsum der Pariser denkt. Das FLEISCH wurde auf Holzschüsseln oder in geflochtenen Weidenkörben serviert. Dazu gab's ein Gebräu aus Hygromehl, Kräutern und Honig - vergoren zu Bier. Auch den Wein ließ man noch weitgehendst außer acht.

Eines Tages hatte ein schlauer Kopf die Idee, statt der schlappen Tierhautschläuche, die mit „Eisenreifen" zusammengefaßten „Holzfässer" zu erfinden, in denen man die Getränke viel besser befördern konnte. Bis zum heutigen Tage fiel noch keinem etwas Besseres ein. Anderes schon: Glastanks, Container, Aluminiumfässer, aber nichts hat bisher die Getränke veredelt. Im Gegenteil. Jeder Wein-, Champagner-, und Spirituosen- Keller, bei dem die Qualität an erster Stelle steht, hat heute noch - und in vielen Fällen heute wieder - das Holzfaß.

Und damit zurück zu unseren wackeren Asterixen. Beim Zugreifen machten sie kurzen Prozess. Mit der Hand wurde das BRATENSTÜCK in den Mund geschoben und mit dem Hüftmesser abgesäbelt. Wer gar nicht genug bekam, durfte die riesigen Knochen noch stundenlang „quer durch die Prothese" ziehen.

La Grande Table, la Grande Bouffe - französisches Brauchtum mit langer Geschichte!

Man verstand es zwar noch nicht, so wie später die Lakaien Ludwig des Vierzehnten, Servietten auf 27- erlei Art zu falten, bevor sie ihr Menu, bestehend aus 6 Geflügelarten, 4

Fischgerichten, 8 Fleischgerichten, Wildbret und 1o Torten auftrugen.

Auch wechselten unsere GALLIER nicht zu jedem Gang die gesamte Saal- Dekoration, wie einige Adelsfamilien des 15. Jahrhunderts.

Aber sie lieferten immerhin saftige Schinken und Schmalz bis nach Rom. Was Wunder, wenn den alten Römern das Wasser im Munde zusammenlief und sie einstimmig beschlossen, das ferne LUTETIA heimzusuchen. Als sie in der reizenden Seinestadt einbrachen, brachten sie die sogenannte Eßkunst mit - und die schöne, urige Zeit der alten Gallier war zu Ende.

Mehr über die Gallier in den Asterix- Magazinen. Wer Wildschwein- Essen life in alten Ile Ste. Louis- Kellern erleben will: siehe unser Restaurant-Text!

Der Glöckner von Notre Dame

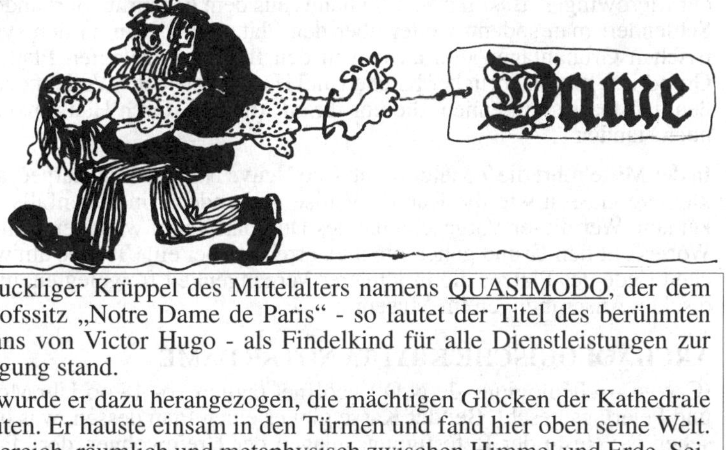

Ein buckliger Krüppel des Mittelalters namens QUASIMODO, der dem Bischofssitz „Notre Dame de Paris" - so lautet der Titel des berühmten Romans von Victor Hugo - als Findelkind für alle Dienstleistungen zur Verfügung stand.

Bald wurde er dazu herangezogen, die mächtigen Glocken der Kathedrale zu läuten. Er hauste einsam in den Türmen und fand hier oben seine Welt. Ein Bereich, räumlich und metaphysisch zwischen Himmel und Erde. Seine ganze Freude: das Dröhnen der geliebten Glocken. Es machte ihn allmählich allen anderen Geräuschen gegenüber taub.

Eines Tages offenbarte sich ihm die Erde in ihrer schönsten Form - Esmeralda. Die schöne Zigeunerin war mit ihrer weißen Ziege im bunten Treiben der Gassen aufgetaucht. Sie zeigte sich ihm mitfühlend, als sie dem Dürstenden, der wegen eines kleinen Vergehens am Pranger kniete, einen Trunk reichte.

Als sie wegen Gotteslästerung hingerichtet werden sollte - ein Urteil, das der ihr verfallene Bischof, den sie abgewiesen hatte, über sie verhängte - rettete sie der Bucklige mit den Riesenkräften in das „Asyl" der Kathedrale, verteidigte sie auf die listigste Weise, goß schließlich siedendes Blei auf die Anstürmenden vor dem Portal.

Doch der Kampf um die Schönheit war auch hier, wie so oft, vergeblich. Als die Tote in den Keller von Montfaucon geworfen war, verschwand Quasimodo für immer. Nach langer Zeit fand man zwei Skelette, von denen eines das andere schützend umschlang.

VICTOR HUGO fand mit diesem dramatisch- romantischen Zeitepos nicht nur hohe literarische Anerkennung, sondern machte damit die Öffentlichkeit im 19. Jh. auf die durch die Revolution verwahrloste Notre Dame aufmerksam, erweckte erneut das Interesse für sie und erreichte damit ihre Renovierung.

DIE MITTE VON PARIS: PLACE DU PARVIS NOTRE DAME

Beim Verlassen der Kathedrale Notre Dame erblickt man zunächst die in den Vorplatz eingelegten braunen Platten, die den Verlauf der Fundamente der Merowinger- Basilika St. Stephanus aus dem 6. Jahrhundert andeuten. Schlendert man sodann weiter über den Platz, kann man an den symmetrischen Grünanlagen und an den in den Boden eingelegten Platten die Grundrisse mittelalterlicher Kirchen und Häuser sowie den Verlauf der Straßen und Gassen erkennen, die vor ihrem Abbruch durch Haussmann hier noch standen.

In der Mitte führt die 7 Meter breite Rue Neuve N.D. auf die Kathedrale zu, kleinere Gassen wie die Rue de Venise und andere sind ebenfalls zu erkennen. Wer dieser Vorgeschichte des Domplatzes im wahrsten Sinne des Wortes auf den Grund gehen möchte, erreicht über eine Treppe am westlichen Ende des Platzes die in jüngerer Vergangenheit freigelegten, unterirdischen Ausgrabungen im Museum:

ARCHÄOLOGISCHE KRYPTA NOTRE DAME

(Crypte Archéologique de N.D.) geöffnet täglich 1o- 18.oo Uhr.Montags und Feiertags geschl. Bei der Kasse gibt es einen Plan dessen, was hier zu sehen ist: Reste der Befestigungsanlagen der Ureinwohner, der „Parisii“ (3. Jh.), Grundmauern und Fußbodenbeheizungs- Systeme aus der gallorömischen Zeit, Reste der Merowingerbasilika (6. Jh.), Keller und Straßenzüge des Mittelalters und der Toreingang des alten „Hotel Dieu“, des Krankenhauses aus dem 17. Jh. Diaporamashow.

All dies zeugt von der stetigen, engen Bebauung dieser Seineinsel, der Urzelle von Paris. Aus diesem Gewirr von kleineren Kirchen, Häusern und Gassen ragte die heute frei dastehende, herrliche Kathedrale Notre Dame.

Restaurants

BISTROS

Le Petit Gavroche (Der kleine Straßenjunge) (1- 2)

Auch: Bistro du Marais, 15, R. Ste. Croix de la Bretonnerie, **M:** Hôtel de Ville; 12- 14.3o und 19- 24 Uhr, So. nachmittags zu, im August nur abends offen.

Eines der liebenswertesten Bistros von Paris, mit allen für diese Lokal- Art typischen Merkmalen: nach dem Eingang befindet sich der Gast erst einmal, wie es sich gehört, am Zinc. Die Patina von vielen Jahrzehnten überzieht das Mobiliar, die Wände und Decken und vermittelt das angenehme Bild eines organisch gewachsenen Raumes. Im Hintergrund ein paar Tischchen; eine schmale Holztreppe führt in den Speiseraum im ersten Stock, wo die üblichen Kunstlederbänke an spiegelverzierten Wänden stehen, vor ihnen die kleinen Holztische mit den gußeisernen Füßen. Eine schwarze Tafel verkündet mit Kreideschrift das Plat du Jour, das Publikum kommt aus dem Quartier, die Gerichte sind einfach, deftig und preiswert. Es darf einen dabei nicht stören, daß der Senf in einer Plastikflasche auf dem Tisch steht, daß Pfeffer- und Salzstreuer ramponierte Streuköpfe, und die Spiegel einige blinde Flecke haben. In Verbindung mit den Spitzenvorhängen, der Dekoration aus vielen Jahren und den Blumen hat alles einen liebenswerten Charme.

Bistro La Tartine (2)

24, R. de Rivoli, 8- 22 Uhr, Mo. und August zu.

Eines der von der Academie Rabelais ausgezeichneten Bistros, und das will was heißen! Mittags ein Plat du Jour, ganztägig Charcuterie du pays und Käse. Große Auswahl guter Weine. Ein Bistro authentique de Paris!

Le Vieux Bistro (3)

14, R. du Cloître- Notre- Dame, **M:** Saint- Michel; täglich zu normalen Zeiten.

Während der Touristenzeiten setzt sich das Publikum weniger aus Parisern

4.ARR.

Restaurants

zusammen, da das Bistro direkt neben der Kathedrale Notre- Dame liegt, was aber der Qualität der Gerichte keinen Abbruch tut. Es ist nicht gerade eines meiner Lieblings- Bistros, aber durchaus zu empfehlen, wenn man gerade in dieser Ecke Hunger hat.

Le Trumillou (2)

84, Quai de l'Hotel de Ville, 11- 15/19- 23 Uhr, Mo. zu.

Gewiß kein lupenreines Bistro, eher ein kleines Restaurant mit der Gemütlichkeit des Pariser Alltagslokales „um die Ecke", wo man durchaus mit Freunden hingeht und wo man einfache Hausmannskost und eine christliche Rechnung zu schätzen weiß. Blick auf die Ile St. Louis und Notre Dame.

Le Bouchon du Marais (2)

15, Rue Francois Miron, N.Z., So. zu

Ein freundliches Bistro à Vin mit eigenen Weinen und Gästen des Quartiers; abends Fondues und Raclettes. Das Haus Nr. 13 daneben ist eines der ältesten von Paris.

Le Bistro de la Place

2, Place du Marché Sainte-Cathérine; Südfranzösische Küche - schön zum Draußen-Sitzen.

BRASSERIES

Brasserie Ma Bourgogne (2- 3)

19, Pl. des Vosges, **M:** Saint- Paul; 12- 1 Uhr, Februar zu.

In der nordwestlichen Ecke der Place des Vosges, unter den Arkaden. Als das Marais und die Place des Vosges noch ein Viertel der kleinen Leute war, konnte man das Lokal noch unter die Bistros zählen. Nachdem die Place des Vosges zur Nobeladresse der „Beau Monde" wurde, hat man auch hier reno-

Restaurants

viert und saniert. So wurde ein gern besuchtes Restaurant daraus mit angenehmer Atmosphäre, angehobenen Preisen, aber empfehlenswerter Küche. Wer immer noch Vorurteile gegen Kuttelgerichte hat, kann sie hier abbauen: die Tripes schmecken himmlisch! Ich bin oft hier.

Brasserie Bofinger (3)

5, R. de la Bastille, **M:** Bastille; täglich bis 1 Uhr.

Eine Brasserie mit großer Tradition, wo das erste Faßbier in Paris gezapft wurde. Das Dekor stammt aus der zweiten Hälfte des 19. Jh. und ist allein schon einen Besuch wert: die Tapeten, Spiegel und Keramiken und vor allem der historische Tresen, elsässische Spezialitäten, Austern und Fruits de Mer.

Chez Marianne

2, Rue des Hospitalières-Saint-Gervais; koscher und delikat!

Brasserie de l'Ile St. Louis (3)

55, Quai de Bourbon, **M:** Pont Marie; bis 1.3o Uhr, Mi. und Do. mittags und August zu.

Elsässische Spezialitäten. Auf der alten Holztheke mit ihren schönen Schnitzereien steht eine altehrwürdige Kaffeemaschine, und durch die Fenster blickt man auf Notre Dame. Ein Merkmal des Lokals ist der große, ausgestopfte Storch mit Baby im Schnabel.

Le Louis IX (2)

23, R. des Deux- Ponts, Ecke R. St. Louis- en- l'Ile, 7- 21 Uhr. So. zu.

Bar, Café und Brasserie mit der angenehmen Atmosphäre eines alteingesessenen Lokals mit Spiegeln, Leder und Plüsch.

Café de l'Hôtel de Ville (2- 3)

7o, Rue de Rivoli, Ecke Rue de Renard.

Café, Bar und Brasserie in einem; ein sehr angenehmes Lokal mit großen

Restaurants

Fenstern und Blick auf das Rathaus von Paris. Große Auswahl an Tagesgerichten, Kleinigkeiten, Spaghetti, Lasagne etc. bei mäßigen Preisen. Durchgehende Küche von 7- 22 Uhr, So. zu.

THEESALONS

Le Loir dans a Theière

3, Rue des Rosiers; guter Kuchen! Gemütlich.

Mariage-Frères

3o, Rue du Bourg Tibourg; Schönster Teesalon von Paris mit kleinem Teemuseum.

RESTAURANTS

La Chope des Vosges (2- 3)

22, Pl. des Vosges, gegenüber der Brasserie Ma Bourgogne, Mai- Sept. tägl. 12- 23.3o Uhr, Okt.- Apr.: So. abends und Mo. zu.

Ein gemütliches Lokal mit traditioneller französischer Küche. Spezialität: Foie Gras (Gänseleberpastete). In einer Arkadenecke an dem unvergleichlich schönen Platz.

Jo Goldenberg (3)

7, R. des Rosiers, **M:** Saint- Paul; täglich von 12- 24 Uhr.

Im vorderen Teil befindet sich ein Delikatessengeschäft, um die Ecke und im 1. Stock das Restaurant. Spezialitäten in beiden: Traditionsreiches aus der mitteleuropäischen jüdischen Küche: Pickelfleisch, Strüdels aux pommes. u.a. „Lunch for kleine or GROYSSE FRESSER“ steht wörtlich auf der Visitenkarte. Und selbstverständlich: alles „Strictement cashère“ (streng koscher). Ein weltbekanntes, sehr hübsch ausgestattetes Restaurant.

4. ARR.

Restaurants

Benoit (5)

2o, R. St.- Martin, **M:** Châtelet; Sa. und So. zu. Letzte Märzwoche und August zu. N.Z., Tel. 42 72 25 76 (reserv.).

Das Interieur im Parterre ist zwar Bistro- Stil 19oo, doch die Qualität der Küche, die hohen Preise und das Publikum haben das Restaurant in die Reihe der Pariser Renommier- Lokale gehoben.

Le Coude- Fou (2)

12, R. du Bourg, Tibourg, 12- 18 und 18- 2 Uhr, So. 18- 2 Uhr.

Ein bescheiden eingerichtetes, kleines Restaurant mit erstaunlich guter Küche und mäßigen Preisen.

Chez Julien (2- 3)

1. R. du Pont- Louis- Philippe, So. zu, N.Z.

Mit Blick zur Seine und zur Ile St. Louis sitzt man hier im Belle Epoque- Stil einer ehemaligen Bäckerei.

Studio (2- 3)

41, Rue du Temple, täglich bis 24 Uhr.

Amerikanisch- mexikanisch - mit Pariser Gemütlichkeit im Kerzenschein. Es liegt in dem schönen alten, auf Seite 180 beschriebenen Hof.

Restaurants auf der Ile St. Louis:

Le Flore en l'Ile (2- 3)

4, Quai d'Orleans, von 11- 2 Uhr täglich, gegenüber der Brasserie de lle St.- Louis.

Nos Ancetres les Gaulois (3)

39, R. St. Louis- en- I'lle, **M.** Pont Marie; 19- 24 Uhr.

Der Name auf deutsch: unsere gallischen Vorfahren. Zwischen alten Mauern, im Erdgeschoß und vor allem im Keller, speist man bei Kerzenlicht und

4.ARR.

Restaurants

Lautenmusik. Salate und Würste packt man sich selbst auf die Teller, den Wein holt man sich selbst vom Faß! Fleisch (Rind und Lamm) gibt's vom Grill.

Au Gamin de Paris (2- 3)

51, Rue Vieille- du- Temple, 9 Uhr früh - 2 Uhr früh. Durchgehende gute Küche von der freundlichen Patronin unermüdlich serviert. Besonders gut gefüllte Teller und rege Gemütlichkeit.

PARKEN

Parvis Notre Dame
Pl. Parvis Notre Dame

Lobau
Rue de Lobau

Hotel de Ville
Place de l'Hôtel del Ville

Place de la Bastille
Entre le Bd de la Bastille et le Bd Bourdon

TAXI

Metro St. Paul

EINKAUFEN

Passage du Grand-Cerf
145, Rue Saint-Denis (4.Arr.)
M: Etienne-Marcel

Parking du Quartier L'Horloge
25, Rue Beaubourg

Paris - Parking
Rue de l'Hôtel de Ville

Société Parisienne de Parking
16, Rue Saint- Antoine

Lutece
Rue de Lutèce entre le Bd du Palais et la place Louis- Lé Metro „Sain Ilkpine"

Berthillon
31, Rue St.- Louis- en- I'lle, Mo. und Di. zu.

Der berühmteste Eis- und Sorbetmacher von Paris. Alle Restaurants, die ihre Sorbets nicht selbst herstellen, aber Wert auf Qualität legen, beziehen sie von Berthillon.

Vergnügliches

Zwei große Theater, die populärsten von Paris, flankieren die Place Chatelet. Ihre repräsentativen Gebäude aus dem Jahre 1864 gehören zum Stadtbild, sie sind nachts illuminiert. Es sind dies die beiden Theater „CHATELET“ und „SARAH BERNHARDT“, heute: Théâtre de la Ville.

THEATER

Théâtre Chatelet (oder Théâtre Musical de Paris)

1, Place du Châtelet, **M:** Châtelet. 3.6oo Plätze, Tel.: o1 4o 28 28 4o.

Das größte Theater von Paris. Ausführlich beschrieben im 1. Arr.!

Théâtre de la Ville

2, Place du Châtelet, **M:** Châtelet, Tel.: o1 42 74 22 77.

Weitgespanntes Repertoire, von Shakespeare über Zola bis zum Musical. Hier feierte Sarah Bernhardt, neben Eleonora Duse die berühmteste Schauspielerin aller Zeiten, ihre Triumphe.

Espace Marais - Théâtre, Danse Ballet

22, Rue Beautreillis. Tel.: o1 48 o4 91 55

Blancs-Manteaux

15, Rue des BlancsManteaux **M:** Rambuteau Tel.: o1 48 87 15 84

Point-Virgule

7, Rue St.-Croix-de-la-Bretonnerie **M:** Rambuteau Tel.: o1 42 78 67 o3

Café de la Gare:

41, R. du Temple, **M:** Hôtel-de-Ville, Tel. o1 42 78 52 51.

Unter der Rubrik „Blickpunkte und Plätze“ dieses Arrondissements beschrieb ich einen idyllischen Innenhof, in dem „die Zeit stehengeblieben zu sein scheint“. An seiner Rückfront befindet sich dieses ambitionierte, skurrile Café-Theater, in dem man bestimmt einen außergewöhnlichen, unkonventionellen Abend verbringen kann.

Um den angenehm abzuschließen, kann man das unter „Restaurants“ beschriebene „Studio“ aufsuchen, welches in der Ecke dieses Altpariser Hofes so einladend wirkt, daß man kaum daran vorübergehen kann. In der warmen Jahreszeit stehen draußen Tische.

Centre Pompidou

M: Rambuteau

Hier finden täglich wechselnde Veranstaltungen, Vorträge und Vorführungen statt. Kino von gestern und morgen, Musik von heute (IRCAM). Der Eingang ist an der Ecke der Rue Saint- Merri.

JARDIN DU LUXEMBOURG
ST. MICHEL
Pont St. Michel
R. Huchette
Q. St. Michel
Petit Pont
R. St. Julien
St. Séverin
PORT-ROYAL
BD. DE PORT-ROYAL
BD. ST. MICHEL
LUXEMBOURG
Place Rostand
Rue Cousin
Pl. de la Sorbonne
Rue Cujas
Rue Soufflot
RUE ST. JACQUES
Rue des Écoles
Pl. Painlevé
BD. ST. GERMAIN
Pl. Maubert
MAUBERT MUTUALITÉ
R. B. d. Carmes
R. Lagrange
R. Colbert
R. Sauton
R. Albert
N. D.
Rue Bernard
Pont Archevêche
Rue de Pontoise
Quai de la Tournelle
Pont de la Tournelle
R. Feuillantes
Gay-Lussac
VAL DE GRÂCE
Rue d'Ulm
Rue Lhomond
Rue E. Brossolette
PANTHÉON
ST. ETIENNE DU MONT
R. M. Ste. Genevieve
R. Descartes
CARDINAL LEMOINE
RUE MONGE
Pl. Contre scarpe
RUE MOUFFETARD
R. Berthollet
Rue Claude Bernard
Rue du Card. Lemoine
R. d. Boulangers
ARÈNES DE LUTÈCE
PLACE MONGE
MONGE
R. d. P. l'Ermite
ST. MÉDARD
CENSIER DAUBENTON
Av. Gobelins
GOBELINS
Rue Censier
Rue Linné
JUSSIEU
Rue Jussieu
UNIVERSITÉ
MOSCHEE
Pont de Sully
SEINE
Rue du Fer a Moulin
Rue G. St. Hilaire
BD. ST. MARCEL
GEWÄCHSHÄUSER
LABYRINTH
MUSEUM
BOTANISCHER GARTEN
ZOOLOGIE
BD. ST. BERNARD
Rue Buffon
Pl. Valhubert
BD. DE L'HÔPITAL
GARE D'AUSTERLITZ
Pont d'Austerlitz
5. ARRONDISSEMENT
METROSTATION
METRO-UMSTEIGESTATION
PARKPLATZ
TAXISTAND
TANKSTELLE
POST/TELEFON
KRANKENHAUS
N

Ein bekannter Begriff: das „QUARTIER LATIN“, das lateinische Viertel der Studenten, wo früher die Römer hausten, und wo zu Zeiten François Villons nur lateinisch gesprochen wurde.

Die Sorbonne, mitsamt ihrer modernen Dependance beim Jardin des Plantes, ist der zentrale Bezugspunkt des Fünften. An seiner höchsten Stelle erhebt sich, weithin sichtbar, die Kuppel des Pantheon.

Ähnlich wie beim Marais (3. und 4. Arr.) reicht auch das Quartier Latin teilweise in ein benachbartes Arrondissement hinein.

Der Jardin du Luxembourg zum Beispiel liegt im Sechsten, ist aber ein wesentlicher Bestandteil des studentischen Lebens des Quartier Latin.

Blickpunkte & Plätze

Am besten fängt man unten an, bei den SEINEQUAIS, gegenüber der Ile St. Louis, und blickt von dem bezaubernden Plätzchen VIVIANI noch einmal hinüber zur Notre Dame, um dann unterzutauchen im mittelalterlichen Gäßchengewirr um die Kirche ST.SEVERIN herum.
Enge, verwinkelte Gassen mit schiefen Mauern, eine unglaubliche Ansammlung von kleinen Restaurants, griechischen, chinesischen, vietnamesischen, italienischen, tunesischen und einfach auch pariserischen direkt neben der Kirche.

Die RUE DU CHAT QUI PECHE (zur fischenden Katze) zwischen Rue de la Huchette und Quai- St.- Michel ist die engste Straße von Paris.

Auf der anderen Seite dann tritt man hinaus in den breiten, baumbestandenen Bd. ST.MICHEL kurz Boul'Mich' genannt, der Lebensader des Arr., wenngleich er schon die Grenze zum Sechsten bildet.

Wenn man ihn hinaufpilgert, erscheint an der Ecke des Bd. St. Germain das MUSEE DE CLUNY, umgeben von einem Garten, der den Zaungast für Augenblicke um Jahrhunderte zurückversetzt, wo durch alte Bäume hindurch gotische Spitzbogen aus verfallenen Mauerresten ragen, und die römischen Bäder in der offenen Versenkung ihrer 1.8oo Jahre liegen.

Ein Stück weiter oben, ebenfalls links (wer das nicht gern hört, kann ja von oben nach unten gehen), die SORBONNE, viele Cafés und Librairies rechts und links, und dann öffnet sich oben der Boulevard zum PLACE EDMOND ROSTAND mit seinem Springbrunnen in der Mitte, seinen schönen Cafés ringsum, rechts drüben glänzen die Lanzenspitzen des hohen Eisengitterzaunes der JARDIN DU LUXEMBOURG im Licht, und links oben erhebt sich gegen den Horizont die gewichtige Kuppel des PANTHÉON über der Rue Soufflot.

Ein paar Schritte rechts hinter dem Panthéon öffnet sich wieder eine Welt der Überraschungen: die RUE MOUFFETARD, ein Tag und Nacht- Freßparadies.

Ein paar Schritte links hinter dem Panthéon führt - an der skurrilen Kirche *St. Etienne* vorbei - die schmale, alte Römerstraße RUE MONTAGNE-Ste. Geneviève wieder hinunter zur Seine. Auch in ihr reiht sich ein kleines Lokal und Geschäft an das andere.

DIE SORBONNE

Es ist eine Sache, zu studieren. Student der Sorbonne zu sein, ist eine andere. In keiner anderen Stadt ist die „Universitas" so eng mit einem markanten Namen verknüpft.

Es gibt viele Universitäten, die in diesem oder jenem Jahrhundert, auf diesem oder jenem Gebiet zu Rang und Ruhm gelangten, aber keine, die so lang und so universell von Bedeutung war.

Dabei fing alles auf Strohballen an: an der PLACE MAUBERT, deren Namen auf Albertus Magnus zurückgeht, dem schwäbischen Philosophen, der hier als Lehrer zum erstenmal heidnisches Wissen mit christlicher Ethik verband.

Der Domherr ROBERT DE SORBON, Magister der Theologie, stellt den Studenten, die in den römischen Ruinen hausten, Schlafsäle zur Verfügung.

Diese menschliche Geste wurde dadurch quittiert, daß die Lehranstalt fortan seinen Namen führte. 1258 fand die offizielle Ernennung zur Universität durch König ALBERT PHILIPPE statt, und bereits 127o zählte sie

5o.ooo Studenten aus vielen Ländern.

Die Verständigung war die lateinische Sprache, sie wurde als Küchenlatein sogar von Kneipenwirten und Dirnen gesprochen.

Das elitäre Denken, das sich in diesem QUARTIER LATIN von da an breit machte, ging so weit, daß neugierige Bürger, die ihre Nase hier hereinsteckten und des Lateinischen nicht mächtig waren, unter Hohn und Gelächter in hohem Bogen aus den Lokalen befördert wurden.

1469 installierten MAINZER DRUCKER im Gebäude der Universität die erste Druckerei. Von dem Gebäude, das Kardinal Richelieu, Rektor von 1624- 42, erstellen ließ, ist nur noch die Sorbonne- Kirche erhalten, in der er begraben liegt. Der Kuppelbau in jesuitischem Barock mit seinem vergoldeten Dach ist das Wahrzeichen in der Hauptfront des Gesamtkomplexes zwischen Bd. Michel und Rue St. Jacques.

Zusätzlich sind neue Gebäude der verschiedenen Fakultäten auf ganz Paris verteilt, aber das Herz der Sorbonne schlägt nach wie vor am Boul' Mich' und seinen Nebengassen.

DAS PANTHEON

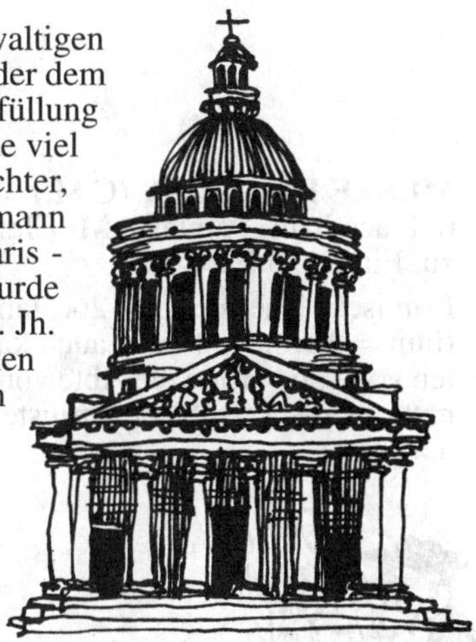

Man stelle sich in Deutschland einen gewaltigen Kuppelbau mit einer Säulenvorhalle vor, der dem Petersdom in Rom an imposanter Raumerfüllung und respektabler Erscheinung nicht gerade viel nachgibt. Und das ganze, um ein paar Dichter, wie zum Beispiel Goethe, Schiller, Hauptmann und Kant zu ehren. In Frankreich - in Paris - gibt es so etwas. DAS PANTHEON. Es wurde von Soufflot in der zweiten Hälfte des 18. Jh. gebaut, mit dem Grundriß eines griechischen Kreuzes, 11o m lang, 84 m breit und 83 m hoch. Zunächst diente es als Kirche, später als Hauptquartier der Kommune.

Ab 1885 wurde es mit der Bestattung Victor Hugo's zum nationalen Ruhmestempel. „AUX GRANDES HOMMES, LA PATRIE RECONNAISSANTE", steht im Fries der Säulenhalle (den großen Männern, das dankbare Vaterland).

Und die großen Männer? In der Krypta unter dem Gebäude kann man ihre Grabmäler besichtigen: V. Hugo, Jean- Jacques Rousseau, François Voltaire, Emile Zola, Soufflot und in einer Urne das Herz Gambettas.

M: Luxembourg oder Cardinal Lemoine. Sommer: 9.3o-18.3o Uhr, Winter: 1o-18.3o. April- September 1o- 18 Uhr. Eintritt: ca. 6 Euro, jeden 1. Sonntag im Monat freier Eintritt.

ARENES DE LUTECE

DIE RÖMISCHE ARENA, hinter der Rue Monge, an der kleinen Rue de Navarre. Unmittelbar an der Rückseite der Häuser von der Rue Monge fängt das Gemäuer der Arena an, umgeben von einem kleinen Park. **M:** Cardinal-Lemoine. Sommer: 9-21.3o Uhr, Winter: 8-17.3o.

Gewohnt von Besuchen der Arenen von Verona, Rom, Arles, Nîmes u.a., erwartete ich auch dort den geziemend würdevollen Schritt kulturbeflissener Touristen. Pas du tout!

> Was ich dort an einem schönen, ruhigen Sonntagvormittag antraf, waren Gruppen von Nachbarn aus der Umgebung, teils in Pantoffeln, die dort Boule spielten. Auf einem Mauerabsatz stand ein rundlicher Flic, nicht der Ordnung wegen, sondern weil ihn das Spiel interessierte. Ihn störte nur, daß er wegen der Uniform (Sonntagsdienst, merde!) nicht mitspielen konnte. Er sprach ein paar Brocken Deutsch und erzählte mir begeistert von seiner Zeit in Deutschland. Das war 1942/43. „Prisonnier de guerre - verstehen? „

Über dem Platz lag der göttliche Friede des Homo ludens - der Mensch, ins Spiel vertieft. Das Klacken der Boulekugeln übertönt die Geschichte der Jahrhunderte, Gladiatorenkämpfe, Weltkriege und Völkerhaß.

MUSEEN

MUSEE DE CLUNY (C.M.)

6, Place Paul- Painlevé, **M:** Cluny-la-Sorbonne. 9.15-17.45 Uhr. Dienstag zu. Eintritt: 5 Euro.

Römische Thermen, ca. 2oo Jahre n. Chr., Frigidarium = Kaltbad, Caldarium = Warmbad (heute auch kalt). Das spätgotische Stadtpalais bewohnten von 13oo- 15oo die Äbte von Cluny. Während und nach der Revolution hatte es die verschiedenartigsten Mieter, wie Chirurgen, Küfer, Drucker u.a.

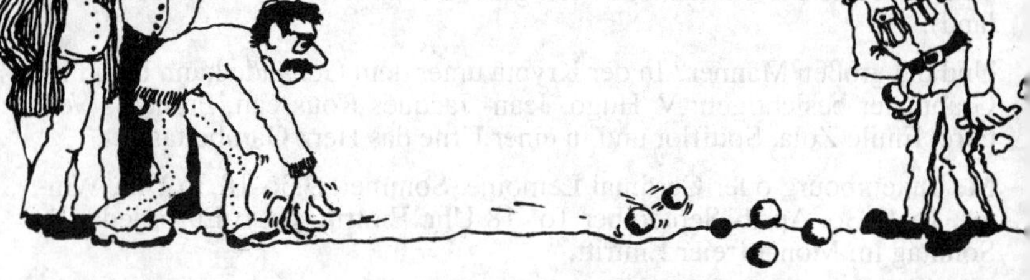

Heute ist es ein Museum für mittelalterliches Kunsthandwerk und Tapisserien. Besonders schön sind die weltberühmten sechs „Tausend- Blüten-Wandteppiche" - mille fleurs - der Dame mit dem Einhorn und den Allegorien der fünf Sinne.

MUSEE DE LA PREFECTURE DE POLICE

Rue Basse des Carmes, in der Prefecture des 5. Arr., **M:** Maubert- Mutalité. Mo.- Fr. 9- 17 Uhr, Sa. 1o- 17 Uhr, So. und feiertags zu.

Die Geschichte der Kriminalpolizei. Berühmte Verbrechen und Verbrecher in Wort und Bild, Waffen, Guillotine- Messer, Einbruchswerkzeuge und Bomben.

MUSEE D'HISTOIRE NATURELLE

Im Jardin de Plantes, **M:** Austerlitz oder Monge. Abteilungen:

1.) Museum für vergleichende Anatomie und Paläontologie, 1o- 17 Uhr, Di. und feiertags zu. Eintritt: 5 Euro

2.) Tropische Gewächshäuser, 1o-18 Uhr, Do bis 22 Uhr, Di. und feiertags zu. Eintritt: ca. 7 Euro

3.) Tierpark: Winter: täglich 1o-18 Uhr; Sommer: tägl. 9- 19 Uhr. Eintritt: ca. 7 Euro

4.) Sammlung schöner Insekten: 14- 17 Uhr, Di., Sa./So. und feiertags zu.

Für spezielle Liebhaber und Kenner: Ein Heilkräutergarten und, je nach Jahreszeit, 15o verschiedenen Dahlien und 44o alte Rosensorten. Draußen rosa Flamingos, drinnen weiße Skelette.

Garten: 7.3o Uhr bis Sonnenuntergang.

MUSÉE DE LA SCULPTURE MODERNE EN PLEIN AIR

Am Quai St. Bernard, zwischen Pont de Sully und Pont d'Austerlitz.

Freier Zugang zu jeder Tageszeit, moderne Plastiken von César, Armin, Etienne- Martin u.a. Samstags Tango -Tanzen im Freien!

MUSÉE DE LA POUPÉE AU PETIT MONDE ANCIEN

Impasse Berthaut **M.:** Rambuteau 1o-18 Uhr, ausser Montag. Eintritt 6 Euro

Eine Sammnlung französischer Porzellanpuppen von 185o bis heute.

CENTRE DE LA MER ET DES EAUX

195, Rue St. Jacques, 1o- 12.3o /13.15-17.3o Uhr, Sa. und So. 1o-17.3o, Mo. zu. Eintritt: 5 Euro.

Im Institut Ocèanographique: u.a. Dokumentation der Arbeit von Jacques Cousteau.

INSTITUT DU MONDE ARABE
1, Rue des Fossés- Saint Bernard **M:** Jussieu. von 1o-18 Uhr ausser Mo.
Eintritt 4 Euro
Zeigt Ausstellungen und Zeugnisse islamischer Kultur.

Die Clochards

„SCHRECKLICH - SO ARME MENSCHEN GIBT ES DORT?"
Ausruf eines Landsmannes beim Anblick des Fotos eines auf dem Bürgersteig schlafenden Clochards.

GROSSER IRRTUM! Ein Pariser Clochard würde um ein Stadtstreicher- Asyl nach Stuttgarts Vorbild hohnlachend einen großen Bogen machen. Noch findet man sie da und dort, an den Seine- Quais, an der Place Contrescarpe, auf den Trottoirs des Rive Gauche. Schlafend oder sich unterhaltend auf den Gittern der Heizungskanäle und Metroschächte, von wo der warme Mief heraufkommt.

Im Mittelalter kamen sie zu bestimmten Glockenschlägen (a la cloche) vor die Kirchen um zu betteln, was sie heute nicht mehr tun. Später waren sie bei den alten Hallen anzutreffen, weil dort immer Gelegenheit für kleinere Handlangerdienste war, und öfter mal was für sie „abfiel".

Sie sind zwar meist mehr oder weniger betrunken, grölen aber nicht, belästigen niemand, stehlen nicht und brechen nicht ein.

Sie stehen in Gruppen beieinander, lachen, reden, und ihre Gespräche zeugen manchmal von einem „guten Stall", von Bildung und angesehenen Berufen. Meist sind es aber einfache und gutmütige Burschen, die nichts wollen als ihre FREIHEIT, ihre RUHE und eine FLASCHE ROTEN. Da sie nie Ärzte und Krankenhäuser aufsuchen, fallen sie auch der Allgemeinheit nicht als „Fürsorgefälle" zur Last.
WOVON SIE LEBEN? Von den Abfällen der Lebensmittelmärkte. Die Hundertschaft der

Pariser Straßenmärkte kann auf diese Weise einige Tausend Abfallverwerter spielend ernähren.

Wenn man sie fotografieren will, gehört es zum guten Ton, vorher eine Flasche billigen Roten zu spendieren. Sie müssen immer einen Franc bei sich tragen, als Legitimationsobulus bei Razzien. Ein- oder zweimal im Jahr werden sie von der Stadtverwaltung eingesammelt, um gereinigt und entlaust zu werden. Die weibliche Spezies heißt übrigens nicht Clochardine, sondern einfach Cloche.

Leider gibt es seit einigen Jahren auch in Paris jenes internationale Gammlergelichter, das Passanten „anhaut", stiehlt, Auto- und Schaufensterscheiben aufbricht u.s.w. und was ebenso bedauernswert ist, den Ruf und das Ansehen des echten Pariser Clochards, einer Traditionsfigur des Stadtbildes, merklich herabsetzt.

Kirchen

SORBONNE - KIRCHE

Jesuitenstil des 17. Jh. Grabmal Kardinal Richelieu. Während der Revolution: Tempel der Vernunft.

ST. JULIEN LE PAUVRE

Um 12oo erbaut. Benannt nach Bischof St. Julien, der wegen seiner Wohltätigkeit arm geworden war. Heute griechisch- katholische Kirche. Von hier aus der schönste Blick auf Notre- Dame.

ST. SEVERIN

Im 11. Jh. Pfarrei des „Rive Gauche". Später Universitätskirche. 3 Baustile: romanisch, gotisch, spätgotisch. Der Garten hinter der Kirche ist eingerahmt von Beinhäusern. 1474 wurde auf diesem Gelände die erste, geglückte Gallensteinoperation durchgeführt.

ST. ETIENNE DU MONT

Place du Panthéon, **M:** Cardinal-Lemoine, täglich: 9-18.3o Uhr, Mo 9-12 und 14-19.3o Uhr, im Juli und August montags geschlossen.
Dem hl. Stephanus geweiht. Sarkophag der Genoveva, der Patronin von Paris. Originelle Renaissancefassade. Kirchenschiff rein gotisch. Sieht aus, als hätte eine Hundertschaft Baumeister daran gebaut. Die einzige Kirche mit einer gebogenen Mittelachse. Äußeres sehr skurril.

VAL- DE- GRACE

Am Ende der Rue St. Jacques. Im 17. Jh. im Stil des römischen Sakralhauses erbaut; die Kuppel ist beeinflußt von der Peterskirche in Rom.

DIE MOSCHEE

Mehr als nur eine kultische Stätte. Das islamische Institut mit dem Muphti (Schriftgelehrter), die eigentliche Moschee mit dem Imam und dem Muezzin, der vom Minarett die Stunde des Gebets ankündigt, ferner das arabische Restaurant, das maurische Kaffeehaus, der Souk (arab. Markt), das Hammam (orientalisches Bad) und der der Alhambra in Granada nachempfundene Patio.

Besonderes

DIE RUE MOUFFETARD

Von der Place de la Contrescarpe (5 Min. vom Panthéon), einem Treffpunkt echter Clochards, geht man die RUE MOUFFETARD hinab bis zur Kirche St.- Medard.

Die fast mittelalterlich enge „MOUFF" ist eine der originellsten und belebtesten Straßen von Paris. Tagsüber ein fast unüberblickbares Geschäfts- und Markttreiben mit allen Genüssen der Erde, abends eine erstaunliche Lichterkette von kleinen Restaurants, Bistros, Weinkneipen und Studentenlokalen. Apropos Rue Moffetard: Warum wohl fahren deutsche Nobelrestaurant-Besitzer auf französische Märkte?

PLACE DE LA CONTRESCARPE

Im oberen Drittel der Mouff. Ein hübsches Plätzchen für einen Früh- oder Spättrunk. An der Ecke eine alte Normaluhr, in der Mitte fast immer eine Gruppe Clochards, trinkend, schwatzend oder schlafend. Rund herum Cafés, Restaurants, Pubs und weiter hinten ein Café- Theatre „Les 4oo Coups".

Dieser PLATZ mit seinen stämmigen, schrägen, meterdicken Hausmauern, erzählt ein Stück uralter Geschichte. Rabelais rühmte das damalige „Cabáret de la Pomme de Pin" (Zum Tannenzapfen) Haus Nr. 1, Villon führte von hier aus die Studenten zu frechen Streichen an, und auch heute noch ist die Contrescarpe Zentrum des studentischen Feierabends.

Auch die vom modern- sterilen „Dreizehnten" an der Place d'Italie finden sich hier allabendlich im Kerzenschein der kleinen Lokale.

Rue Mouffetard, 5. Arrondissement

François Villon

Die Herkunft von François Villon liegt im Dunkeln ...
1431 in Paris geboren - nannte er sich auch DESLOGES oder MONTORBIER, wahrscheinlich Decknamen innerhalb der Verbrecherwelt. Er wurde von seinem Pflegevater Mâitre Guillomme Villon, einem Pariser Geistlichen, erzogen.

An der Sorbonne promovierte er 1449 zum Magister der schönen Künste. Er geriet aber bald auf die schiefe Bahn und war zeitlebens auf der Flucht vor der Polizei. Er tauchte auf Fürstenhöfen als Dichter auf, lebte auf Pump und wurde, nach Paris zurückgekehrt, wegen einer Totschlagsache, in die er auf unglückliche Weise verwickelt war, zum Tode durch den Galgen verurteilt.

Zu dieser Zeit entstanden seine GALGEN- BALLADEN. Es waren verzweifelte Aufschreie gegen die Justiz und gepfefferte Angriffe auf die Obrigkeit. Von seinen Verteidigern aufgegeben, schrieb Villon einen so glänzend abgefaßten Appell an seine Richter, daß es ihm gelang, sie umzustimmen. Als er Begnadigung erhielt, in Form von zehnjähriger Verbannung aus Paris, tauchte er für immer unter in das Dunkel, aus dem er gekommen war .....

Eine leidenschaftliche Dichterseele - einer der größten Lyriker seiner Zeit.

„SHAKESPEARE & CO." BUCHHANDLUNG

Nach dem großen englischen Lyriker und Dramatiker William Shakespeare ist die kurioseste Buchhandlung von Paris benannt. Sie befindet sich in einem romantischen Winkel an der Square Viviani im Severin- Viertel nahe der Seine. Von außen sieht sie aus wie eine Bühnendekoration aus altenglischer Zeit und innen stapeln sich in den niedrigen Räumen des alten Hauses Legionen von antiquarischen Büchern aller Sprachen.

Der Amerikaner George Whiteman kam 1951 auf diese Idee. Inzwischen gilt er als Pariser Original. Hat man sich nach hinten bis zur rechten Ecke durchgeschlängelt, stößt man auf die deutschsprachige Literatur. So richtig fündig wurde ich allerdings noch nicht, aber schon allein der Besuch dieses Ladens macht Spaß. Im Keller soll die Druckerpresse stehen, mit der „Ulysses" von James Joyce gedruckt wurde.
37, Rue de la Bucherie, von 12 bis Mitternacht geöffnet.

Restaurants

BISTROS UND RESTAURANTS

Das Angebot an Restaurants im 5. Arr. konzentriert sich an drei markanten Punkten: das Viertel um die St. Severin- Kirche am unteren Teil des Bd. St. Michel, in der R. Mouffetard und in der R. de la Montagne-Ste. Geneviève. Und dieses Angebot besteht überwiegend aus preiswerten Chinesen und Griechen, was verständlich ist, wenn man bedenkt, daß wir uns im Arr. der Sorbonne befinden. Studenten haben im allgemeinen nicht viel Geld.

DAS ST. SEVERIN- VIERTEL:

Das Quartier zwischen Seine, Bd. St. Michel und St. Jacques durchzieht ein Netz mittelalterlicher Straßen und Gäßchen mit der dichtesten Anhäufung von Restaurants in Paris, allerdings überwiegend Griechen, Algerier und Chinesen.

Bistro St. Severin 3, Place St. Michel und

Bistro Le Latin St.Jacques (1- 2)

5, R. St. Severin, 9.3o- 2 Uhr, So. zu.

Café und Brasserie. In einem alten Haus mit Bruchsteinmauern und Holzbalkendecken befindet sich im Erdgeschoß das traditionsreiche Bistro, hier und im Restaurant im Keller wird bürgerliche Küche zu akzeptablen Preisen serviert.

DIE R. MOUFFETARD:

Der untere Teil der Mouff' ist die Tagesfreßstraße mit seinem bunten Lebensmittelmarkt; der obere Teil mit Pl. de la Contrescarpe die Abendfreßstraße mit unzähligen, vorwiegend griechischen Restaurants. Auch sehr billige Gerichte zum mitnehmen!

5. ARR.

Restaurants

Le Mouffetard (1)

116, R. Mouff', **M:** Place Monge; 7- 21 Uhr, So. abends und Mo. zu. Preiswerte Gerichte.

DIE RUE DE LA MONTAGNE STE. GENEVIÈVE:

Zieht sich vom Bd. St. Germain hinauf zur Pl. de Panthéon und hat überwiegend chinesische und indonesische Restaurants.

L' Ecurie (Pferdestall) (3)

2, Rue Laplace, unweit der Kirche St. Etienne du Mont. N.Z. Dienstag zu.

Ein Haus aus dem 12. Jh. Die zarten Steaks vom Holzkohlengrill werden mit handgeschlagener Aioli (provençalische Knoblauch- Mayonnaise) serviert. In den Gewölbekellern befinden sich weitere gastliche Räume.

ZUM SCHLUSS NOCH ZWEI EXTREME:

La Tour d'Argent (5)

15- 17, Quai de la Tournelle, **M:** Maubert Mutualité; Tel. 43 54 23 31, Mo. zu.

Wer die Angst um sein Sparbuch vor einer Inflation loswerden möchte, begebe sich ins Nobelrestaurant Nr. 1 von Paris und bestelle Kaviar für 65o FF, ein Trüffelragout zum gleichen Preis und dazu einen 45er Lafitte-Rothschild für 12.ooo FF. Alles paletti! Und gar für eine Ente erhält er ihre registrierte Nummer.

Bistro au Soleil d'Austerlitz (1- 2)

18, Bd. de l'Hôpitel, beim Bahnhof Austerlitz, 6- 2o.3o Uhr. So. und August zu.

Plat du Jour und Menus nur mittags, abends Charcuterie und Käse. Ausgezeichnet mit dem Coup du Meilleur Pot.

5. ARR.

Nützliches & Praktisches

Parken

Maubert Saint- Germain
bei Nr. 37, Bd. Saint- Germain

Soufflot
Rue Soufflot

Patriarches
4, Rue du Marché des Patriarches

Rund um das Pantheon
allerdings unbewacht.

Taxi

Place Maubert
Place Edmond - Rostand
Pont de la Tournelle
Place Monge
Place Saint - Michel

Shops

Fnac Micro
71, Bd. Saint- Germain (1o- 2o Uhr). Neueste Elektronik.

Rue St. Jacques
Das letzte Stück, nach der Kreuzung mit der Rue Soufflot, hat eine Reihe ausgezeichneter Spezial- und Delikatessengeschäfte. Für Spirituosen, Käse und Lebensmittel.

Eine gigantische Auswahl an Pasteten, Terrinen, Salaten, Schinken und leckeren Beilagen hat die „**Charcuterie Panthéon**“, Nr. 2oo, Rue St. Jacques.

Rechts daneben ist ein **Käsefachgeschäft**, links an der nächsten Ecke eine **Patisserie** im schönsten Jugendstil. **Schokolade aller Art** in Jadis et Gourmande 88, Boul. du Port Royale.

Bücheri

Shakespeare&Co
37, Rue de la Bûcherie, bis Mitternacht geöffnet

Joseph Gibert
26, Boul.Saint-Michel:Uni Buchhandlung.

Librairie Gourmande
4, Rue Dante. Wie der Name schon sagt: für Gourmets und Hobbyköche

Märkte

Rue Mouffetard
(**M:** Place Monge), täglich außer Montag.

Place Monge
Mittwoch, Freitag und Sonntag.

Maubert
Place Maubert. Dienstag, Donnerstag und Samstag. Diesen Markt besuche ich besonders gern, weil er außer dem Frischgemüse und Obst auch dem, der in Paris keinen „eigenen Herd“ hat, die mannigfaltigsten Delikatessen bietet, von Pasteten bis zu gemischten Pilzen.
Man sucht sich ein paar Schmankerl

und setzt sich damit in eines der Cafés direkt hinter den Marktständen auf ein Glas Roten. Genieren Sie sich nicht - in Frankreich kann man das beruhigt machen!

Le Calife - Ein Schiff am Quai de Motebello

La Mosquée 39, Rue Geoffroy-St.- Hilaire. Orientalisch-marokkanisches Flair bei Minztee und Ingwerkeksen.

Net Café 27, Rue Lacépède

La Fourmi allée 8, Rue Fouarre: Tee- und Bücherstube.

Vergnügliches

Clubs etc.

Caveau des Oubliettes

52, Rue Galande, direkt beim Le-Pauvre- Kirchlein. 21- 2 Uhr, Tel. o1 43 29 37 11

Von der ersten KellerEtage gelangt man rechts zum Kellerraum, wo Chansons verschiedener Zeiten und Regionen zu hören sind; links führen enge Stufen in niedrige Gänge des mittelalterlichen Paris (Vorsicht Kopf!), an deren Ende in einer Mauernische ein Totenschädel und Gebeine liegen.

Caveau de la Huchette

5, Rue de la Huchette, **M:** Saint-Michel, auch beim Le- Pauvre. 21.3o- 4 Uhr. Tel. o143 26 65 o5.

In einem genauso alten Kellergewölbe spielt eine Band u.a. „klassischen" New- Orleans- Jazz, täglich 21.3o- 2.3o Uhr, samstags bis 3.3o Uhr. Art Blakey und Lionel Hampton spielten auch schon dort. Studenten mit Ausweis haben bevorzugten Eintritt! Sie stehen schon draußen Schlange und als ich mit dem nächsten Schwung hinein geschleust wurde, wußte ich auch warum. Die Musik war phantastisch und ungezwungen konnte man zuhören, klatschen oder tanzen.

Die Kellergewölbe gehören zu einem der ältesten Häuser des linken Ufers. Es müssen noch unterirdische Gänge hinüber zum Châtelet und nach nebenan unter das Kloster St. Severin führen. 155o trafen sich hier die „Templer" und der königliche Geheimbund „Rote Rose". 1789 und während der Revolution „amtierten" Robespierre, Danton, Marat, Monge und andere „Größen" dieser Zeit in den damals schon alten Mauern und brachten von hier aus die Köpfe zum Rollen. Heute kann man hier rock'n roll'n.

Cave du Cloître

19, R. St.- Jacques, **M:** St. Michel. Kabarett- und Chanson- Keller.

Le Petit Journal

71, Boul. Mich. 21- 2 Uhr.
Tel. o1 43 26 28 59

New- Orleans, Dixieland, Middle-Jazz.

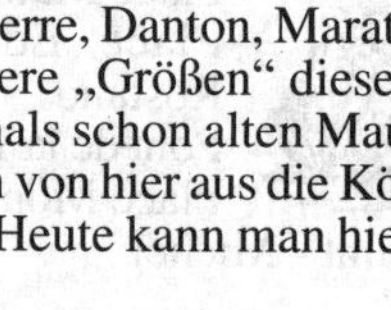

Cafe- Theater

De la Vieille Grille

9, Rue Larrey. **M:** Pl. Monge, Tel. o1 47 o7 22 11.

Eines der ersten Cafe- Théâtres von Paris. Täglich von 21 Uhr an Musik aus Mittelalter, Barock und Jazz sowie kleine Komödien.

Zale

23, R. Moffetard; So. u. Mo. zu.

In Kellergewölben Chanson und Tanz und Diner- Spectacle.

Théatre de la Huchette

23, Rue de la Huchette, **M:** Saint-Michel, tägl. außer Sonntag, Tel. o1 43 26 38 99.

Ein kleines Theater in altem Gemäuer mit ca. 8o Plätzen. Hommage á Eugene Ionesco. Seit 1957 läuft hier unter anderem sein Stück „La Cantatrice Chauve“ (Die kahle Sängerin).

Nouveau Théatre Mouffetard

116, Rue Mouffetard. „Theatre Musique et Danse dans la Ville“, Tel. o1 43 31 11 99 **M**: Monge; 2o.3o Uhr.

Hier im Studentenviertel ein besuchtes Theater, das auch Klassiker wie „Der Prinz von Homburg“ von Kleist zur Aufführung bringt.

Paradies Latin

28, Rue de Cardinal- Lemoine **M:** Cardinal Lemoine, Tel. o1 43 25 28 28

Dieses exklusive Revue- Diner-Theater ist überaus beliebt. Seine originellen Programme zählen zu den spritzigsten und charmantesten von Paris.

Métamorphosis

55, Quai Tournelle Tel. o1 43 54 o8 o8

Auf einem alten Seine-Kahn wird die Kunst der Magie zelebriert.

Les Trois Maillets

56, Rue Galande Tel. o1 43 54 42 94 Nähe Severin-Kirche.

Das Lokal im Eckhaus Rue Galande und Plätzchen Viviani ist immer voller Leben, vor allem nachts. Es ist eine Mischung aus Bar, Restaurant und beliebtem Musikladen: Chanson, Humor, Jazz etc. Bei Kerzenlicht, in legerer Atmosphäre, kann oben und im Keller auch improvisiert werden. Das Piano steht bereit. Frohe Stimmung in allen Sprachen.

Le Départ

1, Place St. Michel, beim Metro Eingang; o- 24 Uhr.

Diese Mischung aus Café und Salon de Thé ist täglich rund um die Uhr offen und bietet Bett- Flüchtigen Trank und Atzung.

Mambo- Club

2o, Rue Cujas, hinter der Sorbonne.

23 Uhr bis morgens, So. ab 16 Uhr bis morgens. Existiert seit über 3 Jahrzehnten.

Le Saint

7, Rue de Saint- Séverin; Mo. zu.

Am Beginn des Bd. Saint- Michel liegt diese verhältnismäßig preiswerte Studenten- Disco.

Le New Raí

28, Rue de la Montagne-Saint-Geneviève:

Arabische Rhythmen!

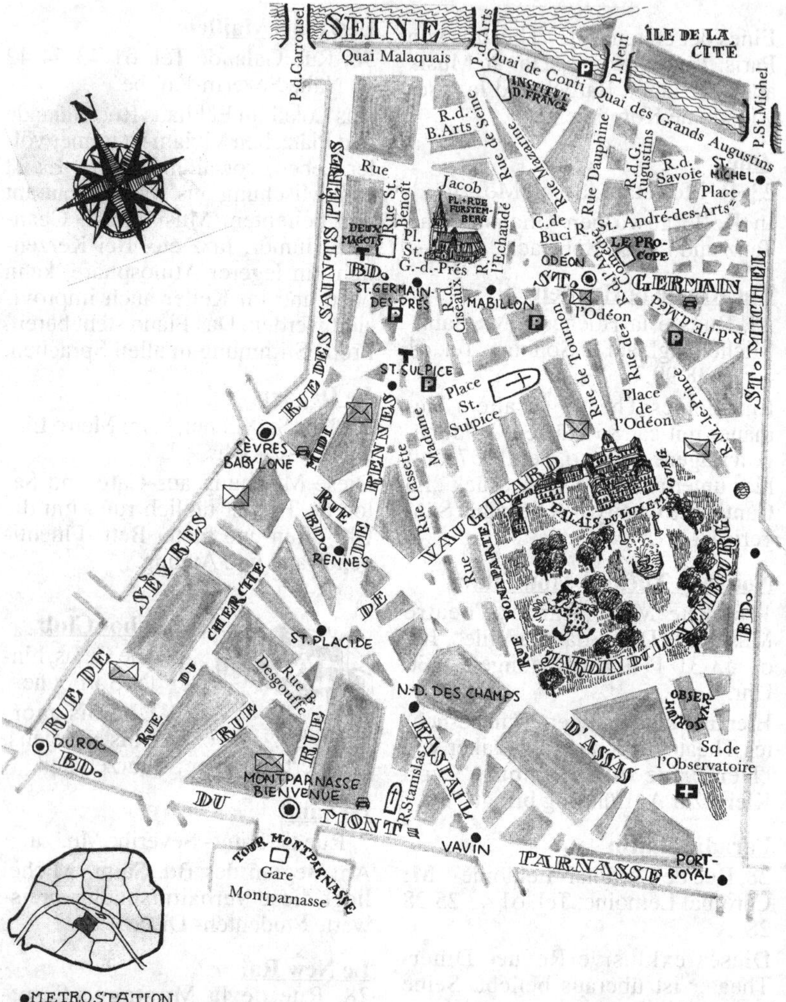

6. ARRONDISSEMENT

Das Arrondissement der Künste und Wissenschaften, der Galerien und Antiquariate, der Buchhandlungen und literarischen Cafés - und selbstverständlich der Restaurants.

Bücher, Cafés und Restaurants - drei Dinge, die zu einer fabelhaften Allianz geeignet sind: mit dem Buch ins Café, und wenn der Geist genügend Nahrung hat, erhält der Körper seine Belohnung, indem das Restaurant für das Souper schon ausgesucht ist.

Wie man sich dem Sechsten nähert, hängt davon ab, ob es Tag oder Abend ist.

Tagsüber sollte man im JARDIN DU LUXEMBOURG beginnen, dann über das Odéon und den Carrefour de l'Odéon zum BD. ST. GERMAIN, auf diesem bis zum Platz St. Germain- des Pres, dort „prendre un coup", einen lüpfen, ins Café LES DEUX MAGOTS oder ins Café FLORE, dann über das Furstemberg- Plätzchen in das BUCI- VIERTEL, durch die Rue de Seine, die Rue Dauphine oder eine der anderen der vielen kleinen Straßen zwischen Bd. St. Germain und Seine zu den Bouquinisten am Quai des Grands Augustins.

Man muß sich viel Zeit nehmen. Bücher und Cafés kann man nicht im touristischen Stechschritt „mitnehmen".

Abends würde ich vorschlagen, bei dem Platz St. André- des- Arts, beim Brunnen St. Michel anzufangen und die Rue St. André- des- Arts hinaufzuschlendern. Man kommt dann auch zum Buci- Viertel.

Es gibt Straßen in diesem Quartier, wo man nach Einbruch der Dunkelheit das Gefühl hat, hier seien Kulissenschieber am Werk gewesen. Wo sich tagsüber Märkte, Buchhandlungen, Cafés und Galerien abwechseln, entdeckt man abends eine unübersehbare Lichterkette von Restaurants aller Preisklassen, Qualitäten, Provenienzen und Spezialitäten, Bistros, Caves, Discos und - auch offene Geschäfte.

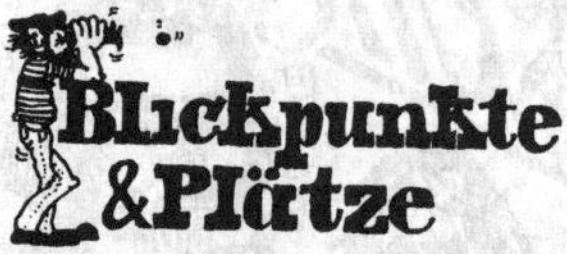

DER JARDIN DU LUXEMBOURG

Der schönste Pariser Park (für mich), und wie in allen Parks kann man sich dort nicht nur auf fest installierten Bänken, sondern auf vielen beweglichen Stühlen ausruhen, die man sich je nach Licht, Wärme oder Aussicht zurechtstellen kann.

Dort liest der Pariser seine Zeitung, der Student sein Fachbuch, der Tourist seinen Stadtführer (hoffentlich meinen), die Kinder lassen ihre Schiffchen im Bassin des großen Springbrunnens schwimmen, reiten auf Ponys oder zerren die widerstrebenden Eltern ins Marionettentheater. Und irgendwo wird immer Boule gespielt.

Auf der Nordseite das Palais Luxembourg, links daneben das Delacroix-Denkmal, rechts in einer kleinen Allee der Medici- Brunnen mit den Flußgöttern Rhône und Seine sowie eine Gruppe: der Riese Polyphem überrascht das Liebespaar Acis und Galatea. Der Park ist ein wahres Regenerationszentrum für die Nerven!

PLACE DE FURSTEMBERG

Der kleinste Platz von Paris. Ruhig und idyllisch. In einer Ecke der Eingang zum Haus (Atelier und Museum) von Eugène Delacroix (französische Romantik).

PALAIS DU LUXEMBOURG

Im 17. Jh. der Palast von Maria von Medici (Gemahlin Henri IV.), während der Revolution Gefängnis. Heute Sitz des Senats.

Louis XV. ließ hier für das Volk einen großen Teil seiner Gemäldegalerie kostenlos ausstellen und war somit eigentlich der Begründer der Idee des Museums.

INSTITUT DE FRANCE

Am Quai de Conti, **M:** Odéon. Sitz der Académie Française, der 4o Unsterblichen, die unter der Kuppel (Les gens de la coupole) über die französische Sprache wachen und darüber zu befinden haben, ob man den Plural von Grandmère mit einem oder zwei s schreibt.

Jardin du Luxembourg

Interessant: Ionesco zählt dazu; Molière, Rousseau, Proust, Balzac, Zola u.a. wurden nicht aufgenommen!!

Man muß sich zwar um die Mitgliedschaft bewerben, wie unsterblich diese einen aber macht, hängt mehr vom Individuum ab. Honoré de Balzac ist wohl ohne Zweifel unsterblicher als die meisten der Unsterblichen.

Wo sich die stolze Kuppel des Institute de France erhebt, stand früher in den Sümpfen der schmale „Tour de Nesle".

Ehe sich dort die Bettler und Halunken einnisteten, empfing in seinen Mauern im 14. Jahrhundert die muntere Marguerite v. Burgund Nacht für Nacht ihre Liebhaber. Eintreten durften sie durch die Pforte, aber hinausbefördert wurden sie kurzerhand durch's Fenster, einfach durch die Luft ins Wasser. Dort konnten sie zum zweitenmal ihre Liebesglut kühlen. Keine sehr freundliche Dame!

THEATRE DE L'ODEON

Place de l'Odéon. 1782 im Klassizistischen Stil erbaut. Jetzt: Théâtre de l'Europe. Früher Haus der Comédie Française, heute ihre „Dépendance". Eine Zeitlang spielte hier Jean- Louis Barrault mit Ensemble (s.S. 222).

L' ECOLE DES BEAUX ARTS - KUNSTAKADEMIE

182o auf dem Gelände des während der Revolution aufgelösten Klosters gebaut. Von der Rue Bonaparte aus sieht man noch die Klosterkapelle und eine schöne Barockfassade

MUSEEN

MUSEE EUGENE DELACROIX (C.M.)
6, Rue du Furstemberg. **M:** St. Germain- des- Pres oder Mabillon. 9.3o-17 Uhr. Dienstag zu. Dezember bis Mitte März: Mittagspause von 12.3o- 13.3o Uhr. Eintritt: ca. 4 Euro.

Am verträumten Plätzchen Furstemberg. Wohnhaus, Atelier und Sterbehaus des großen Malers der Romantik, mit vielen Zeichnungen und Skizzen und persönlichen Erinnerungsstücken (s. M. Victor Hugo).

MUSEE DE L'HISTOIRE DE LA MEDICINE
12, Rue de l'Ecole de Médicine, **M:** Odéon. Mi. + Fr. 14- 18; Sa. 14- 17; Juli, August und September zu.

Alte Instrumente der Chirurgie und anderer Fachgebiete. Unter anderem ein Analspekulum, mit dessen Hilfe man dem Sonnenkönig, Ludwig XIV., eine Fistel aus dem Enddarm entfernte.

MUSEE DE LA MONNAIE (C.M.)
11, Quai de Conti, **M:** Pont Neuf. 11-17.3o Uhr, Sa. und So. 12-17.3o Uhr, Mo. zu. Eintritt: ca. 3,5 Euro.

Münzsammlungen. Führungen in die Münzwerkstätten: Mo. und Mi. 14.15-15.3o Uhr. Verkaufsraum: 9- 17.3o Uhr, Samstag 9- 11.3o Uhr.

MUSÉE ZADKINE
oobis, Rue d´Assas 1o-17.3o Uhr ausser Mo. **M:** Vavin
Skulpturen im Atelier des russischen Künstlers O.Zadkin

Kirchen

ST. GERMAIN- DES- PRES

Die älteste Kirche von Paris. Von den Merowingern erbaut, im Jahre 558 von Bischof Germanus geweiht, ab dem 8. Jh. Benediktinerabtei. Während der Revolution war die Kirche eine Salpeterfabrik. Von 3 Türmen steht nur noch der aus dem Jahre 1o63, der älteste Kirchturm von Paris, links davon schöne Kreuz-gangreste.Das Gebiet der Abtei war übrigens so weitläufig, daß

ST. Germain

darauf im Laufe der Jahrhunderte das ganze Quartier St. Germain des Pres entstehen konnte.

ST. SULPICE

Place Saint-Sulpice, **M:** Saint-Sulpice. Eine Gründung der Abtei St- Germain- des- Pres aus dem 16. Jh. Nach verschiedenen Umbauten und Erweiterungen ist sie heute die größte Kirche von Paris und ein buntes Gemisch aus Stilrichtungen.

Ähnlich wie bei St. Gervais hat das Untergeschoß dorische, das Obergeschoß ionische, die Türme korinthische Säulen. In der ersten rechten Seitenkapelle des Langhauses sind Fresken von Delacroix. Heinrich Heine wurde hier getraut.

Das Quartier St. Germain- des- Pres:

3, Place Saint-Germain-des-Pres, M° Saint-Germain-des-Pres.

ST. GERMAIN IN DEN WIESEN - weil die Benediktiner- Abtei des 8. Jh. so weit außerhalb der damaligen Stadt lag.

Für die SORBONNE- STUDENTEN war der Weg damals wie heute etwas kürzer, und deshalb hat sich dieses Quartier schon seit langem zum Spiel-, Treff-, und Tummelplatz der Intelligenz entwickelt, wo sie bei Promenade, Ballspiel oder gar Duell dem in den Gewölben der Lehrsäle angestauten Druck des noch unverdauten Wissens die Luft abließen.

Dieses Viertel war immer schon das Überdruckventil der geistigen Pubertät, auch noch in den fünfziger Jahren, als die Existentialisten um J.P. SARTRE die Welt wieder mal -zum wievielten Male? - zum Kotzen fanden, und sich junge Mädchen mit traurigen Augen, schwarzen Baumwollpullovern und verhauchenden Stimmchen ihre Tristesse an den Klagemauern der Chansonkeller von der Seele sangen. JULIETTE GRECO wurde zur Äbtissin dieser Leidensfrauen und ihre Klausur war das „Tabou" in der Rue Dauphine.

Sie sind alle fortgegangen, die im „LES DEUX MAGOTS" und im „LE FLORE" ihre Tage und in den Kellern ihre Nächte verbrachten.

Les neiges d'antan. Juliette Greco wohnt heute im Nobelviertel des 8. Arrondissements, das Tabou ist eine Disco, und die Cafés träumen ein wenig von vergangenen Zeiten. Aber das tun wir alle. Das Zauberwort unserer Gegenwart heißt Erinnerung.

Man hat noch nichts richtig Neues gefunden, also poliert man das Alte wieder etwas auf. Aber, wer weiß - der Boden der Cafés um die alte Abtei herum ist noch fruchtbar genug, um neue Blüten zu treiben - Fleurs du Mal, Fleurs du Bon?

Besonderes

DAS CAFÉ „LES DEUX MAGOTS"

An der kopfstein- gepflasterten Place St. Germain- des- Pres, gegenüber der Kirche. Nennt sich auf der Speisekarte „Treffpunkt der intellektuellen Elite", zehrt stark von der Vergangenheit, - und das „CAFE LE FLORE", liegt nebenan (Dôme und Coupole, auch berühmt, s. 14. Arr.).

DER CARREFOUR DE BUCI

Eine winzige Kreuzung von winzigen Gassen, die sich in einem ständigen, brodelnden Spektakel von Markttreibern, Müßiggängern, Hausfrauen, Personenautos, Lieferwagen und Schaulustigen präsentieren. Schieben und geschoben werden ist hier keine Frage, aber ab und zu wieder den Überblick gewinnen in einem der vielen Cafés oder Bistros ist eine Notwendigkeit.

Hier ist der PULS DES LEBENS an der Oberfläche - spürbar, fühlbar, hörbar, riechbar. Und von hier strahlen sie aus, die vielen schmalen Straßen und Gäßchen, die Rue de Seine, die Straße der Kunstgalerien, die Rue Dauphine, die Rue St. André- des- Arts und viele andere mehr.

So klein die Straßen sind, so groß sind die Namen, die hier wohnten und arbeiteten, geboren wurden und starben: in der RUE VISCONTI wo in der Nr. 17 Balzac drei Jahre arbeitete und das Fiasko einer eigenen Druckerei erlebte. In der RUE DES GRANDS AUGUSTINS, Nr. 7, malte Picasso seine Apokalypse „Guernica" und empfing in der Zeit nach 1937 die Besuche von Ernst Jünger, Simone de Beauvoir und J. P. Sartre.
Im Speicher über ihm hauste Jean- Louis Barrault. 1841 wohnte Heinrich Heine in der Nr. 25. Am QUAI MALAQUAIS Nr. 3 wohnte für 2o Jahre Alexander von Humboldt, in Nr. 19 starb Anatole France und in der Nr. 15 verbrachte er die ersten 9 Jahre seines Lebens. Delacroix hatte sein Atelier im selben Haus, wo Balzac 1o Jahre vorher war, und malte dort Chopin und George Sand, bevor er zum Place Furstemberg umzog.

DAS CAFE PROCOPE

Es macht sich mit einem kleinen Café am Markusplatz in Venedig den Ruhm streitig, das ÄLTESTE CAFÉ EUROPAS zu sein. Tatsächlich war es ein Sizilianer, Francesco Procopio Coltelli, der 1686 das Lokal eröffnete. Erst Kabarett, dann Schriftsteller- und Künstler- Café.

Die Enzyklopädisten Diderot, Calembert, Voltaire, Rousseau, Biron, Beaumarchais tagten hier. Später Danton, Marat, Desmoulin, selbst Napoleon und sogar Lenin. Mit Orson Welles schloß sich der Kreis.

Heute ist das mehrstöckige Procope ein Restaurant, gemütlich eingerichtet im Stil Louis XIV.

PALETTE

34, R. de Seine, Metro St- Germain- des- Pres. Bei einem Bummel durch das Buci- Viertel, die schmale, lange Rue de Seine hinunter, stößt man auf dieses urwüchsige, liebenswerte, von Pariser Künstleratmosphäre nur so strotzende Café- Bistro. Zwanglos sitzt man am Straßeneckchen, im familiären „Hinterzimmer" oder steht am Zinc und hebt einen und spürt dabei die Gegenwart all derer, die schon am Zinc standen und einen hoben. „Unsterbliche“ waren dabei. Oft saß Picasso auf einem der alten Ledersofas am Fenster.

Es gäbe noch vieles aufzuzählen in diesem bis „zum Rand“ mit Leben gefüllten Viertel, doch ich meine, es macht Spaß selbst auf Erkundigung zu gehen. Aus den Gassen beim Institut de France herauszutreten, hinter der alten Segeljacht, die festverankert in der Seine schaukelt, die schweren Quader der angeleuchteten Pont Neuf zu sehen - oder in das schützende Dunkel der Seine- Quais hinunterzusteigen, um ganz dicht am schimmernden Wasser zu sitzen, das sind Impressionen, die nur Paris verschenkt!

Restaurants

Restaurants

Das Freßzentrum des 6. Arr. liegt zwischen den vier Punkten: den Kirchen St. Sulpice und St. Germain- des- Pres sowie den Plätzen Odéon und Carrefour de Buci. Im krassen Gegensatz jedoch zum Severin- Viertel des 5. Arr. mit seinen Billig- Chinesen und Souvlaki- Griechen gibt es hier eine Reihe sehr empfehlenswerter Adressen. Das Sechste ist das Arr. mit den meisten Lokalen, worunter viele mit Atmosphäre, schönem Interieur und großer Tradition zu finden sind, die ich nach eben diesen Kriterien mit viel Bedacht ausgewählt habe.

LOKAL - MONOPOLY

Ein millionenschweres Brüderpaar, die Frères Blanc (Pierre und Jacques) haben rund 1o der bekanntesten Pariser Brasserien aufgekauft und nach ihren Vorstellungen veredelt. Das Grand Café Capucines und das Pied de Cochon z.B., oder das Charlot an der Place Clichy und das Maison Alsace an den Champs- Elysées. Nun - letztere kann man verschmerzen! Mit einer Träne im Auge denke ich aber ans Buci- Viertel im Sechsten; an das Procope zum Beispiel, das älteste Café von Paris (siehe Besonderes, S. 227, 222). Gewiß, man hat das historische Lokal sorgfältig renoviert, unter Beibehaltung der schönen alten Räume und Ausstattungen. Aber der neugestylte Eingang und die glatte Höflichkeit, mit der ->

6. ARR.

Restaurants

man von smarten Empfangsdamen oder distinguierten Geschäftsführern begrüßt wird, vermittelt eher das Gefühl, sich in einer Schule für das gehobene Management verirrt zu haben.

Um die Ecke, wo man in der Rue Buci früher im „Le Petit Zinc" oder daneben im „Le Muniche" sich morgens um 4 Uhr noch gemütlich zu einem Gläschen und ein paar Austern setzen konnte, hat dieses Brüderpaar aus den beiden Brasseries eine neue, große „L'Arbuci" gemacht, nein nicht gemacht, auch „gestylt". Gewiß, man kann immer noch Fruits de Mer, allerdings nur noch bis 2 Uhr genießen.

Aus unerfindlichen Gründen haben die Brüder Layrac, früher Besitzer des „Petit Zinc" und des „Le Muniche" bei der Kirche St. Germain ebenfalls zwei Lokale gekauft und sie unter den alten Namen „Petit Zinc" und „Le Muniche" neu eröffnet.

Verstehen Sie etwas von Monopoly?

BISTROS (alle 1-2)

Bistro de la Grille

1, Rue Gruisarde. täglich 12- 24.3o Uhr.

Die Wände des Bistro- Raumes im Parterre mit seinem langen Holztresen, im Treppenaufgang und im Speiseraum im ersten Stock sind behangen mit alten Filmillustrierten und Fotos bekannter Filmstars. Die Qualität der Gerichte, die mit Kreide an einer schwarzen Tafel stehen, ist nicht außergewöhnlich, doch bürgerlich solide und somit einem Bistro genau entsprechend; auch das ganze übrige Drumherum besitzt den angenehmen Alltags- Charme des Pariser Bistros. Die Räume im ersten Stock sind behaglich und von verspielter Eleganz.

Bistro des Augustins

39, Quai des Grands- Augustins, 8- 23 Uhr.

Es ist eigentlich eher eine Bar à Vin, aber wer sich mit einem Stück Käse und einem guten Glas Wein zufrieden gibt, ist hier bestens bedient.

Restaurants

Relais Odéon

132, Bd. St. Germain, täglich bis 2 Uhr.

Vom Hinterhof, jenem Cour du Commerce, wo Dr. Guillotin zum ersten Mal seine Maschine ausprobierte (siehe 1. Arr. „Die Guillotine"), betritt man den schönen Teil des Etablissements, das herrliche „Bistro 19oo" mit Originaldekor, wo es ein Boeuf Bourguignon zu 65 FF gibt. Im vorderen, neueren Teil blickt man aus den Fenstern seiner Brasserie und seines Cafés auf den Bd. St. Germain und die Pl. de l'Odéon.

Bistro- Restaurant Le Petit St. Benoit (2)

4, Rue St. Benoit, **M:** St.- Germain- des- Prés; Sa. und So. zu, N.Z.

Platzmangel, ungezwungene Lebendigkeit und Bistro- Atmosphäre kennzeichnen das Lokal, die Plats du jour sind solide Hausmannskost, die Preise mäßig.

BRASSERIES

Brasserie Lipp (3- 4)

151, Bd. St. Germain, **M:** St.- Germain- des- Prés, schräg gegenüber der Kirche St. Germain, täglich bis 2 Uhr.

Mehr als nur ein Lokal, eine alte Pariser Institution. Die große und kleine Welt trifft sich dort, obwohl die Preis- Leistungs- Relation etwas gestört ist: die eher bescheidene Qualität hat einen hohen Preis. Man geht eben der Atmosphäre wegen hin.

Vagenende (2- 3)

142, Bd. St. Germain, täglich bis 1 Uhr.

Das überwältigende Dekor von 19oo dieser Brasserie, einer der schönsten von Paris, muß man einfach gesehen haben, wenngleich die Küche nicht im gleichen Maße überwältigend ist. Da man aber in einer Brasserie auch Kleinigkeiten essen kann, schlage ich ein Pot- au- feu oder einfach ein paar Austern mit einem trockenen Riesling vor.

6. ARR.

Restaurants

Le Muniche (2- 3)

7, Rue Saint Bénoît, 12- 2 Uhr täglich. Fruits de Mer, Sauerkraut, Entenleber etc. (Siehe Lokal- Monopoly.)

La Chope d'Alsace (2- 3)

4, Carrefour Odéon, **M:** Odéon; täglich bis 2 Uhr.

Elsässische Spezialitäten und ein gemütliches Interieur in verschiedenen Etagen, riesige, duftende Sauerkraut- Portionen mit Speck, Würstchen und Fleisch; aber auch Austern und Fruits de Mer.

Chez Clément (2- 3)

9, Pl. St. André, 12 - 2 Uhr.

Küche wie Chope d'Alsace. Erstklassige Desserts. Die Teller mit Elsässer Motiven kann man als Souvenir kaufen.

La Closerie des Lilas (3- 4)

171, Bd. du Montparnasse, **M:** Vavin/ Port- Royal; tägl. bis 1 Uhr.

Eine historische Institution des Montparnasse mit Gartenbetrieb, gegründet 18o4. Seit der Zeit der Bohème trafen sich hier Künstler und Literaten.

La Boussole (2- 3)

12, R. Guisarde, Tel. 43 54 66 59, N.Z. So. zu.

In einem geschmackvoll eingerichteten Raum mit alten Mauern und Holzbalkendecke, kann man mehr als nur essen, - man kann tafeln im besten Sinne des Wortes: verfeinerte, aber nicht überkandidelte Küche, die Auswahl der Weine ist gut und ebensowenig überzogen, und alles bei akzeptablen Preisen. Ein rundum angenehmes Lokal, das man guten Freunden mit gutem Gewissen empfehlen kann.

Aux Charpentiers (2)

1o, R. Mabillon, bis 22.3o Uhr. So. zu.

Es wurde schon zum besten Bistro des Monats gekürt, obwohl es eher zu den Restaurants zählt, zumindest seiner heutigen Erscheinung nach. Plats

6. ARR.

Restaurants

du Jour zu normalen Preisen.

BEIM CARREFOUR DE BUCI:
Dies ist die Ecke der Noctambules, der Nachtschwärmer. Wer nach einem längeren Abend mit einigen Gläschen da und mehreren dort plötzlich nach Mitternacht danach lechzt, die kühle Glätte einer Auster gegen den erhitzten Gaumen zu drücken, lenkt zielbewußt seine Schritte zum Carrefour de Buci, zum

L'Arbuci (3- 4)

25, Rue de Buci, tägl. bis 2 Uhr, So. und Mo. zu (siehe Lokal- Monopoly). Fruits de Mer und Fleischspieße vom Grill. Ein Jazz- Club im Keller.

Le Procope (3)

13, R. de l'Ancienne- Comédie, **M:** Odéon; täglich bis 2 Uhr.

Man geht auch in dieses historische Lokal (siehe „Besonderes" im 6. Arr.) weniger der Küche wegen, die als passabel bezeichnet werden kann, sondern wegen des „genius loci", des Geistes der großen Dichter, Denker und Künstler, der noch durch die alten Mauern weht.

Pub St. Germain- des- Pres

17, R. de l'Ancienne- Comédie, **M:** Odéon; täglich o- 24 Uhr.

Über 1oo Whiskeys und über 2oo Biersorten warten auf den Nachtdurstigen im „Greatest Pub in France", wo mit viel Plastik „Old England", „Devil's Castle", Wein- und Ritterstuben dekoriert wurden.

Alcazar de Paris

62, Rue Mazarine,
Tel. o1 53 1o 19 99 Schönes Designer-Restaurant (Terence Conran) mit französischer Küche.

6. ARR.

Restaurants

ZWEI GOURMET- ADRESSEN IM SECHSTEN:

Lapérouse (3- 4)

51, Quai des Grands- Augustins Tel. o1 43 26 68 o4, So. abends und Mo. zu.

Die Lage am Bouquinisten- Quai, mit dem Blick durch Baumreihen auf die Westspitze der Ile de la Cité, ist sehr reizvoll. Die Räume im ersten Stock des mittelalterlichen Hauses sind klein, niedrig und schlichtweg bezaubernd. Die beiden größeren bieten Platz für etwa 1o- 12 Personen, die anderen fünf oder sechs sind richtige Chambres Separées für zwei, vier oder sechs Personen. Überall ist das Original- Dekor seit 1768 unverändert und vollständig erhalten. An den Wänden, gemalt oder als Tapisserie, Schäferinnen, galante Szenen, Tiere, Pflanzen und Putten.

Berühmte Namen verzeichnet die Gästeliste: Victor Hugo, Colette, Charles de Gaulle, um nur einige zu nennen. Der Service ist tadellos und ein Abend dort wird zum unvergeßlichen Erlebnis.

Jacques Cagna (5)

14, R. des Grands- Augustins, Tel. o1 43 26 49 39, Sa. und So. zu.

Nobeladresse für Spesenritter, die 8oo- 1.ooo FF für ein Essen nicht aus eigener Tasche bezahlen müssen.

BIER- BARS

La Taverne de Nesle

32, R. Dauphine, 19- 5 Uhr.

4oo Biersorten, darunter 6o deutsche. Freilich, ein Bierdurst wird teuer; man ist eben nicht in München, sondern in Paris.

BARS À VIN

Bistro des Augustins

siehe unter Bistros oben.

6. ARR.

Restaurants

Bistro Ernest

21, Rue de la Seine, 9- 19 Uhr, So. und August zu.

Sieht von außen aus wie ein Tabakladen, offenbart sich im Innern jedoch als langer, gemütlicher Raum mit viel altersgebeiztem Holz.

Rhumerie Martiniquaise

166, Bd. St. Germain.

Hätte ich zum Schluß beinahe vergessen. Rum und Punsch in allen Variationen. Hübsches Dekor. Man sitzt sich fest. Kein Wunder!

La Chai de l,Abbaye

26, Rue de Buci. 8-2 Uhr.

Wer spät in der Nacht noch Lust auf ein Glas Wein hat, trifft sich mit anderen „Nachtlichtern" hier.

L'Ecluse

15, Quai des Grands- Augustins.

Siehe Kapitel „Paris und seine Lokale - Wein- Bars".

6. ARR.

Parken

Bd. St. Germain
bei der Nr. 169, 45o Plätze

St. Sulpice
vor der Kirche, 37o Plätze

Rue Mazarine
4oo Plätze

Rue Clément

Boul. Montparnasse

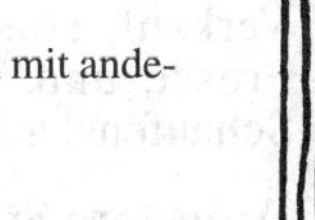

Taxi

Métro „Mabillon"
Métro „St. Germain"
Place Alphonese - Deville
Place Henri - Mondor
Place du 18 - juin 1940
Observatoire

SHOPS

H. Roger- Viollet

6, Rue de Seine.

Seit genau hundert Jahren wurden hier über 7 Millionen Fotografien gesammelt. Vom Bau des Panamakanals und des Eiffelturms, Portraits, Ansichten von Städten und Landschaften, Tiere, Pflanzen, Sport usw. Und alles wohl sortiert und mit einem Griff zur Hand. Weniger zum Verkauf, sondern für Kopien für Presse und Verlage. Allein das Schaufenster ist schon sehenswert.

Drugstore St. Germain

199, Bd. St. Germain, in der Nähe des Platzes. Bis 2 Uhr geöffnet.

Im Art- Deco- Stil eine Anhäufung kleiner Boutiquen für Zahnpasta, Parfums, Zeitungen, Tabak, Filme, Medikamente, Souvenirs und Geschenke. Auf einer Empore kann man Kleinigkeiten essen oder noch etwas trinken.

Lionel Poilâne

8, Rue du Cherche- Midi.

Der beste Bäcker von Paris; vor allem bekannt wegen seines herzhaftes Landbrotes.

La Hune

Bd. St. Germain, zwischen den zwei bekannten Cafés Aux Deux Magots und Flore. Die für Kunst und Grafik größte und beste Buchhandlung von Paris. Bis Mitternacht geöffnet

Viennoise

8 Rue de l'Ecole- de- Médicine. Eine Rarität in Paris: Apfelstrudel, Linzer Torte etc. zum Tasserl Wiener Kaffee. Die Studenten der Sorbonne wissen es zu schätzen. (Metro Odéon.) Am Wochenende zu.

Cour de Rohan

59, rue St.-André-des-Arts.

Teesalon in einer interessanten, sehr belebten Passage!

L´Heure Gourmande

22, Passage Dauphine.

Auch in einer Passage: Thé- Café!

MODE

Die Rue Saint Placide (M St. Placide) gilt als heißer Tip unter Pariserinnen für preiswerten Einkauf namhafter Mode, z.T. bis 5o % reduziert:

Mouton a Cinq Battes

- Nr. 8, 14 ,18,48 für Damen und Herren
- Nr. 1o für Kinder

Mode Chaussures

Schuhe auf Nr. 45

L'Annexe, Nr. 48

Französische und italienische große Marken zu kleinen Preisen.

Carrefour de Buci
Bunter und quirliger Straßenmarkt an der Kreuzung Rue de Buci und Rue de Seine. Ausser Mo.

St. Germain
4-8, Rue Lobineau
Markthalle, tägl. geöffnet.

Raspail
Straßenmarkt, zwischen Rue de Rennes und Cherche- Midi. Di. und Fr. So. von 9-14 Uhr: Marché Biologique!

Antiquitäten	Galerien	Kuriositäten
Rue Jacob	Rue de Seine	Labarre, Rue Dauphine 22
Rue St. Pères	Rue Callot	Brieux, Rue Jacob 48
Rue du Bac	Rue Jacob	Curiositee, Rue d'Université
Rue Bonaparte	Rue Tournon	
Quai Voltaire		

Vergnügliches

Odéon Théâtre de l'Europe
Am gleichnamigen Platz,
M: Odéon. Tel. o1 44 41 36 36.
Hier finden Sie ab und zu auch deutsche Gastspiele. Näheres über das großartige erste Europa- Theater in Europa auf Seite 219.

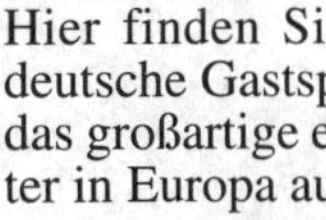

O'Brasil
1o, Rue Guenégaud.
Brasilianische Musik.

Birdland Club
8, Rue Gruisarde tägl. 19.3o bis zum frühen morgen.

Bilboquet
13, R. St- Benoit, **M**: St.- Germain-des- Pres Tel. o1 45 48 81 84. 169
Jazz- Pop- Folk- Rock (auch live)

Le Riverside
7, R. Grégoire- de- Tours **M**: Odéon.
Internationale Disco; viele CD´s zur Auswahl für ausländische Besucher (ab 23 Uhr).

Jazz Club Hôtel Bel Ami
7- 11, Rue Saint- Benoit.
Programm von 22 bis 2 Uhr, So. zu. Jazzkonzerte mit wechselnden Solisten.

L'Arbuci- Jazz
25, Rue de Buci, **M:** St.-Germain-des-Pres, Tel. o1 44 32 16 oo.
Täglich 22.3o bis morgens. Die neugestaltete Brasserie knüpft in ihren

berühmten Kellern an die Tradition der alten Jazz- Clubs von Saint- Germain des Prés an.

DINER- SPECTACLE

Es liegt auf der Hand, daß die meisten „Nachtlokale“ im 5. und 6. Arrondissement preiswerter sind als in manch anderer Gegend der Stadt. Seit altersher waren hier die Studentenviertel und sind es heute noch.

Caveau de la Bolée

25, R. de Hirondelle, **M:** St- Michel, Tel. o1 43 54 62 2o.

Erst einen Rundblick über den herrlichen, weiten, lebendigen Platz im Lichterglanz, der das Tor zu den beiden vitalsten Vierteln des Rive Gauche ist: Studentenviertel Quartier Latin und Künstlerviertel St.- Germain- des- Pres. Dann zum gehobenen Diner- Spectacle in romantischen Mauern. Diner 2o.3o Uhr, Programm 22.3o Uhr.

Eines von den aufwendigeren „Spektakels“ - und ein äußerst originelles noch dazu - soll hier zum Schluß dennoch genannt werden, nämlich die

Rotisserie de l’Abbaye

22, Rue Jacob **M**: St.- Germain- des-Près. Tel. o1 43 26 36 26

In mittelalterlichem Rahmen aus dem 13. Jh. wartet hier ein Abend, den man in Erinnerung behält. Man sieht in der Phantasie festlich gewandete Gestalten ihre Schatten im Vorübergleiten auf die Abtei- Mauern werfen und wird durch das Programm um 22 und 24 Uhr amüsiert und unterhalten.

Diner allein um 2o Uhr, Diner und Spectacle ca. 30 Euro, Samstag 40 Euro. Preissteigerungen, wie auf der ganzen Welt, stündlich möglich.

Viel Spaß im 5. und 6. Arrondissement, denn diese beiden sind und bleiben der nächtliche Herzschlag von Paris.

7. ARRONDISSEMENT
● METROSTATION
◉ METRO-UMSTEIGESTATION
P PARKPLATZ
TAXISTAND
T TANKSTELLE
POST/TELEFON
+ KRANKENHAUS
EIFFEL-TURM
P. d'Iena
Quai
Branly
Pass. Debilly
P. d'Alma
AV. DE LA BOURDONNAIS
MARS-FELD
AV. DE SUFFREN
Pl. d. G. Gouraud
Rapp
Av. Bosquet
Rue Augereau
Place Joffre
ECOLE MILITAIRE
Av. de la Motte-Picquet
ECOLE MILITAIRE
UNESCO
Av. de Lowendal
SÉGUR
Av. de Ségur
Av. Duquesne
Av. Tourville
RUE DE LA TOUR MAUBOURG
LATOUR MAUBOURG
Rue Surcouf
Latour-Maubourg
Quai d'Orsay
P. d. Invalides
Bd. de
EGLISE+HÔTEL
LES INVALIDES
P. Alexandre III
Rue de Constantine
Place Vauban
AV. DE BRETEUIL
AV. DE SAXE
ST. FRANÇOIS XAVIER
Bd. des Invalides
DUROC
R. Oudinot
MUSÉE RODIN
VARENNE
INVALIDES
Rue de l'Université
St. Dominique
PALAIS BOURBON
Concorde
P. d. l. Concorde
CHAMBRE DES DÉPUTÉS
Rue de Varenne
RUE DE GRENELLE
RUE DE BABYLONE
RUE DE SEVRES
P. Leroux
R. Vaneau
VANEAU
Bd. Bellechasse
Quai Anatole France
R. d. St. Simon
SOLFÉRINO
GARE D'ORSAY
P. Solférino
MUSÉE D'ORSAY
Rue de Lille
SEINE
Rue du Bac
BAC
BD. ST. GERMAIN
R. Velpeau
BD. RASPAIL
SÈVRES BABYLONE
Rue de Verneuil
Rue des Sts. Peres
ST. GERMAIN DES PRÉS
Quai Voltaire
P. Royal
P. d. Carrousel
N

Zwei weltbekannte Attraktionen dominieren in diesem Arrondissement: Die eine, Gloria in excelsis, MONSIEUR EIFFELS eisernes Gestänge erhebt sich 3oo Meter in den Himmel, die andere nationale Glorie, des KORSEN STERBLICHE HÜLLE, liegt in einer Vertiefung im Dome des Invalides.

Nun absolvieren Sie erst einmal Ihr Pflichtprogramm, und wenn Sie das hinter sich haben mit all den fotobewaffneten Touristenschlangen, dann verrate ich Ihnen schon hier, wo Sie anschließend entspannen können.

Gehen Sie bis zur Mitte des Marsfeldes, dann links zum Place du General Gouraud, dort in's „TABAC CHAMPS DU MARS", wo man endlich wieder „nur" in Paris ist, in einem angenehmen Lokal mit einem freundlichen flinken Garçon: „Du vin, Monsieur?" „Bien sur, un ballon rouge".

Schräg gegenüber ist noch ein Öokal. So muß ein Platz sein. Und auf der anderen Seite drüben stehen die hohen Bäume des Parks. Rechts neben mir küßt ein grauhaariger Grieche eine nicht mehr ganz junge Französin, und ein Fotoreporter schießt mit einer motorbetriebenen Blitzkamera ganze Serien von den beiden.

Zwei Gymnasiastinnen nehmen am Fenstertischchen Platz und erzählen laut und ungeniert, was ihr Turnlehrer für ein dufter Typ ist: „vraiment sympa". „Jean - un autre ballon!"

Blickpunkte & Plätze

DAS QUARTIER FAUBOURG ST. GERMAIN

Der sehr lebendige Bd. St. Germain wird an der Place St. Germain- des-

Près zu einer recht ruhigen, jedoch schönen Straße, die an ihrem Ende zum Palais Bourbon, der Nationalversammlung, und zur Seine führt, gegenüber der Place de la Concorde.

Man kommt sich ein wenig vor wie in einem schönen langen Korridor, wo hinter kostbaren Türen geschlossene Gesellschaften in prunkvollen Räumen sind. Am BD. ST. GERMAIN, in der Rue Varenne, Grenelle und Bellechasse wohnt die hohe Diplomatie, der Adel und die Creme der Altreichen. Die Neureichen würden zwar auch gerne, verzogen sich aber, da kein Platz mehr war, in die Nobelstraßen des 8. Arrondissement wie z.B. die Avenue Georges V.

Durch die hohen Zäune und Portale blickt der Straßenpassant in schöne Gärten und Parks mit stattlichen Häusern und fragt sich wohl gelegentlich, beim Gedanken an seine Dreizimmerwohnung, was er hätte anders machen sollen in seinem Leben.

In einen der schönen Gärten allerdings kann auch er eintreten: Beim Museum Rodin, wo zudem noch eine Reihe bekannter Skulpturen des Meisters im Freien stehen, die „Bürger von Calais“, „Balzac“, „Der Denker“ u.a.

MUSEEN

MUSEE DU TABAC (de la SEITA)
12, Rue Surcouf, **M**: Invalides, 11- 18 Uhr, Sonntag und Feiertage zu.
Geschichte des Tabaks, und wie man ihn zum Rauchen bringt.

MUSEE DE LA LEGION D'HONNEUR
2, Rue de la Legion d'Honneur, gegenüber Musée d'Orsay: 2, Rue de Bellechasse, **M**: Solferino, 11- 17 Uhr, Montag zu. Eintritt: ca. 4 Euro.
Museum der Ehrenlegion. Sammlung von Orden aus der ganzen Welt, vom Mittelalter bis heute.

MUSEE DE L'ARMEE (C.M.) und **Musée des Plans Reliefs**
Hotel des Invalides, **M:** Varennes oder St. François- Xavier oder Latour-Maubourg. 1.4. bis 3o.9.: 1o- 18 Uhr, sonst 1o- 17 Uhr. Am 1.1., 1.5. und 25.12. geschlossen. Eintritt: ca. 6 Euro. www.invalides.org

Das Hotel des Invalides ist eine Stiftung Louis XIV. zur Versorgung der Kriegsveteranen. In dem Museum der Militärgeschichte war ich noch nicht. Mein Respekt vor der Meisterleistung der menschlichen Anatomie und Physiologie ist zu groß, als daß ich mich dem Anblick von Maschinen und Gerätschaften widme, die einzig und allein zur Verletzung, Verstümmelung und Tötung des Körpers konstruiert worden sind.

Mir genügte das Studium der Figuren und Inschriften auf den Kanonenrohren im Hof des Museums, dem Cour d'Honneur, wahrhaft bezaubernde Beispiele der menschlichen Schizophrenie: „Ultima Ratio Regum" (letztes Argument der Könige), „Le Reveil Matin" (Morgen- Weckruf), „La Curiosité", „Le Pélerin" (Pilger), „La Chiffonneuse" (Lumpensammlerin - welch ein Humor!). Die Figuren auf den Rohren: sich umarmende Liebende.

INVALIDENDOM (DOME DES INVALIDES)

Ein Zentralbau, ähnlich der Val de Grace, nach dem Vorbild des Petersdomes in Rom. Freie Sicht von der Place Vauban und von der Pont Alexandre III. In der Mitte, unter der Kuppel, die Vertiefung mit dem Grabmal Napoleons. Soll aus rotem Porphyr sein, mit sechs ineinander gestellten Särgen.

Ich habe es noch nicht gesehen. Für das Geld, das der Eintritt gekostet hätte, kaufte ich 3 Rosen, um sie am bescheidenen Grabmal eines Menschen niederzulegen, der für Millionen Menschen nicht Angst und Schrekken, sondern Freude bedeutete: Bei Edith Piaf (siehe 2o. Arrondissement).

MUSEE RODIN (C.M.) - **(HOTEL BIRON)**

77, Rue de Varenne, **M**: Varenne, Sommer: 9.3o-17.45 Uhr, Winter 9.3o-16.45 Uhr, Mo, 1.5. und 25. 12. zu. Eintritt: ca. 5 Euro.

Rodin lebte und arbeitete hier von 19o8-17. Die ersten drei Jahre war Rilke sein Sekretär und hatte als Arbeitsraum - um hier kurz darauf aufmerksam zu machen - das Zimmer links vom Foyer, wo heute die Kunstpostkarten verkauft werden.

Vielleicht geht es Ihnen wie mir. Ich habe das Rodin- Museum das erste Mal sozusagen als Pflichtübung absolviert, war dann aber von der Meisterschaft dieser Skulpturen so beeindruckt und begeistert, daß ich das Hotel Biron zu den vier schönsten Museen von Paris zähle. Die anderen drei: Balzac, Impressionisten (mit Marmottan!), Victor Hugo.

Sollten Sie übrigens mal an der Cote d'Azur sein, dann versäumen Sie nicht, das Haus von Renoir in Cagnes-Sur- Mer zu besuchen. Dort erleben Sie die einmalige Symbiose eines genialen Malers und eines großen Bildhauers in der Figur Madame Renoir, auf der Gartenter-

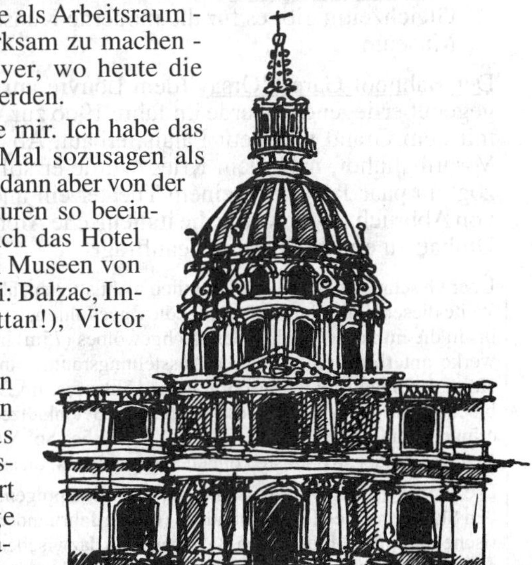

le Dome des Invalides, 7. Arr

rasse vor dem Haus, von Rodin.

MUSÉE MAILLOL - Fondation Dina Vierny
59, Rue de Grenelle Tel.: o1 42 22 59 58 **M:** Rue-du-Bac 11-18 Uhr ausser Dienstag, .ca. 6 Euro. Atelier des Bildhauers Aristide Maillol.

MUSEE D'ORSAY (C.M.)
1, rue de la Legion-d'Honneur, **M**: Solferino, Tel.: o1 4o 49 48 14 Sommer: Di-So 9-18 Uhr, Winter: Di-Sa 1o-18 Uhr, So 9-18, Do bis 21.45 Uhr. Am 1.1., 1.5., 25.12. sowie montags geschlossen. Eintritt: ca.7 Euro. Internet: www.musee-orsay.fr

Das Museum d'Orsay gehört zu den großen bedeutenden Neuerungen, die das Paris unserer Tage kennzeichnen. Die Intention der Pariser Stadtväter und Kunstverständigen war, die gesamte darstellende Kunst, die früher in vielen verschiedenen Gebäuden der Stadt untergebracht war, in drei Häusern zusammenzufassen:

* Im Louvre: die Kunst bis 1845; Ägypter, Griechen, Römer, Mittelalter.
* Im Gare d'Orsay: die Kunst des 19. Jahrhunderts von 1848- 1914, allerdings ausschließlich der französischen Kunst, aber einschließlich der Impressionisten, für die das stimmungsvolle Jeu de Paume leider zu klein geworden war.
* Im Centre Pompidou: die moderne Kunst ab 19o5 (Musée National). Gleichzeitig gibt es für die moderne Kunst immer noch das Städtische Museum.

Der Bahnhof Gare d'Orsay (dem Louvre am jenseitigen Seine- Ufer fast gegenüberliegend) - wurde im Jahre 19oo zur Weltausstellung, gleichzeitig mit dem Grand und Petit Palais, erbaut. Ab 194o diente er nur noch als Vorortbahnhof, nach dem Krieg wurde er stillgelegt. Jean Louis Barrault zog ein paar Jahre mit seinem Theater ein und später war sogar die Rede von Abbruch. 198o wurde die italienische Architektin Gae Aulenti mit dem Umbau zu einem Museum beauftragt.

Über Geschmack läßt sich bekanntlich nicht streiten, aber der erste Blick in die Tiefe und Weite dieser Halle, durch die früher die Züge fuhren, ist schon sehr beeindruckend - zumal bis in die immensen Höhen des Dachgewölbes (75m) hinauf die Sicht nicht durch Stockwerke unterbrochen wird. Alle Ausstellungsräume sind seitlich angeordnet, auf halber Höhe der Seitenfronten in Form eines Umlaufes, im Erdgeschoß hinter großen Quaderblöcken verborgen. Hinter diesen hellgrauen Betonklötzen, die an ägyptische Grabkammern erinnern, präsentiert sich die Malerei von 185o- 8o: Manets „Frühstück im Grünen" im Betonkontainer: Kontraste können anregend sein, diese hier lassen einen frösteln.

Die Freifläche der Museumshalle nehmen die üppigen, heroischen, meist blendend weißen Skulpturen des 19. Jahrhunderts (bis zur Jahrhundertwende) ein. Rodins hochkünstlerische Skulptur- Modelle von Balzac wirken dazwischen fast etwas verloren. Alles ist aber so verteilt, daß nichts überladen wirkt und der Gesamteindruck vom Eingang her überraschend angenehm und harmonisch ist.

An der Rückwand ermöglichen zwei riesige Treppentürme, die in ihrem Inneren die Kunst des Jugendstils zeigen, den Aufstieg zu den mysteriös verborgengehaltenen Räumen der Impressionisten. Auf halber Höhe gelangt man auf die Galerie der mittleren Ebene, wo die Salon- Malerei zwischen 188o und 19oo, Naturalisten und Symbolisten, sowie Kunst und Kunsthandwerk des Jugendstils gezeigt wird. Der Jugendstil, lange Zeit zu Unrecht künstlerisch unterbewertet, zeigt sich hier, vor allem mit phantastischem Mobiliar, sehr eindrucksvoll.

Betritt man wieder die Umgangsgalerie, hat man von hier aus einen schönen Blick zum Haupteingang, über dem die riesige, alte, goldglänzende Bahnhofsuhr einen Teil der Entree- Wand einnimmt. Trotz ihrer Größe wirkt sie filigran.

Ganz oben, in der schwindelnden Höhe des Daches findet man die Abteilung der Impressionisten. Die Bilder erhalten zwar gutes Licht, sind aber in chaotischem Durcheinander - nicht nach den Künstlernamen, sondern nach den Jahreszahlen aufgehängt. Einzig Van Gogh hat einen Raum für sich allein. Einige Monets, Manets, Renoirs u.a. hängen unten in der Schinkenhalle. Warum? Weil sie vor 187o entstanden sind.

Die Konservatoren des Museums haben sich sicherlich etwas dabei gedacht, als sie die Kunstwerke nach chronologischer Entstehung und zusätzlich noch nach Sammlungen und Schenkungen ordneten, was aber dabei herauskam, wirkt auf den Besucher nur verwirrend.

Wenn man in der obersten Etage die Räume mit den Impressionisten durchquert hat, landet man zunächst in einem Café, dessen Terrasse eine hinreißende Aussicht bietet: man blickt über die Seine und die Tuileriengärten bis zum fernen Mont-Martre Hügel mit der weiß- leuchtenden Sacre-Coeur Kirche. Im Inneren des Cafés, auf der Empore, kann man an kleinen Tischen in Kunstbüchern blättern oder sich an Video- Geräten einschlägige Wissensgebiete auswählen. Eine sehr gute Einrichtung! Hier geht es auch zu den Toiletten und dahinter, jawohl, hinter den Toiletten, stößt man dann auf die Werke von Toulouse-Lautrec und in einem schmalen Gang mit unscheinbaren Fensterchen, im letzten Winkel unter dem Dach, auf die Bilder Gauguins. Sollte man diese Anordnung ändern, wäre es sehr zu begrüßen.

Am Informationsstand bei den Kassen gibt es ein deutschsprachiges Faltblatt mit übersichtlichen Plänen des Museums. Vor der Kasse stehen meist Schlangen von mehreren hundert Metern; denken Sie daher an die „Carte Musées" (siehe Paris A- Z „Museen").

PALAIS BOURBON

Von der Place de la Concorde aus hat man den besten Blick auf die griechische Fassade der Nationalversammlung.

Napoleon ließ die Vorderfront im neoklassizistischen Stil verändern, um ein architektonisches Gegenstück zur Madeleine zu schaffen. Die beiden Gebäude sind, über Pont und Place de la Concorde hinweg, die Querachse zu den Champs-Elysées und Tuilerien.

ECOLE MILITAIRE

Eine Kriegsschule, die auf die Initiative der Madame Pompadour, merkwürdig genug, von Louis XV. gebaut wurde. Das Marsfeld war der dazugehörige Exerzierplatz. Später wurde sie eine Kadettenschule für mittellose

Adelige. Ihr berühmtester Zögling, Napoleon, verließ sie als Leutnant mit der Bemerkung in seinem Zeugnis: „...wird es unter günstigen Umständen weit bringen".
Abgesehen von ihrer Funktion ist sie ein schönes Zeugnis der Baukunst des 18. Jahrhunderts.

Besonderes

LES EGOUTS DE PARIS (C.M.)

Erinnern Sie sich an den „Dritten Mann"? Wenn Sie ein wenig in die Abwasserkanäle einer Großstadt hineinschnuppern wollen, dann fahren Sie mit der Metro zur Station Branly, bei der Pont de l'Alma. Auf der anderen Seite des Brückenkopfes ist der Eingang zur Pariser Unterwelt.

Der Besuch fängt an in einem Ausstellungsraum mit audiovisueller Information. Dann folgt ein Rundgang durch die Kanäle von etwa 2oo Meter, zu sehen: Gewitterabflüsse, Auffanggitter für größere Gegenstände, Setzbecken und Haupt- und Nebenkanäle. Das Pariser Kanalsystem hat 2.1oo km begeh- und befahrbare Kanäle.

Besichtigung: 11- 17 Uhr, Do. und Fr. zu. Bei Hochwasser, Gewitter und starkem Regen geschlossen.

URINOIRS PUBLIQUES

Es gibt keine „URINOIR PUBLIQUE" mehr, jene kleinen Blechhäuschen am Straßenrand wo man unten die Beine sieht. Vespasiennes wurden sie genannt, nach dem römischen Kaiser Vespasian, der in Rom das Pinkeln besteuert hatte (d.h. die Benutzung öffentlicher Bedürfnisanstalten) mit den berühmten Worten: „Pecunia non olet." (Geld stinkt nicht.)

Nun sind sie abgerissen worden und durch mehrere moderne Betonklötze mit automatischer Kipp-, Spül- und Desinfektionsmechanik (gegen Einwurf von o,5 Euro - non olet) ersetzt worden. Einen neuen Namen haben sie auch: „SANISETTE".

Ich richte an die Stadtväter von Paris die dringende Bitte: Wenn ihr sie schon abmontiert habt, wie damals die Tulpenlampen bei den Metroeingängen, dann bewahrt sie gut auf! Stellt sie meinetwegen so lange in eure Gärten. Denn es wird der Tag kommen, wo man sie mit Freuden wieder hervorholt.

AVENUE RAPP

In ihrer Mitte, auf Nr. 29, ist ein Mietshaus, zu dem interessierte Jugendstil- Liebhaber aus aller Welt „wallfahren". Jules Lavirotte hat hier im Jahre 19o1 eine Fassade geschaffen, die die üppigsten Belle- Epoque-Phantasien übertrifft. Ein zarter Frauenkopf und viele fließende Ranken aus Stein umgeben das Portal.

Diese Überfülle von ineinander verschlungenen Pflanzenelementen, Blättern und Blüten, ist mit den ornamentalen „Bandnudeln" des Jugendstils zu einem Rokoko aus spielerischer Harmonie erblüht. Lavirotte war der Erste, der in Paris diese Häuser in reinstem Art- Nouveau- Stil baute.

Jugend Stil Fassade von Jules Lavirotte, 1900 entstanden, Avenue Rapp, 7. arr.

Der Eiffelturm

Den schönsten und berühmtesten Blick auf den Eiffelturm hat man von den Terrassen des Palais Chaillot aus (Metro Trocadéro). Sie befinden sich oberhalb des gegenüberliegenden Seine- Ufers und bieten ein weites Panorama, auch über einen Teil der Stadt. Am schönsten ist es hier oben, wenn nachts alle Springbrunnen angestrahlt sind.

Ein Herr BÖNICKHAUSEN aus der Eifel, der Mitte des 18. Jh. in Paris lebte, legte sich, weil die Franzosen den Namen so schwer aussprechen konnten, einen anderen Namen zu, eben - EIFFEL.

Sein Sohn, GUSTAVE EIFFEL, arbeitete nach seinem Ingenieur- Studium im Konstruktionsbüro der Eisenbahn und erstellte die ersten Proben seines Könnens: die Eisenbahnbrücke in Bordeaux.

In der Folge baute er Fabrikhallen, Kaufhäuser wie das Bon Marché und Bahnlinien. Dann, beim Brückenbau bei Porto über den Duro, studierte und lernte er die Gesetze der Aerodynamik. Mit diesen Erkenntnissen baute er auch die Freiheitsstatue im Hafen von New York.

Und dann wurde, trotz vieler Proteste, der Bau seines Turmes, des EIFFELTURMES genehmigt. Für die Weltausstellung 1889. 3oo Monteure, auf Eiffel'schen Kletterbaugerüsten, fügten 18.ooo Teile mit 2,5 Millionen Nieten zusammen. Viele von ihnen waren Indianer, weil die besonders schwindelfrei waren.

Schon ein Jahr nach seiner Fertigstellung hatten sich die Baukosten von umgerechnet ca. 1 Million Euro durch die Eintrittsgelder wieder amortisiert.

Eiffel beklagte sich später, daß die Welt bei Nennung seines Namens immer nur an den Turm denke, als ob er sonst nichts geschaffen hätte. Über der obersten Plattform hatte er sich ein Stübchen eingerichtet, wo er forschte, experimentierte und meditierte.

Einmal hat ihn die Verwendung als Funkantennen- Träger vor der Verschrottung bewahrt (ich meine natürlich den Turm).

Noch ein paar Daten

Der Eiffelturm besteht aus 7.ooo t Stahl (vergleiche mit dem Centre Pompidou) - ist 3oo m hoch, mit Antenne sogar 32o m, Wärme läßt ihn nur ca. 15 cm wachsen, bei starkem Wind schwankt seine Spitze nur 12 cm.

Erste Plattform in 57 m Höhe, zweite in 115 m, dritte in 274 m. Wer es bis hier oben schafft, dem sei sein Hochgefühl vergönnt. Wer sich aber in die Mitte unter den Turm stellt und in das eiserne Gestänge hinaufblickt, dem wird es zwar ein bißchen flau, aber er erhält den gewaltigsten Eindruck von diesem Bau.

Einen völlig anderen Eindruck mußten die 4oo Verzweifelten von ihm gehabt haben, die sich seit dem Bestehen von seinen Höhen hinabstürzten. Eine Schwangere blieb an einem Eisenträger hängen und entband vier Monate später ein gesundes Kind. Jetzt hat man Schutzgitter angebracht.

täglich geöffnet: 9.3o-23 Uhr, Mitte Juni - Ende August 9-24 Uhr.

1. Etage (57 m): 3,5 Euro (RESTAURANT)
2. Etage (115 m): 7 Euro (CAFÉ)
3. Etage (276 m): 1o Euro

MARSFELD UND EIFFELTURM

1774 Sängerwettstreit Wiese
1776 Manövergelände
178o erstes Pferderennen
1783 erster Ballonaufstieg
1787 sollte das ganze Gelände ein großer Kartoffelacker für die neu eingeführte Knolle werden
1789 Revolutionsfestplatz. Tausendstimmig erklang immer wieder: "Ca ira".
18o4 Platz der Ordensverleihungen durch Napoleon
1889 erste Weltausstellung

BAU DES TURMES DURCH GUSTAVE EIFFEL

19oo zweite Weltausstellung auf dem Marsfeld
1939 diente der Eiffelturm als Citroen- Reklame. Heute ist er eine der größten Funkstationen der Welt.

DAS MARSFELD WURDE PROMENADE UND PARK.

Gustave Eiffel
Geboren am 15.12.1832 in Dijon, Ingenieurstudium in Paris. Nach Anstellung in verschiedenen Firmen gründete Eiffel 1865/66 ein eigenes Konstruktionsbüro und Fabrik, -spezialisiert auf Eisenbahnbrücken.
Hieran bestand seit Mitte des 19. Jahrhunderts großer Bedarf im Zusammenhang des Eisenbahnbaus. Bei zunehmendem Know How erreichten die Eisenbrücken immer größere Spannweite.

Im Jan 1888 war der Turm bis zur 1. Etage fertig, und ca. Mitte 1888 bis zur 2. Etage. Fertiggestellt bis zur Spitze pünktlich zur Weltausstellung 1889

Zu den Meisterleistungen des Konstruktionsbüros Eiffel zählt u.a.die Eisenbrücke über Truyère Sie hatte eine freie Spannweite von für damalige Zeiten beachtlichen 165 m!

Baubeginn, Fundamente 18.7.1882

Weiterhin Brücken und Schleusenanlagen für den Panamakanal sowie die Freiheits-Statue in New York. Letztere besitzt inkl. eines gemauerten Turm-Steinfundamentes eine Gesamthöhe von 93 m. Im Inneren eine Stahlkonstruktion, die außen mit rund 3oo Kupferplatten vekleidet ist. Die Einzelteile kamen vorgefertigt von Rouen per Schiff nach New York (eingeweiht 1886).

Für Eiffel war die Pariser Weltausstellung 1889 eine Herausforderung, nicht in die Länge (=Brückenspannweite), sondern in die Höhe zu bauen. Mit 3oo m war es damals das mit Abstand höchste Gebäude der Welt und überragt die Dächer der Stadt um mindestens 25o m! Entsprechend war auch die Werbewirksamkeit des Turmes für die Ingenieur-Leistungen des Konstruktionsbüros Eiffel. Es gab viele Folgeaufträge für jede Art von Stahlkonstruktionen (Brücken, Fabrikhallen etc). Viele der Arbeiten stammten allerdings nicht von Eiffel selbst, sondern sondern von Mitarbeitern. So wurde der Eiffelturm von seinem Mitarbeiter Maurice Koechlin konstruiert. Eiffel starb am 28.12.1923.

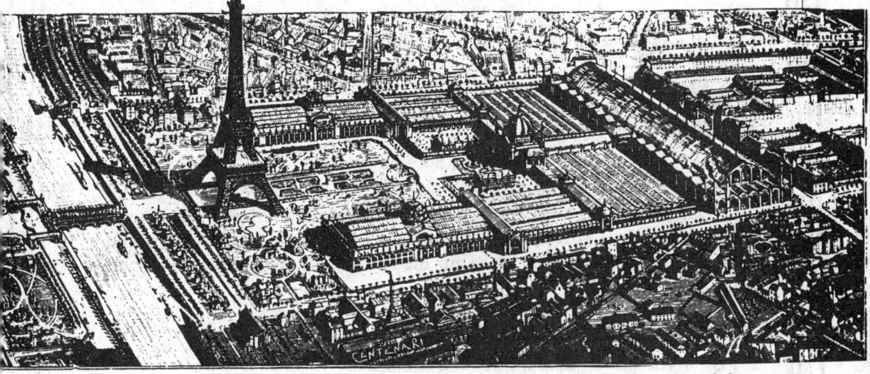

Pariser Weltausstellung 1889, - links Eiffelturm, - rechts eine rund 2oo m lange Ausstellungshalle, ebenfalls vom Büro Eiffel gebaut

Restaurants

Ins Siebte geht man nicht zum Essen. Wen ich mit „man“ meine? Den Touristen. Zum einen hat der hier sein Kulturpflichtprogramm zu absolvieren: Invalidendom, Eiffelturm, Museen wie Gare d'Orsay, Rodin u.a. Zum anderen gibt es natürlich auch hier viele Restaurants, aber man merkt sehr bald, daß sie entsprechend der „high society“, die in diesem Arrondissement wohnt, zum Teil versnobt und überwiegend teuer sind. Aus diesen Gründen folgt hier nur eine kleine

Restaurants

Auswahl von Restaurants. Der Unterschied zwischen dem Lokalcharakter des Sechsten und Siebten vollzieht sich nicht abrupt mit der Grenze zwischen den Bezirken, die von der Seine bis zur Rue de Sèvres in der Rue des Saints-Pères verläuft und kann natürlich ebensowenig für das ganze Siebte generalisiert werden. Zunächst möchte ich in diesem Arr. mit zwei besonders typischen Exemplaren von Bistros beginnen.

BISTROS

Bistro au Sauvignon (1)

8o, R. des Saints- Pères, 9- 22 Uhr, So. und August zu.

Auch dieses Bistro wurde von der Academie Rabelais ausgezeichnet. Menüs oder Plats du Jour gibt es nicht, dafür herrliche „casse- chroutes“, charcuteries de pays, jambon d’Auvergne, Ziegenkäse u.s.w. Ein schönes Bistro, wo nur leider noch niemand auf die Idee kam, die Neonröhren mit Sektkorken runterzuschießen.

Bistro Voltaire (1- 2)

27, Quai Voltaire, 9- 22 Uhr, So. und Mo. zu.

Tabac und Café, Menus und Plats du Jour. Eine Tafel an der Außenfassade weist darauf hin, daß Voltaire in diesem Hause am 3o. Mai 1778 gestorben ist.

Le Café des Lettres

53, Rue de Verneuil

Skandinavische Fischhappen, sympathische Athmosphäre

Bistro de Paris (4- 5)

33. R. de Lille, Sa. mittags und So. zu.

Dem Namen nach ein Bistro, auch das Interieur rechtfertigt in gewisser Weise diese Bezeichnung, doch alles in allem ist es eine Nobeladresse bei entsprechenden Preisen.

7. ARR.

Restaurants

Café La Pagode

57, Rue de Babylone M: St.-Francois-Xavier

Kino in chinesischem Gewand mit Café zum Draussensitzen.

RESTAURANTS

Auberge du Champ de Mars (3- 4)

17, Av. de la Motte- Picquet, Mo. und Di. abends, 15.7.- 15.8. zu.

Mit einem Menü ist man gut beraten.

La Fontaine de Mars (2)

129, R. St. Dominique, N.Z., Sa. abends, So. und August zu.

Ein empfehlenswertes Restaurant mit gemütlichem Interieur, gut bürgerlicher Küche und einfachen Preisen.

La Petite Chaise (2)

36, R. Du Grenelle, **M°** Rue de Bac; täglich bis 23 Uhr.

Ein historisches Gasthaus, das gelegentlich sogar das älteste von Paris genannt wird. In Verbindung mit seiner Küche, die den Gast weder vor Begeisterung noch vor Ärger vom Schemel reißt, ist dies alles in allem eine empfehlenswerte Adresse im Siebten.

Thoumieux

79, Rue Saint-Dominiqe **M:**Invalides. Typische klassische französische Brasserie mit hausgemachten Köstlichkeiten.

Télégraphe: 41, Rue de Lille. Ein altes Postgebäude wurde zum Restaurant umgebaut. Interressantes Ambiente - Entdeckermenü!

Tan Dinh

6o, Rue de Veneuil

Asiatische Köstlichkeiten, guter Wein!

7. ARR.

Restaurants

Jules Verne (5)

In der zweiten Etage des Eiffelturms, Tel. 45 55 61 44, täglich bis 22.3o Uhr.

Hoch in jeder Beziehung: 125 m über der Erde, hohe Qualität der Gerichte und hohe Preise. Für Schwindelfreie aber auch ein Hochgefühl, das herrliche Paris unter sich ausgebreitet zu sehen, im Sonnenschein oder im Glanz von Millionen Lichtern. Voranmeldung unbedingt erforderlich.

PARKEN

Boucicaut
Rue Velpeau

Invalide
Rue de Constantine

Joffre
Place Joffre, bei der Ecole Militaire

Rue de Gribeaunal
an der Kirche St.Thomas d´Aquin

Saxe Breteuil

sur l´Avenue de Saxe am Place Breteuil. Donnerstags und Samstags

Bon Marché

22, Rue de Sèvres Das große Traditionskaufhaus von Paris.

The Conran Shop

117, rue du Bac. Berühmte Designer zeigen hier ihre Kunstwerke, Philipe Starck und Thomas Conran

TAXI

Tour Eiffel
Place du Palais Bourbon
27.Bd. de La Tour-Maubourg
Métro „La Tour-Maubourg"
Place du Général Gouraud
Place de l'Ecole-Militaire
Métro „Solférina"
Place de la Résistance
Place Léon-Paul-Fargue
Métro „Rue du Bac"

Le Carré Rive Gauche

Gebildet von der Rue des Saints-Pères, Rue du Bac, Rue de l,Université. Die beste Kunst- und Antiquitätenszene.
www.carrerivegauche.com

BOOTSTOUREN

Vedettes

An der Pont d'Iena, beim Eiffelturm. Am Quai des Flusses liegen die Aussichtsboote, die wie die Bateaux-Mouches (genaueres siehe Verkehr in

Paris, Seite 34), Seine aufwärts bis zur Ile St. Louis, um sie herum und zurück fahren.

Bei ihren Nachtfahrten im Sommer sehen sie aus wie galaktische Ungeheuer und leuchten mit den Breitseiten ihrer starken Scheinwerfer den Anwohnern in die abendliche Suppenschüssel. Für den Touristen allerdings eine faszinierende Fahrt durch die Jahrhunderte.

Das größte Vergnügen in diesem Arrondissement ist der EIFFELTURM. Von nah und fern, von oben und unten, bei Tag und Nacht!

8. ARRONDISSEMENT
① PALAIS DE L'ÉLYSÉE
• METROSTATION
◉ METRO-UMSTEIGESTATION
P PARKPLATZ
TAXISTAND
TANKSTELLE
POST/TELEFON
KRANKENHAUS
N
SEINE
AV. MARCEAU
AV. FRIEDLAND
AV. MONTAIGNE
CHAMPS ÉLYSÉES
BD. HAUSSMANN
BD. MALESHERBES
BD. DE COURCELLES
BD. DES BATIGNOLLES
PARC MONCEAU
PLACE DE LA CONCORDE
ÉTOILE-CH.DE GAULLE
PLACE DE GAULLE
Av. de Wagram
TERNES
Rue Daru
COURCELLES
MONCEAU
VILLIERS
ROME
PL. CLICHY
Av. Hoche
Rue du
Rue de
Rue de Monceau
Av. Velasquez
Av. de Messine
R. Lamennais
Chateaubriand
GEORGE V
Av. George V.
Rue Washington
Rue de Ponthieu
R. St. Ph. du Roule
Rue Charron
Rue Marboeuf
R. de Renaissance
Rue Marignan
FRANKLIN D. ROOSEVELT
ALMA-MARCEAU
Pl. de l'Alma
Pt. de l'Alma
Cours Albert I.
Pt. des Invalides
Av. Roosevelt
Rond Point
Av. Selves
GRAND PALAIS
PETIT PALAIS
CH.ÉLYSÉES-CLEMENCEAU
Pont Alexandre
Cours la Reine
Pt. de la Concorde
R. J. Mermoz
Av. Matignon
Faubourg
Av. de Marigny
Rue Courcelles
ST. PHILIPPE DU ROULE
MIROMESNIL
Miromesnil
R. Saussaies
Rue de Suréne
St. Honoré
SAINT AUGUSTIN
Rue de Madrid
Rue de Constantinople
R. de Vienne
Rue de Leningrad
EUROPE
LIÈGE
Rue d'Amsterdam
ST. LAZARE
Rue St. Lazare
R. Tronchet
Pl. de la Madeleine
MADELEINE
Rue Royal
MAXIM'S
CONCORDE
TUILERIES

Man muß dieses Arrondissement in drei Teilen sehen: im westlichen Teil die Champs- Elysées mit Triumphbogen, Rue du Fb. St. Honoré und das Präsidentenpalais.

Der südöstliche Teil mit der Place de la Concorde, dem unteren Drittel der Champs- Elysées und der Madeleine.

Und der nördliche Teil vom Park de Monceau bis hinüber zum Gare St. Lazare.

In jenem WESTLICHEN TEIL, links und rechts der Champs- Elysées also, habe ich mich nie so recht heimisch gefühlt, aber das ist natürlich sehr subjektiv und kommt wohl daher, daß ich weder Kostgänger bei Mc Donald's bin, noch zu den Stammkunden von Hermes und Dior gehöre. Ich habe spontane Freundlichkeit stets jener vorgezogen, die nur am Scheckbuch des Gegenübers orientiert ist.

Im NÖRDLICHEN TEIL findet der Individualist wieder das liebenswerte Paris mit seinem typischen und unverwechselbaren Flair.

Die SÜDWESTLICHE ECKE allerdings hat etwas in ihrer Art einmalig Prachtvolles, was man nicht nur einmal auf sich wirken lassen sollte: die Place de la Concorde mit ihren Dimensionen und Ausblicken.

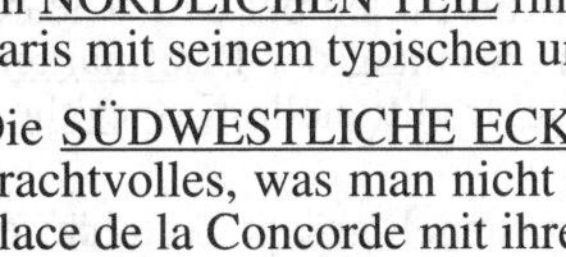

PLACE DE LA CONCORDE

Habe ich von der Place des Vosges gesagt, das sei der schönste Platz von Paris? Es ist der schönste geschlossene Platz. Place de la Concorde ist der schönste offene Platz! Sie sollten die Streifzüge durch das 8. Arr. hier beginnen, am übrigens auch größten Platz von Paris.

In der Mitte der 3.ooo Jahre alte Obelisk von Luxor, rechts und links flankiert von zwei römischen Brunnen. Von hier aus kann man, inmitten des Verkehrsgewühls, in aller Ruhe in die vier Himmelsrichtungen sehen: nach Norden zur Madeleine, nach Süden auf das Palais Bourbon, nach Osten durch die Jardins des Tuileries auf den kleinen Triumphbogen und den Louvre, nach Westen die Champs- Elysées hinauf bis zum Arc de Triomphe de l'Etoile (großer Triumphbogen). In den 4 Ecken des Platzes: jeweils 2 Denkmäler der 8 großen Städte Frankreichs.

Ein besonders schönes Erlebnis: Von der Terrasse, zwischen Orangerie und Jeu de Paume die untergehende Sonne und, etwas später bei Anbruch der Dämmerung, das Entzünden der Lichter über dem Platz zu sehen.

AVENUE DES CHAMPS- ELYSÉES: Felder der Seligen

Jeder, der noch nicht in Paris war, denkt bei Erwähnung dieser Stadt an zwei Begriffe: Eiffelturm und Champs- Elysées.

Das imposanteste an dieser Straße, die, von Le Nôtre 1667 angelegt, früher Grand Corus (großer Korso) hieß und ihren jetzigen Namen seit 17o9 hat, ist eigentlich der Blick von der Concorde aus, zwischen den beiden barokken Pferdeskulpturen von Marly hindurch, bis hinauf zum Arc de Triomphe, der sich wahrhaft triumphal vom Horizont abhebt.

Was die Champs- Elysées früher waren, spürt man noch im unteren Drittel bis zum Rond Point, nämlich Promenade und Kutschenausflug zwischen zwei breiten Parks. (Im Sommer fahren vom Rond Point Fiaker in den beiden Richtungen Eiffelturm und Tuilerien.)

Sollten Sie tatsächlich die knapp zwei Kilometer zu Fuß gehen wollen, möchte ich Ihnen raten, zunächst die erste Etappe bis zum Rond Point des Champs- Elysées zu nehmen. Auf der Höhe der linkerhand liegenden Grand und Petit Palais' weht rechts drüben, durch die hohen Kastanienbäume hindurch, die Trikolore des Palais de l'Elysée, des Präsidentenpalastes.

Gleich daneben, an der Av. de Marigny, findet im Freien bei dem Theater Marigny immer am Donnerstag, Samstag und Sonntag der Briefmarkenmarkt statt. Spaß für die Kleinen bietet das alte, traditionelle Kasperltheater „GUIGNOL".

Was nach dem schönen Rond Point kommt, ist schnell gesagt: Autohäuser, Kinos, Banken, Versicherungen, Fluggesellschaften, Snacks, Mc Donald's und teure, aber mittelmäßige Restaurants. Überlegen Sie sich's nochmal. Den Fußmarsch. Es gibt lohnendere Strecken in Paris. Beim Grand Palais ist eine Metro- Station. Dann sind Sie in wenigen Minuten beim:

ARC DE TRIOMPHE DE L'ETOILE

Place du Général-de- Gaulle, **M**: Charles-de-Gaulle-Etoile, Oktober - De-

zember 1o-22.3o Uhr, April - September 9.3o-23 Uhr, am 1.1., 1.5. und 25.12. geschlossen. Eintritt: ca. 7 Euro.

Die Schlachten von Marengo und Austerlitz veranlaßten Napoleon, zwei Triumphbögen zu Ehren der siegreichen französischen Armeen in Auftrag zu geben: den Arc de Triomphe- du- Carroussel beim Louvre (hier war der Septimus- Severus- Bogen vom Forum Roms das Vorbild) und den großen Arc de Triomphe am oberen, westlichen Ende der Champs- Elysées nach der Idee des Architekten Chalgrin. Der frühere Place Champs- Elysées heißt heute Charles de Gaulle- de l'Etoile. Etoile wegen der 12 sternförmig hier beginnenden Avenuen, deren sieben vom Baron Haussmann angelegt wurden.
Als zum Zeitpunkt der Hochzeit Napoleons mit Marie- Louise noch nicht einmal die Grundmauern fertig waren, errichtete man flugs ein Gerüst aus Holz und Stoff in Originalgröße.

Mit einem Lift kann man auf die Aussichtsplattform (5o m, 1o- 17 Uhr) gelangen und einen schönen Panoramablick über Paris genießen: nach Osten erstreckt sich die lange Champs- Elysées, in der Fortsetzung die Tuileriengärten und der Louvre. Im Westen, wo sich früher der Blick in endlosen Vorstädten verlor, hat das Auge nun einen neuen Fixpunkt: in der Verlängerung der Av. de la Grande Armée und Av. Charles de Gaulle steht Mitterands Triumphbogen: La Grande Arche (siehe Geschichte, Seite 118/ 263 und La Defense, Seite 263).

RUE DU FAUBOURG ST. HONORE

Eleganteste Einkaufsstraße von Paris. Weltbekannte Namen wie Dior, Cardin, Hermes geben dieser langen Straße, die beim Palais Royal im 1. Arr. als Rue St. Honoré beginnt, das Geleit. Alles was das Leben schöner und eleganter macht, wird hier im höchsten Niveau zu höchsten Preisen angeboten. Und eigentlich fing alles so schlicht an.

Wie die Vielzahl der Straßen von Paris führt auch sie den Namen eines Heiligen. Aber erst seit Mitte des 18. Jh. - vorher hieß sie „Chaussée du Roule“ und im 12. Jh. einfach „Chemin du Roule“, das heißt „Weg nach Roule“. Und das kam so:

Ein Dorf, das an der Stelle des Etoile (Triumphbogens) lag, war berühmt für seine fetten Gänse, so hatte sich eben der Pfad langsam ausgetreten, den die genußfreudigen Pariser von der Cité aus nahmen. Direkt am Fluß entlang konnte man nicht gehen, da war das Moorgebiet, das sich vom heutigen Marais aus entlang zog.

Also stapfte man hier seinen Weg. Er führte lange Zeit danach noch durch dichte Wälder, denn die Fama erzählt, daß der Graf von Artois vom Bois de Bologne bis hierher eine Hirschkuh verfolgt hätte, die dann an der Stelle des jetzigen Schlemmertempels „Maxim's" zusammengebrochen wäre. Vielleicht ritt er auf einem Sattel von „Hermes", den es damals schon gab, und so schließt sich der Kreis.

Was beim Hinaufschlendern in der RUE FAUBOURG ST. HONORE auffällt, ist die Nonchalance, mit der sich der Präsidentenwohnsitz Palais de l'Elysée in die Straße der exquisiten Mode unauffällig einfügt. Wenn am Trottoir nicht die Flics stünden, wäre die Toreinfahrt in den schönen Innenhof fast zu übersehen. Eleganz und Staatsgeschäfte - eine wünschenswerte Verbindung.

PARC DE MONCEAU

Schöne schmiedeeiserne Tore führen in den romantischen Park. Gotische Ruine, Tempel, Minarett und Pagode, die Rotunde von Ledoux, Mühle, Pyramide und eine Kolonade am See zieren ihn. Für Kinder Eislauf und Pony- Reiten. An der Ostecke die Museen **Cernuschi** und **Nissim de Camondo.**

MUSEEN

MUSEE CERNUSCHI (C.M.)

7, Av. Velasquez, M° Monceau, Villiers, am Parc Monceau, 1o- 17.4o Uhr, Montag und Feiertag zu. Eintritt: 3 Euro.
Kunst des alten China.

MUSEE NISSIM DE CAMONDO (C.M.)

63, Rue de Monceau, neben dem Cernuschi. 1o-17 Uhr, Montag, Dienstag zu. Eintritt: 5 Euro. www.ucad.fr

Einrichtung im Louis XVI.- Stil. Sèvres- und Meißnerporzellan.

MUSEE (PALAIS) DE LA DECOUVERTE

Av. F. Roosevelt, im Grand Palais, **M**: Champs- Elysées. 9.3o-18 Uhr, an Sonn- und Feiertagen 1o-19 Uhr, montags sowie am 25.12., 1.5. und 15.8. zu. Eintritt. 5 Euro. www.palais-decouverte.fr

Naturwissenschaftliches- technisches Museum der Entdeckungen und Erfindungen, vergleichbar mit dem Deutschen Museum in München - auch ein Planetarium.

GRAND PALAIS

3, avenue du Général-Eisenhover, **M**: Champs-Elysées-Clemenceau.1o- 2o Uhr, Mittwoch bis 22 Uhr, Dienstag und am 25.12. zu.

Der Belle- Epoque- Palast, der im Westteil das Musée de la Décou-verté und im Südteil Räume der Universität beherbergt, wird für große Ausstellungen benützt: Picasso, Chagall oder die FIAC, die Messe für internatio-nale zeitgenössische Kunst. Dazu gehörig: Palais de la Découverté, siehe links.

Treppengeländer im Grand Palais

PETIT PALAIS
(C.M.)
Avenue Winston Chur chill, **M**: Champs-Elysées-Clemenceau

Gegenüber dem Grand Palais. 1o- 17.4o Uhr, Montag und feiertags zu. Eintritt: 5 Euro.

Momentan wegen Umbau geschlossen.

Wie das Grand Palais und die Pont Alexandre III., zur Weltausstellung im Stil der Belle Epoque geschaffen. Museum der schönen Künste. Kunstwerke des 19. Jahrhunderts von z.B. Ingres und Delacroix. Wechselausstellungen.

MUSÉE JAQUEMART-ANDRÉ
158, Boul. Haussmann **M:** Saint-Philippe-du-Roule **RER:** Charles-de-Gaulle-Étoile Tel. o1 42 89 o4 91 1o-18 Uhr täglich. 8 Euro.

Stilvolles Ambiente, italienische Malerei und Fresken in einem herrschaftlichen Stadthaus des 19.Jahrh.

GALÉRIE NATIONALE DU JEU DE PAUME
1, Place de la Concorde **M:** Concorde.Eintritt ca 5 Euro
Tel: o1 47 o3 12 5o

Früher das Museum für die Impressionisten, heute wechselnde Ausstellungen moderner Kunst (siehe Pariscope!)

CENTRE NATIONAL DE LA PHOTOGRAPHIE
Hôtel Salomon de Rothschild 11, Rue Berryer
tägl. von 12-19 Uhr ausser Die. Eintritt ca 5Euro
www.cnpphotographie.com

PALAIS DE L'ELYSEE

Der, wie vorher geschildert, so liebenswert gelegene Amts- und Wohnsitz des französischen Präsidenten.

Die Vorderfront zur Rue du Faubourg St. Honoré, der große Garten schiebt sich in den Cour de la Reine, den rechten unteren Teil der Champs- Elysées hinein. Er wurde 1718 erbaut und Madame Pompadour, Marquis de Marigny, Napoleon, später die von ihm verstoßene Josephine, Zar Alexander und Napoleon III. machten es sich in seinen Räumen gemütlich.

BAHNHOF ST. LAZARE

Von Claude Monet immer wieder gemalt, hat er auch heute noch sein altes Fluidum behalten. Dem Bahnhof gegenüber und weiter in der Rue Saint Lazare auf den Trottoirs viele Restaurants, die Bancs des Huîtres, wo die Muschel- und Austernöffner ihr Messer schwingen. Eines davon ist besonders originell, „Au roi de la bière". Hinter einer bunten, figürlichen Fassade hält es Hunderte von in- und ausländischen Biersorten bereit. Hier ertönen im Stimmengewirr des öfteren deutsche Laute, denn viele Reise- Geleitete werden hier herein geführt.

Auch die Straßennamen halten sich international: Place Budapest, Rue Amsterdam - Rom - Madrid und der Platz über dem Bahnhofsgelände ist die Place de l'Europe.

STE. MARIE- MADELEINE

Place de la Madeleine, **M**: Madeleine.

Nach verschiedenen Bestimmungen und Umbauten in ihrer heutigen Gestalt eines griechischen Tempels. Ab 1814 von Louis XVIII. dem Gottesdienst geweiht. Geöffnet: 7.3o-19 Uhr, feiertags 9-19 Uhr, sonntags (manchmal) 13.3o-15.3o, an manchen Feiertagen geschlossen. Kurz „La Madeleine".

Restaurants

Für das Achte gilt in einigen Bereichen Ähnliches wie für das Siebte: man merkt vielen Lokalen die „Noblesse d'orée" an; die der Champs- Elysées und der Rue du Fb. St. Honoré und ihrer Nebenstraßen: Geldaristokraten, Politiker und die Schickeria aus Mode, Film und PR- Management. Das Achte ist

Restaurants

demzufolge auch das Arr. mit den meisten Sternen (Mercedes und Michelin). Für den Touristen mit normalem Geldbeutel also keine sehr empfehlenswerte Gegend. Es gibt zwei gute Bistros und eine Reihe passabler Brasseries.

BISTROS

Ma Bourgogne (2)

133, Bd. Haussmann, 7- 2o.3o Uhr, Sa. und So. zu.

Hier trifft sich regelmäßig die Académie Rabelais, um die Bistros ihrer Wahl mit dem „Coupe du Meilleur Pot" auszuzeichnen. Das Interieur ist neu und nicht sehr pariserisch, da es 1986 im Lokal brannte, was aber die Stammkundschaft nicht abhält. Menüs (Burgunder Spezialitäten) nur von 12- 14.3o Uhr, abends bleibt die Küche kalt: Terrinen, Käse und Schinken. Große Auswahl guter Weine.

Bistro Le Val d'Or (2)

28, Av. Franklin D. Roosevelt, 8- 21.3o Uhr, So. zu.

Menüs und á la carte nur mittags. Abends köstliche Hausspezialitäten: Beinschinken, Geflügelleberpasteten u.a. Ebenfalls mit dem „Coupe du Meilleur Pot" dekoriert.

Bistro Chez André (3- 4)

12, R. Marbeuf, N.Z. Di. und August zu.

Ein lebhaftes Bistro mit dem für dieses Viertel typischen Ambiente und entsprechender Kundschaft. Die ständige Massenabfertigung betuchter Gäste zeitigt mäßige Qualität bei hohen Preisen.

Bistro Romain

73, Av. des Champs- Elysées und

117, R. St. Lazare. Siehe Kapitel „Paris und seine Lokale".

L´Écluse

64, Rue Francois1er und 15, Place Madeleine: Klassische Wein-Bar.

8.ARR.

Restaurants

BRASSERIES

Brasserie L'Alsace (2- 3)

39, Av. des Champs- Elysées, ganzjährig und täglich von o- 24 Uhr.

Fruits de Mer, Sauerkraut elsässisch, Apfelstrudel und Elsässer Bier vom Faß. Die Preisklassifizierung dieser und der folgenden Brasseries bezieht sich auf ein komplettes à la carte- Essen. Bekanntlich kann man in jeder Brasserie auch nur Kleinigkeiten essen.

Brasserie Le Boeuf sur le Toit (3)

34, R. du Colisée, **M°** St.- Philippe- du- Roule; ganzjährig und täglich bis 2 Uhr.

Reichhaltige Karte mit einfacheren und aufwendigeren Gerichten. Dekor der 2oer- Jahre.

Brasserie Lorraine (3- 4)

2, Place des Ternes, ganzjährig täglich bis 2 Uhr.

Traditionelle Küche zu gehobenen Preisen. Angenehmes Klima, freundliche Bedienung.

Brasserie Chez Françis (4)

7, Pl. de l'Alma, **M:** Alma Marceau; ganzjährig täglich bis 1 Uhr.

RESTAURANTS

La Fermette Marbeuf 19oo (3- 4)

5, R. Marbeuf, **M:** Franklin- Roosevelt; täglich bis 23.3o Uhr.

Das Essen ist gut, die Preise dementsprechend. Überwältigend ist das üppige Original- Belle- Epoque- Interieur. Man schwebt auf einer Wolke des Fin de Siècle.

Chez André (4- 5)

12, Rue Marbeuf, Tel. o1 47 2o 59 57. So. zu.

8.ARR.

Restaurants

Da hier die hohe Politik zu speisen pflegt, empfiehlt sich rechtzeitige Reservierung.

Drugstore des Champs- Elysées (2- 3)
133, Av. des Champs- Elysées.
Service bis 2 Uhr früh; große Auswahl, verhältnismäßig preiswert für diese Gegend.

CAFÈS

Virgin Café 58, Av. des Champs-Élysées Sehr angenehmer Platz für einen kleinen Imbiß oder ein Glas Wein zwischendurch!

Lo Sushi 8, Rue de Berri Japanische Kost in modernem Design (Andrée Puttman)

Spoon 14, Rue Marignan. Hier kann man sich kreativ betätigen und sein Menü selbst zusammenstellen. Mal was anderes!

Nützliches & Praktisches

Parken

Place de la Concorde
693 Plätze unter dem Platz.
2oo Plätze auf dem Platz.

Madeleine
auf der linken Seite, 726 Plätze.

Rond- Point
58o Plätze

Av. Georges V.
Entlang der Rue de Ponthieu
Ave. Hoche
Av. Friedland
Av. de Wagram
Rue Matignon
Boul. Malesherbes
Nähe Rue d´Anjou
Rue du Faubourg St.Honoré
Nähe Place Bauvau
Avenue Francois I.
Impasse d´Antin
Boul.Haussmann-Berri

Taxi

Place de la Madeleine
Place Rio de Janeiro
Avenue de Friedland
Place Saint Augustin
Rond Point des Champs Elysées
Place des Temes

SHOPS

Virgin Megastore
52, Av. des Champs Elysées www.virgin.fr Bücher und Schallplatten en gros.Mit Caféteria

FNAC - Filiale. Bücher, Theaterkarten etc. www.fnac.comm

Maison d'Allemagne

Wer Heimweh hat! Bier und andere Produkte aus deutschen Landen.

45, Rue Pierre Charron.

La Maison de la Truffe

Wer kein Heimweh, aber Geld hat! Trüffeln, Gänseleber und gute Weine.

19, Place de la Madeleine.

Maison de la Vigne et du Vin de France 21, Rue Francois I. Weinprobe und alles, was zum Thema Wein gehört. Schönes altes Palais.

Androuet

Wer mal wissen will, warum De Gaulle meinte, es sei schwierig, ein Volk zu regieren, das so viele Käsesorten hat, wie das Jahr Tage. Der Käsespezialist.

41, Rue d'Amsterdam.

Médiard

Delikatessen und Feinkost. Da kauft man nicht einfach, man wird beraten.

21, Place de la Madeleine.

Den Place Madeleine kann man überhaupt „zum Fressen gern" haben: Nr.9 Lucas Carton, Nr.26 Fouchon, Nr. 32 Schokolade der Marquise de Sévigné!

Fenêtre sur le Passe

Am Beginn der Rue du St. Honoré (ab der Ecke zur Rue Royal und der Madeleine) auf der Nr. 2o liegt ein Geschäft, das die Pariser vor allem zur Weihnachtszeit aufsuchen, und sei es auch nur um die Auslage zu bestaunen. Es ist schon fast obligatorisch, denn sie soll eine der schönsten sein.Sie gehört zu dem „Vergangenheit"- Laden „Fenêtre sur le Passe", der handgearbeitete Artikel der vergangenen Jahrhunderte führt, darunter ganze Miniatur-Paläste in originalgetreuer Wiedergabe und hunderterlei andere verspielte Dinge, mit denen man Freude machen kann.

HAUTE -COUTURE und deren BOUTIQUENsind in der „Fakten-Fundgrube" aufgeführt.

MARKT

Briefmarkenmarkt

Briefmarkenmarkt und alte Postkarten am Carré Marigny, Kreuzung der Av. Marigny und Gabriel, n den Anlagen der unteren Champs Elysées.

M: CHAMPS- ELYSÉES-CLEMENCEAU

Seit einem Jahrhundert werden hier Briefmarken ausgetauscht und gekauft, eine ziemlich ernste Angelegenheit, wenn man die gesammelten Gesichter der Sammler ansieht - aber Spaß muß es wohl machen. Rundum blühen die Kastanien, zwitschern die Vögel, und wenn man sich ein wenig umsieht, findet man die Wägelchen mit den Eseln für die kleinen und großen Kinder.

Donnerstag, Samstag und Sonntag von 9-19 Uhr.

Markt Europe

1, Rue Corvetto, täglich offen. Der kleinste Hallenmarkt, der Lage wegen (8. Arr.!), aber auch der teuerste, exclusivste, was das Warenangebot betrifft.

Marché de la Madeleine

Blumenmarkt - jeden Tag ausser Montags von 8-19.30 Uhr

THEATER

Das Kasperltheater Guignol

befindet sich unweit des Briefmarkenmarktes. Es ist eine Institution von Paris und hat schon Generationen Spaß gemacht.

Weiter oben an den Champs Elysées lockt etwas anderes:

„**Lido**“: 116, Champs Elysées **M:** George V; Tel. o1 4o 76 56 1o.

„**Crazy Horse Saloon**“

12, Av. George V., **M:** Alma-Marceau, Tel. o1 47 23 32 32

„**L'Elephant Bleu**“:

49, Rue de Pontheu, Tel. o1 43 59 58 64, viel zu sagen, hieße Eulen nach Athen beziehungsweise „Blue-Bell-Girls“ nach Paris zu tragen. Die Ausstattungskosten dieser weltberühmten Pariser Revuen belaufen sich jeweils auf mehrere Millionen Mark.

Comédie des Champs Elysées

15, Av. Montaigne, **M:** Alma. Tel. o1 49 52 5o 5o.

Ein Theater mit Tradition und großem Spielplan, das zu Paris gehört wie Michèle Morgan und andere große Stars, die hier gastieren.

Théâtre Marigny

Av. de Marigny, **M:** Champs-Elysées- Clemenceau.
Tel. o1 42 56 o4 41.

Von Schauspiel und Komödie bis zur Rock- Oper das Haus der großen Namen.

Rond Point

Académie experimental de Theatre Compagnie Marcel Maréchal 2, Av. Franklin- Roosevelt, **M:** F. Roosevelt. Tel. o1 44 95 98 oo.

An diesem gehobenen Boulevard-Theater spielten einst die großen Schauspieler Madeleine Renaud und Jean- Louis Barrault. Es bringt beste Bühnen-Unterhaltung mit namhaften Charakterdarstellern. Hier spielte z.B. Michel Piccoli, der einstige Partner von Romy Schneider.

Fouquet's

Ecke Champs- Elysées- Avenue George V, **M:** George V.

Altes Nobelrestaurant und Café, fast so alt wie die Champs- Elysées. Heute auch Jet- Set aus dem nahen Hotel „George V."

Das Belle- Epoque- Bistro sollte nach seiner 1oo- jährigen glanz- und glimmerreichen Vergangenheit, in der es bis zum Tempel und Eldorado der internationalen Filmwelt aufstieg, zu einer großen Geschäftszentrale umgebaut werden. Da aber schaltete sich der Denkmalschutz ein, und nun ist es unveränderbar. Weiterhin kann man im pompösen Inneren oder an Tischchen auf dem Pflaster der berühmtesten Avenue der Welt sitzen, nach der alten Devise: „Sehen und gesehen werden". An dieser Ecke ist das Pflaster allerdings nicht billig.

Le Calvados

4o, Av. Pierre- ler- de Serbie (Nähe Arc de Triomphe, Av. George V.).

Ein Ziel für Nachtschwärmer, die das Bett scheuen, wie der Teufel das Weihwasser.

Salle Pleyel

252, Rue du Faubourg St. Honoré, **M**: Ternes, Tel. o1 45 61 53 oo.

Der bedeutendste und bekannteste Konzertsaal von Paris.

Queen

1o2, Av. des Champs-Elysées **M:** George V Die Disco von Paris - mit Show und DJ . Bunte Szene.

Club 79

79, Champs- Elysées, **M:** George V, Tel. o147 23 69 17. Tanztee von 15.3o- 19 Uhr, Disco: Sa. bis Do. ab 21.3o Uhr, Fr. und Sa. Special- Disco von 22 Uhr bis morgens.

Keur Samba

79, Rue La Boétie Heiße afrikanische Rhythmen die ganze Nacht durch. Edel!

LA DEFENSE

Metro Linie 1 oder RER A. Station: La Grande Arche de La Defense. Die RER A ist mit nur 3 Stops (Châtelet Les Halles, Auber und Ch. de Gaulle Etolie) schneller als die Metro.

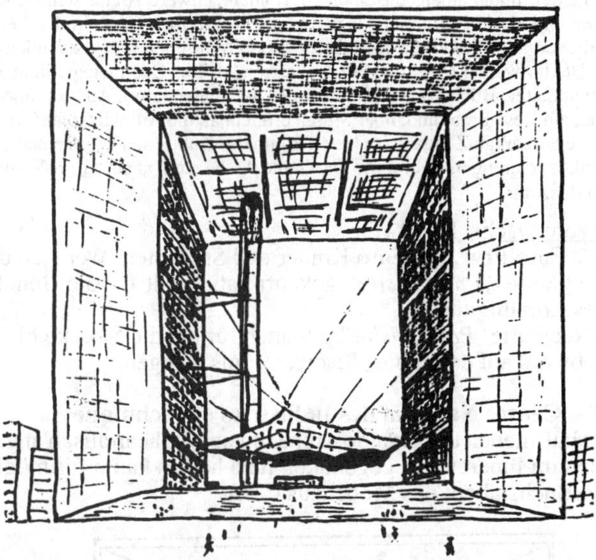

Lohnt sich die Fahrt dorthinaus? Für einen Blick über die Stadt von der Dachterrasse der Grande Arche aus wohl nicht; dafür ist diese zu weit weg, und selbst der Eiffelturm steht wie ein kleiner Zahnstocher im rechten Blickfeld.

Das Gesamtpanorama allerdings bietet einen der Höhe entsprechenden Weitblick bis zu den in bläulicher Ferne verschwindenden Wäldern der Ile de France. Im Vordergrund die moderne Architektur der la Defense, im Nordosten der Bois de Boulogne mit einem Stück Seine, im Osten erhebt sich der Arc de Triomphe über der Avenue de la Grande Armée.
Die Fahrt im gläsernen Aufzug, der in einem Stahlgerüst im Freien in die schwindelerregende Höhe von 11o Metern hinaufgleitet, ist nichts für ängstliche Gemüter.
Also nicht zur La Defense, die ja außerhalb der von mir beschriebenen 2o Arr. liegt? Mais oui! Aber ja!!

LA GRANDE ARCHE ist ein absolutes Muß im Pariser Programm. Ist sie doch der moderne End- und Höhepunkt der historischen Pariser Ost-West-Achse Bastille - Louvre - Arc de Triomphe.
Dieser „große Bogen“ ist zweifellos eine der faszinierendsten Begegnun-

gen mit der Architektur von heute und morgen. Man mag dieses Gebilde aus Beton, Glas und Marmor hybrid nennen, es ist trotzdem von bezwingender Ästhetik. Der bis dato unbekannte, inzwischen verstorbene dänische Architekt J. O. v. Spreckelsen nannte ihn: *„Ein offener Kubus, ein Fenster zur Welt ... und ein Blick in die Zukunft"*.

Ein paar Fakten und Zahlen: die 3oo.ooo Tonnen schwere Arche steht auf 12 inneren Pfeilern, deren jeder das dreifache Gewicht des Eiffelturms trägt. In den beiden Seitentürmen arbeiten auf 87.ooo qm Bürofläche 2.ooo Menschen. Für die Außenverkleidung wurden 3 Hektar weißer Carrara-Marmor verwendet. Das Dach wiegt allein 3o.ooo Tonnen und beinhaltet: Bücherei (mit Postkarten, Souveniers etc.), Ausstellungs- und Kongreßräume, ein Restaurant und, über Stufen erreichbar, die Aussichtsplattformen im Freien. Das unregelmäßige Zeltdach im freien Raum des Kubus dient zum einen als formeller Kontrapunkt zur strengen Geometrie der Grand Arche, zum anderen zur Vermeidung von Luft-Turbulenzen.

Aufzug zum Dach: 1o-19 Uhr.
Eintritt: 7 Euro Erw., 5,5 Euro Kinder und Studenten. Wer sich die Metro/ RER Netztkarte *„Paris Visite"* gekauft hat, erhält für die Benutzung des Aufzuges Ermäßigung.
PS: die Netzkarte *"Paris Visite"* gilt auch für die die Strecke bis La Grand Arche, obwohl außerhalb des Stadtzentrums gelegen.

C.N.I.T.- Centre National des Industries et Techniques
Riesige Halle neben der Grande Arche mit amphitheatralisch angeordneten Boutiquen im Inneren. Ihr gegenüber, man hält es kaum für möglich, zwei vertraute Buchstaben: das Modehaus C&A.

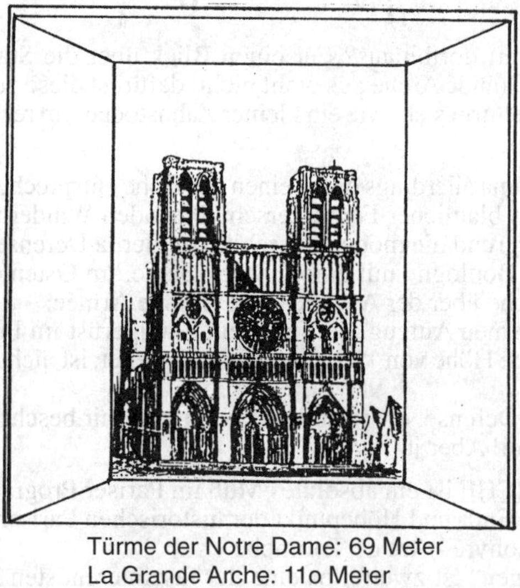

Türme der Notre Dame: 69 Meter
La Grande Arche: 11o Meter

DOME IMAX

Neben der Grande Arche steht das Kugel-Kino mit 1.ooo qm Bildfläche, ähnlich der „GEODE“ im Park de la Vilette (19. Arr.). Die riesige Leinwand umschließt die Zuschauer fast 18o Grad. Wir haben die Vorführung „Entre Ciel et Terre“ gesehen. Fast wird es einm übel, wenn man im Flugzeug durch Canyons rast, die Sicherheitsgurte im Kinositz fehlen, und man das gefühl hat, gleich auf die Erde runterzustürzen. Andere Programme sollen „ruhiger“ sein, z.B. „Antarktis“ oder „La Planete Blue“.

Vorführungen vom 12.15 - 2o.oo Uhr. Einzelvorführung 1 Std. Großer Vorteil: selbst in Saisonzeiten nur Wartezeiten von max. 1o Min.

AUTOMOBILMUSEUM

In der Eingangshalle zur Dome Imax. Interessante Oldtimer aus mehr als 1oo Jahren Geschichte des Autos, u.a. Replika des ersten Automobils von Benz (1886), auch alter Rolls Royce aus den 2o-er Jahren, ein Lamborghini Sportwagen und alte Franzosen. Täglich 12 - 19 Uhr.

TOUR FIAT - TOUR FIAT - TOUR MANHATTAN - TOUR DAN

Während im Stadtzentrum von Paris die Baubestimmungen nur eine limmitierte Höhe der Gebäude zulassen, entstand in La Defense eine Gruppierung von Wolkenkratzer.

Der „TOUR FIAT“ (neben C.N.I.T und La Grande Arche)besitzt 45 Stockwerken, Höhe rund1 8o m. Die Fassade ist mit dunklem Granit verkleidet. Wirkt zusammen mit den eingelassenen Fenstern wie ein überdimensionales Schachbrett. - Der „TOUR ELF“ direkt daneben, ebenfalls rund 18o m und Stahlskelett Bauweise. Je nach Beleuchtung und Lichtverhältnissen ändert die Fassade ihre Farbe. - „TOUR MANHATTAN“: rund 4oo m weiter Richtung Seine. Seine geschwungene Fassade ist komplett mit Spiegelglas verkleidet (Fläche ca. 22.ooo qm!), in der sich die gegenüberliegenden Gebäude und Himmel/Wolken reflektieren.

„TOUR DAN“: gegenüber, gehört einer bekannten franz. Versicherungsgesellschaft. - „TOUR ROUSSEL-HOECHST“: gebaut 1967, war erstes der La Defense Wolkenkratzer, Lage direkt an der Seine.

Die stetig wachsende Trabantenstadt La Defense liegt zwar außerhalb der 2o Arrondissements von Paris, drängt sich aber wegen ihres futuristischen Charakters immer mehr in das Interesse der Paris-Besucher. Weitere Informationen zu „La Defense“ siehe Seiten 117-119.

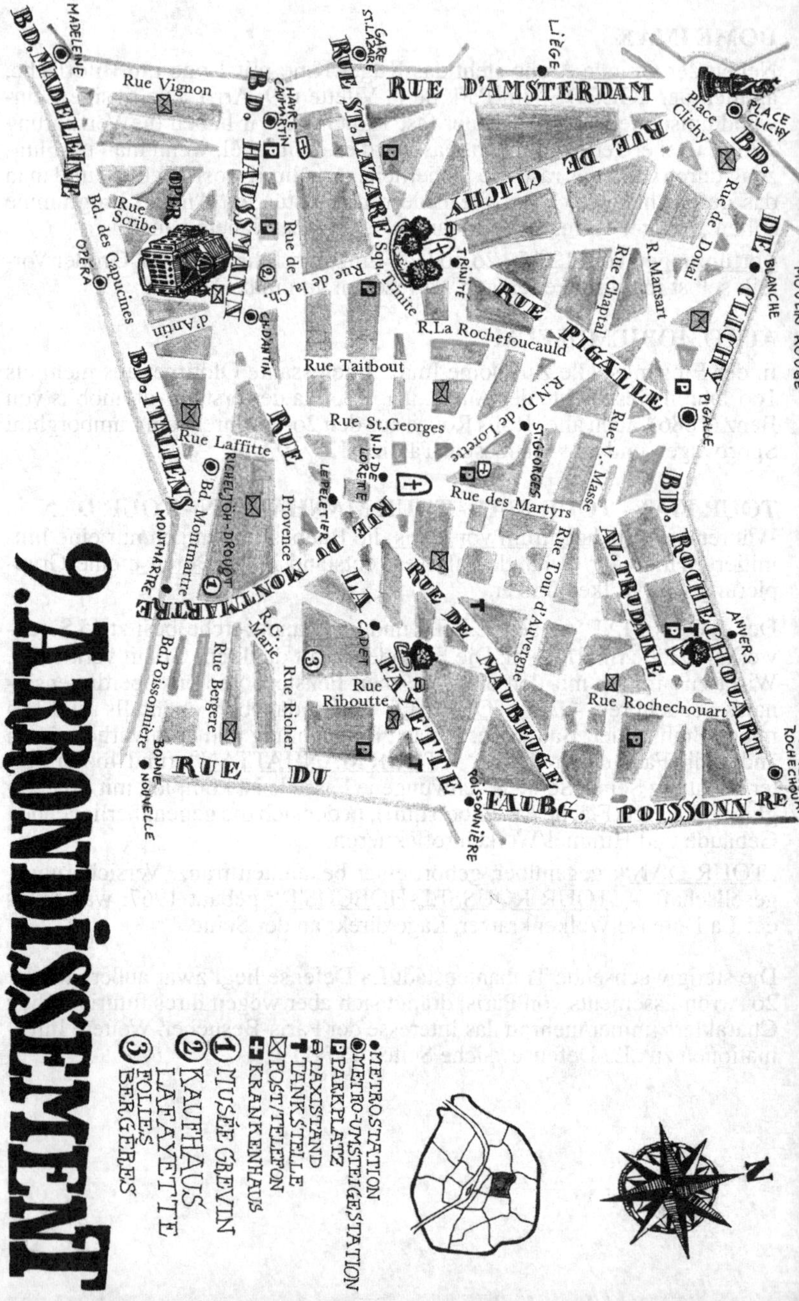
9.ARRONDISSEMENT
METROSTATION
METRO-UMSTEIGESTATION
PARKPLATZ
TAXISTAND
TANKSTELLE
POST/TELEFON
KRANKENHAUS
1 MUSÉE GREVIN
2 KAUFHAUS LAFAYETTE
3 FOLIES BERGERES
N
RUE D'AMSTERDAM
RUE DE CLICHY
RUE ST.LAZARE
BD. HAUSSMANN
BD. MADELEINE
BD. DE CLICHY
RUE PIGALLE
BD. ROCHECHOUART
AV. TRUDAINE
RUE DE MAUBEUGE
RUE LA FAYETTE
RUE N.D. DE LORETTE
RUE MONTMARTRE
BD. ITALIENS
RUE DU FAUBG. POISSONN.RE
Rue Vignon
Rue Scribe
Bd. des Capucines
OPER
Rue de la Ch.
d'Antin
Squ. Trinite
Rue Taitbout
R.La Rochefoucauld
Rue St.Georges
Rue Laffitte
Bd. Montmartre
Bd.Poissonnière
Rue Bergere
R.G.-Marie
Rue Richer
Rue Riboutte
Provence
Rue de
Rue des Martyrs
Rue Tour d'Auvergne
Rue V.-Masse
Rue Chaptal
R.Mansart
Rue de Douai
Rue Rochechouart
Place Clichy
MADELEINE
GARE ST.LAZARE
HAVRE CAUMARTIN
OPÉRA
CH.D'ANTIN
TRINITÉ
LIÈGE
PLACE CLICHY
BLANCHE
PIGALLE
ST.GEORGES
N.D. DE LORETTE
LE PELETIER
RICHELIEU-DROUOT
MONTMARTRE
CADET
BONNE NOUVELLE
POISSONNIÈRE
ANVERS
ROCHECHOUART
MOULIN ROUGE

Ein Arrondissement, in dem Paris seinen ganzen Glanz und Großstadt-Habitus zeigt. Hier trägt die Weltstadt ihr Gala- Kleid. Das Prunkstück ist die Grand Opéra mit ihrem herrlichen Platz, an dem die Grand- Boulevards vorbeiziehen und sich mit der Avenue de l'Opéra kreuzen.

Wer im Rauschen des Verkehrs vor der Treppe des OPERNHAUSES steht, sieht vor sich diese Prachtstraßen, die sich seit über hundert Jahren kaum verändert haben, rechts den BOULEVARD DE LA MADELEINE mit dem Cafe de la Paix, links den BOULEVARD DES CAPUCINES, den Blumenstand, die alten Bäume, die vielen Tauben, die das inzwischen längst wieder nachgedunkelte Gemäuer der Grand Opéra heimsuchen.

In der nördlichen Begrenzung reicht die Place Pigalle (18. Arr.) und die Place Blanche noch in das 9. Arr. herein. Sie gehören bereits zum Montmartre, dessen südlicher Teil von den Boulevards Clichy und Rochechouart abgeschlossen wird. Dieselben Boulevards sind die Grenze des 9. Arrondissements im Norden.

Der BOULEVARD CLICHY erträgt 600 m Öde rechts und links, bestehend aus einer end- und trostlosen Reihe von Pornokinos, geschmacklosen Strip- und Revuetheatern, Spielhallen und Sexshops. Und das ständige Motordröhnen der Touristenbusse. Dabei ist der Boulevard eigentlich sehr schön: zweireihige Baumallee in der Mitte, Jugendstil- Metroeingänge dazwischen, und über schöne Hausfassaden hinweg der Blick auf die BUTTE MONTMARTRE.

Die untere Begrenzung: die GRANDS BOULEVARDS mit ihren Geschäften, Restaurants, Cafés, Zeitungskiosken und Passagen. Die Schlagadern der Stadt. Aber zwischendrin, da ist es wieder, in der RUE MONTMARTRE, in der RUE DE PROVENCE und noch weiter drin, die kleineren Adern und die Kapillargefäße, wo der Stoffwechsel des Lebens stattfindet, der Straßenmarkt, das Eckbistro, das Stammcafé. Das Paris, das ich so liebe.

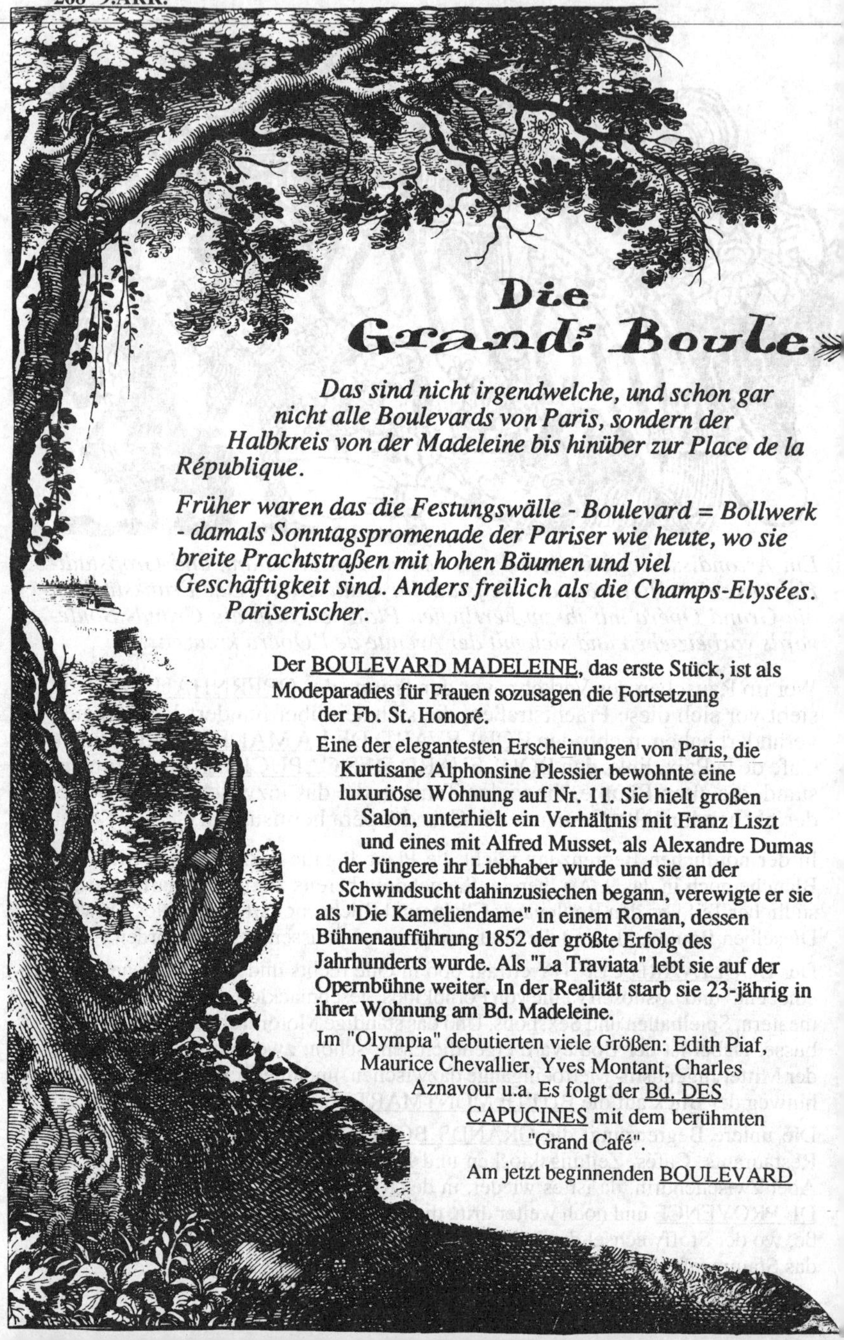

Die Grands Boule

Das sind nicht irgendwelche, und schon gar nicht alle Boulevards von Paris, sondern der Halbkreis von der Madeleine bis hinüber zur Place de la République.

Früher waren das die Festungswälle - Boulevard = Bollwerk - damals Sonntagspromenade der Pariser wie heute, wo sie breite Prachtstraßen mit hohen Bäumen und viel Geschäftigkeit sind. Anders freilich als die Champs-Elysées. Pariserischer.

Der BOULEVARD MADELEINE, das erste Stück, ist als Modeparadies für Frauen sozusagen die Fortsetzung der Fb. St. Honoré.

Eine der elegantesten Erscheinungen von Paris, die Kurtisane Alphonsine Plessier bewohnte eine luxuriöse Wohnung auf Nr. 11. Sie hielt großen Salon, unterhielt ein Verhältnis mit Franz Liszt und eines mit Alfred Musset, als Alexandre Dumas der Jüngere ihr Liebhaber wurde und sie an der Schwindsucht dahinzusiechen begann, verewigte er sie als "Die Kameliendame" in einem Roman, dessen Bühnenaufführung 1852 der größte Erfolg des Jahrhunderts wurde. Als "La Traviata" lebt sie auf der Opernbühne weiter. In der Realität starb sie 23-jährig in ihrer Wohnung am Bd. Madeleine.

Im "Olympia" debutierten viele Größen: Edith Piaf, Maurice Chevallier, Yves Montant, Charles Aznavour u.a. Es folgt der Bd. DES CAPUCINES mit dem berühmten "Grand Café".

Am jetzt beginnenden BOULEVARD

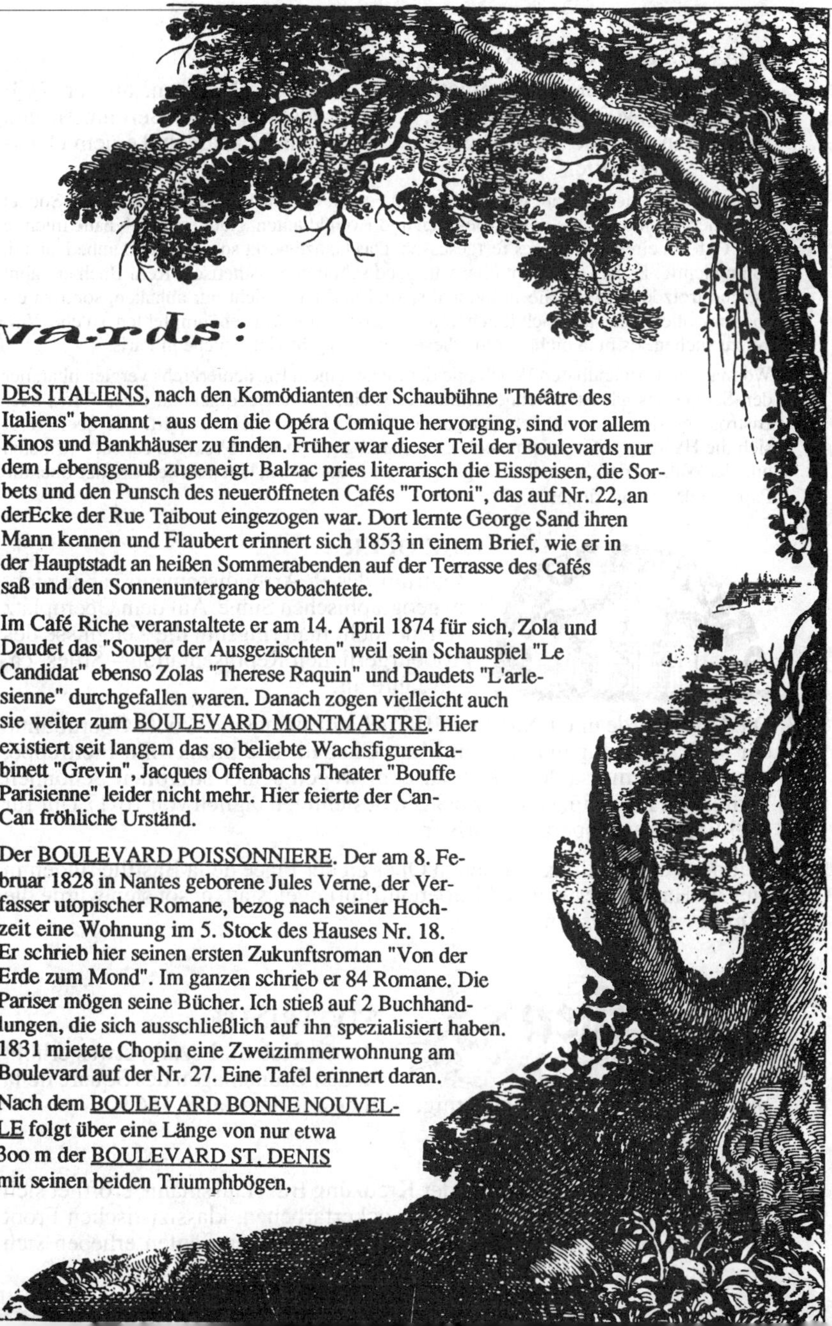

vards:

DES ITALIENS, nach den Komödianten der Schaubühne "Théâtre des Italiens" benannt - aus dem die Opéra Comique hervorging, sind vor allem Kinos und Bankhäuser zu finden. Früher war dieser Teil der Boulevards nur dem Lebensgenuß zugeneigt. Balzac pries literarisch die Eisspeisen, die Sorbets und den Punsch des neueröffneten Cafés "Tortoni", das auf Nr. 22, an derEcke der Rue Taibout eingezogen war. Dort lernte George Sand ihren Mann kennen und Flaubert erinnert sich 1853 in einem Brief, wie er in der Hauptstadt an heißen Sommerabenden auf der Terrasse des Cafés saß und den Sonnenuntergang beobachtete.

Im Café Riche veranstaltete er am 14. April 1874 für sich, Zola und Daudet das "Souper der Ausgezischten" weil sein Schauspiel "Le Candidat" ebenso Zolas "Therese Raquin" und Daudets "L'arlesienne" durchgefallen waren. Danach zogen vielleicht auch sie weiter zum BOULEVARD MONTMARTRE. Hier existiert seit langem das so beliebte Wachsfigurenkabinett "Grevin", Jacques Offenbachs Theater "Bouffe Parisienne" leider nicht mehr. Hier feierte der Can-Can fröhliche Urständ.

Der BOULEVARD POISSONNIERE. Der am 8. Februar 1828 in Nantes geborene Jules Verne, der Verfasser utopischer Romane, bezog nach seiner Hochzeit eine Wohnung im 5. Stock des Hauses Nr. 18. Er schrieb hier seinen ersten Zukunftsroman "Von der Erde zum Mond". Im ganzen schrieb er 84 Romane. Die Pariser mögen seine Bücher. Ich stieß auf 2 Buchhandlungen, die sich ausschließlich auf ihn spezialisiert haben. 1831 mietete Chopin eine Zweizimmerwohnung am Boulevard auf der Nr. 27. Eine Tafel erinnert daran.

Nach dem BOULEVARD BONNE NOUVELLE folgt über eine Länge von nur etwa 3oo m der BOULEVARD ST. DENIS mit seinen beiden Triumphbögen,

PLACE ST. GEORGES

Ziemlich genau in der geometrischen Mitte des Neunten, an der RUE NOTRE DAME DE LORETTE, weit abseits von allem Berühmten und Bekannten, liegt der sehr kleine Platz mit einem Eckcafé und einem Denkmal in seiner Mitte.

Ich weiß nicht mehr genau, wer oder was in dessen oberen Teil dargestellt ist, am Sockel unten herum sind Reliefs von Harlekinen und Komödianten, glaube ich. Ich hatte mich in dem Café an einigen Cognacs festgesessen. Das Ganze wirkt so wohltuend unbedeutend, so unwichtig. Es ist auch nicht überwältigend schön oder ästhetisch. Kein Buch erwähnt es, und trotzdem: Wenn Sie Individualist sind und Paris nicht nur abhaken, sondern erspüren wollen, dann kann ich Ihnen immer wieder nur wärmstens empfehlen, solche Winkel zu suchen. Es muß nicht gerade dieser sein - es gibt viele solche in Paris.

Wo man die verwundbaren Weichteile der Seele, einem Einsiedlerkrebs vergleichbar, der den Schutz des nächsten Schneckenhauses sucht, in die Geborgenheit eines Cafés oder Bistros vergräbt und sogleich Entspannung und Gelassenheit verspürt. Die Seele reibt sich die Hände, der Geist lehnt sich zurück und gewinnt Überblick: „C'est ça!". Mit sich und der Welt zufrieden wie der Säugling an der Mutterbrust, läßt man den Cognac über die Papillen der Zunge rinnen.

DIE OPER

Zentrum des 9. Arrondissements, aber nicht im geographischen Sinne. Auf dem Opernplatz stehend sieht man ringsum die Zeugnisse des großbürgerlichen Repräsentations- Stiles, ca. 2oo Jahre alt.

Die Oper wurde unter Napoleon III. gebaut; sie hat die größte Opernbühne der Welt. Deckengemälde von Marc Chagall. Die prunkvolle Freitreppe, mit rosa Marmorsäulen, führt zu dem wegen seiner stilvollen Schönheit berühmten Foyer im ersten Stock.Zu besichtigen täglich von 1o-17 Uhr für ca 5 Euro. www.opera-de-paris.fr

Seit der Fertigstellung der neuen Oper an der Place de la Bastille finden in diesem Hause überwiegend Ballettaufführungen statt, ansonsten wurde die „Opéra" zum Museum.

STE. TRINITE

An der Rue St. Lazare, etwas erhöht in den Grünanlagen des Square de la Ste. Trinité, liegt die gleichnamige Kirche aus dem Jahre 1863.

NOTRE DAME DE LORETTE

Aus der Rue Laffitte, etwa bei der Kreuzung Bd. Haussmann, eröffnet sich ein überraschender Blick: Über der ockerfarbenen, klassizistischen Front der Notre Dame de Lorette mit ihren korinthischen Säulen erheben sich wie eine Fata Morgana die weißen Kuppel- Baisers der Sacre- Coeur gegen den Himmel.

MUSEEN

MUSEE GREVIN

1o, Bd. Montmartre, **M**: Grands-Boulevards. Sommer: 13-19 Uhr, Winter: 13-18.3o Uhr. Eintritt: ca. 1o Euro. www.musee-grevin.com

Weltbekanntes Wachsfigurenkabinett. Valerie Giscard d'Estaing sitzt so lebensecht auf einem Sofa, daß man sich neben ihn setzen und sich mit ihm unterhalten möchte. Man muß meist eine längere Wartezeit an der Kasse in Kauf nehmen. Gleich um die Ecke können Sie sich im Grand Zinc bei Austern erholen oder belohnen. Eine Zweigstelle des Museums ist im Forum des Halles.

MUSEE GUSTAVE MOREAU

14, Rue de La Rochefoucauld, **M:** Trinité. 1o- 12.45 und 14- 17.15 Uhr, Mo. und Mi. 11- 17.15 Uhr, Dienstag zu. Eintritt: ca. 4 Euro.

Imposante Symbolismus- Schinken des Fin de Siècle.

MUSEE OPÉRA

Rue Scribe, Nebeneingang zur Oper, der frühere Eingang Napoleon III., **M:** Opéra. 1o- 18 Uhr.www.opera-de-paris.fr

Modelle von Bühnenbildern, Partituren, Kostüme und Erinnerungen an große Künstler des Hauses.

Die Oper

MUSÉE FRAGONARD - PARFÜMMUSEUM

9, Rue Scribe und 39, Boul. des Capucines (2.Arr.) **M:** Opéra **RER:** Auber 9 -17.3o ausser Sonntags, freier Eintritt in beide Museen.

MUSÉE DE LA VIE ROMANTIQUE

16, Rue Chaptal **M:** Saint-Georges, Blanche 1o-17.30 Uhr, Eintrittspreise je nach Ausstellung gestaffelt. Die Welt der George Sand und ihre Zeit, im ehemaligen Atelier des holländischen Malers Ary Scheffer. Romantischer Garten!

Etwas Beonderes:
PARIS - STORY
11bis, Rue Scribe, **M:** Opéra: die 2ooo Jahre alte Geschichte der Seine-Metropole als Multivisions- Show! Immer zur vollen Stunde täglich von 9-2o Uhr auf einer Riesenleinwand (14 m hoch). Für umgerechnet ca. 1o Euro (Kinder unter 18 J. 6 Euro). Per Kopfhörer auch in deutscher Sprache.www.paris-story.com

Restaurants

BISTROS

La Cave Drouot (2)

8, R. Drouot, 7.3o- 21.4o Uhr, So. zu.

„Coupe du Meilleur Pot“. Große Auswahl erlesener Weine: preiswerte Beaujolais und teure Nuits St. Georges. Zum Essen gibt’s baskische Wurst und Käsespezialitäten. Mittags warme Küche.

Au Petit Riche (3)

25, R. le Peletier, ganzjährig bis o.15 Uhr, So. zu.

Mit dem Originaldekor von 188o ist dies eines der authentischen Pariser Bistros, zumindest vorne am Zinc. Das Lokal selbst hat inzwischen eher Restaurant-Charakter. Küche und Preise liegen einiges über dem Niveau eines Bistros.

Au Roi du Pot au Feu (2)

34, R. Vignon, bis 21.3o Uhr, So. und August zu.

Abends viel Theaterpublikum. Legere und lebhafte Atmosphäre. Küche mä-

Restaurants

ßig in Qualität und Preis.

Le Relais Beaujolais (2)

3, Rue Milton, 9- 22 Uhr, Sa. und So. zu.

Menüs mittags und abends, aber auch Wurstspezialitäten.

Verdeau

23-27, Passage Verdeau

Kleines Restaurant, aber gutes frisches Essen.

BRASSERIES

Grand Café Capucines (3- 4)

4, Bd. des Capucines, **M:** Opéra; ganzjährig täglich o- 2 Uhr.

Nach der Renovierung 1984 ein Feuerwerk des verspielten Belle- Epoque-Stiles. Die Gerichte liegen mitsamt ihrem Preis zwar einiges über dem Durchschnitt einer Brasserie, woran ohne Zweifel die Umgebung schuld ist (Opéra und Grands Boulevards), doch ist das Grand Café nach wie vor eine Pariser Institution, von deren Tradition auch das automatische Yamaha- Klavier nichts wegnimmt, und die man gesehen haben muß!

Brasserie Le Petit Bofinger - La Champagne (3- 4)

1o bis Pl. Clichy, **M:** Place de Clichy; täglich bis 3 Uhr.

Hierher sollte man nur der Fruits de Mer wegen kommen. In dem brandneu eingerichteten Lokal hat man eine Vorliebe für's Brennen, d.h. Flambieren: Langusten mit Whiskey, Meerwolf mit Pastis, Fleisch mit Cognac. Auch hier bestimmt wohl die Klientel der Umgebung, die Touristen des Bd. Clichy und der Pl. Pigalle den Qualitätsstandard des Dargebotenen.

Taverne Kronenbourg (3- 4)

24, Bd. des Italiens, ganzjährig bis 1 Uhr.

Die Brasserie mit elsässisch- Straßburger Küche (akzeptabel) ist zugleich ein

9. ARR.

Restaurants

Caf'Conc, ein Café mit Konzert, täglich von 19- 1 Uhr spielt ein Orchester.

RESTAURANTS

L'Annexe (2)

19, Rue Bleue, So. zu.

Burgunder Spezialitäten zu erschwinglichen Preisen.

La Cloche d'Or (2)

3, Rue Mansart, 19- 5 Uhr, So. und August zu.

Für Noctambules mit spätem Hunger; französische Küche; Theaterpublikum.

Chartier (1)

7, Rue du Fg. Montmartre, **M:** Rue Montmartre; täglich bis 21.3o Uhr.

Ein von Parisern sehr frequentiertes Lokal, fast ständig voll. Originaldekor von 1892; dichte Atmosphäre.

Charlot - Le Roi des Coquillages (4- 5)

12, Place Clichy, **M:** Place de Clichy; täglich bis 1 Uhr.

Schlemmertempel, vor allem für seine Meeresfrüchte und seine Original-Bouillabaisse (Marseiller Fischsuppe) bekannt: Suppe mit einer Platte gemischter Meeresfrüchte und verschiedenen Soßen.

Pagoda (3)

5o, Rue de Provence. N.Z., So. und August zu.

Ein qualitativ hochstehendes China- Restaurant mit akzeptablen Preisen.

BAR À VIN

Celio

4, R. Halévy, bei der Oper.

9.ARR.

Restaurants

Café de la Paix

Das feudale Café und Restaurant links der Oper - vor allem die Tischchen auf dem Boulevard - sind seit jeher der Treffpunkt der ganzen Welt. An einem Frühlingsabend hier zu sitzen, am Pulsschlag der Stadt, ist unvergeßlich. Die Innenräume wurden vom Baumeister der Oper, Charles Garnier, im Stil Napoleons III. erbaut.

Riboutte- Lafayette (2)

5, Rue Riboutte, Tel. o1 47 7o 62 36.

Sehr sauber! Renoviert, modern und trotzdem geschmackvoll. Viel Phantasie in der Farbe der Wände, Teppiche und Vorhänge. Ein empfehlenswertes Haus (auch Hotel!) in einer ruhigen Straße.

Parken

Lambel
1o7, Rue St. Lazare, 45o Plätze

Lafayette
54, Bd. Haussmann, Kaufhaus, 65o Plätze

Lafayette
91, Rue de Provence, 65o Plätze
M-Station Havre Caumartin, entlang Boul. des Capucines,

Rue Chauchat, Rue Mayran,

Cité de Trévise,

Rue Glauzel, und Place Anvers, 358 Plätze

TAXI

Square de Montholon
Place d'Estienne d'Orves
Metro Richelieu Drouot
Place Clichy

SHOPS

Am Boulevard Haussmann, Nähe Oper, sind die zwei traditionellen und eleganten Kaufhäuser:

Galeries Lafayettes (Nr. 4o) und Printemps (Nr. 64).
Zumindest sehenswert, selbst wenn man gar nichts kaufen will.

Die riesigen Jugendstil- Glashallen bieten eine Riesen- Auswahl an Mode, Design, Parfums, Accessoirs (auch die großen Namen!), außerdem: Lebensmittel, Restaurants, Cafés, Friseursalons, Bars etc. www.galerieslafayette.com und www.printemps.fr

THEATER

Opéra Garnier

Place de l'Opéra, **M:** Opéra, Tel. o1 44 73 13 oo. Vorbestellung von 11-18.3o Uhr.

Ein großer Theaterabend! Weltberühmt sind die Ballettaufführungen.

Opéra Comique

5, Rue Favert, **M**: Richelieu-Drouot, Tel. o1 42 44 45 46.

Auch Tanztheater von Nationalballetts bis zu exotischen Ensembles.

Nouveautes

24, Bd. Poissonnière,
M: Montmartre. Tel. o1 47 7o 52 76.

Das Stück, das in diesem Theater herauskommt, ist wie ein VW. Es läuft - und läuft - und läuft.

Olympia

28, Bd. de Capucines, **M:** Opéra. Tel. o1 47 42 25 49.

Ein Haus der Weltklasse! Die hohe Kunst des Chansons, das klassische Varieté, die Größten aus dem internationalen Show- Geschäft.

Folies Bergère

8, Rue Saulnier, **M:** Cadet oder Montmartre. Montag zu. Tel. o1 44 79 98 98

Ein Revuetheater, im Vergleich zu den anderen fast bürgerlich zu nennen. Es hat einen traditionellen Zuschauerraum, man kann bequem in richtigen Theatersesseln sitzen und in Ruhe das faszinierende Bühnengeschehen verfolgen. Die Revuen, mit Geschmack und Aufwand dargeboten, zeigen oft hübsche Bühnenbilder, wie Rokokoparks, und stilechte Kostüme.

Ein Französisch- Lehrbuch schrieb einmal, die deutsche Kolonie in Paris seien die ersten Ränge im Folies Bergère.

Mogador

25, R. Mogador, **M:** Trinité, Tel. o1 53 32 32 oo

Wieder einmal ein Theater, das zu Paris gehört wie der Eiffelturm. Früher das große, traditionelle Operetten- Theater von Paris, heute ein Haus mit weitgefächertem Repertoire; von Darstellern wie Jeanne Moreau bis zur Rock- Oper.

Am Fuße des Montmartre- Hügels heben sich unter unzähligen Kleinkunstbühnen folgende beiden Theater heraus:

Théâtre de Paris

15, R. de Blanche, **M:** Trinité Tel. o1 48 74 25 37.

Ein großes Haus mit 1.2oo Plätzen, das sich in letzter Zeit mit supermodernen Rock- Opern hervorgetan hat und das kleine

Le Dépanneur

27, Rue Fontaine, 24/24 Uhr **M:** Blanche, Tel. o1 4o 16 4o 2o. Café, Bar, Billard rund um die Uhr. Moderne Sachlichkeit, Besucher nur selten über 25 Jahre, eine der ständig offenen Türen für Bettflüchtige.

Bus Palladium
6, Rue Fontaine

Folies Pigalle
11, Place Pigalle, Cabaret und MusicHall und

Carrousel de Paris
4o, Rue Fontaine Tel. o1 42 82 o9 16 **M:** Blanche
www.carrouseldeparis.fr
mit Diner-Revue und Disko bis 5 Uhr morgens

10. ARRONDISSEMENT
● METROSTATION
◉ METRO-UMSTEIGESTATION
P PARKPLATZ
TAXISTAND
T TANKSTELLE
☒ POST/TELEFON
✚ KRANKENHAUS
N
RUE DU FAUBG. POISSONNIÈRE
BD. DE LA CHAPELLE
RUE DE LA FAYETTE
BD. DE STRASBOURG
BD. MAGENTA
FAUBG. ST. LAURENT
RUE DU FAUBG. ST. MARTIN
CANAL ST. MARTIN
RUE DE LA VILLETTE
RUE ST. MAUR
RUE DU FAUBG. DU TEMPLE
GARE DU NORD
GARE DE L'EST
BARBÈS ROCHECHOUART
POISSONNIÈRE
BONNE-NOUVELLE
Bd. Nouvelle
Rue d'Hauteville
Cour des Petites Écuries
Rue de Paradis
Rue de Chabrol
Rue de Mazagran
Rue du Château d'Eau
CHÂTEAU D'EAU
STRASB.-ST. DENIS
PORTE ST. DENIS
PORTE ST. MARTIN
Bd. St. Denis
Bd. St. Martin
Rue Bouchardon
THÉÂTRE ST. MARTIN
J. BONSERGENT
RÉPUBLIQUE
Place de la République
Quai de Valmy
Quai de Jemmapes
Sq. Lemaître
Rue de la Fidelité
Rue du Huit
GARE DE L'EST
R d'Alsace
Rue St. Quentin
Bd. Denain
Rue de Dunkerque
GARE DU NORD
Rue de Maubeuge
Faubourg St. Denis
Rue Ph. Girard
CHÂTEAU LANDON
Rue de l'Aqueduc
LOUIS BLANC
Rue Louis Blanc
STALINGRAD
Pl. Stalingrad
BD. JAURÈS
C. FABIEN
Rue de la Grange aux Belles
GONCOURT
BELLEVILLE

Zwei große Bahnhöfe: Gare du Nord, Gare de l'Est. Zwei prächtige Triumphbögen, Porte St. Denis und St. Martin. Zwei Hauptverkehrsadern, Bd. Strasbourg und Bd. Magenta. Ein Wasserweg, der Kanal St. Martin: Die sieben Orientierungspunkte des Zehnten.

Der Zugreisende kommt hier an. Am GARE DE L'EST aus Süddeutschland und Mitteleuropa, am GARE DU NORD aus Nordeuropa, Norddeutschland, Skandinavien und Benelux (die Engländer wollen ja bekanntlich nicht als Europäer bezeichnet werden).

Bedeutende Sehenswürdigkeiten gibt es hier keine, aber es ist ein sehr typisches Paris, was der Reisende hier betritt, und das ist eigentlich ganz gut so.

Der GARE DE L'EST, 185o als Gare de Strasbourg eingeweiht, assoziiert bei den älteren Parisern die Mobilmachung nach Osten im 1. und 2. Weltkrieg. Wenn man aus dem Bahnhof tritt, führt die schnurgerade Richtung über den Bd. Strasbourg und Sebastopol zum Place de Notre Dame und weiter zum Quartier Latin und Bd. Michel.

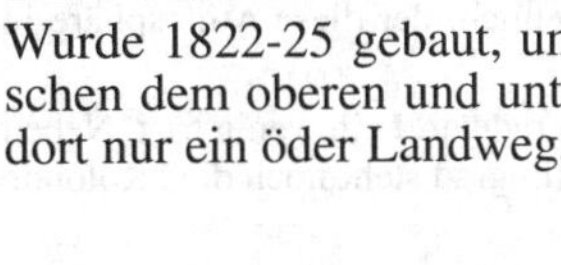

DER CANAL ST. MARTIN

Wurde 1822-25 gebaut, um den Schiffen einen Umweg von 16 km zwischen dem oberen und unteren Seinelauf zu ersparen. Im Mittelalter war dort nur ein öder Landweg, der zur Butte Chaumont (19.Arr.) führte.

An der Ecke Quai des Jammapes und Rue de la Grange- aux- Belles stand der berühmte Galgen Montfaucon, die Hinrichtungsstätte des Mittelalters. Der KANAL ist heute nur noch im 1o. Arr. im Tageslicht, der Rest verläuft unterirdisch. Das Stück von der Biegung nahe der Gare de l'Est bis zum Square F. Lemaître, hinter der Place de la République, ist besonders ruhig und stimmungsvoll.

Der Kulturminister André Malraux hat in den 7oer Jahren den von Pompidou geplanten Autobahnbau über dem Kanal verhindert. Heute steht er unter Denkmalschutz.

Der Kanal beginnt beim Port de Plaisance de Paris Arsenal (früher Handelshafen, heute Vergnügungshafen). Vor der Pl. de la Bastille und auf der ganzen Länge des Bd. Richard-Lenoir verläuft er unterirdisch, um erst wieder beim parkartigen Plätzchen „Square F. Lemaître" (bei der Pl. de la République) wieder ans Tageslicht zu treten. Kurz danach kommt eine Drehbrücke von 1884. Eine besonders idyllische Ecke eröffnet sich bei der Square des Récollets mit seiner Schleuse und Drehbrücke. Das Eckhaus am Beginn der Rue de la Grange- aux- Belles (wörtl.: Scheune der Schönen, früher ein Nuttenstrich) ist das berühmte „Hotel du Nord": Kulisse und Schauplatz von M. Carnets Filmklassiker mit der Arletty. Ein paar Schritte weiter oben in derselben Straße beginnt der riesige Gebäudekomplex des „Hôpital St. Louis", des unter Henri IV. erbauten Krankenhauses.

Wenn jemand erzählt, er sei auf dem Eiffelturm gewesen, wird ihn jeder beneiden und wissen, daß er in Paris war. Schwärmt er vom Lichtgeflimmer auf dem trägen Wasserspiegel des Canal St. Martin, vom Gurren der Tauben und der ländlichen Idylle der kleinen Geschäfte und Lokale an seinen Ufern, wird kaum jemand ahnen, daß dies mitten in Paris ist. Aber die Erinnerung daran ist für den unvergeßlich, der diese Atmosphäre in Ruhe auf sich wirken ließ.

Das Stück vom Square des Récollets bis zur Place Stalingrad wirkt ein wenig trist. Neben der oberirdisch verlaufenden Metrolinie an der Place Stalingrad steht noch die „Rotonde de la Villette“von *C.-N. Ledoux*, die ehemalige Zollstation. Dann beginnt das Bassin de la Villette, früher ein betriebsamer Handelshafen, in dessen alten Lagerhallen heute Künstler- und Designerateliers untergebracht sind.

Am Ende des Bassins beginnt der Canal de l’Ourcq, der von Napoléon angelegte Schifffahrtsweg, und wo der Canal St. Denis nach links abzweigt, erhebt sich das futuristische Wissenschaftsmuseum, „Cité des Sciences et de l’Industrie (siehe 19. Arr.). Inzwischen kann man den Kanal St. Martin von Bord der Touristenboote der „Canauxrama“ aus erleben (siehe Kapitel „Verkehr in Paris - zu Wasser“).

M: République: In der linken Ecke hinter dem Denkmal geht man durch die Rue Baurepaire, dann kommt man ca. in der Mitte des Quais an dem stimmungsvollen, alten Kanal, einem der liebenswertesten Winkel von Paris!

PORTE ST. DENIS

1672 in Erinnerung an die Siege Ludwig XIV. am Rhein. An der dem Boulevard zugewandten Seite sind Halbrelief-Allegorien von Rhein und Holland, darüber der Übergang über den Rhein.

PORTE ST. MARTIN

1674 von den reichen Kaufleuten gestiftet zur Erinnerung an die Siege über die holländischen, spanischen und deutschen Armeen. Auf der Fb. St. Martin- Seite die Einnahme Limburgs.

THEATRE PORTE ST. MARTIN

Das ehemalige Opernhaus der Königin Marie- Antoinette, und so sieht es auch heute noch aus. Ganz in rotem Samt und Gold gehalten, mit seinen vielen, reich verzierten Rängen und winzigen Logen, wo die Kniescheiben in ständigem Kampf mit der Balustrade sind, und man schaut verzückt und erwartungsvoll in die Runde, bis der Vorhang sich hebt und in einem einsamen Lichtkegel jene Bühne freigibt, wo früher der stille Mime Marcel Marceau stand und mit subtiler Meisterschaft die verborgensten Saiten des Menschen zum Schwingen brachte.

Kirchen

ST. LAURENT

Eine kleine Kostbarkeit ist das Kirchlein St. Laurent, das seit 1.5oo Jahren an dem Platz steht, an dem sich heute die Boulevards Strasbourg und Magenta gabeln, fast vor dem Gare de l’Est.

Im 5. Jahrhundert Abtei, immer wieder geplündert, beschädigt und wieder aufgebaut, war sie 142o Bischofskirche und 1695 Temple l’Hymen. Als die bescheidene Kirche nach dem Durchbruch der Boulevards plötzlich in voller Sicht dastand, erhielt sie ein schönes, spätgotisches Tor.

Mit ihrem kleinen Garten ist sie ein stilles Refugium mitten im Strom zweier Hauptverkehrsadern in Paris.

MUSEE DU CRISTAL - Baccarat

3o, Rue de Paradis, **M:** de l'Est oder Poissonnière. Mo.- Fr. 9- 18 Uhr, Sa. 1o- 12 und 14- 17.3o Uhr, So. zu.

Hier funkelt es tausendfach aus geschliffenen, gravierten und farbigen Gläsern.

PARC DE LA VILLETTE siehe 19.Arr.

Restaurants

BISTROS

La Marine

55, Quai Valmy

direkt am Kanal. Schmackhafte, bodenständige Gerichte.

Le Rallye (2)

267, R. du Fg. St. Denis, täglich 6- 21 Uhr, So. und August zu.

Mittags Plat du Jour, ansonsten: Charcuterie d'Auvergne. Ausgezeichnet von der Académie Rabelais.

La Grille (3- 4)

8o, R. du Fg. Poissonière, bis 21 Uhr, Sa., So. und August zu.

Liebenswertes, familiäres Bistro im Stil des 19. Jh. Der Wirt stammt aus Nantes und was er in der Küche zubereitet, ist seinen Preis wert, denn in Qualität und Preis liegt es über dem Bistro- Durchschnitt.

BRASSERIES

Brasserie Flo (3)

7, Cour des Petites Ecuries, **M°** Château d' Eau; täglich bis 1.3o Uhr.

Eine Brasserie mit der Patina von 19oo und im Stil einer Elsässer „Winstub" mit entsprechenden Spezialitäten. Die Sauerkrautgerichte zählen zur besseren Kategorie, die Gänseleber ist köstlich, Fleisch und Fisch gut.

Restaurants

Brasserie Julien (3)

16, Rue Fb, St. Denis, M° Strasbourg St.- Denis; täglich bis 1.3o Uhr.

Sieht man von so lächerlichen Tourismus- Schnickschnack wie z.B. Hummer mit Whiskey flambiert einmal ab, kann man in dieser altehrwürdigen Brasserie mit Original- Fin de siècle- Dekor ganz gut speisen. Schon die Außenfront ist eine Augenweide des Jugendstils.

Brasserie Terminus Nord (3)

23, Rue de Dunkerque, M° Gare du Nord; täglich bis o.3o Uhr.

Dem Brasserie- König des Zehnten, J.P. Bucher, auch „Roi Dix" = Zehnerkönig genannt, gehören neben diesem Lokal mit dem Schmuck der 2oer Jahre auch das Flo und das Julien.

RESTAURANTS

Au Châteaubriand (4- 5)

23, Rue de Chabrol. NZ., So., Mo. und August zu.

Ein Schweizer kocht hier gut italienisch; die Preise jedoch sind sehr schweizerisch.

10. ARR.

PARKEN

Hinter Gare de l'Est
hinter dem Gare du Nord: Rue de Dunkerque 81,
Rue Fb. du Temple
Rue Ambroise Paré
Rue de Maubeuge
Rue d´Abbéville
Place Franz Liszt
Rue d´Haute Ville
Rue de Récollets

TAXI

Métro Goncourt

Markt

Halles St. Quentin

Gleich in der Nähe des Gare de l'Est. 85bis, Bd. Magenta

Noch eine richtige Markthalle mit einer Eisenkonstruktion, ähnlich den ehemaligen Hallen. Alles, was Auge und Gaumen erfreut! Wenn einer der Fischhändler gerade nicht viel zu tun hat, gut aufgelegt ist, und man ihn freundlich bittet, macht er einem ein halbes Dutzend frische Austern auf (was er „eigentlich" nicht dürfte), womit man dann, zusammen mit einem schräg gegenüber erstandenen Alsace- Riesling, ein lukullisches zweites Frühstück zelebrieren kann.

Rue du Faubourg St. Denis

Die Rue St. Denis (2. Arr., Porno und Strich, aber trotzdem einen Bummel wert) geht bis zur Porte St. Denis.

Die ab hier beginnende Rue du Faubourg St. Denis ist wieder eines dieser Freßparadiese. Auch am Sonntagvormittag sind hier die überquellenden Auslagen der Bäcker, Metzger, Feinkost und Gemüsehändler bis auf den Bürgersteig ausgebreitet.

Passage Brady mit indischen Restaurants und Spezialitäten

Theater

Theater „Porte Saint Martin"

16, Bd. St. Martin, **M:** Strasbourg-St. Denis. Tel. o1 42 o8 oo 32.

Am Triumphbogen St. Martin gelegen, am Beginn des ehemaligen „Bd. de Crime". Damals wurden in dieser Gegend die aggressiven Vor-Revolutions- „Crimes" gespielt, später die Pantomimen und Harlekinaden der „Kinder des Olymp" oder die glücklose Premiere von Balzac's Bühnenstück „Vautrin". Das Stück wurde fristlos abgesetzt, weil der Komiker dieselbe Haartracht trug wie der König.

Der von Karikaturisten geplagte Louis- Philippe hatte offenbar endlich die Geduld verloren. Es traf ausgerechnet den stets mit seinem Schuldenberg kämpfenden Balzac; wie man ihn kennt, tröstete er sich aber sicher im „Cafe de Paris" auf seinem Stammplatz bei Koteletts a la Soubise, Marengo-Hühnchen, gerösteten Pilzschnitten, Bordeaux-Wein und Likör.

Lange Zeit war das „Porte St. Martin" (wie gesagt immer noch im Interieur Marie- Antoinettes) das Stammhaus von Marcel Marceau und den Moliere- Ensembles. Wie schön ein Abend in diesem Theater sein kann, wurde vorher beschrieben. Ein kleines Theaterbistro, links vom Eingang, lädt nach der Vorstellung zum „Abklingen" ein.

Theatre de la Renaissance

2o, Bd. St. Martin, **M°** Strasbourg-St. Denis. Tel. 01 42 o2 47 35. Täglich, Samstag und Sonntag auch nachmittags.

Schauspiel, Komödie, bis zur Operette. Ein reichverzierter Bau, in dem schon Sarah Bernhardt spielte und Johann Strauß dirigierte.

Eldorado

4, Bd. de Strasbourg. Metro Strasbourg- St- Denis. Tel. 42 38 o7 54.

Das Operettenhaus von Paris, wo u.a. die großen Lopez- Operetten aufgeführt werden, die seinerzeit im „Mogador" oder „Châtelet" die Pariser begeisterten. Ein Genuß auch für Sprachunkundige.

Caveau de la République

1, Bd. St- Martin, **M:** République, Tel. o1 42 78 44 45.

Großes traditionelles Chanson-Programm. Kabarettistisches über historische und aktuelle Ereignisse. Die Ensembles sind als witzig-aggressiv bekannt und beliebt. Viele sich abwechselnde Chansonniers und sonstige Interpreten lassen hier seit Jahren Revolutionslieder erklingen. Humor kommt nicht zu kurz.

La Péniche Opéra

Tel. o1 53 38 49 4o oder o1 42 45 18 20. Gegenüber der Nr. 2oo am Quai de Jemappes, **M:** Jaurès.

Das originellste Theaterunternehmen von Paris dürfte wohl diese junge, bunte Bühne sein, die in zwei Lastkähnen auf den Wassern des Canal St- Martin schaukelt. Ambitioniertes Opern- Ensemble - sehr vielseitig!

Auch am Quai, Nr. 116, **Espace Jemmapes,** Tel. o1 48 o3 11 o9. Spielopern und Komödien.

La Java

1o5, R. du Fbg. du Temple.
von 21 Uhr bis morgens. Sonntags ab 14 Uhr Tanztee. Tel. o1 42 o2 2o 52

Historisches Tanzlokal und Disco, der „kleine Bruder" des Balajo (11. Arr.). Bal Popu und Bal Musette. Hier schlug das Herz von Alt- Paris - Edith Piaf und Cevallier sangen hier ihre ersten Chansons.

Le New Morning

7-9 Rue des petits Écuries Umgebaute ehemalige druckkerei des Parisien Libéré

Le Memphis

3, Impasse Bonne nouvelle: Tanzlokal aus den 3oer Jahren.

El Globo

8, Boul. de Strasbourg nur am Donnerstag ab 23 Uhr, dann aber High Life!

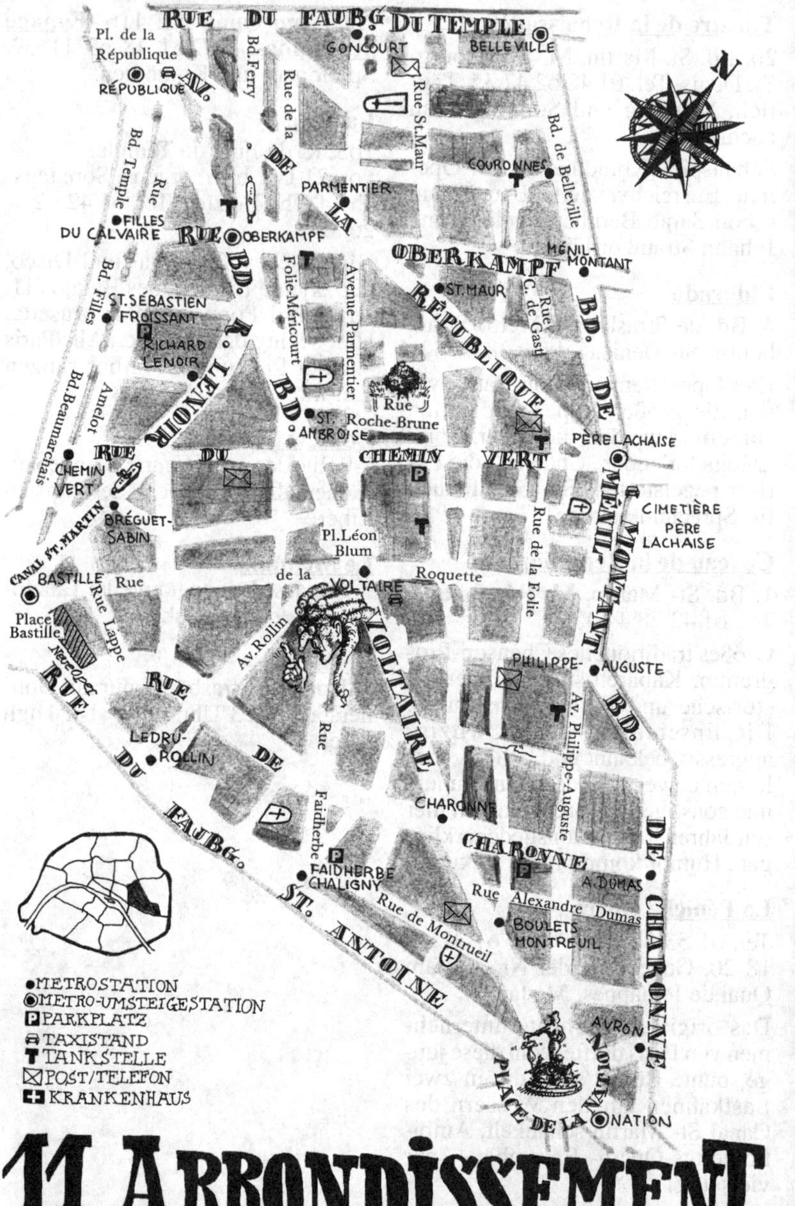

11. ARRONDISSEMENT

Nachdem sich die geistigen Väter der Revolution im 6. Arr., im Café Procope und gegenüber in der Druckerei des „Volksfreundes“ von Marat, die Zunge gewetzt hatten, wurden die Säbel und Hackebeilchen im Faubourg St. Antoine gewetzt, dem Quartier am Übergang vom 11. in das 12. Arr.

Aus dieser Gegend stammt auch der auf die Frage „Ca va?“ stammende Ausspruch: „On s'défend“ (man schlägt sich so durch, man wehrt sich).

Im Schnittpunkt des 4., 11. und 12. Arr. liegt die Place Bastille. Vom Aussichtsbalkon der Julisäule sieht man die mit Pflastersteinen ausgelegten, ehemaligen Grundrisse der Festung.

Die Bastille - ein Gebäude, das nicht mehr existiert, aber ein Name, der die Geschichte von Paris und Frankreich repräsentiert und in seinen Ausstrahlungen auch auf Europa übergegriffen hat.

Karl V. hat sie sich 1382 als kleine Bastion (=Bastille) gebaut, später wurde sie Gefängnis mit so berühmten Gefangenen wie Mirabeau und Voltaire. Ab 17o3 war auch jener geheimnisvolle Gefangene mit der eisernen Maske darin, dessen Gesicht man nie sah, dessen Namen niemand wußte und dessen Tod geheimnisumwittert war. Erst später drang Licht in das Dunkel um diesen Mann: es war der Zwillingsbruder Ludwigs XIV., der inhaftiert wurde, um Thronstreitigkeiten zu unterbinden.

Als die Bastille am 14. Juli 1789 gestürmt wurde, befreite die jubelnde Menge ganze 7 Gefangene, darunter 2 geistig Umnachtete und, Ironie des Schicksals, einen verschuldeten Grafen.

Aus den Steinen der Mauern wurden 83 kleine Nachbildungen des verhaßten Kerkers gehauen und an die Provinzen Frankreichs verteilt. Im Musee Carnavalet stehen noch zwei davon.

Napoléon ließ alle Reste der Bastille entfernen, um die Bildung einer Wallfahrtsstätte zu verhindern. So galt im allgemeinen die Ansicht, daß auf ihrem ehemaligen Platz kein Stein mehr von ihr übrig sei. Auf nicht, aber unter.

Es war reiner Zufall, daß ich auf einer Métrofahrt der Linie Place d'Italia -

Eglise de Pantin, in der Station Bastille, Reste der Grundmauern der Befestigungsanlagen entdeckte, die man beim Bau der Métro freigelegt hatte, und die nun in den Bahnsteig hineinragen.

LA BASTILLE

Das Quartier um die Faubourg- St.- Antoine hat wie kaum ein anderes von Paris sein Gesicht verändert. Zunächst war es das Viertel der kleinen Leute: Handwerker, vor allem Möbelschreiner (die von hier aus die Bastille erstürmten), aber auch arme Menschen, Schwere Jungs und Leichte Mädchen, Ausländer aus aller Welt, kurzum ein brodelndes, quirliges Kaleidoskop. So war es dort über Jahrhunderte.

Dann kam vor wenigen Jahren die OPÉRA BASTILLE und das Viertel wurde „in". Künstler, Galerien, Kneipen und Nachtlokale zogen in die ehemaligen Werkstätten ein. Es wurde saniert und umgebaut! Bleibt zu hoffen, daß - dank der Rezession - Vielen doch das Geld ausgeht, und liebenswert Altes erhalten bleibt. Denn es ist immer noch ein Vergnügen, durch das Viertel zu schlendern, vor allem durch die Gegend zwischen Rue du Faubourg St. Antoine, Avenue Ledru- Rollin, Rue Keller und Rue de Roquette. Hier findet man alte, enge Straßenzüge, verwinkelte Hinterhöfe und Passagen, kleine Geschäfte, Boutiquen, Galerien, Kneipen und ein reichhaltiges Nachtleben.

Einerseits gibt es typisch Pariserisches in dem einen oder anderen Bistro, andererseits aber auch viel Exotisches: afrikanisch, karibisch, spanisch, russisch, vietnamesisch usw.

Neue Theater- Ensembles etablieren sich. Es herrscht Experimentier- und Aufbruchsstimmung. Vor allem in der schmalen, seit jeher beliebten Rue de Lappe schießen ständig neue Etablissements aus dem Boden, verschwinden wieder, um anderen Platz zu machen: Galerien, Cafés, Bars, Bistros, Restaurants. Institutionen wie das Tanzlokal „Le Balajo" haben sich nach wie vor gehalten (siehe Vergnügliches).

DIE NEUE OPER (Opera Bastille)

M: Bastille, geführte Touren: 1o, 11, 13, 17 Uhr und nach Vereinbarung. Eintritt: ca. 8,5 Euro. Manche vergleichen ihr äußeres Erscheinungsbild mit einer riesigen Badeanstalt, andere mit einem Parkhaus. Ihr Inneres ist auf jeden Fall spektakulär:

In Verbindung mit der den Franzosen in solchen Dingen eigenen Gigantomanie (siehe auch: „La Villette") ist sie vollgepackt mit ultramodernem High- Tech. Sie gilt als die modernste Oper der Welt: je nach Aufführung sind Bühnen, Orchestergraben und Zuschauerräume veränderbar.

Das große Granittor über der Treppe des Eingangs korrespondiert auf der Ost- West- Achse der Stadt mit der Grande Arche in der La Defense, dem neuen „Triumphbogen“ im modernen Stadtviertel westlich des Bois de Boulogne (siehe auch S. 117, 118, 119). Solange sich der Bastille- Platz nicht verändert, so daß sich die Umgebung samt Himmel und Wolken in den Glanzwänden der Oper spiegeln kann, wirkt das Ganze sogar recht gut.

Blickpunkte & Plätze

BD. VOLTAIRE

Im Elften sei eine exemplarische Empfehlung zum ersten Mal erwähnt: eine Fahrt mit einem Linienbus. Mit der Linie 56 von der Place de la République bis zur Place de la Nation auf dem Bd. Voltaire.

Obwohl dieser Boulevard nichts zum Abhaken bietet, obwohl er nur einer von vielen ist, obwohl er trotz seiner 2,9 km Länge nur eine kleine Strecke in Paris ist und obwohl er sich diagonal durch ein touristisch unbedeutendes Arrondissement zieht, zeigt gerade er, daß Paris nirgends langweilig, leer und uninteressant ist. Man kann die Fahrt zum Beispiel an der hübschen Place Léon Blum unterbrechen, die früher Place Voltaire hieß.

PLACE DE LA NATION

Dieser Platz ist das östliche Gegenstück zum Etoile (Place Charles de Gaulle). Ähnlich wie bei jenem führen 1o Straßen sternförmig von ihm weg, im Gegensatz aber zum Etoile steht dort nicht der Triumph des Imperators, sondern der Triumph der Republik, in Form einer Statue von Dalou, die übrigens ursprünglich für die Place de la République geplant war.

RUE DU FAUBOURG ST. ANTOINE

Von der Bastille zur Place de la Nation, als Fortsetzung der Rue St. Antoine. Früher die Straße der Möbelschreiner und -geschäfte. Wer kein Geld für antike Möbel hatte, konnte sich hier hervorragend gearbeitete Stilmöbel kaufen. Heute gibt es hier fast nur noch Fabrikware, und die Werkstätten sind zu Galerien oder Lofts ausgebaut worden. Aber es sind dort noch malerische Innenhöfe und Passagen zu entdecken,wie auch in der Rue Charonne (Cour Delépine und die Passage de l´Homme).

RUE DE LAPPE

Die kleine Parallelstraße zur Rue Fb. St. Antoine, bei der Place de la Bastille war schon immer das Herzstück des belebten Viertels. Bis vor kurzem war sie für heutige Begriffe geradezu eine Kleinstadt- Idylle mit ihren altertümlichen Handwerkerläden und alten Lokalen. Jetzt hat sich hier die neue Künstlerszene etabliert. Vergnügungs- Eldorado hinter der neuen Oper !

siehe auch unter Faktenfundgrube S.—: Genie de la Bastille, Tag der offenen Tür der Künstlerateliers!

RUE OBERKAMPF - Zentrum der ultraneuen Szene von Paris, höchst trendy! - mit dem Café Charbon (Nr.1o9) fing es an, und heute entwickelt sich dort ein reges Bar- und Kneipenleben. (Sehenswert: Blue Billard, 111, Rue St. Maur. 1ooo qm in einer alten Kamerafabrik).

LE BALAJO

Der historische Tanzpalast ist noch immer beliebt bei Jung und Alt. Früher tanzten die geschniegelten Jungs des Quartiers hier zum Akkordeonklang die berühmten ‚Apachen-' oder ‚Wegwerftangos', bei denen die strapazierfreudige Partnerin wechselweise gepreßt, verbogen und weggeschleudert wurde. Diese Tanzart wurde in aller Welt in Bühnen- und Filminszenierungen übernommen und dadurch unsterblich. Man ging damals zum „bal à Jo", anspielend auf den Vornamen des damaligen Besitzers. Heute drehen hier noch Fr., Sa., So. nachmittags vergnügte ältere Pariser in aller Gemütlichkeit ihre Walzer und Paso dobles beim nostalgischen „bal musette". Nachts jedoch, ab 23 Uhr (außer Di. und Mi.) wird aus dem Balajo eine heiße Disco „jusque'à l'haube" (bis zum frühen Morgen).

MUSEEN

MUSEE EDITH PIAF

5, Rue Crespin- de-Gast. **M:** Menilmontant. Mo. bis Do. 13- 18 Uhr, in einem privaten Appartement, nur nach vorheriger telefonischer Anmeldung (8 Tage vorher): Tel. o1 43 55 52 72. Eintritt frei

Ein Foto von ihr in Lebensgröße. Sehr groß war sie ja sowieso nicht. Kleider, Briefe, Plakate und Schallplatten. Die Piaf soll auf theatralische Weise auf dem ausgebreiteten Mantel eines Polizisten des Reviers Belleville (19. Arr.) geboren worden sein. Aufgezogen wurde sie von einer Tante, die ein Bordell betrieb. Es sei ihre behütetste und sorgloseste Zeit gewesen, sagte einmal der alte Charakterschauspieler Michel Simon. Bald sang sie auf den Straßen und wurde dort entdeckt. Weitere Gedenkstätten für Edith Piaf siehe 2o. Arr.

Eine tragikomische Geschichte hat sich in diesem Arrondissement zugetragen: Der Dreigroschentod. Am 1o. August 19o3 geriet ein Zugwagen der Métro in Brand. An der Station Couronne stiegen die Passagiere aus und, anstatt sofort nach oben zu gehen, wozu noch Zeit gewesen wäre, bestürmten sie mit viel Geschrei die Angestellten der Métro, um das Fahrgeld in Höhe von drei Sous zurückzubekommen. „Drei Sous sind drei Sous!" 77 Menschen sind deshalb im Rauch erstickt.

Restaurants

Restaurants:

Es ist für einen Reiseführer fast unmöglich, im Quartier zwischen Rue du Faubourg- St.- Antoine, Avneue Ledru- Rollin, Rue Keller und Rue de Roquette Restaurants oder andere Lokale zu erwähnen, da hier vielfach die Farbe nicht trocken wird - zwischen dem einen und dem nächsten „Unternehmer". Spanische Tappa- Bars wie in der Rue de Lappe, Salons de Thé, Cafés, Snacks, Bistrots und anderes. In dieser Gegend kann man nur einen Rat geben: herumschlendern, anschauen, probieren.

BISTROS

Chardenoux (2- 3)

1. R. Jules- Vallés, **M:** Charonne; bis 23 Uhr, Sa. mittags, So. und August zu. Ein wunderschönes Bistro, authentischer Stil 19oo, gute familiäre Küche, reizvolles Ambiente, christliche Preise.

Les Sans- Culottes (2)

27, Rue de Lappe.
Eine seltene Kombination: neu und gemütlich. Ein Bistrot im traditionellen Stil, ohne gewaltsam nostalgisch sein zu wollen, mit angenehmer Atmosphäre und einfacher Bistrot- Küche (siehe auch bei Hotels).

Mélac Jacques

42, Rue Léon-Frot. 9-22.3o Sa. und So. geschlossen. Mekka der Weinpilger. Mittags Plat du Jour. Käse aus der Auvergne. „Meilleur Pot" der Académie Rabelais.

11. ARR.

Restaurants

Un Saumon á Paris

32, Rue de Charonne. Kleines Feinkost-Bistro mit köstlichen Lachsgerichten und nordischen Spezialitäten.

BRASSERIES

Le Relais d'Eguisheim (3)

6, Pl. de la République, täglich bis 2 Uhr.
Elsässisch solide in Stil und Küche; Fruits de Mer.

Brasserie Bastille (3)

14, Pl. de la Bastille, täglich bis o.45 Uhr, Juli zu.
Gegenüber der neuen Oper.

RESTAURANTS

Au Camelot

5o, Rue Amelot. Fast ein Geheimtip - winziges Lokal - excellentes Essen - 1 Menüvorschlag / Abend.

Eine feine Adresse im Elften:

À Sousceyrac (4)

35, R. Faidherbe, N.Z., Sa./So. und August zu.
Ein Bistro, ein schönes dazu, hervorragende Qualität der périgordinischen Küche und sicher gerechtfertigte Preise. Tel. o1 43 71 65 3o

New Nioulleville

32, Rue de l´Orillon. Neues großes China Restaurant.

11. ARR.

Restaurants

CAFÉS:

Café de l´Industrie 16 Rue St. Sabin. Loftiges Ambiente

Les Colonies du Paradis 3, Rue du Faubourg St. Antoine

Le Satellit´café 44, Rue de la folie-Méricourt

TAXI

MÉtro Ménilmontant
Place de la Nation
Pl. de la République
Métro „Faidherbe. Chaligny"
Pl. Léon Blum
Métro „Père- Lachaise"

MÄRKTE

Bastille

Am Bd. Richard Lenoir. Do. und So. 1oo Meter nach Pl. de la Bastille bis Einmündung Rue St. Sabin.

Belleville

Boul. de Belleville. Die und Fr.

Popincourt

Zwischen Rue Oberkampf und Rue Jean-Pierre Tim- bault. Die. und Fr

THEATER

Opera Bastille

Place de la Bastille, **M:** Bastille; Tel. o14oo1197o. www.opera-de-paris.fr

Das neue Pariser Opernhaus faßt 2.7oo Zuschauer und verfügt, wie vorher schon beschrieben, über alle erdenklichen Superlative modernster Technik; selbstverständlich auch über alle namhaften Sänger der Welt. Als der große Tenor Luciano Pavarotti hier gastierte, wurde seine weltberühmte Stimme sogar ins Freie auf den Place de la Bastille übertragen. Das Innere des Opernhauses kann mit Führung oder Voranmeldung besichtigt werden. Warm anziehen - die kühne Architektur strahlt etwas Kühle aus.

Theater de la Bastille

76, R. de Roquette. Tel. o1 43 57 42 14.

Avantgardistisches Theater, das auch deutsche Autoren in Übersetzung bringt.

Théâtre de la Main d'Or

15, Passage de la Main d'Or, Métro, Ledru- Rollin. Sale 1 und Sale 2. Tel. o1 43 38 o6 99

Repertoire z.B. Gogol - Molière - Pagnol - Wilde - Camus - Orwell

(Animal Farm). Ein beachtlicher Spielplan. Auch Musikalisches.

Genies de la Bastille

Rue de Lappe, Nr. 2o, Büro und Galerie der Künstlervereinigung Bastille.

Le Balajo

9, Rue de Lappe, **M:** Bastille (siehe unter „Besonderes“) Tel. o1 47 oo o7 87. Eintritt: 7- 17 Euro.

La Chapelle des Lombards

19, Rue de Lappe, **M:** Bastille, Tel. o1 43 57 24 24.

Heiße afrikanische und karibische Rhythmen, Jazz und Rock (Do., Fr., Sa.). Eintritt: 17- 2o Euro.

Les Couleurs

117, Rue Saint-Maur
Swing, Jazz, Tango!

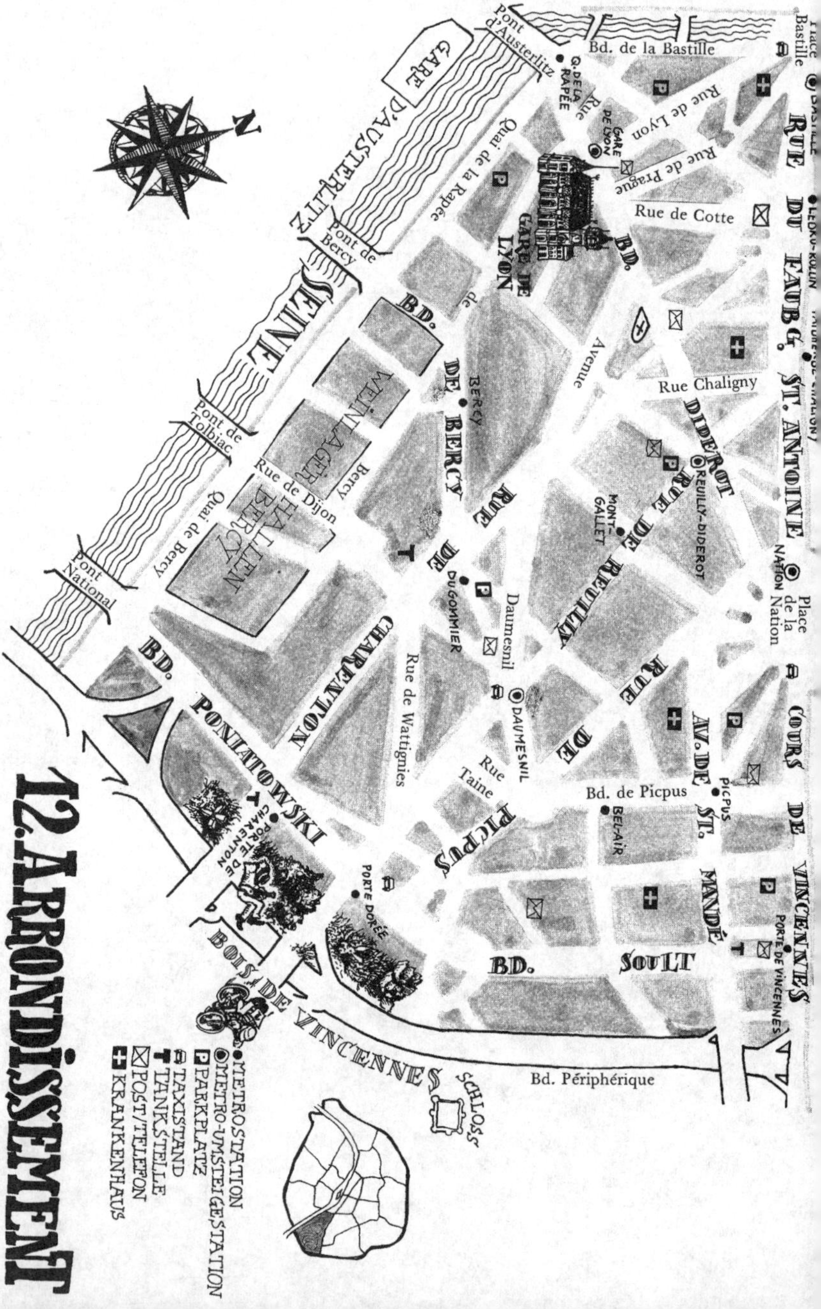
12. ARRONDISSEMENT
• METROSTATION
◉ METRO-UMSTEIGESTATION
P PARKPLATZ
TAXISTAND
T TANKSTELLE
POST/TELEFON
+ KRANKENHAUS
Place Bastille
Bd. de la Bastille
Pont d'Austerlitz
GARE D'AUSTERLITZ
Q. DE LA RAPÉE
Rue de Lyon
GARE DE LYON
Rue de Prague
Rue de Cotte
RUE DU FAUBG. ST. ANTOINE
LEDRU-ROLLIN
Quai de la Rapée
BD. DIDEROT
Pont de Bercy
SEINE
BD. DE BERCY
BERCY
Avenue
Rue Chaligny
REUILLY-DIDEROT
MONT-GALLET
RUE DE REUILLY
WEINLAGER HALLEN BERCY
Bercy
Rue de Dijon
Quai de Bercy
Pont de Tolbiac
Pont National
RUE DE CHARENTON
DUGOMMIER
Daumesnil
NATION
Place de la Nation
DAUMESNIL
Rue de Wattignies
Rue Taine
RUE DE PICPUS
AV. DE ST. MANDÉ
PICPUS
Bd. de Picpus
BEL-AIR
COURS DE VINCENNES
PORTE DE VINCENNES
BD. PONIATOWSKI
PORTE DE CHARENTON
PORTE DORÉE
BD. SOULT
BOIS DE VINCENNES
SCHLOSS
Bd. Périphérique
N

„NUR- PARIS“ - Sie wissen inzwischen, was das bedeutet.

Das Zwölfte reicht im Westen bis zur Place de la Bastille. Im Osten gehört der BOIS DE VINCENNES dazu, ein ideales Naherholungsgebiet. Der ZOO dort soll einer der schönsten von Europa sein. Er ist täglich von 9- 17.3o, im Sommer bis 19 Uhr offen.

Ansonsten bietet der Park, ähnlich wie sein westliches Gegenüber, der Bois de Boulogne, alle erdenklichen Möglichkeiten der „Loisire“, der Freizeitgestaltung: einen botanischen Garten, Sportplätze, Kinderspielplätze, Bootsfahrten und vieles mehr.

Hier war von alters her immer schon Wald - tiefer Eichenwald. Ludwig der Heilige liebte es, hier zu jagen. Sonntags nach der Messe hielt er, an seine Lieblingseiche gelehnt, das Schwert vor sich in beiden Händen, Gericht. Den gerechten Urteilsspruch verkündete er sofort.

Die Pariser halten an dieser Stelle gerne ihr „Déjeuner sur l'herbe“. Ich selbst weiß noch nicht, wo sie sich genau befindet. Forschen Sie selbst nach im grünen Forst!

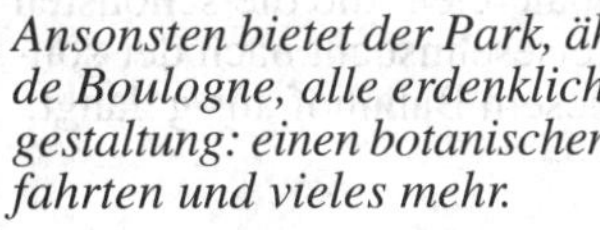

SCHLOSS VINCENNES (C.M.)

Im Park gleichen Namens. Aus dem 14. Jh. stammt der „DONJON“, ein 52 Meter hoher turmartiger Festungsbau, der einen düsteren Eindruck vermittelt. So mußte die Bastille gewirkt haben, die etwa aus der gleichen Zeit stammte, und denselben Bauherren hatte, Karl V. Er wird zur Zeit restauriert.

Das Schloß ist eines der ältesten von Frankreich. Ringsum von Wall und Graben umgeben. Letzterer war teilweise zugeschüttet und wurde wieder freigelegt. Die schöne gotische Kapelle vollendete Franz I. 155o.

Unter Louis XV. wurde der Donjon Staatsgefängnis, in dem unter anderem so illustre „Gäste“ wie Fouchet und Marquis de Sade weilten. Ein Teil des Schlosses wurde später eine Waffenfabrik, in dieser sog. „Cartoucherie“ ist heute eines der attraktivsten und bestbesuchten Theaterzentren (Theatre du Soleil von Ariane Mnouschkine).

Die schnellste Verbindung von der Stadt zum Schloß ist die RER. Verläßt man die Station „Vincennes“, sieht man schon den „TOUR DE VILLAGE“ mit seiner Holzbrücke vor sich.

Der Park von Vicennes - beliebtes Ausflugssziel der Pariser. Der große Zoo, die Seen, das Schloß, Bauernhöfe für die Kinder, Botanischer Garten, Theater etc. bieten jede Menge Vergnügungen.

GARE DE LYON

Erwähnenswert aus drei Gründen:

a) Belle-Epoque- Restaurant „Le Train Bleu“, siehe Restaurants.

b) Geldwechsel (Euroschecks etc.) auch am Samstag und Sonntag, siehe „Fakten-Fundgrube“.

c) Die Schalterhalle schmücken große Wandmalereien, die die schönsten Orte der Cote d’Azur darstellen, und die Reisesehnsucht nach der sonnigen Riviera erwecken, zu der man von diesem Bahnhof aus gelangt.

MUSEEN

MUSEE NAT. DES ARTS AFRICAINS ET OCEANIENS (C.M.)

293, Av. Daumesnil, **M:** Porte Dorée. 1o-17.3o Uhr, Di. und 1.5 zu. Eintritt: 5 Euro.

Gauguin ist auch vertreten. Im Untergeschoß ein Aquarium. Der Besuch dieses Museums läßt sich verbinden mit einem Spaziergang durch den anschließenden Bois de Vincennes.

LE VIADUC DES ARTS

9-129, Av. Daumesnil.**M:** Bastille, Gare-de- Lyon. www.viaduc-des-arts.com

Die alten Viaduktbögen der Eisenbahn nach Vincennes wurden zu Galerien und Kunsthandwerkgeschäften ausgebaut, mit einem 4 km langen, begrünten Promenadenweg obendrüber, der zum Bois de Vincennes führt. Le Viaduc Café mit schöner Terrasse. Sonntags Jazzbrunch!

PARC VON BERCY

Neu angelegtes Stadtviertel, mit Bauwerken wie dem Ministère des Finances - ins Seinewasser gebaut als Tor und Brücke von und nach Paris, dem Palais de Omnisports mit begrünten Tribünenschrägen, in dem auch Popkonzerte stattfinden, und dem American Center (von Frank Gehry), in dem die Cinémathèque eine neue Heimat finden soll, nachdem der frühere Standort, das Palais de Chaillot, einem Brand zum Opfer fiel. Erschlossen wird dieser Teil von Paris mit der neuen Métrolinie 14, genannt Météor.

Restaurants

BISTROS

Le Quincy (3)

28, Av. Ledru- Rollin, N.Z., Sa., So., Mo. und 15.8.- 15.9. zu.

Spezialitäten aus der Ardèche und Gascogne. „Bei der Arbeit macht man, was man kann, bei Tisch ein wenig mehr“ ist das Motto von „bobosse“, dem Chef des Hauses.

A la Biche du Bois (2)

45, Av. Ledru- Rollin, N.Z., Sa. und Juli zu.

Einfache, familiäre Küche, einfaches Dekor, einfache Preise auch dies eine gute Adresse im Zwölften.

BRASSERIES

L’ Européen (früher: Grand Bistro Européen) (3)

21 bis, Bd. Diderot / Ecke 2, R. de Lyon, täglich bis o.45 Uhr.

Ein Belle- Epoque- Lokal zum Wohlfühlen bei typischer Brasserie- Küche.

Les Grandes Marches (3- 4)

6, Pl. de la Bastille, täglich bis 1.15 Uhr.

Das frühere „Tour d’Argent“ wurde wegen der Opéra Bastille abgerissen und originalgetreu ein paar Meter weiter wieder aufgebaut.

RESTAURANTS

Au trou Gascon (4- 5)

4o, R. Taine, N.Z., Sa., So. und August zu

Die feine Adresse im Zwölften mit excellenter Küche und entsprech. Preisen.

Restaurants

Le Train bleu

Im Gare de Lyon, täglich bis 22 Uhr.

Es ist nun mal das schönste Bahnhofsrestaurant der Welt. Belle- Epoque in so atemberaubender Stilreinheit, daß es zum „Monument National et Historique“ erklärt wurde.

Von der Bahnsteighalle führt eine Freitreppe in den ersten Stock zu dem weiten, mit pompösen Stukkateurarbeiten geschmückten Saal. Hinter Spitzenstores sieht man die Züge in den sonnigen Süden abfahren. Monet, der Impressionist, und sein Freund Manet saßen gerne hier und malten.

An den Wänden und an dem mit riesigen Lüstern versehenen Plafond sind große Gemälde der Cote d'Azur - Nizza, Menton, Marseille, Toulon und zwischen ihnen schweben allegorische Damen und Putten.

Statt - oder vor - oder nach dem Essen, das Kellner der guten alten Schule lautlos servieren, gehen Sie auf jeden Fall einen lüpfen an der Bar mit den tiefen, bequemen Ledersofas. Ganz schwach dringen Bahnhofsgeräusche herauf, ein TGV huscht leise aus der Halle Richtung Süden, und mit einer Mischung aus Fernweh und Behaglichkeit lehnt man sich zurück und sagt zum Barmann: „Un autre Cognac - s'il vous plaît.“

La Sologne (4)

164, Av. Daumesnil, N.Z. , So. und Mo. abends zu.

Wild je nach Jahreszeit, gut zubereitet. Ein angenehmes Lokal.

12. ARR.

Parken

193, Rue de Bercy und Bercy Expo beim Gare de Lyon
75, Bd. de Picpus
Av. de Saint Mandé
Rue de la Vôute
Rue de Reuilly
Boul. de La Bastille.

Taxi

Porte Dorée
Place Félix- Eboué
Place de la Bastille

Shops

Printemps

21, Cours de Vincennes (Kaufhaus) www.printemps.fr

Markt

Beauvau, Place Aligre

Das ist Paris - das ist Frankreich, wie es leibt und lebt!

Allein die **Markthalle**, die alle Genüsse des Gaumens an ihren Ständen anbietet, macht den Abstecher dorthin empfehlenswert.

Auf der zweiten Hälfte des Platzes ist jeden Tag, außer Montag, bis 12 Uhr **Antiquitäten-und Flohmarkt.**

Ringsherum eine Vielzahl von Geschäften und gleich um die Ecke, in der Rue Theophile-Roussel Nr. 1, „Le Baron Aligre". Wie eine echte spanische Bodega, Weinfässer in zwei Etagen an den Wänden ringsherum, bretonischen Cidre aus dem Faß in tönernen Schälchen, eine alte Holztheke mit Zinkplatte, deutsche und tschechische Biere (z.B. Pilsner Urquell), Bier mit Flaschengärung und Champagner- Verschluß und vieles mehr.

Nichts erinnert mehr daran, daß sich hier am **Gemüsemarkt** am denkwürdigen 14. Juli 1789 die Massen zur Erstürmung der Bastille sammelten und von da aus losmarschierten.**M:** Ledru- Rollin.

Daumesnil

Bd. de Reuilly. Größte Markthalle von Paris.

Theater

La Cartoucherie

heute das Theatre du Soleil, gegründet von Ariane Mnouschkine. Route du Champ-de- Manoeuvres, **M:** Château Vincennes. Theaterzentrum in einer ehemaligen Munitionsfabrik. Im Park Vincennes, ein paar Schritte vom Schloß Vincennes. Tel. o1 43 74 24 o8.

La Plage 12, Rue du Colonel-Oudot **M:** Porte-Dorée. Musik aus den Dreißigern bis heute.

ZOO

Bois de Vincennes

M: Porte Dorée.

Berühmter Tierpark in schönem Gelände.

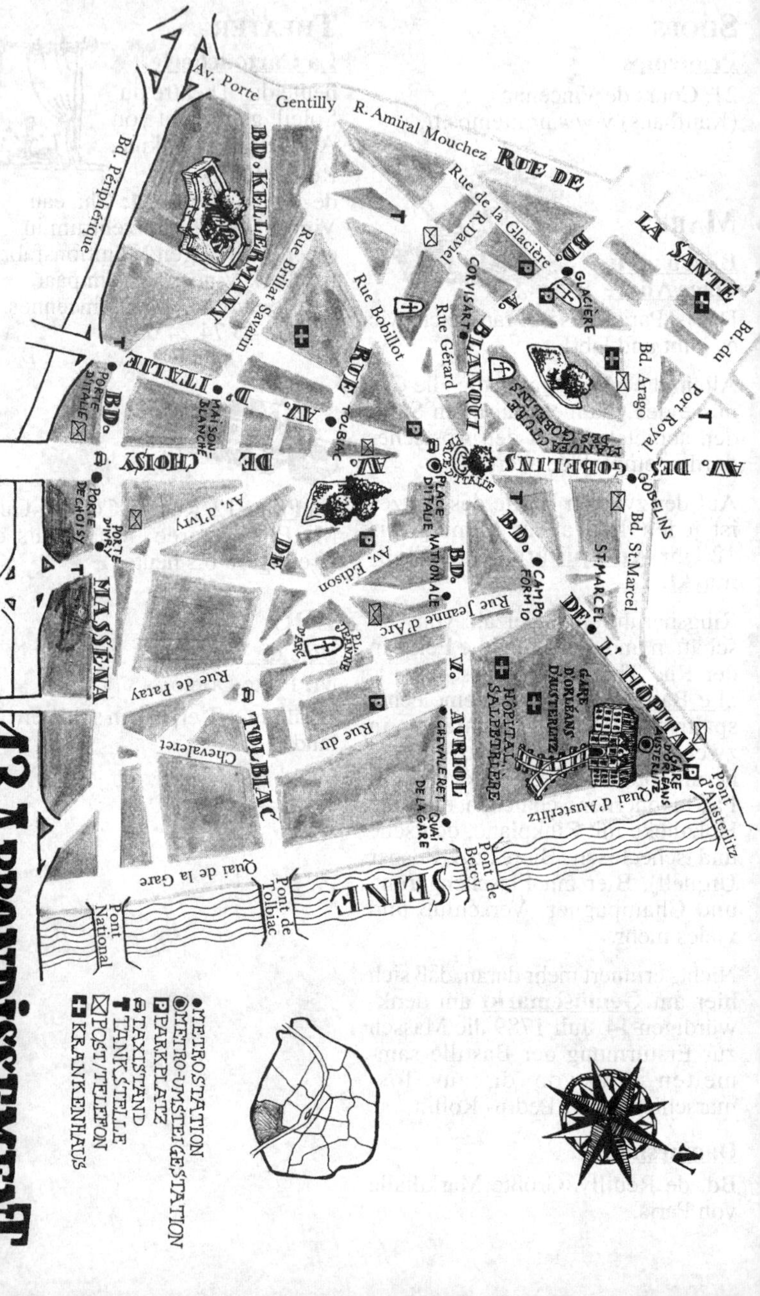
13. ARRONDISSEMENT
Av. Porte Gentilly
R. Amiral Mouchez
RUE DE LA SANTÉ
Bd. du Port Royal
Bd. Arago
Rue de la Glacière
BD. A. BLANQUI
GLACIÈRE
CORVISART
R. Daviel
Rue Gérard
MANUFACTURE DES GOBELINS
AV. DES GOBELINS
GOBELINS
Bd. St. Marcel
ST. MARCEL
BD. DE L' HÔPITAL
GARE D'ORLÉANS AUSTERLITZ
HÔPITAL SALPÊTRIÈRE
GARE D'ORLÉANS AUSTERLITZ
Quai d'Austerlitz
Pont d'Austerlitz
Bd. Périphérique
BD. KELLERMANN
Rue Brillat Savarin
Rue Bobillot
RUE TOLBIAC
TOLBIAC
AV. D'ITALIE
MAISON BLANCHE
PLACE D'ITALIE
PLACE D'ITALIE
BD. CAMPO FORMIO
CAMPO FORMIO
BD. NATIONALE
NATIONALE
Rue Jeanne d'Arc
PL. JEANNE D'ARC
AV. DE CHOISY
Av. d'Ivry
Av. Edison
PORTE D'ITALIE
BD. MASSÉNA
PORTE DE CHOISY
PORTE D'IVRY
Rue de Patay
Rue du Chevaleret
TOLBIAC
V. AURIOL
CHEVALERET
QUAI DE LA GARE
Quai de la Gare
Pont de Bercy
SEINE
Pont de Tolbiac
Pont National
N
METROSTATION
METRO-UMSTEIGESTATION
PARKPLATZ
TAXISTAND
TANKSTELLE
POST/TELEFON
KRANKENHAUS

Erinnern Sie sich, falls Sie dort waren, an den ersten Blick von der Terrasse des Kaufhauses Samaritaine? Von wo aus man in süd- östlicher Richtung eine Betonklotz- Skyline den Horizont so aufsässig abschließen sieht. Das ist das neue Viertel hinter der Place d'Italie.

Die vier Schwerpunkte des Dreizehnten verlaufen diagonal von Nordost nach Südwest: Gare d'Austerlitz, Salpêtrière, Place d'Italie, Cité Universitaire (Übergang zum 14. Arr.).

Früher war das Arrondissement das Viertel der Mühlen, Gerbereien, Färbereien und Teppichwebereien.

Wenn man ein wenig im Viertel um die BUTTE AUX CAILLES, einer der 7 Hügel von Paris (Napoleon jagte hier früher Wachteln), herumschlendert, bekommt man hie und da noch eine Prise dieser Alt- Pariser Luft in die Nase. Allerdings hat moderne Architektur heftig von dieser Gegend Besitz ergriffen, Details siehe „Bibliothèque Nationale de France".

DIE SALPETRIERE

Unter Louis XIII. war sie ein Lagerhaus für Schießpulver und Salpeter, unter Louis XIV. ein Bettler- und Armenasyl.

Später kamen noch ein Frauengefängnis und eine Irrenanstalt dazu. Heute ist sie mit 3o ha die größte Universitätsklinik von Paris.

DIE CITE UNIVERSITAIRE

Ca. 5.ooo Studenten wohnen hier nach Nationalität zusammen. So gibt es ein deutsches Haus namens „MAISON HEINRICH HEINE“. Dieses Zentrum wurde 1925 gegründet und stellt für die Studenten außerdem Sportplätze, Bibliotheken, Restaurants und Freizeiteinrichtungen zur Verfügung: siehe Fakten Fundgrube unter Goetheinstitut.

BIBLIOTHÈQUE NATIONALE DE FRANCE

Die moderne Architektur bedeckt ein riesiges Areal, Auftraggeber Francois Mitterand setzte sich hiermit ein weiteres Denkmal. Der beauftragte Architekt Dominique Perrault hatte bei diesem Entwurf vier riesige aufgeschlagene Buchdeckel vor Augen: Die einen großen freien Platz begrenzenden Lesesäle mit 1 6oo Plätzen gruppieren sich um den tiefgelegenen Garten.

Quai Francois- Mauriac, **M:** Quai de la Gare Tel.: o1 53 79 49 49 www.bnf.fr Bibliothek (ab 16 J): Die-Sa: 10-2o Uhr, So: 12-19 Uhr. Eintritt ca.3 Euro, Ausstellungen 6 Euro, Führungen gratis.

MANUFACTURE DES GOBELINS

42, Av. des Gobelins, **M**: Gobelins. Die bereits 144o von Jean Gobelin eingerichtete und später erweiterte Werkstätte der Teppichweber und -knüpfer ist Die.,Mi. und Do. von 14-14.45 Uhr zu besichtigen. Eintritt: ca. 8,5 Euro.

Die Teppiche werden nach Mustern berühmter Künstler, nur bei Tageslicht und mit weit über 1o.ooo verschiedenen Farben hergestellt.

Die holländisch- flämische Familie Gobeleen betrieb seit 144o eine Färberei, deren Abwässer das damals durch grüne Wiesen fließende Flüßchen Bièvre oft bunt färbte. Ab 16oo erweiterten sie zur Teppichweberei, die später in den Besitz der Krone überging.

Noch heute arbeitet ein Mann 1 Jahr an einem Quadratmeter Gobelin. Auch ein Vergnügen in Paris: zuzusehen, wie andere arbeiten, es ist nämlich gestattet (das Zusehen!). In den hohen Räumen sind herrliche Wandteppiche zu bewundern.

Geschichten aus der Vergangenheit der Butte aux Cailles:

Bei einem Fest im CHATEAU DE LA REINE BLANCHE hatte sich König Charles VII. einen besonders originellen Ulk einfallen lassen: er und seine Höflinge verkleideten sich als Vögel, indem sie sich Federn mit Pech am Körper befestigten.

Der Bruder des Königs wollte sich die seltsamen Vögel mit der Fackel in der Hand näher betrachten. Sie fingen Feuer und, da sie mit Ketten miteinander verbunden waren mußten sich alle miteinander in die Bièvre stürzen, einem Bach, der damals idyllisch durch die Gegend floß und heute zur Kanalisation degradiert ist.

Ob wohl daher der Name „PECHVOGEL“ kommt?

Bereits 1783 landete auf der BUTTE AUX CAILLES die erste Montgolfiere, ein Fesselballon. Die Brüder Montgolfiere waren die Pioniere der französischen Ballonfahrt. Aber beim ersten Aufstieg befanden sich im Korb: ein Hammel, ein Hahn und eine Ente. Ludwig XVI. hatte nicht gestattet, Menschenleben zu riskieren!

Restaurants

Restaurants

Es gibt Arr., wo ein Tourist nur hinkommt, wenn er sehr viel Zeit hat, oder sich verirrt hat. Das 13. ist so ein Arr., auch das 15. und 17.

BISTROS

Verdi (2- 3)

4, Pl. des Alpes, N.Z., Sa. mittags und So. zu.

Ein intimes Bistro mit familiärer Küche und Atmosphäre auf der Butte aux Cailles. Abends Kerzenlicht und 5oer- Jazz von Platten.

Chez Grand'Mère (1)

92, R. Broca, 12- 14/19- 22.3o Uhr, So. und Mi., Juli bis Mitte August zu.

Traditionelle Bistro- Küche zu mäßigen Preisen.

Les Marronniers (3- 4)

53 bis, Bd. Arago, N.Z., So. und Aug. zu. Küche für etwas höhere Ansprüche.

13. ARR.

Parken

<u>SNCF</u>
Gare d'Austerlitz
Rue Abel-Gance und Rue Emile-Durkheim, bei der Bibliothèque Nationale
Avenue d,Italie und Porte d'Italie.
Avenue Caffieri

<u>Garage- Parking</u>
Bd. Auguste- Blanqui

<u>Grand Garage</u>
48 Av. Edison

Taxi

Porte de Choisy
Métro Glacière
Porte d' Italie
Place d' Italie
Place Pinel
Carrefour Patay-Tolbiac

Markt

<u>Jeanne d'Arc</u>, ehem. **Tolbiac**

Place Jeanne d'Arc, bei der Kirche Notre Dame de la Gare (Unsere liebe Frau vom Bahnhof). **M:** Nationale. Donnerstag und Sonntag.

<u>Maison Blanche</u>

Av. d'Italie, bei der Rue Bourgon. **M:** Maison Blanche. Donnerstag und Sonntag.

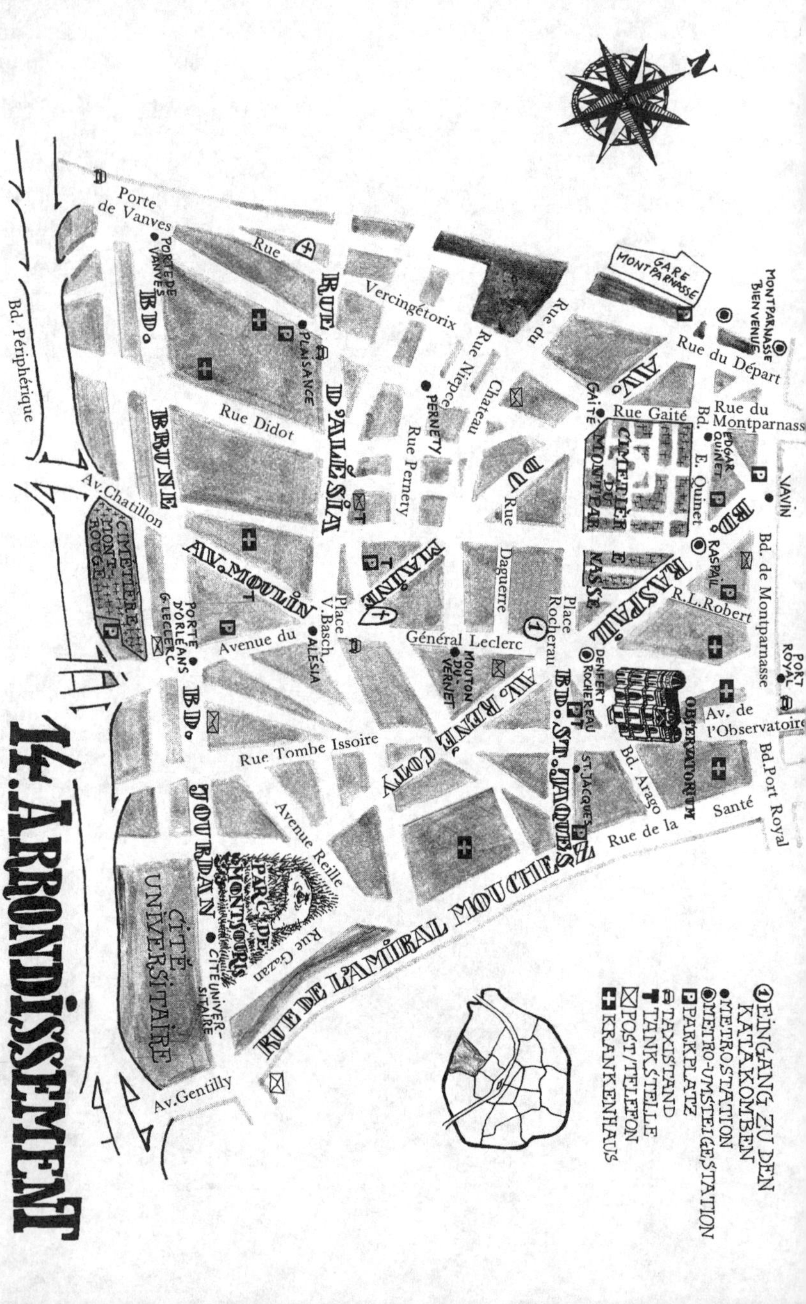
14. ARRONDISSEMENT
N
GARE MONTPARNASSE
MONTPARNASSE BIENVENUE
Rue du Départ
Rue du Montparnasse
VAVIN
Bd. de Montparnasse
PORT ROYAL
Av. de l'Observatoire
Bd. Port Royal
OBSERVATORIUM
Bd. Arago
Rue de la Santé
R.L. Robert
BD. RASPAIL
RASPAIL
EDGAR QUINET
Bd. E. Quinet
CIMETIÈRE DU MONTPARNASSE
Rue Gaité
GAITÉ
AV. DU MAINE
Rue du Chateau
Rue Daguerre
Place Denfert Rochereau
DENFERT ROCHEREAU
BD. ST. JAQUES
ST. JACQUES
AV. RENÉ COTY
Général Leclerc
MOUTON DU-VERNET
Avenue du
Place V. Basch
ALÉSIA
RUE D'ALÉSIA
AV. MOULIN
Rue Pernety
PERNETY
Rue Niepce
Vercingétorix
Rue
PLAISANCE
Rue Didot
Porte de Vanves
PORTE DE VANVES
BD. BRUNE
Bd. Périphérique
Av. Chatillon
CIMETIÈRE MONT-ROUGE
PORTE D'ORLÉANS G. LECLERC
BD. JOURDAN
Rue Tombe Issoire
Avenue Reille
PARC DE MONTSOURIS
Rue Gazan
CITÉ UNIVERSITAIRE
CITÉ UNIVERSITAIRE
Av. Gentilly
RUE DE L'AMIRAL MOUCHEZ
① EINGANG ZU DEN KATAKOMBEN
• METROSTATION
◉ METRO-UMSTEIGESTATION
P PARKPLATZ
TAXISTAND
T TANKSTELLE
POST/TELEFON
KRANKENHAUS

Acht Krankenhäuser und ein großer Friedhof. Der Friedhof war zuerst da. Aber auch die Straße der Lebensfreude, Rue de la Gaîté.

Und es hat den Hauptanteil am Quartier Montparnasse. In den 2oer Jahren war der Montparnasse das Zentrum der Künstler, vor allem der Maler (Utrillo, Vlaminck, Modigliani, Chagall u.a.), der Atelierfeste und der Treffpunkt dieser illustren Gesellschaft, wie zum Beispiel das „Dome“, „Closerie des Lilas“,“Coupole“ und „Rotonde“, an der Kreuzung Bd. Raspail und Bd. Montparnasse, dem „Carrefour Raspail“, wo übrigens die bekannte Statue Balzacs von Rodin steht.

Mit der Weltwirtschaftskrise 1929 hörte dieses Treiben wie ein Spuk auf. Eine neue Gruppierung von Künstlern hat sich für das Bastille- Viertel und Belleville entschieden. Der Bahnhof Montparnasse ist für die superschnellen TGV´s ausgebaut und mit dem Jardin Atlantique begrünt worden, die moderne Architektur ringsum sorgt für neue Gesichtslosigkeit in diesem Viertel.

Blickpunkte & Plätze

RUE DAGUERRE

Wieder einmal eine der sehr typischen Pariser Marktstraßen. Über das obere Ende wurde der stimmungsvolle Film „Daguerrotypen“ über das Leben dort ansässiger Geschäftsinhaber gedreht. Mich beeindruckte dieser liebenswerte Fernsehfilm so, daß ich bei meinem nächsten Paris- Besuch die Bäcker-, Metzger- und Kleinwarenläden aufsuchte, um diese Ehepaare in ihrem originellen Milieu kennenzulernen. Der Bäcker, Mons. Piednoir, hat mir gezeigt, wie er seine Baguettes noch in einem alten, steinernen Holzofen bäckt. Das waren die besten und knusprigsten Baguettes, die ich je aß.

Die Straße wurde nach dem Erfinder Louis Jacques Daguerre benannt. Dessen „Daguerreotypien“ waren auf beschichtete Kupferplatten fixierte Lichtbilder, von denen man zwar noch keine Abzüge machen konnte, die aber 1835 den Beginn der Fotografie darstellten.

CITE UNIVERSITAIRE

Internationale Studentenstadt beim PARC MONTSOURIS. Viele einzelne Wohngebäude für alle Nationalitäten, u.a. von Le Corbusier, schön im Grünen gelegen, Sportanlagen, begehrte Bibliotheken etc.

Parc de Montsouris, 14. Arrondissement
Kopie des Prinzenpalastes in Tunis

FRIEDHOF MONTPARNASSE

„Wand an Wand“ mit der Vergnügungsstraße liegt eine der stillen Oasen, die von Hochhäusern immer gewaltiger überragt wird. Wie am Père Lachaise (2o. Arr.) auch hier pompöse Grabmonumente von unterschiedlichem künstlerischen Wert. Gräber von Baudelaire, Guy de Maupassant u.a. Auch André Citroën, der als Autokonstrukteur unter die Berühmtheiten einging.

DIE RUE DE LA GAITE

An der einst ländlichen, unter Akazien gelegenen „STRASSE DER FREUDE“ gab es fast 2oo Jahre lang eine anhaltende Tradition von Kneipen, Konzert- Cafés, Restaurants und volkstümlichen Bühnen. 1819 wurde das „Theater Montparnasse“ erbaut. Man spielte von nachmittags bis abends Melodramen und Possen, in der Mitte des Saales stand ein Ofen, auf dem die Besucher in den Pausen die mitgebrachte Kohlsuppe wärmten. Ruhm und Glanz brachte Jacques Offenbach in dieses Haus, welches er eine zeitlang besaß, bevor Johann Strauß ihm in der Zuneigung der Pariser den Rang streitig machte.

Das beliebte „BOBINO“, das anfangs in einem kleinen Wirtsgarten stand, wurde die zweitgrößte Music- Hall von Paris. Von hier aus starteten berühmte Chanson- Künstler wie Edith Piaf, Maurice Chevalier, Charles Aznavour u.v.a., die dann im „OLYMPIA“ Weltruhm erlangten. Jetzt wurde aus dem historischen Bobino eine SHOW- DISCO.

Was blieb von der fröhlichen Kneipen- und Theateratmosphäre dieser nur 3oo Meter langen Straße? Sechs namhafte Pariser Theater (s. Vergnügliches). Hinzugekommen ist: Beton- Architektur, Hotelblocks, Sex- Shops. Über allem ragt dräuend der „Tour Montparnasse“ (Aussicht!). Aber - wer weiß? Es wäre nicht Paris, wenn die kleine „GAITE“ nicht wieder zum Leben erwachte.

OBSERVATORIUM

61, avenue de l’ Observatoire, **M:** Denfert-Rochereau. Führungen jeden ersten Samstag im Monat nach vorheriger schriftlicher Anfrage. Der Bau aus der Zeit Ludwig XIV. wurde von Colbert 1667 so angelegt, daß seine 4 Seiten den Himmelsrichtungen entsprechen.

Einige Pioniertaten dieses Instituts: Die Messung der Lichtgeschwindigkeit, die erste Mondkarte, die mathematische Berechnung des Neptun. Von 1667- 1911 ging der Null-Meridian durch die Mitte dieses Gebäudes. In 28 m tiefen Kellerräumen, ehemaligen Steinbrüchen, wird bei konstanter Temperatur von 12° C die Weltzeit auf ein Millionstel Sekunde genau festgelegt.

Von der Vorderfront hat man einen schönen Blick über die Av. de l’Observoire, seinen Park mit dem allegorischen Brunnen, übergehend in den Jardin du Luxembourg, bis hoch zum Montmartrehügel.

DIE KATAKOMBEN (C.M.)

1, Place Denfert- Rocherau, Metrostation. Di.- Fr.: 14- 16 Uhr, Sa./So.: 9-11/14- 16 Uhr, Mo. + Feiertage zu. Eintritt: 5,5 Euro.

Gehen Sie mit einer Zeitung dorthin. Es kann nämlich sein, daß eine längere Schlange Wartender vor dem Eingang steht. Aber es lohnt sich zu warten. Oder: „Carte Musée“ (siehe Fakten- Fundgrube).

Über 91 Stufen gelangt man über eine enge Treppe zunächst in lange, schmale Gänge, 2o Meter unter dem Platz. Dann erscheint plötzlich eine Tafel: „Halte an, hier ist das Reich des Todes“. Auf Französisch natürlich. Links und rechts der ca. 2 m breiten Durchgänge sind bis auf eine Höhe von rund 2 Meter die Knochen von 5- 6 Millionen Menschen aufgeschichtet. Vorne nur die Oberschenkelknochen, ornamental durchsetzt von Schädeln. Hinter diesen Fronten bis zu 1o Meter in die Tiefe liegen ungeordnet die Schulterblätter, Rippen, Unterkiefer und Beckenknochen.

Ein nachhaltiger Eindruck! Woher diese Knochen sind? Aus zahlreichen alten, aufgelassenen Friedhöfen der Stadt. So z.B. auch der Friedhof Innocents, an der Stelle des Innocents- Brunnens bei den ehemaligen Hallen. Dort soll auch Molière begraben worden sein, so daß dessen Gebeine höchstwahrscheinlich auch hier unten liegen, denn sein Grab auf dem Friedhof Père Lachaise (2o. Arr.) ist leer.

Die <u>FONDATION CARTIER POUR L´ART CONTEMPORAINE</u> hat sich hier mit einem Glaspalast ein neues Domizil geschaffen und zeigt moderne, zeitgenössische Kunst. (Architekt: Jean Nouvel, 1994). 261, Boul. Raspail Tel.: o1 42 18 56 72 www.fondation.cartier.fr von 12-2o Uhr, ausser Montags, für 5 Euro zu besichtigen.

Restaurants

BISTROS

Le Peret (1)

6, R. Daguerre, 9.3o- 2o.3o Uhr, So., Mo. und August zu.

Bernard Péret ist einer der Veteranen des Coupe du Meilleur Pot. Im Bistro mit seinem großen Weinkeller, seiner gewichtigen Bar und den 6 Tischchen gibt es allerdings nur Käse und Wurst o.ä, keine warme Küche.

Bistro de la Gare

59, Boul. du Montparnasse. Pariser Traditionsbistro.

L´Assiette

181, Rue du Château , bis 22.3o Uhr.

Delikatessen aller Art, typisch französissch.

La Royale (2)

8o, R. de l'Àdmiral Mouchez, 7- 2o.3o Uhr, So. und August zu.

Große Auswahl an Weinen, Plat du Jour nur mittags, sonst: Charcuterie und Käse.

Le Vin des Rues (2)

21, Rue Boulard, 1o- 21 Uhr, So., Mo. u. August zu.

Lyoner Spezialitäten.

Auberge de Venise (2)

1o, R. Delambre, Sa. mittags, So. und August zu, N.Z.

Ehemals die legendäre Bingo- Bar, wo Gäste wie Picasso und Hemingway einen gelüpft haben. Heute ein italienisches Restaurant.

Restaurants

BRASSERIES

Im Vierzehnten befinden sich zwei sehr traditionsreiche Brasseries am Bd. Montparnasse, die im Winter 1988/89 renoviert wurden, da große Teile des „La Coupole“ unter Denkmalschutz stehen.

La Coupole (3- 4)

1o2, Bd. Montparnasse, **M:** Vavin.

Der Zehnerkönig (siehe Restaurants 1o. Arr.) hat das berühmte Haus, in dem Hemingway, Sartre, Picasso und viele der ‚Unsterblichen‘ verkehrten, renoviert. Das unter Denkmalschutz stehende Lokal, das 6oo Sitzplätze anbieten kann und damit die größte Brasserie von Paris ist, behielt sein altes Fluidum. Die Austernbank, die riesige Theke, um die man sich schon früher drängte - alles ist noch da. (Mehr unter „Vergnügliches“.)

Le Dôme (4- 5)

1o8, Bd. de Montparnasse, **M:** Vavin; täglich bis 1 Uhr.

Sicher, die 2oer Jahre, wo der Montparnasse das Zentrum künstlerischen Lebens und das Le Dôme ein Treffpunkt weltbekannter Namen war, sind vorbei. Heute erfreut dieses Lokal mit niveauvoller Gastlichkeit und gehobener Küche.

RESTAURANTS

Le Duc (5)

243, Bd. Raspail, Sa., So. und Mo. zu.

Die Nobeladresse im Vierzehnten für diejenigen, die 7oo FF für ein Essen von der Steuer absetzen können.

14. ARR.

PARKEN

Am Gare Montparnasse
Bd. de Montparnasse /Ecke Rue de Chevreuse
14, Rue Champagne Premiere beim Bd. Raspail
Porte d,Orleans und Porte Gentilly
Av. du Maine Rue Vercingetorix

TAXI

Place Denfert-Rochereau
1.Av. Reille
Métro „Alésia“
1.Pl. du 25- Août-1944
Porte de Vanves
Métro „Plaisance“

Nützliches & Praktisches

MARKT

Rue Daguerre

Im unteren Teil der vorne beschriebenen Straße, mit einem hübschen Bistro an der Ecke der Av. G. Leclerc, wo man Menüs oder Kleinigkeiten freundlich serviert bekommt und das Marktleben beobachten kann. Täglich außer Mo.

Edgar Quinet

Kunsthandwerksmarkt am Bd. Edgar Quinet, mit Blick auf den Tour Montparnasse, aber im echten, alten Paris. Täglich von 1o-19 Uhr

Place de la Mairie

Beim Rathaus. Dienstag und Freitag.

Flohmarkt

An der Porte de Vanves. Samstag und Sonntag. Nicht so bekannt wie der Marche aux Puces an der Porte de Clignancourt, trotzdem relativ niedriges Preisniveau.

CAFE- THEATER

Café d'Edgar

58, Bd. Edgar Quinet, **M:** dortselbst. Tel. o1 42 79 97 97.
Eines aus der alten Garde der Café-Théâtres: Chanson, Humoreske, Theater, Konzerte und anderes. In zwei Räumen jeden Abend 4- 5 Darbietungen verschiedener Art. Tagsüber Gemäldegalerie.

Die Rue de la Gâité (M: Gaité)

Nr. 31: Théâtre Montparnasse Tel. o1 43 22 77 3o Überwiegend traditionelles Programm, z.B. Molière, gespielt von bekannten Schauspielern..

Nr. 26: Gâité Montparnasse, Tel. o1 43 2o 6o 56 Komödien, Satiren.

Nr. 2o: Bobino, Tel. o1 43 27 24 24 Aus dem ehedem berühmten Sprungbrett guter Chansoniers wurde eine Top- Disco mit internationalen, wechselnden Programmen.

Nr. 17: Comédie Italienne, Tel. o1 43 21 22 22; immer wieder Amüsantes vom italienischen Komödienklassiker Goldoni u.a.

Nr. 6: Spectacles d. Edgar (Théâtre Rive Gauche), Tel. o1 43 2o 9o o9 Amüsement mit eher zeitgenössischen Autoren, wie z.B. Sacha Guitry. Oft mehrere verschiedene Vorstellungen pro Abend.

La Coupole

1o2, Bd. Montparnasse, **M:** Vavin; Di., Fr., Sa. und So. 21.3o- 4 Uhr. Tel. o1 43 2o 14 2o.

Das unter „Restaurants" beschriebene historische Literaten- und Künstlerlokal hat auch für die Tanzfreudigen der jüngeren und älteren Generation etwas zu bieten. Die breite Treppe, die in den seit vielen Jahrzehnten beliebten Tanzsaal führt, ist auch heute noch der Weg zu einem besonderen Vergnügen für jeden Jahrgang. Am Dienstag erklingen lateinamerikanische und moderne Rhythmen, am Freitag, Samstag und Sonntag aber werden die klassischen Standardtänze Tango, Musette-Waltz und Paso Doble getanzt.

15. ARRONDISSEMENT
SEINE
Quai André Citroën
Quai de Grenelle
Allée des Cygnes
Pt. du Garigliano
Pont Mirabeau
Pt. de Grenelle
Pt. de Bir-Hakeim
HÉLIPORT
BD. VICTOR
BD. LEFÈBVRE
RUE DE LA CONVENTION
RUE DE VAUGIRARD
RUE LECOURBE
RUE DE VOUILLE
RUE BRANCION
RUE ST. CHARLES
AV. EMILE ZOLA
RUE CROIX NIVERT
BD. DE GRENELLE
AV. DE SUFFREN
AV. DE SAXE
BD. DU MONTPARNASSE
BD. PASTEUR
Av. du Maine
R. Départ
Rue Balard
Rue de Lourmel
Rue Fondary
Rue du Théâtre
Rue de Langeac
Rue des Morillons
R. Favorites
Rue du Dr. Roux
Rue Armand
Bd. Périphérique
PALAIS DES SPORTS
PARC DES EXPOSITIONS
GARE MONTPARNASSE
BALARD
LOURMEL
JAVEL
CH. MICHELS
BIR-HAKEIM
DUPLEIX
LA MOTTE PICQUET
COMMERCE
ÉMILE ZOLA
FÉLIX FAURE
BOUCICAUT
CONVENTION
PORTE DE VERSAILLES
PORTE DE VANVES
VAUGIRARD
VOLONTAIRES
PASTEUR
CAMBRONNE
SÉGUR
SÈVRES-LECOURBE
FALGUIÈRE
DUROC
MONTPARNASSE BIENVENUE
METROSTATION
METRO-UMSTEIGESTATION
PARKPLATZ
TAXISTAND
TANKSTELLE
POST/TELEFON
KRANKENHAUS
1 INSTITUT PASTEUR
N

Es hat zwar - wenn auch nur als ‚Grenzpfosten' - die zwei sichtbarsten Gebäude von Paris: den Eiffelturm im Westen und den Tour Montparnasse im Südosten, ist aber vom touristischen Standpunkt aus gesehen ein uninteressantes Arrondissement, wenngleich kein langweiliges: das normale Pariser Leben pulsiert hier ebenso wie in allen anderen. Manche Touristen und Pariser müssen dann dorthin, wenn sie etwas verloren haben, zum städtischen Fundbüro nämlich in der Rue Morillons, Nr. 36.

Das Fünfzehnte flattert wie ein Tischtuch im Südwestwind, aufgehängt zwischen diesen beiden Grenzpfosten. Ich hatte erst Leintuch geschrieben, aber dann fiel mir ein, daß in diesem Arr. eine Reihe sehr guter Restaurants sind.

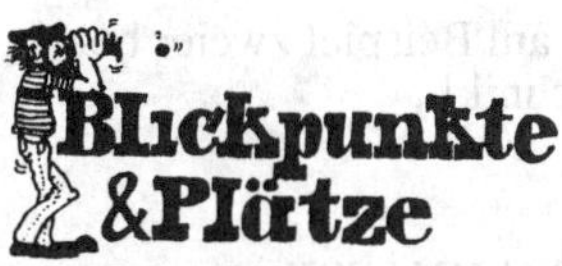

RUE VAUGIRARD

Wenn Sie die Zeit erübrigen können - ich weiß es gibt Wichtigeres - sollten Sie mit dem Linienbus die längste Straße von Paris entlang fahren, die Rue Vaugirard, die sich 4,5 km vom Boul' Mich' bis zur Porte de Versailles erstreckt. Typische Pariser Straße, keine Prachtstraße, aber mit dem Flair des Pariser Alltags - une rue quotidienne - voll Leben und Abwechslung.

Man kann ja diese Durchquerung, wenn man mit der Zeit haushalten muß, in südwestlicher Richtung vornehmen, um dann das 16. Arr. bei der Freiheitsstatue und dem O.R.T.F. (Radio), sozusagen durch die Hintertüre zu betreten. Dann kommt man über das Balzac- Museum zum Trocadero. Das wäre unkonventionell und reizvoll dazu.

MUSEEN

MUSEE PASTEUR

25, Rue du Dr. Roux, Institut Pasteur. Montag bis Freitag. 14- 17.3o Uhr; Sa., So. und feiertags zu.

Besichtigung der Wohnung und Krypta nach Rücksprache mit dem Conservateur.

MUSEE DE LA POSTE

34, Bd. de Vaugirard, neben Gare Montparnasse, auch **M:**. 1o- 18 Uhr. So. und feiertags zu.

Geschichte der Post von der Brieftaube bis zur Luftpost.

MUSEE BOURDELLE (C.M.)

16, Rue Antoine Bourdelle, **M:** Montparnasse. Besuchszeit 1o- 17.4o Uhr, Mo. und Feiertag zu. Eintritt: ca. 4 Euro.

Skulpturen, Gemälde und Zeichnungen von Antoine Bourdelle, einem Schüler von Rodin. Viele Studien über Beethoven.

MÉMORIAL DU MARÉCHAL LECLERC ET MUSÉE JEAN MOULIN

23, Allée de la 2e DB, Jardin Atlantique **M:** Montparnasse Bienvenue 1o-17.4o Uhr ausser Montag. Eintritt ca. 4 Euro:

Die Geschichte von Widerstand und Befreiung am Beispiel zweier bedeutender Männer! Moderne Audiovisuelle Technik!

MAINE - MONTPARNASSE

Av. du Maine. Besuchszeit: Winter 1o- 22 Uhr, Sommer 9.3o- 23 Uhr.

18- stöckige Hochhäuser aus Glas, Beton und Aluminium umgeben den Bahnhof mit seinen 5 Etagen. Das Ganze wird überragt von einem ovalen, schwarzen, 2oo m hohen Büro- Hochhaus mit 56 Etagen, einer der höchsten Wolkenkratzer Europas! Man nennt ihn:

TOUR MONTPARNASSE

33, Av. de Maine, tägl. 9.3o- 23.3o Uhr (Winter 22.3o Uhr) **M:** Montparnasse- Bienvenue. Eintritt: 8 Euro.

In 38 Sekunden huscht der Lift in 2oo Meter Höhe zum 56. Stock mit Bar und Verkaufsstand. Noch ein paar Treppen zu Fuß und man steht 2o9 Meter über der Stadt auf der Aussichtsterrasse im Freien. Auch das Lokal „Ciel (Himmel) de Paris“ bietet diesen atemberaubenden Rundblick.

Besonderes

PARC ANDRÉ-CITROEN M: Balard Futuristisch anmutender Parc auf dem alten Werksgelände von Citroen mit einem weißen und einem schwarzen Garten und anderen Themengärten. In der Nähe ist der

AQUABOULEVARD: ein modernes Sport- und Badezentrum mit exotischer Badelandschaft.

ALLEE DE CYGNES: Eine schmale, lange Insel, eigentlich nur ein baumbestandener Fußweg zwischen der PONT DE BIRHAKEIM und der PONT DE GRENELLE.

Geeignet für einen netten Spaziergang zu der Freiheitsstatue hinter der Pont de Grenelle - das Modell jener, die die Franzosen der Stadt New York schenkten. Ein Foto unter bestimmten Blickwinkeln läßt jeden glauben, es sei in New York entstanden. Vielleicht als Alibi für eine ‚Geschäftsreise‘ dorthin?

Restaurants

BISTROS

Au Boeuf Gros Sel

299, Rue Lecourbe M: Lourmel

l´Agape

281, Rue Lecourbe. M: Convention

Marc Lamic verwöhnt Gaumen und Portemonnaie!

Le Petit Mâchon (2)

123, R. de la Convention, N.Z., So., Mo. und Mi., Juli- Mitte August zu.

Lyonaiser Küche und Macon- Weine (Beaujolais) in schönem Dekor und mit freundlicher Bedienung.

Ristorante La Cour

12 Rue Cépré. Italienisches Flair, beste italienische Tradition.

Restaurants

Au Pére Tranquille (2)

3o, Av. du Maine, 9- 2o Uhr, Di.- Sa. Hausgemachte Pasteten, mittags Plat du Jour.

BRASSERIES

Brasserie du Pont Mirabeau (3- 4)

61, Quai de Grenelle, gehört zum Hotel Nikko, täglich 11.3o bis 23 Uhr.

Im 2. Stock des 3o-stöckigen Hotelbaus befindet sich ein modernes Großlokal mit Blick auf die Seine, ohne den das Lokal allerdings auch in Düsseldorf oder Frankfurt sein könnte.

RESTAURANTS

La Pagode d'Orient (3)

51, Rue Cambronne, So. zu, N.Z.

Ein gepflegtes chinesisches Restaurant mit Spezialitäten aus Shanghai. Das asiatische Gebäude original aus Japan.

Le Pot- au- Feu (2)

59, Bd. Pasteur, N.Z., Sa. zu. Solide Hausmannskost bei akzeptablen Preisen. Noch zwei Restaurants mit etwas Bistro- Charakter, benannt nach den häufigsten französchischen Zigarettenmarken:

La Gauloise (4- 5)

59, Av. de la Motte- Picquet, Sa. und So. zu, N.Z.

La Gitane (3)

53 bis, Av. de la Motte- Picquet, Sa. und So. zu. N.Z.

15. ARR.

PARKEN

Am Gare Montparnasse
Am Palais des Sports
Convention, Rue de la Convention Nr. 96
Parc des Expositions, am Bd. Peripherique Rue Faguière

Rue Leblanc (Parc Citroen)

TAXI

Pont Mirabeau
Métro „Bir Hakeim"
Métrostation La Motte-Picquet
Mairie annexe du 15
Métro „Boucicault"

Place Charles-Michels
Métrostation „Sèvres-Lecourbe"
Métrostation „Convention"
Porte de Versailles

MARKT

Convention
Rue de la Convention.
Dienstag, Donnerstag und Sonntag.

Dupleix
Bd. de. Grenelle.
Mittwoch und Sonntag.

Saint-Charles, ehem. Javel
Rue St. Charles.
Dienstag und Freitag.

LECKEREIEN

Maison de l'Escargot
79, Rue Fondary.
Seit 1oo Jahren auf Schnecken spezialisiert. Hier werden wöchentlich ca. 3oo kg frische Schnecken zubereitet! Und das nicht im Schneckentempo. Tel: o1 45 75 31 o9 www.maison-de-l-escargot.com

ANTIQUITÄTEN

Village Suisse
78, Av. de Suffren
M: La Motte-Picquet
Von den Pavillons der Weltausstellung, kleinen Schweizer Holz häuschen, ist nichts mehr übrig. Jetzt ist dort ein Zentrum von Antiquitätenhändlern der höheren Klasse, die meist in Bungalows ei nes modernen Wohnkomplexes eta bliert sind. Donnerstag bis Montag 1o.3o - 19 Uhr.

Rue Brancion
M: Convention
Am Eingang des Parc Georges Brassens. Samstags und Sonntags. Alte Bücher und Sonderausgaben, zum Stöbern für Bibliophilisten bestens geignet.

Vergnügliches

Palais des Sports

M: Porte de Versailles, Tel. o1 48 28 4o 1o www.palaisdessports.com
Wer hier herausfährt, erwartet große Ereignisse, wie z.B. die Eis-Revue „Holiday on Ice“ oder das Bolschoi-Ballet oder Tom Jones: Das Sport-Palais ist ein sehr reges Kommunikations-Tentrum der Pariser Bevölkerung und ihrer Gäste.

Le Bolero: 18, Rue de la Croix-Nivert
L' Enfer: 34, Rue du Départ
Aquarium: 16, Rue de Linois

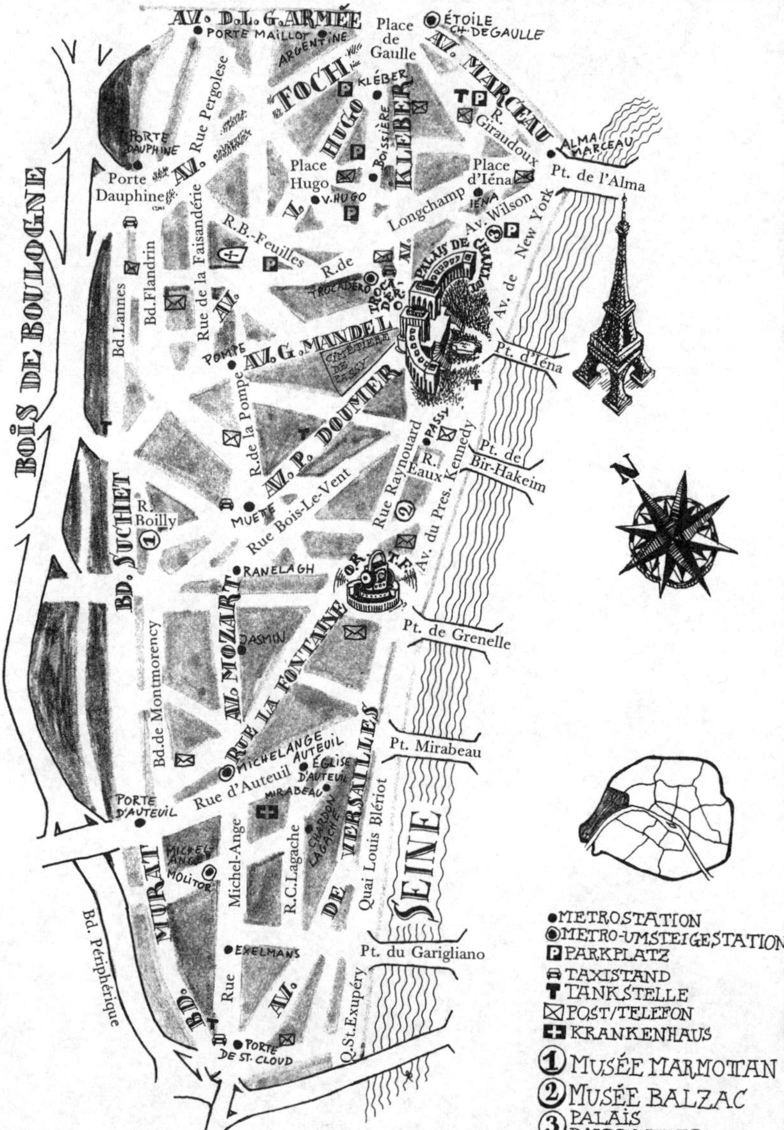

16. ARRONDISSEMENT

Es hat drei klare Grenzen: oben Place Charles de Gaulle- Etoile und die Av. de la Grande Armée, rechts die Seine, links den Bois de Boulogne, der aber dazu gehört.

Und es hat die meisten Museen. Sollte aber deshalb trotzdem nicht nur für Regentage vorgesehen werden.

Im südlichen Teil, in PASSY, ist es mal ländlich still, mal ländlich vornehm, auf keinen Fall aber ländlich zurückgezogen.

Sehr vornehm und sehr introvertiert allerdings ist die obere Ecke um die Av. Foch, wo der Quadratmeter Wohnfläche mehr kostet als eine Villa auf dem Lande.

So richtig mitten in Paris ist man zum Beispiel auf der PLACE VICTOR HUGO, wo im rückwärtigen Teil eines Bistros - hieß es nun Victor Hugo oder Notre Dame de Paris? - eine große Wandmalerei mit dem Sujet des Glöckners von Notre Dame zu sehen ist.

Es ist mit dem Sechzehnten wie mit einem Menü, das man ja auch nicht mit dem Dessert beginnt. Man sollte wirklich von unten anfangen, als Entree ein kleiner Spaziergang durch das hübsche Passy, als Hors d'Oeuvre das Haus von Balzac, als Hauptgericht, man wird ja nicht allegorisch satt, ein gutes Restaurant, und als Dessert die Aussichtsterrasse des PALAIS CHAILLOT.

Blickpunkte & Plätze

TERRASSE DES PALAIS CHAILLOT

Von dieser Terrasse aus hat man, über die Fontainen und Parkanlagen, die sich bis zur Seine hinab erstrecken, einen umfassenden Rundblick - zunächst auf den gegenüberstehenden Eiffelturm, das dahinterliegende Marsfeld und die anschließende Ecole Militaire. Darüberhinaus aber erstreckt sich das Panorama über das Rive Gauche, das Rive Droit bis zum Montmartrehügel.

PLACE VICTOR HUGO

Zehn Straßen gehen von diesem Platz aus, ähnlich dem Place Etoile, aber kleiner, überschaubarer und viel schöner. Pariserisch. Keine Touristen, weil keine Baedekersterne.

BOIS DE BOULOGNE

Ein EICHENWALD, von dem heute immerhin noch 8 qkm erhalten sind, wurde zum beliebtesten Ausflugsort. Genaugenommen muß er sich diesen Rang mit dem entgegengesetzt liegenden Bois de Vincennes teilen - (umso besser für die erholungssuchenden Großstädter!).

Ohne die Phantasie bemühen zu müssen, kann man sich vorstellen, daß jeder Quadratmeter des Bodens hundert Geschichten aus der Vergangenheit erzählen könnte. Sie reicht bis ins Jahr 1256 zurück, als die Selige Isabella, Schwester des heiligen Ludwig, sich hier eine Abtei erbauen ließ, um sich ins Grüne zurückzuziehen. Longchamp hieß die Idylle, genauso wie heute die Pferderennbahn.

Sie liegt im Süden des Bois, der heute fast noch so schön wie am Anfang ist. Im Norden der „Jardin d'Acclimation", ein echtes Kinderparadies, im Osten zwei Seen, ein Wasserfall und ein Freilichttheater, im Westen der Rosengarten PARC BAGATELLE. Der schönste Eingang ist von der Av. Foch, die so grün und breit ist, daß man die teuersten Wohnhäuser von Paris vor lauter Bäumen nicht mehr sieht.
Bei der Métrostation PORTE DAUPHINE erwartet uns dann die ehemalige Einsiedelei der Seligen Isabella, im, unvergänglich schönen Bois de Boulogne.

Sehenswert sind auch die Gärten und Gewächshäuser dÀuteuil (Orchideen etc.) an der Porte d´Auteuil mit dem Jardin des Poètes und der kleine Friedhof von Passy **M:** Trocadéro

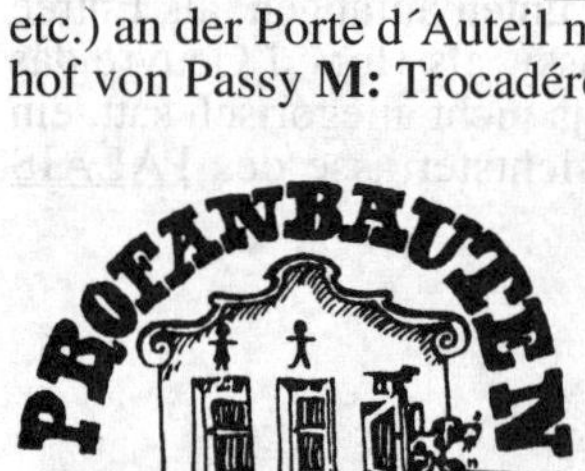

PALAIS CHAILLOT

Place du Trocadéro, **M**: Trocadéro. Chaillot überlebte als selbständiges Dorf ziemlich lange. Es lag an den Hügeln an der Seine und Weinberge führten zum Fluß hinunter.

Selbst heute noch hat man, nur ein Stück Weges vom Palais entfernt, das Gefühl, in einem Villenvorort zu sein.

Zur Weltausstellung 1889 wurde hier ein phantastisches Bauwerk erstellt. Es gab sich orientalisch wie aus 1oo1 Nacht, hatte zwei schlanke minarettähnliche Türme, auf jeder Seite einen Arkadenumgang, und die Pariser liebten es, dort zä,promenieren.

Zur nächsten Weltausstellung, diesmal 1937, mußte natürlich Neues geboten werden. Man riß ab und baute den jetzigen stil- und zeitlosen Kongreßpalast, der ebenfalls wieder zwei halbkreisförmige Flügel hat, in denen bedeutende Museen untergebracht sind. In der Mitte die schöne Aussichtsterrasse, zu der an beiden Seiten Parkwege und Treppen hinaufführen. Von hier aus ist der Eiffelturm am schönsten.

MUSEEN

MUSEE BALZAC (C.M.)

47, Rue Raynouard, **M:** Passy. 1o- 17.4o Uhr. Zeitweise 12- 14 Uhr zu. Montag und Feiertag geschlossen. Eintritt: 5 Euro.

Es ist eines der, nein, das <u>REIZVOLLSTE MUSEUM</u> von Paris. Zugegeben, ich bin Balzac- Verehrer. Aber es ist nicht nur deshalb.

Wie dieses flache Häuschen da zwischen Büschen und hohen Bäumen in einem zur Seine abfallenden Garten liegt, wie man nach dem Eintritt sofort den Geist des Touraners spürt, der so meisterhaft alle Nuancen des menschlichen Seins aufgezeichnet hat, dabei in langen Nächten unzählige Kannen Kaffee gebraucht hat - seine Kanne steht noch auf dem Tisch - und des Morgens, wenn wieder einmal einer seiner genauso zahlreichen Gläubiger in Reichweite kam, durch den Hinterausgang in die Rue Berton entwischte, um in den Weinkellern in der Rue des Eaux - dort steht er heute als Wachsfigur - Kaffee mit Wein zu tauschen.

PALAIS CHAILLOT

Auf der Anhöhe gegenüber dem Eiffelturm, **M**: Trocadéro. In den beiden Gebäudekomplexen mit halbrunden Seitenflügeln befinden sich folgende Museen :

MUSEE DE LA MARINE (C.M.)

1o- 18 Uhr, Dienstag und 1.5 zu. Eintritt: ca. 6,5 Euro.

Man muß nicht unbedingt Salzwassermatrose sein, um seinen Spaß zu haben beim Anblick all dieser Schiffsmodelle der Fischfang-, Kriegs- und Handelsmarine, der Galionsfiguren, Hafenansichten usw.

MUSEE DES MONUMENTS FRANCAIS (C.M.)

9- 18 Uhr. Dienstag zu.

Museum der französischen Baukunst. Modelle berühmter Bauwerke, Reproduktionen von Skulpturen und Architekturen seit der Romanik. Portale: Moissac, Vézelay, St. Gilles, Chartres. Fresken: St. Savin, Le Puy, Cahors.

MUSEE DE L'HOMME

9.45- 17.15 Uhr. Dienstag und Feiertag zu. **M: Trocadéro**
Eintritt: 5 Euro. www.mnhn.fr

Anthropologische Sammlung der Geschichte des Menschen und seiner Kulturen, von Skeletten des Paläolithikums über prähistorische Sammlungen aus Afrika, Kunst der Maya und Azteken bis hin zur europäischen Kultur.

(Das **MUSÉE DU CINÉMA** befand sich früher auch hier, ist aber derzeit geschlossen und wird irgendwann woanders wieder eröffnet)

MUSEE DE LA CONTRE- FACON

16, Rue de la Faisandérie, **M:** Porte-Dauphine. Mo. - So 14. -17.3o Uhr, montags und an Feiertagen geschlossen, im August auch samstags und sonntags zu. Eintritt: 2,5 Euro. www.unifab.com

Ein Museum, das nur dem Thema Fälschungen und unerlaubtem Wettbewerb gewidmet ist.

MUSEE GUIMET

6, Place d'Iéna, **M:** Iéna. 1o.oo- 18.oo Uhr. Dienstag zu. Eintritt: ca. 6 Euro. www.museeguimet.fr

Fernöstliche Kunst aus Indien, China, Tibet, Japan, Afghanistan. Wiedereröffnet im Jan. 2oo1 nach intensiven Restaurationsarbeiten und mit neuem Konzept.

MUSEE MARMOTTAN

2, Rue Louis- Boilly, **M:** Muette. 1o- 17 Uhr. Mo., 25.12. und 1.5. zu. Eintritt: ca. 7 Euro.

Wer die Impressionisten liebt, muß auch hierher. Werke von Claude Monet und seinen Freunden Renoir, Manet u.a.

MUSEE DE LA MODE ET DU COSTUME (C.M.)

1o, Av. Pierre I. de Serbie, **M:** Iéna, im Palais Galiera. 1o- 16 Uhr. Montag und an Feiertagen zu.Eintritt: 7,5 Euro.

Tausende von Klamotten, pardon, Kleidern und Kostümen.

MUSEE DES ARTS ET TRADITIONS POPULAIRES (C.M.)

6, Route du Mahatma Gandhi, Bois de Boulogne, **M:** Les Sablons. 9.3o-17.15 Uhr. Dienstag, 1.5., 25.12. zu. Eintritt: 5 Euro.

Ländliche Zivilisation vor der Industrialisierung. Geschichte des Puppentheaters.

MUSÉE DAPPER 5o, Av. Victor Hugo von 11-19 Uhr während der Ausstellungen geöffnet. Tel. o1 45 oo o1 5o Eintritt ca. 3 Euro **M:** Victor-Hugo Afrikanische Kunst aus präkolonialer Zeit. Keine eigenen Bestände, aber hevorragende Wechselausstellungen!

MUSÉE D´ENNERY 59, Av. Foch **M**: Porte Dauphine 14-18 Uhr Do. u. So. gechlossen im August. Kunstobjekte aus Asien im Empire-Rahmen.

MUSEE DU VIN

5, Rue des Eaux (Straße der Wässer), **M:** Passy. 1o- 18 Uhr, Montag zu. Eintritt: ca. 6 Euro.

Wein- Museum. In unterirdischen Gängen Wachsfiguren der Männlein von Chaillot, Mönche des Paulanerklosters, von Henri IV. und Balzac (siehe Musee Balzac). Weinproben.

MUSEE DE L'ART MODERNE (C.M.)
11, Av. du Président Wilson, **M:** Iéna, Di.- Fr. 1o- 17.4o Uhr, Sa. und So. 1o- 18.45 Uhr Mo. und feiertags zu.

Die moderne Kunst ab 1914 wird sowohl hier, im städtischen Museum, als auch im staatlichen Centre Pompidou gezeigt.

MUSEE DE RADIO- FRANCE
116, Av. du Président Kennedy, **M:** Ranelagh oder Passy. Tel.o1 56 4o 22 22 Führungen täglich ausser So.

MUSÉE EN HERBE Jardin d´Acclimatation im Bois de Boulogne. Tel.o1 4o 67 97 66.

Restaurants

BISTROS

Le Moulin d'Auteuil (1- 2)

75, R. d'Auteuil, N.Z. So. und August zu.

Ein sauberes kleines Bistro, wo man gut ißt und freundlich bedient wird.

Les Caves Angevines (2)

2, Place Léon Deubel, 7.3o- 2o.3o Uhr, So., Mo. und 15.7.- 15.8. zu.

Mittags Plats du Jour, abends Würste und Käse.

La Bergerie (2)

21, Rue de Galilée, 8- 2o Uhr, Sa., So. und August zu. Mittags Plats du Jour, abends Wurstspezialitäten und Pasteten aus der Auvergne.

BRASSERIES

La Stella (2- 3)

133, Av. Victor Hugo, täglich 12- 1.3o Uhr, August zu.

Bürgerliche Küche und Preise, angenehme Atmosphäre, traditionelles Haus.

Au Coq (3)

2, Pl. du Trocadéro, ganzjährig und täglich bis 24 Uhr.

Restaurants

Im Schatten des Palais Chaillot und des Eiffelturmes trifft man verständlicherweise auch viele Touristen. Trotzdem ist die Küche gut.

La Grande Atmée (3- 4)

3, Av. de la Grande Armée, **M:** Charles- de- Gaulle- Etoile, ganzjährig und täglich bis 1 Uhr.

Auch hier sitzt man im Schatten eines touristischen Treffpunkts, des Arc de Triomphe, jedoch in schönem Dekor und bei passabler Küche.

RESTAURANTS

Le Totem

im Palais de Chaillot neben dem Musée de l´Homme.

Aussichtsterrasse mit Blick auf den Eiffelturm.

Passy- Mandarin (3- 4)

6, R. Bois- le Vent, N.Z., So. und August zu.

China- Restaurant der anspruchsvolleren Kategorie.

La Grande Cascade (5)

Im Bois de Boulogne.

In Leistung und Preis zur oberen Klasse gehörig, aber nicht deswegen empfehlenswert, sondern seines bezaubernden Interieurs wegen: ein Juwel des Fin-de- Siècle, in der Nähe des großen Wasserfalls.

16. ARR.

PARKEN

Av. de la Grande Armée in den Seitenalleen
12o, Av. Victor Hugo
3, und 5o, Av. Foch
Avenue Kléber
Rue Saint Didier
Porte Maillot
Rue de Passy
Porte d´Auteuil
Stadion Roland Garros
Pont de Grenelle

TAXI

Place Clément Adler
Métro „Muette“
Place Jean-Lorrain
Avenue Victor Hugo
Métro „Porte Dauphine“
Place Victor Hugo
Place de Barcelone
Gare „Henri-Martin“
Place de la Porte d'Auteuil
Place de la Porte de St. Cloud
Place du Trocadero
Métro „Passy“
Maison de la Radio
Boulevard Exelmans
Porte Molitor
Métro „Jasmin“

MARKT

Im 16.Arr. gibt es die meisten Märkte. Hier eine Auswahl:

Amiral- Bruix

Bd. A. Bruix. Mittwoch und Samstag.

Auteuil auf dem Platz, der von den Rues d´Auteuil, Donizetti und La Fontaine gebildet wird. Mittwoch und Samstag.

Gros-La -Fontaine Dienstag und Freitag.

Point du Jour Avenue de Versailles und Rues Le Marois und Gudin. Dienstag, Donnerstag und Sonntag.

Porte Molitor, (ehem. Exelmans) Place Molitor. Dienstag und Freitag.

Markthallen: Place de Passy und Saint Didier: Ecke Rue Mesnil.

LECKEREIEN

Lenôtre

48, Av. Victor Hugo.

Eine Patisserie, die berühmt ist für ihre Süßigkeiten, Kuchen und Torten, aber auch Pasteten, Terrinen und Salate verkauft.

La Maison du Chocolat 89, Av. Raymond Poincaré

Champagne Laurent-Perrier

43, Avenue Marceau

6o verschiedene Champagner- Sorten. Ein Loblied für Dom Pérignon, den Erfinder des Champagners.

ÜBRIGENS:

Sollten Sie mit dem Auto nach Paris fahren, und statt der langweiligen und teuren Autobahn lieber die Landstraße nehmen und noch einen ganz kleinen Umweg fahren können, dann müssen Sie in St. Menehould Halt machen. Dort steht nämlich das Denkmal des fidelen Mönches.

THEATER

Théâtre National De Chaillot

Palais Chaillot, Place du Trocadéro, **M:** Trocadéro. Tel. o1 53 65 3o oo.

Ein in jeder Hinsicht großes Theater, das so gut wie alle Gattungen der Bühnenkunst pflegt und wo auch Konzerte stattfinden.

Le Vieux Galion

1o, Allée du Bord de l'Eau. Gegenüber des Eingangs zur Rennbahn Longchamps, im Bois de Boulogne. Ein traumhafter Rahmen für ein paar festliche Stunden. Ob zum Diner oder zur abendlichen Pianomusik. Do., Fr., Sa. Tanz- Diner mit Orchester. Tel. o1 44 14 2o oo

Le Duplex

2, Avenue Foch Tel. o1 45 oo 45 oo **M:** Charles-de-Gaulle-Étoile

17. ARRONDISSEMENT
● METROSTATION
◉ METRO-UMSTEIGESTATION
P PARKPLATZ
TAXISTAND
T TANKSTELLE
POST/TELEFON
+ KRANKENHAUS
Av. P.t.d. Champerret
Bd. de l'Yser
Bd. Périphérique
PALAIS DES CONGRÈS
Pl. Porte Maillot
Porte d. Ternes
Bd. Gouvion St. Cyr
Av. des Ternes
R. Guersant
R. J.-B. Dumas
R. P. Demours
R. S. Leroy
R. Brey
PORTE MAILLOT
ARGENTINE
AV. DE LA GDE. ARMÉE
PLACE CH. DE GAULLE
ÉTOILE-CH.-DE-GAULLE
AV.
AV.
Pl. d. Ternes
TERNES
BD. DE
PORTE DE CHAMPERRET
Rue Rennequin
Rue de Courcelles
COURCELLES
BD. PEREIRE
BD. NIEL
PÉREIRE
WAGRAM
AV. DE WAGRAM
BD. BERTHIER
MALESHERBES
PLACE MALESHERBES
AV. DE VILLIERS
BD. DE COURCELLES
MONCEAU
VILLIERS
Rue des Dames
Rue
ROME
BD. DES BATIGNOLLES
SQUARE DES BATIGNOLLES
VERLADE-BAHNHOF
Rue Cardinet
Rue des Batignolles
Rue Legendre
Rue Lemencier
Place de Clichy
PLACE CLICHY
AV. DE CLICHY
LA FOURCHE
BROCHANT
R. Moquet
GUY MOQUET
R. Pouchet
Legendre
AV. DE ST. OUEN
PORTE DE CLICHY
CIMETIÈRE DES BATIGNOLLES
BD. BESSIÈRES
Porte de St. Ouen
N

Eine weiße Landkarte, was Sehenswürdigkeiten betrifft, aber viele weißgedeckte Tische, wo man ausgezeichnet ißt. Ein Arrondissement mit inneren Werten sozusagen.

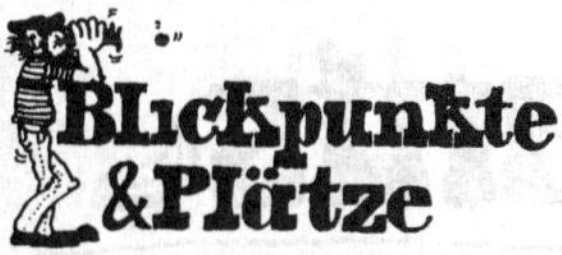

BD. BATIGNOLLES

Dieser breite, belebte Boulevard, der die Place de Clichy in südwestlicher Richtung verläßt, ist gesäumt von schönen, hohen Kastanienbäumen und war ein gernbesuchter Ort der Dichter Verlaine und Heinrich Heine.

SQUARE DES BATIGNOLLES

Nichts von der Kategorie „Sehenswürdigkeit". Sollte jemand von ganz Paris nur diesen Platz gesehen haben und sonst nichts, nur mal angenommen - dann kann er vor der Welt schlecht sagen, in Paris gewesen zu sein (Was, Sie waren nicht auf dem Eiffelturm ??) - wird aber für sich selbst ein echtes Pariser Erlebnis in lieber Erinnerung behalten.

Er wird gesehen haben, wie ‚man' sich trifft, die Mütter mit den Kindern, die halbflüggen Söhne und Töchter, die Rentner, der Arbeiter vom Verladebahnhof und der Apotheker um die Ecke, und wie sie zusammen Boule spielen, mit einer Hingabe und Konzentration, als gäbe es sonst kein Problem auf der Welt. Gibt es denn eines?

PLACE DE CLICHY

Ein reizvoller Kontrast zu dem Vorherigen. An der Grenze zum 18. Arr. (dem Montmartre) gelegen.

Die Busse entleeren Touristen aus England, Finnland, Italien und Schwaben. An ihren Fotoapparaten und natürlich ihrem Lächeln erkennt man die Japaner und sie alle strömen zur großen Mausefalle - der Place Pigalle.

In der südwestlichen Ecke, an der Porte Maillot, Ecke Av. de la Grande Armée und Bd. Péripherique, ist das Centre International de Paris, ein moderner Kongreßpalast.

Die Denkmäler der Sarah Bernhardt und Vater und Sohn Alexandre Dumas stehen an der Place Malesherbes.

Eine erwähnenswerte Kirche im 17. Arr. ist die St. Marie des Batig-nolles, weil sie an dem netten Platz Batignolles liegt.

MUSÉE DE L´ÉROTISME 72, Boul. de Clichy **M:** BLanche. Geöffnet von 1o-14 Uhr Eintritt ca. 6 Euro www. erotic-museum.com Erotische Kunst aller Art und aus aller Welt.

MUSÉE NATIONAL JEAN-JACQUES HENNER 43, Av. de Villiers täglich von 1o-12 und 14-17 Uhr. Eintritt ca. 3 Euro. Das Werk des Malers J.-J. Henner (um die Jahrhundertwende).

Restaurants

BISTROS

Bei vielen Bistros des Siebzehnten fällt auf: gut bürgerliche Küche mit relativ hohem Niveau, entsprechenden Preisen und fast ausschließlich einheimischem Publikum.

Le Bistro d'à Côté (3)

1o, R. de G. Flaubert, bis 23.3o Uhr, Sa. mittags, So. und 2. Augusthälfte zu.

In einen ehemaligen Kolonialladen hineingepaßtes und etwas museal wirkendes Bistro für Kunden mit etwas höheren Ansprüchen.

La Côté d'Amour (3)

44, R. des Acacias, N.Z. Sa. mittags, So. und August zu.

Traditionelle Bistro- Küche in modernem Rahmen.

Chez Fred (3)

19o bis, Bd. Pereire, M° Pereire; N.Z. bis 22.3o Uhr. Sa. mittags und So. zu.

Restaurants

Jeden Tag bestimmte Plats du Jour, wie z.B. Tete du veau, Pot- au- feu u.a. Ein charmantes Bistro alter Prägung.

Chez Georges (4)

273, Bd. Pereire, täglich bis 23.3o Uhr, August zu.

Eines aus der Reihe der Bistros, deren Speisekarte zwar noch der Tradition dieses Lokaltypes entspricht, deren Ambiente, Perfektion und Preise jedoch längst darüber hinaus gewachsen sind.

Chez Léon (4)

32, R. Legendre, Sa., So. und August zu.

Qualität und Preise ähnlich wie bei Georges. Das Ambiente freilich ist eher das eines Bistros.

BRASSERIES

Le Congrés Maillot (2- 3)

8o, Av. de la Grande Armée, ganzjährig o- 24 Uhr.

An der Pl. de la Porte Maillot. Die Küche reißt zu keinem Stehapplaus hin, aber dafür hat man eine große Auswahl an Austern und Fruits de Mer.

L´Hebertard 1, Rue de Cheroy.

Französische Küche, Pot au Feu!

El Flamenco

84, Rue de Saussure

Wer beim Speisen spanischer Spezialitäten von feurigen Flamenco-Klängen begleitet sein will, der sitzt hier richtig. Er kann andalusische Folklore, tanz, gesang und Gitarrenmusik genießen.

17. ARR.

Parken

Place de la Porte de Maillot (1.oo5 Plätze)
Bd. de l'Yser/
Av. de la Porte de Champerret (1.113 Plätze)
Avenue de la Porte de Saint Ouen
Av. des Ternes 3x
Square de Vivarais
Rue du Général Lanrezac
Boulevard Pereire
Rue Brunuel
Rue de Courcelles
Avenue de Wagram
Rue Lebautueux
Rue Cl. Peuillet
Rue Brochant

TAXI

Place Aimé-Maillard
Métro „Brochant"
Place du Maréchal-Juin
Porte de Clichy
Métro „Villiers"
Porte de Saint-Ouen
Pl. de la République de l'Equateur
Place Charles-de-Gaulle
Place de la Porte-de-Champerret
Porte d'Asnières
Mairie Annexe du 17^{e}
Place du Nicaragua

Vergnügliches

THEATER

Hérbertot

78, Bd. des Batignolles, **M**: Rome, Tel. o1 43 87 23 23.

Die ehemalige Cocteau- Bühne hält immer noch das Niveau dieses großen Namens.

L´Âne Rouge

3, Rue Laugier Tel. o1 47 64 45 77

Typisches Café-Theatre Chansonnier!

Markt

Je weniger „touristisch" ein Arrondissement ist, umso größer ist die Zahl seiner originellen Märkte.

Berthier

Bd. de Reims, Mittwoch + Samstag.

Markthallen:

Ternes: 8, Rue Lebon und

Batignolles

96, Rue Lemercier. Der größte überdachte Markt von Paris, wo man täglich einkaufen kann. In der Nähe des vorher beschriebenen, stimmungsvollen Square des Batignolles.

Wie es auf diesen Märkten zugeht, was sie Lebenserfreuliches bieten, habe ich mehrmals erwähnt und es lohnt sich oft ein Ausflug in ein entlegeneres Viertel schon ihretwegen.

Aber was heißt in Paris schon entlegenes Viertel! Und an der Place des Ternes, die man dem 17. Arr. zuschreiben kann, endet die eleganteste Straße von Paris, die Rue du Faubourg St. Honoré. Man sieht, in Paris gibt es kein Quartier mit Leerlauf! Im Gegenteil:

ACHTUNG: ROLLSCHUHLÄUFER!

La Main Jaune

Place de la Porte Champerret, Rue Caporal Peugeot **M**: Porte de Champerret; Mi., Sa. und So. 14 - 19 Uhr. Tel. o1 47 63 26 47

Ausleihen von Rollschuhen Größe 32- 47. Wer auch in Paris nicht auf das Rollschuhfahren verzichten will, der liegt - bzw. rollt - hier richtig (vielleicht liegt er auch ab und zu). Zu Funk- Rhythmen kann hier mit oder ohne Räder „gefunkt“ werden.

Weitere Rollschuh- und Scatingadressen beim Office de Tourisme! Es gibt mehrere Plätze!

Le Niel´s

27, Av des Ternes **M**: Ternes

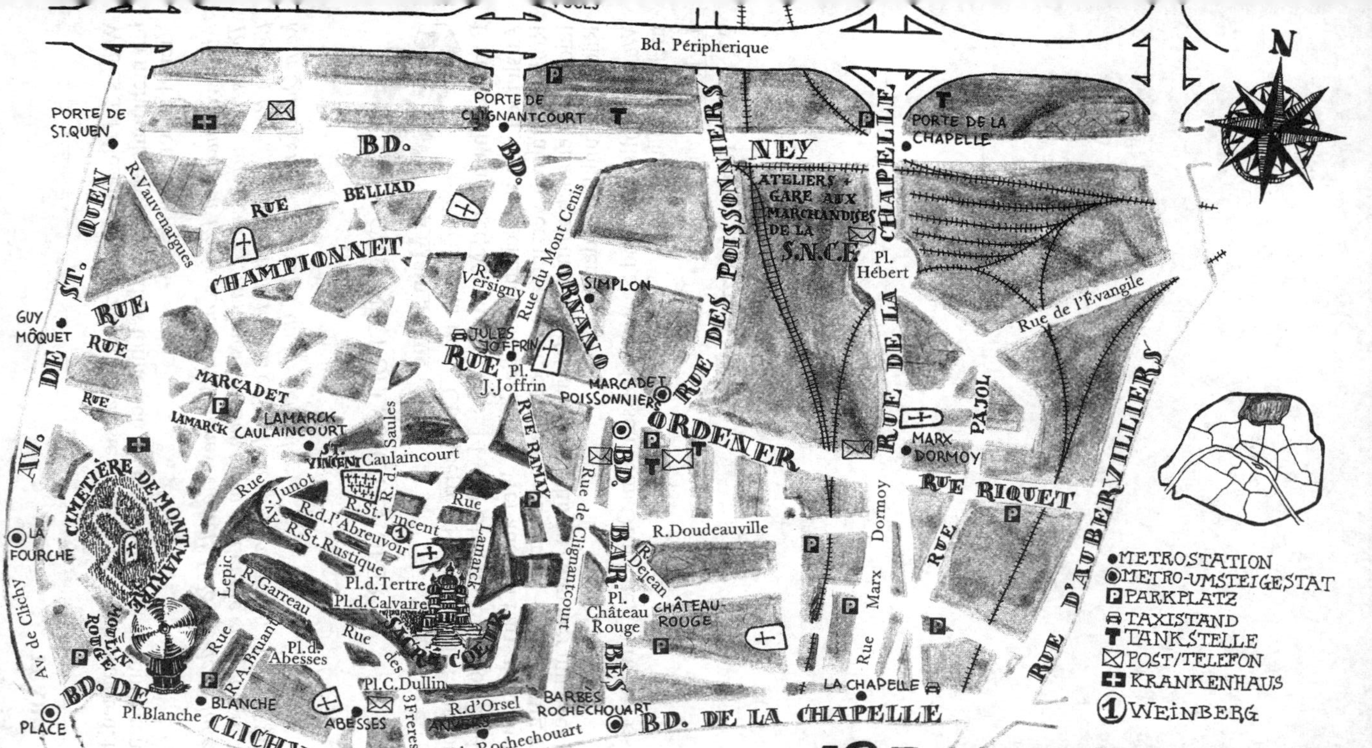

18. ARRONDISSEMENT

Touristengespräch:

Er: „Eigentlich hab' ich mir das toller vorgestellt." Sie: „Na, dich möcht' ich sehen, wenn ich mal so ..."

Gehört, als eine Reisegruppe die im Reisepreis inbegriffene Pigalle- Revue verließ und zum Magirus- Bus ging.

Was ist das nun eigentlich, der Montmartre? Zunächst einmal drei völlig unterschiedliche Regionen:

Die „sumpfige" Niederung längs des BD. CLICHY und BD. ROCHECHOUART, im Vorwort zum 9. Arr. beschrieben. Sie ist deshalb uninteressant, weil es den abgestandenen Porno- Quark heute in jeder Kleinstadt gibt.

Der Hügel, die BUTTE MONTMARTRE, zwar auch viel besucht, aber dennoch reizvoll und dörflich geblieben. Sagen wir: Jahrmarkt - dörflich, wenn man davon absieht, daß erhöhte Preise im Sog eines jeden Touristenstromes entstehen.

Die RÜCKSEITE des Hügels, nach Norden zu. Wenig frequentiert, stimmungsvoll und ruhig. Der Montmartrehügel ist die höchste Erhebung über der Stadt. Er diente als heidnischer Kult- Berg der Kelten, Götter- Berg der Römer „Mons Martis", wurde 25o zum „Mons Martyrum" (nach der Enthauptung von St. Denis), 125o zum Sitz der Benediktinerinnen- Abtei - später Refugium der Troubadoure, noch später Refugium der Kunstmaler, heute Refugium der Touristen.

Nimbus, Legende und Realität liefern sich hier ein Gefecht, bei dem die letztere immer mehr Oberhand gewinnt.

Früher eine ländliche Gegend mit Klöstern und Windmühlen, später eine eigene Gemeinde, die im 19. Jh. die Bohème anzog, Künstler, Schriftsteller, Kabarettisten, Freiheitsfanatiker und Vergnügungssüchtige. Der Höhepunkt kam mit dem Fin de Siècle, wo Begriffe wie Moulin Rouge, Moulin de la Galette durch Renoir, van Gogh, Utrillo und Toulouse-Lautrec zu Weltruhm gelangten.

Bis zum Ersten Weltkrieg hatten literarische und künstlerische Zentren wie das „Lapin Agile“ und das „Bâteau Lavoir“ noch internationalen Ruf. Dann allerdings zogen die führenden Häupter mehr und mehr zum Montparnasse, vermutlich auf der Flucht vor zu vielen Neugierigen, Schaulustigen und Touristen.

Von den Malern blieben fast nur noch die Massenproduzenten des Kitschs, die ihre Dutzendware an den unaufhörlichen Touristenstrom der PLACE DU TERTRE verhökern.

Von der PLACE PIGALLE zur PLACE BLANCHE reiht sich ein Sex- und Pornoshop an den andern - klägliche Überbleibsel des Can- Can. Hier wie in der Malerei wurde aus dem Echten und Spontanen die Marketenderware zu kleinen Preisen.

Aber abgesehen von diesen Ladentischen einer schwindenden Kultur sollten Sie trotzdem einen Rundgang über die Butte nicht versäumen.

Wo an der Nordseite des Boulevard Clichy- Rochechouart die Gassen und Treppen anzusteigen beginnen, verlieren sich die Geschäfte und Lokale dieser Art völlig. Hier gibt es nur noch kleine verträumte Sträßchen und Plätzchen, von wo aus Sie oft überraschende Ausblicke auf Paris genießen können, so z.B. von der Treppe, die von der Place du Tertre hinabführt. Sie war eines von Utrillos Lieblingsmotiven.

Blickpunkte & Plätze

PLACE DU TERTRE

M: Anvers, Abbesses. Stören Sie sich nicht an den Menschenmassen. Im Theater oder im Gasthaus muß man das auch in Kauf nehmen.

Bei schönem Wetter kann man hier eine eindrucksvolle Trikolore erleben: das Blau des Himmels, das Weiß von Sacre- Coeur und die roten Jalousien und Tischdecken der Lokale rund um den Platz. Unter den vielen Malern sind übrigens auch ein paar ganz gute Portraitzeichner, Karikaturisten und Scherenschneider.

12o Stellplätze zu je einem Quadratmeter vermietet die Stadt an die Künstler, die aber persönlich und ständig anwesend sein müssen und sich nicht durch jemand vertreten lassen dürfen, sonst räumt die Polizei ab. Drucke und Vervielfältigungen dürfen nicht verkauft werden. Die CAM (Collective des Artistes Montmartroise) ist eine Interessengrupe von 18o Künstlern, von denen etwa 3o gute Kunst produzieren.

Nur etwa 3o Schritte von der Tertre, zur Stadt hin, hat man beim Mäuer-

chen der PLACE DU CALVAIRE, vor dem Museum Historial Montmartre, einen schönen Blick über die Stadt.

RUND UM DIE „BUTTE"

Gehen Sie auch einmal zur hinteren, der nördlichen Seite der Butte, was wenige Touristen tun. Gleich hinter der übervollen Place du Tertre liegt eine Gasse, die fast immer ruhig ist. Es ist die RUE RUSTIQUE, die höchste Erhebung von Paris.

Sie führt zur Ecke der RUE DES SAULES, wo der einzige, übriggebliebene WEINBERG der Stadt liegt. Er ist winzig und seine Reben sind die sauersten weit und breit, aber um seinen Wein, den Clos de Montmartre, ca. 5oo Flaschen pro Ernte, reißen sich die Liebhaber aus der ganzen Welt und zahlen höchste Preise. Die Ernte ist jedes Jahr im Oktober Anlaß zu einem ausgelassenen Weinfest der Anwohner.

An derselben Ecke duckt sich unter einer alten Akazie das Häuschen des Kabaretts „LAPIN AGILE". Ihm gegenüber zieht sich die alte Mauer des Friedhofes St. Vincent den Berg hinab, wo unter anderen Utrillo begraben liegt, der diese Häuser und Winkel sein Leben lang gemalt hat.

Es gibt kaum einen großen Namen der Kunst, der nicht mit dem Montmartre in Verbindung gestanden hätte. Apollinaire, Zola, Heine, Berlioz oder die Impressionisten Cézanne, Degas, Gauguin. Van Gogh wohnte ab und zu in der Rue Lepic 54 bei seinem Bruder Theo, einem Galeristen, der ihn zeitlebens unterstützte, und aus Mitleid heimlich das einzige Bild erwarb, das Vincent in seinem Leben verkaufte.

Die Kubisten hausten in schöpferischer Gemeinschaft im Bâteau- Lavoir: Picasso, Jacob, Braque und andere. Dieses Holzhaus, zu deutsch Waschboot, brannte eines Tages ab. An seiner Stelle steht heute ein Wohngebiet, aus dem heraus eine Nachbildung der alten Montmartre- Mühlen ragt.

Die KÜNSTLER und das Dorf MONTMARTRE bildeten eine Einheit, in dem nicht ein Teil den anderen Teil erduldete, sondern jeder ein dazugehöriges Bestandteil bildete, geachtet und respektiert.

So stand zum Beispiel Claude Renoir, der sein Atelier in der Rue Cortot hatte und ständiger Modellsucher für seine Portraits, Akte und festlichen Szenen war, bei den Müttern der Schönen in so gutem Ruf, daß eine Mama einmal auf der Straße ihr schwangeres Töchterlein mahnte: „Zieh' den Bauch ein, Kind, dort kommt Monsieur Renoir!"

Le Petit Train de Montmartre

Für Fußkranke, Pflastermüde, Amerikaner, Japaner usw.: das historische Bummelzüglein (auf Gummirädern) rollt in bestimmten Routen um die Butte Montmartre.

Auskunft und Plan: Touristenbüro Syndicat d'Initiative de Montmartre, 21, Place du Tertre. Tel. o1 42 62 21 21 Fax o1 42 62 6o 68.

MUSEEN

MUSEE D'ART JUIF

42, Rue des Saules, **M:** Lamarck- Caulaincourt. 15- 18 Uhr. Fr., Sa. und August zu.
Museum jüdischer Kunst, Synagogenmodelle, Werke von Pissarro und Chagall.

MUSÉE D´ART NAIF Halle Saint Pierre (ehemalige Markthalle) 2, Rue Ronsard **M**: Anvers www.hallesaintpierre.org 1o-18 Uhr Eintrtitt ca. 6 Euro

MUSEE L'ESPACE MONTMARTRE - S. DALI

11, Rue Poulbot, bei Place de Tertre, **M**: Abbesses; tägl. 1o- 18 Uhr. Eintritt: ca. 7 Euro.
Audiovisueller Rundgang zu 33o Werken, Graphiken, Bildern, Skulpturen.

MUSEE DE MONTMARTRE

12, Rue Cortot, 11- 17.3o Uhr, **M**: Lamarck-Caulaincourt, Pigalle + Montmartrobus, Mo. zu. Eintritt: ca. 4 Euro.
Erinnerungsstücke aus der Zeit der Bohème. Am eindrucksvollsten ist die von vielen berühmten Ellbogen blankgewetzte Theke, an der heutzutage allerdings nicht mehr ausgeschenkt wird. Die Maler, darunter Renoir, Lautrec, Utrillo oder Dufy, die begabte Suzanne Valadon u.a. hatten sich dieses „Möbel" in das Privatquartier stellen lassen und debattierten dann

bei einem Glas Wein über ihre Kunstauffassungen.

Kirchen

ST. PIERRE DE MONTMARTRE
Abteikirche aus dem 12. Jh. Im Inneren vier Marmorsäulen eines römischen Tempels, der an dieser Stelle stand.

Sacre - Coeur

SACRE- COEUR
Parvis du Sacré-Coeur,**M:** Anvers, Basilika: 6- 23 Uhr, Dom und Krypta: 9- 18 Uhr. Eintritt: 2,5 Euro.

Gebaut von 1876- 191o im romanisch-byzantinischen Stil. Diskussionen über den ästhetischen Wert dieses Bauwerks sind, wie beim Eiffelturm, eigentlich müßig geworden. Gerade diese beiden umstrittenen Bauwerke gehören nun mal zum Stadtbild von Paris, sie sind sogar zu seinem Wahrzeichen geworden. Im Turm hängt die „Savoyarde", eine der größten Glocken der Welt (19 Tonnen). Die Kuppel ist zu besteigen, der Blick über Paris von hier oben aus, ist unvergeßlich. Fast so schön ist er auch von der Monumentaltreppe aus, auf der oft Musikstudenten musizieren.

FRIEDHOF MONTMARTRE
Berühmte Namen wie Heine, Zola, Degas, Offenbach, Sacha Guitry, Berlioz und viele andere.Einen Lageplan gibt es am Eingang in der Nähe der Place Blanche, Avenue Rachel.

Legende von St.Denis

Der heilige Denis war im Jahre 2oo der erste Bischof von Paris, damals war es noch Lutetia. Der römische Präfekt ließ ihn wegen seines Glaubens in den Kerker werfen und ihn am Montmartrehügel enthaupten.

Aber der fromme Bischof ergriff zum Entsetzen der Zuschauer mit beiden Händen sein Haupt und schritt noch 6.ooo m in nördlicher Richtung davon - bis zu der Stelle, wo sich heute die Basilika St. Denis erhebt. Dort wurde er bestattet.

Heute befinden sich in dieser Kirche die Sarkophage der französischen Könige und Königinnen.

Aus der weißen Farbe der bourbonischen Lilie Henri IV., dem Blau Frankreichs und dem Blut des Märtyrers entstand dann die Trikolore Frankreichs.

Restaurants

BISTROS

Le Maquis (2)

69, R. Coulaincourt, N.Z., So. und Mo. zu.

Einfaches Bistro mit einfacher Küche. À la carte wird's teurer.

A la Pomponnette (3- 4)

42, R. Lepic, **M:** Abbesses; N.Z., So. abends, Mo. und August zu.

Das Interieur und die Atmosphäre dieses Bistros aus der Jahrhundertwende strahlen den Geist der alten Butte Montmartre noch erfreulich wieder. Das Essen macht Spaß, kostet aber auch seinen Preis. Einzige Schwierigkeit: einen Tisch zu bekommen.

Bistro à Vin „Aux Négociants“ (1)

27, R. Lambert, **M:** Château- Rouge/ Lamarck- Caulaincourt; 12- 2o Uhr, Sa., So. und August zu.

Plats Chauds (warme Gerichte) nur mittags. Gut bürgerlich und preiswert in freundlicher Bistro- Atmosphäre.

BRASSERIES

Wepler (3- 4)

14, Pl. Clichy, **M:** Place de Clichy; ganzjährig und täglich bis 1 Uhr.

Eine geschmackvoll eingerichtete Brasserie mit großer Auswahl an Fruits de Mer, jedoch nicht billig, wenn man opulent à la carte speist.

18. ARR.

Restaurants

RESTAURANTS

Direkt an der Place du Tertre und um sie herum gibt es eine Vielzahl von Lokalen, die fast ausschließlich von Touristen frequentiert werden, und es ist beinahe rührend, wie manche sich bemühen, ein wenig den Geist der alten Butte mit Chansoniers und Kabarettisten heraufzubeschwören. Neig d'antan - Schnee vom vorigen Jahr.

Tiré- Bouchon (Korkenzieher)

In der R. Norvins, gleich um die Ecke von der Place du Tertre.

Es ist kein Restaurant, sondern eine Crêperie, aber mit eigenem Charme. Ein Pianist klimpert elektronisch, das Publikum ist legèr und die Hauskatze liegt in einem Körbchen über der warmen Crêpeplatte.

La Maison Rose (2- 3)

2, R. de l'Abreuvoir, N.Z., So. und August zu.

Neben dem Weinberg auf der Rückseite der Butte Montmartre. Ein kleines Lokal in einem winzigen Eckhaus, das schon von Utrillo gemalt und bewohnt wurde.

Clodenis (4-5)

57, R. Coulaincourt, N.Z., So. und Mo. zu.
Eine Adresse für betuchte Feinschmecker.

Le Canotier du Pied de la Butte

62, Boul. Rochechouard **M:** Anvers

Au Lapin Agile

22, Rue des Saules, **M:** Lamarck-Caulaincourt. Tel. o1 46 o6 85 87, 21- 2 Uhr. Montag zu. Der Eintritt mit dem obligatorischen Kirsch kostet 17 Euro, jedes weitere Getränk ca 4 Euro.

Man wird vom Patron auf einen Schemel gesetzt. Wünsche und Widersprüche sind zwecklos. Ölbilder, Plakate, Aquarelle und Zeichnungen decken fast ganz die schwarze Patina an den Wänden des traditionsreichen Lokals ab.

Über dem Klavier hängt die Plastik eines schwarzen Hinterns.

Der Pianist spielt „Parlez- moi d'Amour", und ein Japaner neben mir nimmt mit Befriedigung wahr, daß das Pianoforte von Yamaha stammt.

In dem nur etwa 5o qm großen Raum sitzen 8o- 1oo Personen eng aneinander, meist mit den Rücken gegen schwere hölzerne Tische, auf steißbeinfolternden Hockern. Am vorderen Tisch sitzen fünf, die keinen Kirsch bekamen, es kann sich also nur um Künstler handeln. Die Stimmung verdichtet sich, und dann fangen drei von denen ohne Kirsch einfach so zu singen an: alte Volkslieder und Liebesballaden. Eine steht auf, lange Finger und spitze Nase, und bei den ersten Takten des Liedes „Madame Arthure" weiß jeder - Yvette Gilbert.

Das Dargebotene steigert sich von Beitrag zu Beitrag zu bester französischer Chansonkunst. Witz, Satire, Ironie, Humor. Das sind nicht einfach Lieder, sondern Ein- Mann-Theater mit Bravour. Später singt der Patron mit schwarzem Baß Couplets und Moritaten, die in Erinnerung bringen, daß das LAPIN AGILE früher der Treffpunkt von Dieben, Strolchen und sogar Mördern war. Eine Putzfrau soll einmal mit den Scherben der Gläser ein Auge aufgekehrt haben.

Aristide Briant hat es später gekauft, zu dem Politiker und gekrönte Häupter kamen, um sich durch den Kakao ziehen zu lassen. Die Blütezeit kam, als zu Beginn des Jahrhunderts, nach einem Zwischenspiel der „Durs", der schweren Jungs, Maler und Literaten wie Picasso, Utrillo, Apollinaire und Baudelaire zu Stammgästen wurden.

Als der Maler A. Gill einen Hasen mit Flasche an der Vorderfront malte, hieß das Lokal von da an Lapin Agile - zum flinken Hasen.

Nützliches & Praktisches

PARKEN

Place Blanche
Porte de la Chapelle
Av. de la Porte de Clignancourt
Rue Championnet

Rue Marcadet
Rue Coustine
Rue de la Gouffe
Rue Forest

TAXI

Métro „Guy-Môquet"
Place Jules Joffrin
Pont Caulaincourt
Porte de Clignancourt
Place du Château-Rouge

Place du Tertre
Place de la Chapelle
Métro „Lamarck-Caulaincourt"
Place Blanche
Place P.-Eluars (Métro „Marx-Dormoy")

MARKT
Rue Dejean/Rue Lepic

Auch im 18. Arr. gibt es zwei richtige Freßstraßen: die untere Rue Lepic (eher bekannt, weil am Aufstieg von der Place Blanche zur Butte), und die entzückende kleine Rue Dejean bei der Place Château Rouge (unbekannt, weil abgelegen).

Den Lebensmittelmarkt entlang der Rue Lepic zählte ich anfangs des Buches zu den drei originellsten von Paris. Außerdem gewährt diese für den Montmartre so typische Straße durch ihre Lage am Hang der Butte nette Ausblicke. Mo. zu.

La Chapelle, 10, Rue l´Olive. Markthalle.

Ornano auf dem gleichnamigen Boulevard, zwischen den Rues Mont-Cenis und Ordener. Die., Fr. und So.

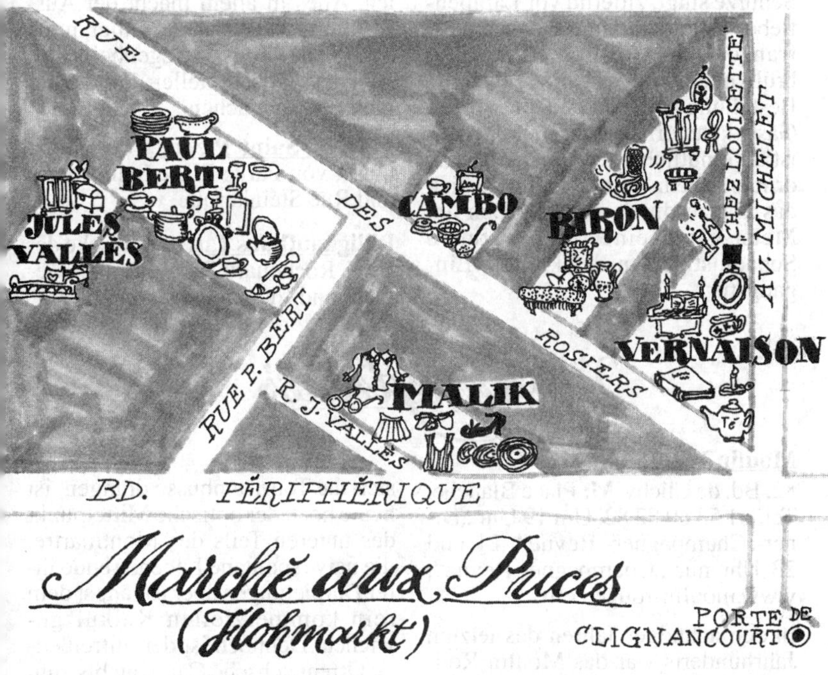

Flohmarkt (Marché aux Puces)

M: Porte de Clignancourt. Samstag, Sonntag und Montag.

Folgen Sie einfach dem Menschenstrom geradeaus. Das Gelände, auf dem sich dieser bekannteste Markt von Paris ausbreitet, ist riesig und hat 5 bis 6 Teile, jeder nennt sich anders.

Als erstes erreicht man den Teil „Vernaisson". Hier findet man von Möbeln über Spiegel, Klavierkerzenhalter und Nippes jeder Art fast alles, was man von einem Flohmarkt erwartet, nur keine wertvollen Funde zu kleinen Preisen.

In einem glasüberdachten Gäßchen befindet sich das originelle Restaurant „CHEZ LOUISETTE". An den Wänden Bilder, an den Tischen Zigeunerinnen, die aus der Hand lesen wollen, in der Ecke eine Mini-Band, der Weinkellner in grüner Schürze singt, zitternd vor Lampenfieber „Heimat, deine Sterne" - auf französisch natürlich, der Ober brüllt quer über das ganze Lokal die Bestellung in die Küche, oder brüllt Gäste kategorisch auf ihre Plätze, es ist urgemütlich. Wenn man erst mal drin ist. Wenn nicht, sieht man sich das Ganze durch die Scheiben an. Meist hängt eine solche Traube Schaulustiger an der kleinen Eingangstür.

Im zweiten Teil, dem „Biron", haben Antiquitätenhändler aus den teuersten Gegenden der Stadt ihre fetten Sonntagspfründe. Dahinter, im „Cambo" Hausrat, Bilder, Rahmen, Trödelkram, ebenso im „Paul Berte".

Den Rundgang beendet man im „Malik", den man kaum ohne irgend ein Bekleidungsstück verläßt. Vom indischen Schal bis zur Cordhose oder Omabluse schaukelt's an den Bügeln. Um das alles besser zu sehen, werden alte Brillen angeboten und in Schallplatten kann man wühlen. Alles in allem macht der Ausflug zum Aux Puces immer noch Spaß, allerdings Gelegenheitskauf oder gar sensationellen Fund wird man keinen machen.

Marché Saint Pierre - der Stoffmarkt von Paris: Place Saint Pierre und Rue Steinkerque.

Billigkaufhaus Tati an der Ecke der Boul. Rochouart/ Barbès Buntes Gewühl und fliegende Händler!

Vergnügliches

Moulin Rouge

82, Bd. de Clichy, **M:** Place Blanche. Tel. o1 53 o9 82 82. Um 19 Uhr „Diner- Champagner- Revue". 21 und 23 Uhr nur „Champagner-Revue". www.moulin-rouge.com

In den achtziger Jahren des letzten Jahrhunderts war das Moulin Rouge das bekannteste Tanzkabarett von Paris. Jane Avril und vor allem die hemmungslos-temperamentvolle Can- Can- Tänzerin „La Goulue" lockten das Publikum an. Die rote Windmühle im Neonlicht, vor der sich die Touristenbusse drängen, ist heute noch der optische Mittelpunkt des unteren Teils des Montmartre, die naiv- spontane Lebensfreude ihrer Darbietungen aber ist längst dem rein kommerziellen Kalkül gewichen. Dennoch ist der mitreißende Offenbachsche Can-Can bis zum heutigen Tag Melodie des „Moulin Rouge" geblieben. Meist bildet er das Finale in einem Programm der Superlative an Ausstattung und Technik.

Chez Ma Cousine 12, Rue Norvins Tel. o1 46 o6 49 35 **M**: Abesses Ein Restaurant-Cabaret, bis 2.oo Uhr.

Théâtre des deux Anes

1oo, Bd. Clichy, Tel. o1 46 o6 1o 26.

Chanson und Kabarett.

Théâtre Atelier

Place Charles Dullin, **M:** Anvers. Tel. o1 46 o6 49 24.

Ein kleines Theatergebäude aus dem Bilderbuch der Impressionisten. Wie damals steht es rührend- ernsthaft auf seinem stillen viereckigen Theaterplatz hinter dem Bd. Rouchechouart, dem Aufstieg zur „Butte", Ecke Rue Trois Frères.

Charles Dullin, der „Kainz" des Montmartre, war hier König. Er war als vitaler Komödiant ebenso beliebt wie sein Freund Aristide Briant als spitzzüngiger Chansonier. Wer hier einen Theaterabend verbringt, wird - selbst ohne große Sprachkenntnis - die echte Montmartre- Luft atmen, welche die Anderen „vorne" im Touristenbabel vergeblich suchen.

Shows Burlesques

So nennt man die burlesken Programme, in denen Männer sich als Frauen verkleiden.

Wer deshalb mal etwas ganz Verrücktes sehen will, begebe sich in eine Transvestiten- Show. Die ältesten Transvestiten- Theater in Paris, die auch zu den besten zu zählen sind:

Madame Arthur

75, Rue des Martyrs, **M:** Pigalle. Tel. o1 42 54 4o 21. Täglich geöffnet, ab 21 Uhr. Tanz nach der Show!

Michou

8o, Rue des Martyrs, **M:** Pigalle. Tel. o1 46 o6 16 o4. Täglich ab 21 Uhr. Vorführung ab 23.3o Uhr. Wirklich empfehlenswerte Revuen von Paris. Gekonnte Travestie.

Denn diese Shows unterscheiden sich von Sexshows dadurch, daß sie witzig sind, wirklich unterhalten und zum Staunen hinreißen, mit welcher Sorgfalt und Liebe zum Detail hier Männer weibliche Schönheit und Charme verkaufen.

Sie imitieren auch berühmte Stars. Mireille Mathieu, Sylvie Vartan, Josephine Baker u.v.a. „treten auf". Das gleiche gilt auch für:

Carrousel de Paris

4o, Rue Fontaine, **M**: Blanche, Tel. o1 42 82 09 16. Stadtplanmäßig zwar zum 9. Arr. gehörig, der Lage nach (nahe beim „Moulin Rouge") aber zum unteren Montmartre zählend.

Große Operetten und Musicals bringt das

Trianon

8o, Bd. Rochechouart, **M**: Anvers, Tel. o1 44 92 78 o4

La Locomotive

9o, Bd. de Clichy, **M:** Blanche. Tel. o8 36 69 69 28. Größte Disco von Paris, Rock- Club der Superlative. 17o Quadratmeter Tanzfläche, 25 Meter lange Bar. Eintritt: 1o-17 Euro.

La Cigale 12o, Boul. Rochechouart. Tel: o1 49 25 81 75 ehemaliges Kino, von Ph. Starck neu gestaltet. Live-Music.

Divan du Monde 75, Rue des Martyrs Tel. o1 44 92 77 66 . Disco International!

Als ich einmal an einem Januarabend die Place du Tertre überquerte und die Laternen den leise fallenden Schnee beleuchteten, war ich weit und breit der einzige Passant.

Die dunklen Gassen und der stille Platz waren menschenleer, selbst die niedrigen Gartenzäune, die im Sommer die Maler und ihre durchreisenden Modelle vom Gedränge abschirmen, hatte man entfernt.

An der Stelle, wo sich bei der nach unten führenden Treppe der Platz ein wenig öffnet, blickte ich frei über Paris. Millionen von Lichtern glitzerten wie Eiskristalle auf schwarzem Samt. Ungehindert fuhr der Schneewind in mein Gesicht und ich trat in das schützende Viereck des kleinen Platzes zurück, der in seiner „Verlassenheit" wieder unverändert so aussah, wie er die Impressionisten einst zu ihren schönsten Bildern inspiriert hatte.

Auch so kann der MONTMARTRE sein!

19. ARRONDISSEMENT

Viele neue Fassaden umgeben einen Park, der Park umgibt einen See, der See umgibt eine Insel, und wie Inseln wirken die Reste von Alt- Paris, die man in diesem Umbruch- Viertel noch findet.

Wenn man mit dem Zug in Richtung Gare de l'Est rollt, an der oberen Begrenzung des Neunzehnten entlang, sieht man zunächst viel neue Bausubstanz für Technik, Handel und Verkehr, sodann - kurz vor Überquerung des Kanals St. Denis - den neu angelegten PARC DE LA VILLETTE mit dem TECHNIK- MUSEUM „Cité des Sciences et de l'Industrie". Dieses Areal war früher beherrscht von den Schlachthöfen, den „Abatoirs de la Villette", wo die von Georges Brassens besungenen „Garçons de la Villette", mit ihren blutverschmierten Schürzen die Schweinehälften auf breiten Schultern schwenkten.

Die Menschen „oben in Belleville" zum Beispiel sind ein Völkchen für sich und fahren höchstens zum Arbeiten „runter" in die Stadt. Zum widerstrebenden Vergnügen nur, wenn die Tante aus der Provinz zu Besuch kommt, und man ihr, dann aber doch mit Stolz, den Arc de Triomphe zeigt.

Dort oben herrscht jene Intimität, die dem Eingeborenen das Recht gibt, auf alles zu schimpfen, dem Fremden aber jedes Urteil verbietet. Das heißt - maßvoll loben darf er.

Blickpunkte & Plätze

PARC DES BUTTES CHAUMONT

Métro: Buttes Chaumont (Süd) oder Botzaris (Ost).

Der Park Chaumont, auf dem Gelände ehemaliger Kalksteinbrüche angelegt, hat in seiner Mitte einen See, aus dem ein ca. 5o m hoher Felsen ragt, zu dessen Aussichtstempelchen an seiner Spitze man über eine schmale, hohe Brücke gelangt.

Von dort aus sieht man bis zum östlichen Teil der Butte Montmartre. Künstliche Felsen und Grotten geben ihm ein wildromantisches Aussehen, was ihn von den anderen vier großen Parks unterscheidet.

Der Schreckenshügel von Montfaucon:

Am Westhang der BUTTE CHAUMONT stand im Mittelalter der berüchtigte Galgen von Montfaucon, an dem sechzig zum Tode Verurteilte gleichzeitig gehängt werden konnten.

Sechs Wochen ließ man sie so zur Abschreckung hängen, auch bereits in der Stadt Hingerichtete wurden hier öffentlich zur Schau gestellt.

Der Weg hinunter in die Gegend des heutigen CANAL ST. MARTIN war gesäumt mit Galgen, aber der oben, der am Hügel, war der Schrecklichste von allen.

Sehr lange war er im Gebrauch, wurde später sogar durch festes Mauerwerk stabilisiert.

Erst als die gesetzliche Vollstreckung des Urteils nur noch durch die Guillotine vollzogen wurde (und das geschah bis weit in unser Jahrhundert hinein), verschwand dieses Gerüst.

Übrigens:
Nicht nur Rom, auch Paris wurde auf sieben Hügeln erbaut:

* MONTAGNE STE. GENEVIÈVE mit dem Pantheon (5)
* BUTTE AUX CAILLES (Wachtel- Hügel) bei der Place d'Italie (13)
* MONTPARNASSE (14)
* CHAILLOT (16) mit der Terrasse des Palais Chaillot
* BUTTE MONTMARTRE (18)
* BUTTE CHAUMONT (19)
* MENILMONTANT mit dem Friedhof Père Lachaise (2o)

Von jeder der vier letztgenannten Anhöhen bietet sich die Stadt als herrliches Panorama dar.

LA VILLETTE (C.M. ohne Geode)

MUSEUM DER WISSENSCHAFT UND DER INDUSTRIE (Cité des Sciences et de l'Industrie) 3o, Av. Corentin- Carion

Métro: Porte de la Villette, Ausgang Av. Corentin- Carion. Busparkplatz: Zufahrt über Boulevard Mac Donald. PKW- Parkplatz: Zufahrt über Quai de la Charente. www.cite-sciences.fr

DIE CITE: täglich 1o- 18 Uhr, So. 1o- 19 Uhr, Mo. zu. Eintritt: ca. 8,5 Euro. Bei den Kassen erhältlich:

a) Info- und Lageplan- Broschüre (auch deutsch) kostenlos
b) ausführlicher Explora- Führer (auch deutsch) 3,5 Euro; sinnvoll.
c) Kopfhörer 2,5 Euro.

LA GEODE: Di.- So. 1o- 21 Uhr, 9,5 Euro. Vorführungen stündlich. Empfehlung: vor der Besichtigung der Cite etc. reservieren!

ARGONAUTE: Di.- Fr. 1o- 18 Uhr, Sa. und So. 1o- 19 Uhr. Vor allem an Wochenenden lange Schlangen.

CINAXE: Di.- So. 11- 19 Uhr, alle 15 Minuten, 5 Euro.

Futuristisch- phantastisch präsentiert sich die Gegend um das gute alte, einst von Kabarett- Poeten und Chansonniers besungene „Bassin de la Villette" am nördlichen Ende des Kanals St. Martin.

In irgendeiner Ecke der französischen Seele schlummert ein beträchtliches Potential an Gigantomanie, in Verbindung mit einer manchmal fast kindlich anmutenden Liebe zum „High Tech", was gelegentlich zum Ausbruch kommt in Projekten wie „Überschall- Concorde" und „TGV- Zügen" - in Bauten wie Eiffelturm, Bibliothèque Nationale, Centre Pompidou oder hier in der „Cité des Sciences" sichtbar Gestalt annimmt.

Die äußeren, gewaltigen Dimensionen und das futuristische Innere der „CITÉ" (27o m lang, 11o m breit und 5o m hoch) lassen im Vergleich das Centre Pompidou fast wie eine idyllische Almhütte erscheinen. Das Gebäude wurde in den 6o-er Jahren als Auktionshalle für den damaligen Schlachthof gebaut und später für rund 1 Milliarden Euro in ein Museum umgebaut. Manche Perspektiven in der Grande Halle erzeugen beim Besucher das Gefühl, fast wie in einem gigantischen Raumschiff durch entfernte Galaxien zu treiben.

Mit seinen bis zu 1o.ooo Besuchern pro Tag zählt die „Cité" zu den frequentiertesten Attraktionen von Paris. Am Eingang erhält man kostenlos ein Faltblatt (auch auf Deutsch) mit kurzer Auflistung der einzelnen Abteilungen und Plan. - Da die Exponate im Museum jedoch ausschließlich Französisch beschildert und erläutert sind, empfiehlt sich (sofern man nicht fließend die Sprache und Fachausdrücke beherrscht) - unbedingt der Kauf des Museumsführers (deutsch) ca. 3 Euro

ERDGESCHOSS (ETAGE 0): Eingangsbereich mit Kasse, Buchhandlung etc. sowie umfangreiche Abteilung für Kinder 3 - 12 Jahre, wo diese technische Geräte bis hin zu physikalischen Experimenten an Geräten selber ausprobieren können. Didaktisch hervorragend aufbereitet. Den Kindern machts viel Spaß, wie man beobachten kann.

UNTERGESCHOSS S 1: Mediathek auf 12.2oo qm mit mehr als 15o.ooo wissenschaftlichen Büchern sowie rund 5.ooo technischen Zeitschriften und 1o.ooo visuellen Gegenständen (Videos, Dias etc.) zum Verleih. Weiterhin: Kongreßzentrum und Ausstellung „Cité der Berufe". Per Treppe runter ins:

UNTERGESCHOSS S 2: Aquarium, Restaurants, Zugänge zu Geode und zum U- Boot Argonaute.

OBERGESCHOSS (ETAGE 1 und 2): zu erreichen per Rolltreppe. Explora-Dauerausstellungen auf rund 3o.ooo qm Fläche, der Hauptbereich des Museums. Zu sehen u.a. das Miniaturmodell eines Filmstudios, in dem man mit Knöpfen die Kulisse mit verschiedenen Scheinwerfern unterschiedlich ausleuchten kann (von „romantisch" bis Ballsaal-Atmosphäre) und die Wirkung auf einem Fernseher beobachten. - Weiterhin eine runde Trommel, in die man reingeht und die sich dreht. Anschließend wirft man sich Bälle zu, die in Kurve durch den Raum fliegen...

In der Abteilung Akustik werden Geheimnisse mittelalterlicher Abhörmethoden erklärt: per Flüstern kann man sich über 15 m Entfernung unterhalten. Faszinierend die große weiße Kugel: die Besucher setzen sich im Halbkreis darum. Dabei können sich auch diejenigen Besucher per Flüstern unterhalten, die durch die Kugel (wie eine Wand) komplett in Sichtkontakt getrennt sind! Jede Menge weiterer, interessanter Experimente, die allerdings auf den seitlichen Tafeln nur in Französisch erläutert sind. Daher Sprachkenntnisse nötig oder der deutschsprachige Museumsführer.

Ausführliche Abteilung zu Gesteinen und vulkanischer Tätigkeit auf der Erde, - Abteilung Mensch und Gesundheit, - Abteilung 1oo Jahre Kommunikation etc. etc. Immer dominiert die Möglichkeit, die Dinge selbst ausprobieren zu können. Z.B. Satelliten auf eine Umlaufbahn bringen, oder per Computer Sprache zu modulieren. Daß die Computer nicht immer einsatzbereit sind, geht separat und dokumentiert anschaulich, daß die Technik so perfekt noch nicht ist, - bei der Fülle an High-Tech, die im Museum unter-gebracht ist.

Insgesamt sollte man sich jedoch kein Museum der Bedeutung und Größe des Deutschen Museums/München erwarten: La Cité ist betreffend der Anzahl der Exponate erheblich kleiner, dafür aber interessant und modern gestaltet.

Etage 2: Planetarium: Diese zur Zeit modernste Anlage projiziert mit einem astronomischen Simulator 1o.ooo Sterne aus unterschiedlichen Perspektiven des Weltalls. „Einladung zu einer sagenhaften Reise mitten ins All dank eines in der ganzen Welt einzigartigen technischen Aufgebots".

LA GEODE

Der absolute Knüller der Cité. Eine glänzende Kugel von 38 m Durchmesser, schwerelos wirkend wie ein Gas- Ballon, erhebt sich aus einem Wasserbassin, und in den 6.85o gebogenen und polierten Edelstahl- Platten der äußeren Hülle spiegeln sich die bizarren Bauten, der Park Villette und die Wolken des Himmels auf faszinierendste Weise.

In der oberen Hälfte des Inneren umgibt eine sphärische Filmwand von 1.ooo qm Fläche den Besucher fast rundum, so daß er in eine Flut aus Bild und Ton getaucht wird. Was nun über ihn hereinbricht stellt alles bisherige in den Schatten! Ängstliche Gemüter und Menschen, die nicht schwindelfrei sind, klammern sich bei diesem dreidimensionalen Erlebnis von Geschwindigkeiten bei Fahrten und Flügen durch Raum und Zeit, einbezogen in die Weite des Himmels und Universums oder die Tiefe des Meeres, an ihren Sitz und senken den Blick vorübergehend auf den Boden, um sich zu vergewissern, diesen noch unter sich zu haben.

Alljährlich besuchen rund 2 Million Besucher La Geode. Das Kinoverfahren nennt sich *OMNIMAX* und wurde in Toronto/Kanada entwickelt. Eröffnung des ersten Kinos 1973 in San Diego/Kalifornien; weltweit gibts derzeit rund 4o solcher Kinos.

Das Verfahren ist extrem aufwendig (daher auch der relativ teure Eintrittspreis von ca. 3 Euro). Gefilmt wird auf 7o cm Filmbreite, - nötig, um wegen der riesigen Fläche der Leinwand ausreichende Schärfe zu bringen. Die Filmspule für einen 6o Min. Film besitzt einen Durchmesser von 1,5 m und wiegt entsprechend. Der Film wird über ein 18o Grad Fischauge auf die riesige 1ooo qm Leinwand projeziert und ist auch in Randbereichen erstaunlich scharf.

Hinzu kommt eine extrem aufwendige Soundanlage in HiFi-Stereo mit Fülle von Lautsprechern hinter der Riesenleinwand, die auch aus diesem Aspekt den Zuschauer gewissermaßen „einschließen“. Stromverbrauch der Anlage rund 2o.ooo Watt, Gewicht ca. 2 Tonnen, Kosten ca. 1o Mill. Euro.

ARGONAUTE

Französisches U- Boot, gebaut 1957 und beteiligt u.a. in Kriegen in Südostasien. Es wurde 1982 ausgemustert (zu Gunsten modernerer U-Boote) und kann heute auch im Inneren besichtigt werden.

Die Warteschlangen sind insbes. am Wochenende beachtlich, ähnlich eng gehts dann im Inneren des U- Bootes zu. Besichtigung lohnt, wer bereit ist, sich in die Warteschlange einzureihen. Von Besuchern wenig beachtet sind Modelle heutiger franz. U-Boote, wo die Besatzung im Gegensatz zur drangvollen Enge des Argounaute komfortabel in Doppelstockbetten lebt.

CINAXE

Westlich des Hauptgebäudes bei der Schleuse des Canals St. Denis. Alle 15 Min. gibts hier spektakuläre Kurzfilme in einem Flugsimulator. Die Teilnahme benötigt guten Magen!

PARC DE LA VILLETTE

Erstreckt sich zwischen der Cité und Cinaxe. Hier befand sich früher das Schlachthofviertel von Paris. Die alten Gebäude (ausgenommen der Grande Halle) wurden eingerissen und der größte Park von Paris angelegt,der mit seinen knallroten Bauelementen eher futuristisch anmutet. Im Sommer werden hier im Freien Filme gezeigt - Liegestühle zum Ausleihen!

Auf dem Gelände überquert man den CANAL DE L'OURCQ und erreicht „LA GRANDE HALLE“: eine Eisenkonstruktion, die 1867 erbaut wurde zum Verkauf von Schlachtvieh. Einst Wahrzeichen des 19. Arrondissements - heute unter Denkmalsschutz und genutzt für Ausstellungen für Foto- Technik und Wechselausstellungen.

CITÉ DE LA MUSIQUE: am südl. Ende des Geländes La Villette. Hier dreht sich alles um Musik: Eine Konzerthalle, Bibliothek sowie ein Museum für Musikinstrumente, Jazz, Worldmusic etc. www.cite-musique.fr

Die Cité verfügt auch über: Empfangshostessen, an die Sie sich in 18 Sprachen, einschließlich der Zeichensprache wenden können. Läden und eine Buchhandlung. Bank und Geldwechsel (auch sonntags geöffnet). Buffets und Restaurants. Kopfhörerverleih zum Empfang der Führungskommentare (Deutsch, Englisch, Französisch und Spanisch). PKW- Parkplatz mit 1.6oo Stellplätzen. Kostenloser Bus- Parkplatz mit 6o Stellplätzen. Rollstuhl- und Kinderwagenverleih. Telefonzellen.

Restaurants

Amel (1)

3, R. du Plateau, N.Z., täglich, August zu.

Ein schönes altes Bistro oberhalb des Parks Buttes Chaumont, mit solider Cuisine Familiale. Spezialitäten: Hasenpastete mit Nüssen, provencalisches Fischfilet.

Aux Arts et Sciences réunis (1- 2)

161, Av. Jean- Jaurès, 9- 21 Uhr, Sa. und So. zu.

Pasteten vom Aveyron und einfache Plats du Jour.

Le Pavillon du Lac (3- 4)

Im Park der Buttes Chaumont, täglich 12- 15.3o Uhr, abends nur nach Bestellung.

Au Pavillon Puebla (4- 5)

Ebenfalls im Park der Buttes Chaumont, N.Z., So. und Mo. zu. Gut und teuer.

Au Rendez-Vous de la Marine

14, Quai de Loire. Gute französische Küche mit katalanischem Einschlag.

19. ARR.

Place des Fètes.
Dienstag, Freitag und Sonntag.

Markthalle Riquet
42, Rue Riquet, täglich geöffnet.

Porte de la Villette
Bd. de la Commanderie
Avenue Jean- Jaurès

Cité des Sciences et de l'Industrie
Av. Corentin- Cariou, Bd. Mac Donald
Rue de Soissons

Place Armand-Carrel
Place du Colonel-Fabien
Rue de Crimée
Eglise de Belleville
Porte de Pantin

Porte de la Villette
Porte des Lilas
Métro „Botzaris"
Métro „Stalingrad"

20. ARRONDISSEMENT

Ménilmontant - für die älteren unter den Parisern ein Name voller Poesie. Wenn sie ihn - so wie im Kabarett „Lapin Agile" - in Liedern gemeinsam besingen, tun sie es mit dem gleichen Gesichtsausdruck, mit dem etwa die Wiener schwärmen: „Draußen in Sievering blüht schon der Flieder."

Das alte Ménilmontant existiert nicht mehr.

Die ärmlichen Gassen, in denen EDITH PIAF, der Spatz von Paris, die Kindheit verbrachte und an den Straßenecken für ein paar Sous, zusammen mit der älteren Schwester, ihre ersten Lieder sang, sind größtenteils verschwunden.

Die Bagger haben hier ganze Arbeit geleistet, um komfortable, nüchterne Wohnblocks erstehen zu lassen. Weil aber ein großer Teil des Arrondissements auf einem der sieben Hügel von Paris liegt, bietet es immer noch schöne Ausblicke über die Stadt, da und dort findet sich ein idyllischer Winkel und Flieder blüht auch noch versteckt im Garten einer Schenke.

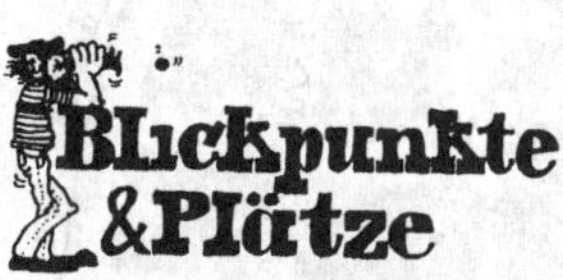

Der schönste und größte Park von Paris liegt hier oben, mit großen, efeuumrankten Bäumen, Vogelgezwitscher und stillen Besuchern, die ihn nie mehr verlassen. Es ist der

FRIEDHOF PÈRE LACHAISE

Er hat seinen Namen vom Jesuitenpater Père de la Chaise, dem Beichtvater Ludwig XIV. Der König verstand sich mit seinem lebenslustigen Seelsorger so gut, daß er ihm eines Tages dieses Stück Land als Schenkung übergab. Die Stadt übernahm es später, um in dem Waldgelände einen Friedhof anzulegen, der zum berühmtesten von Paris wurde.

Gräber mit bekannten Namen: Chopin - seinen Leichnam haben die Polen allerdings nach Hause geholt, Lafontaine, neben ihm Seite an Seite Molière (siehe 14. Arr., Katakomben), Bellini, Rossini, Modigliani, Wilde, Sarah Bernhardt, Proust, Bizet, Delacroix, Balzac, Gustave Doré, die Colette, Mistinguette und Edith Piaf, an deren Grab immer frische Blumen liegen.

Sie war ein Kind dieser Gegend - „nebenan" in Belleville geboren und in Ménilmontant aufgewachsen, und ist ihr nun für immer treu.

2 Adressen für Piaf- Verehrer: Musée Edith Piaf - siehe 11. Arr., R. des Pyrenées: auf dem Bürgersteig vor dem Haus Nr. 72 wurde sie geboren.

In der Hauptallee fällt der Blick auf einen Namen, der gravierend wie niemals ein anderer in das Bild und dadurch auch Geschick der Stadt eingegriffen hat: Baron Haussmann, Architekt und Stadtplaner Napoleons III.

Friedhof Père Lachaise

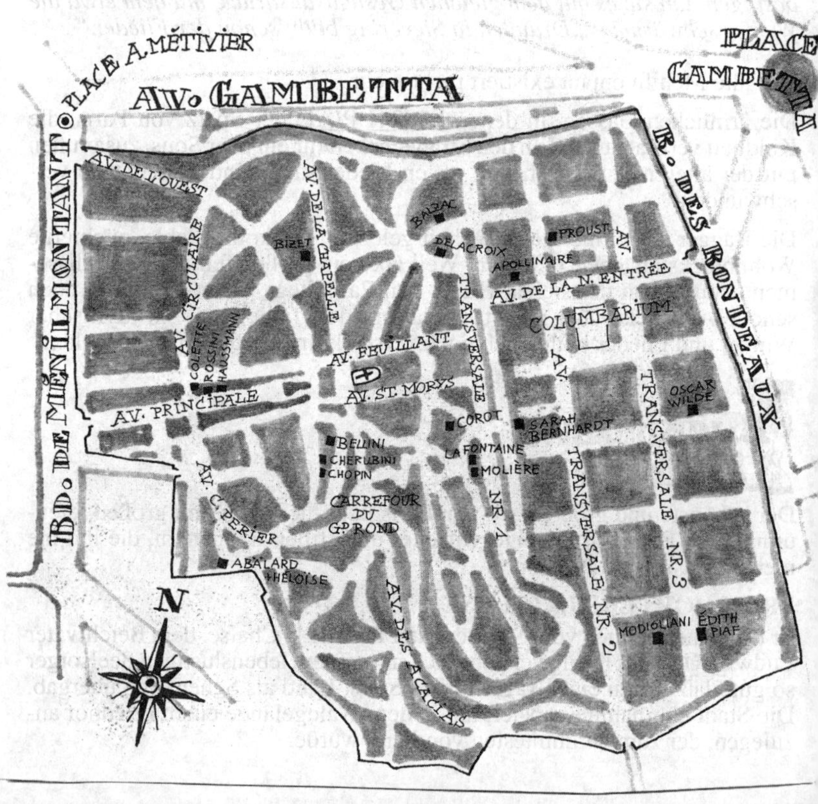

Was sagt man nun am Grabe eines Mannes, der über solch eine Vollmacht des Handelns verfügte und sie dazu gebrauchte, ohne jede Rücksichtnahme neben Abbruchreifem auch wertvollstes Kulturgut zu opfern, um seine Vorstellung von einem großzügig angelegten, alles in der Welt übertreffenden Paris zu verwirklichen? Soll man ihm auf den letzten Seiten dieses Buches nun vergeben?

Eines ist gewiß - das mittelalterliche Paris könnte heute noch stehen, es wäre weder durch Erdbeben, noch durch Kriegseinwirkung zerstört worden und es würde in seiner immensen Ausdehnung und Vielfalt Städte wie Rothenburg und Carcassone in den Schatten stellen. Aber wäre es dann unser Paris geworden?

Ohne seine herrlichen Boulevards, die prächtigen Häuser, die manchmal bis zu einem halben Kilometer breiten Avenuen und - ohne seine Parks! Diese vor allem sind Haussmanns schönste Hinterlassenschaft, in einem von ihnen ruht er nun, aller Initiativen und Aktivitäten ledig. Er war nie ein überaus beliebter Mann gewesen, wurde sogar frühzeitig, sozusagen über Nacht, seines Amtes enthoben - und man hat allen Grund über diese Tatsache erleichtert aufzuatmen: er war nämlich gerade dabei gewesen, eine „Schneise“ vom Gare du Nord zum Montparnasse zu schlagen, die große Nord- Süd- Verbindung; ihr wäre unter vielem anderen die Cité - Spitze mit „unserem“ Gärtlein Vert Galan zum Opfer gefallen.

Restaurants

BISTROS

Boeuf Gros Sel (2)

12o, R. des Grands- Champs, N.Z., Sa. mittags und So., Mitte Juli- August zu. Typische Bistro- Küche, freundliche Bedienung, angenehmes Ambiente.

Le Vieux Belleville (2)

11, Rue des Envierges, 9- 24 Uhr, Sa. abends bis Di. zu.
Plats du Jour, Pasteten, Aioli

20. ARR.

Restaurants

.RESTAURANTS

Aux Becs Fins (3- 4)

44, Bd. de Menilmontant, N.Z. So. zu.

Man könnte das Lokal in die Reihe der Bistros zählen, wenngleich zu denen, die in Qualität und Preis - der aber gerechtfertigt ist - erheblich über dem Durchschnitt liegen.

Le Chantefable (1- 2)

93, Av. Gambetta, N.Z., So. zu.

Ein solides, bürgerliches Lokal mit angenehmem Ambiente.

La Mère Lachaise

78, Boul. de Ménilmontand.

Sehr viel gemütlicher als das männliche Gegenstück.

2o. ARR.

Theatre de la Colline 15, Rue Malte-Brun Tel. o1 44 62 52 52 Gambetta

Theatre de L´Est Parisien 159, Av. Gambetta Tel. o1 43 64 8o 8o

Flèche d´Or Café 1o2, Rue de Bagnolet in einem alten Bahnhof. Manchmal Konzerte am Abend. www.artotal.com/lieux/fleche.htm

Oh 2oème 12, Rue Capit Marchal Tel. o1 43 61 52 32 Veranstaltungen wie in einem New Yorker Loft

PARKEN

Porte de Lilas
Rue Blanchat
Rue Oliver Métra
Avenue de la République
Rue Oberkampf
Rue des Pyrenées

TAXI

Place de la Porte de Bagnolet
Place Paul-Signac
Métro „Porte de Montreuil“

Place Gambetta
Rue des Pyrénées

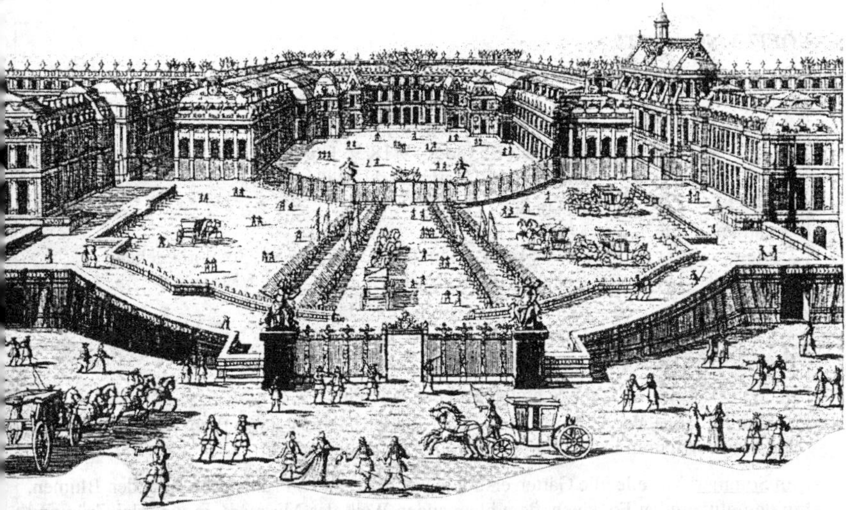

VERSAILLES

Der Welt bekanntestes Schloß liegt zwar außerhalb der 2o Pariser Arrondissements, soll aber wegen seiner historischen und kunsthistorischen Bedeutung, die es für ganz Europa hatte, ausführlich Erwähnung finden.

„Oft kopiert - und nie erreicht" gilt für diese königliche Anlage. Was für viele Besucher überraschend sein mag: Versailles kann man nicht als lebloses Paradestück empfinden, man spürt, hier wurde intensiv gelebt, über viele schicksalhafte Zeitläufe hinweg.

Weder Schloß noch Park strahlen falschen „Glanz und Glimmer" aus, alles trägt eine echte, würdevolle Patina.

Ludwig XIV. ließ das in Wäldern gelegene ehemalige Jagdschloß seines Vaters Ludwig XII. immer weiter ausbauen und verlegte 1682 den Regierungssitz mit seinem gesamten Hofstaat von Paris nach Versailles. Alles drängte sich um einen „Platz an der Sonne" und Tausende von Adelsfamilien lebten mit Kind und Kegel auch in den engsten, kalten Räumen im obersten Stockwerk.

Nach der olympischen Devise „Dabeisein ist alles" verzichteten sie gern auf jeglichen Komfort (der übrigens, was Wärme und sanitäre Anlagen betraf, in den Prunkräumen auch nicht größer war). Dafür entschädigte man sich an der Gunst des Königs, sah ihm beim Speisen zu, stand allmorgendlich Spalier, wenn die königliche Familie durch die Spiegel- Galerie zur Messe schritt, oder genoß beim Flanieren, bei Spielen und Festen den herrlichen Park, den der berühmte Gartenarchitekt Le Nôtre angelegt hatte.

Und da der „Sonnenkönig" sowohl seine Höflinge als auch sein Volk gerne um sich sah, waren die Parkanlagen teilweise auch dem damaligen Publikum zugänglich.

ÖFFNUNGSZEITEN:

Dienstag bis Sonntag (Montag zu)

Schloß:	Eingang A „Grands Appartements“ Winter (1.1o.-3o.4.) 9-17.3o Uhr Sommer (1.5.-3o.9.) 9-18.3o Uhr Eingang C: „Chambres du Roi“ dies.(s.Seite QW)
Grand und Petit Trianon:	Winter 1o-12.3o und 14-17.3o Uhr Sa./So. durchgehend Sommer 1o-18.3o Uhr Eintritt 4 bzw. 5 Euro
Gärten:	8 Uhr bis zur Dämmerung, täglich

WANN BESUCHT MAN VERSAILLES?

Im Winter: Vorteile: keine Schlangen an den Kassen.

Nachteile: keine Wasserfontänen in den Brunnen, dafür gelegentlich Wasser von oben, alle Marmorfiguren in den Gärten in große Planen eingepackt.

Im Sommer: Vorteile: die Gärten erstrahlen ab dem späten Frühjahr im Bunt der Blumen, in den glitzernden Fontänen, dem blendenden Weiß des Marmors, in vielerlei Grün und im Blau des Himmels in allen Brunnen und Teichen.

Nachteile: Massen von Besuchern, vor allem an den Wochenenden.

Doch wenn man einmal von unliebsamen Wartezeiten an den Kassen absieht und bedenkt, daß zu Zeiten des Sonnenkönigs allein im Schloß ca. 2.5oo Menschen lebten, und daß sowohl Schloß als auch Gärten nachgewiesenermaßen auch dem Volk zugänglich waren, tragen diese Massen sogar in gewisser Weise dazu bei, sich den normalen Betrieb vorzustellen, der während der rund hundert Jahre hier herrschte, als Frankreich von hier aus regiert wurde. Optimale Besuchszeiten für den, der es einrichten kann: das Schloß im Winter, die Gärten im Sommer!!

Verbindungen

1.) Mit der RER C 5

Einfach, schnell und problemlos. Die Vorort- Metro führt durch ganz Paris, immer entlang der Seine (Rive Gauche) und hält an folgenden Metrostationen (von Ost nach West/ U = Umsteigebahnhöfe):

Bd. Masséna,
Gare d' Austerlitz (U)
St. Michel (U)
Musée d'Orsay Invalides (U)
Pt. de l'Alma, Champ de Mars (U)
Javel (U)
Bd. Victor...

* **Die Vorteile der RER**:

a) Sie fährt im Durchschnitt alle 15- 2o Minuten.

b) Man umgeht alle Verkehrsprobleme und schont die Nerven.

c) Die Fahrtzeit von ca. 4o Minuten kann man für die Vorbereitung des Besuches ausnützen.

c) Benzinkosten und Parkgebühren liegen höher als der Preis für die Fahrkarte.

* Achtung: die RER hat eigene Bahnsteige (RER C 5 - den Hinweisschildchen folgen) und erfordert das Lösen eigener Billets.

Gelegentlich kann es vorkommen, daß die Schalter vorübergehend nicht besetzt sind und man einen Billet- Automaten bedienen muß (also: Münzen bereithalten!).

Zunächst sind 3 Tasten zu drücken:

1. Destinations (Zielbahnhöfe); man drückt „Versailles R.G." (Rive Gauche).
2. Billets (Fahrkarte zahlen); man drückt „aller simple" (einfache Fahrt) oder „aller/retour" (hin und zurück); dabei kommen gleich 2 Fahrkarten zum Vorschein.
3. Choisissez la classe (Klasse); auf 2. oder 1. Klasse „Place entière" (voller Preis) drücken.
4. Payez (angezeigten Betrag einwerfen).

Erscheint der Text: „Je rends la monnaie" spuckt der Apparat neben der Fahrkarte auch das Restgeld aus. Erscheint aber: „Je n'ai plus de monnaie - faites l'appoint" muß man das genau abgezählte Fahrgeld einwerfen!

* Zum Betreten des Bahnsteiges:

Sperren mit grünen Männchen passieren. Nur Züge mit der Aufschrift „Vick" benützen!!!! Fahrkarten aufbewahren!!

* Vom Endbahnhof Versailles R.G. bis zum Schloß:

Nach Verlassen des Bahnhofes rechts ca. 15o m bis zur Ampel, nach links die Straße überqueren und die breite Avenue de Paris auf das Schloß zugehen. Ca. 8- 1o Minuten insgesamt.

2.) Mit dem Auto:

Vom Bd. Peripherique, der Stadtautobahn, die das Zentrum von Paris, die 2o Arrondissements, wie ein Gürtel umschließt, beginnt im Westen, am südlichen Ende des Bois de Boulogne, bei der Porte d'Auteuil, die Autobahn A 13 ->Versailles- Rouen. 1. Ausfahrt Versailles-Château, gebührenpflichtiger Parkplatz auf der Place d´ Armes.

Wer von Süden kommend (nach Überquerung der Seine) die Ausfahrt Porte d' Auteuil erreicht, muß sich auf der rechten Spur einordnen.

Zeitaufwand für verschiedene Besichtigungsprogramme:

A) Die wichtigsten Räume im Schloß (siehe folgende Beschreibungen). Dauer ca. 1/2 Tag.

B) Programm A und Gärten mit Grand und Petit Trianon und Hameau. Dauer ca. 1 Tag

C) Programm A und B und weitere Räume und Museen im Schloß und Orangerie - etwas für Liebhaber französischer Geschichte.

Dauer ca. 2 Tage.

D) Alle Programme inklusive Studium aller Details (Gemälde, Skulpturen, Kunsthandwerk etc.) - etwas für körperlich und geistig rege Rent ner.Dauer einige Jahre.

Mein Vorschlag: Programm B.

VERSAILLES UND SEINE GESCHICHTE

Bauphasen: 1724 von Ludwig XIII. als Jagdschloß gebaut. 1661- 1681 von Ludwig XIV. (Sohn von Ludwig XIII.) umgebaut und erweitert, inklusive Spiegelsaal. 171o Schloßkirche; 177o Oper.

Vom 6. Mai 1682 bis 6. Oktober 1789, über 1oo Jahre, war das Schloß Residenz und Sitz der Regierung, die Stadt Versailles eine Beamtenstadt.

Kurzer Überblick über die Könige, die in Versailles residierten

Ludwig XIII. (14.9.16o1- 14.5.1643). Sohn Heinrich IV. Macht und Ansehen verdankt dieser König seinem Premierminister, dem bekannten Kardinal Richelieu (Gründer der Pariser Universität, der Sorbonne).

Ludwig XIV. (5.9.1638- 1.9.1715). Sohn von Ludwig XIII. - der Sonnenkönig. Glanzzeit der französischen Monarchie. „L'état c'est moi" (der Staat bin ich), meinte er kurz angebunden, als der Minister ihm seine Sorgen über die Finanzen des Staates bezüglich der verschwenderischen Bautätigkeit in Versailles unterbreiten wollte.

Ludwig XV. (15.2.171o- 1o.5.1774). Urenkel von Ludwig XIV. Während seiner Regierung war Frankreich der kulturelle Mittelpunkt Europas.

Ludwig XVI. (15.8.1754- 21.1.1793). Enkel von Ludwig XV. Verheiratet mit Marie-Antoinette von Österreich. Beide starben unter dem Messer der Guillotine während der Revolution.

Ereignisse: Schon während der Regierungszeiten der Ludwigs war Versailles mit seinen reichen Kunstschätzen in der Art eines Museums für jedermann zugänglich, „...wenn er ordentlich gekleidet war". Während der Revolution wurden viele Kunstwerke entwendet, der größte Teil jedoch in den Louvre überführt - und das Schloß verwahrloste. Es wäre fast abgerissen worden, hätte es nicht Ludwig XVIII. (1755- 185o) gegeben. Der erklärte es im Jahre 1837 zum „allen Ehren Frankreichs gewidmeten Museum".

Das nächste große historische Ereignis war die Proklamation des Deutschen Kaiserreiches unter Wilhelm I. am 18.1.1871 (im Anschluß an den deutsch- französischen Krieg 187o/71) im Spiegelsaal des Schlosses. Am 28.6.1919 wurde im selben Saal der berühmte Versailler Vertrag geschlossen.

So glänzten in den Spiegeln dieses Saales abwechselnd französische, deutsche und wieder französische Orden, was vielleicht ein wenig dazu beigetragen hat, daß die Spiegel da und dort etwas blind geworden sind.

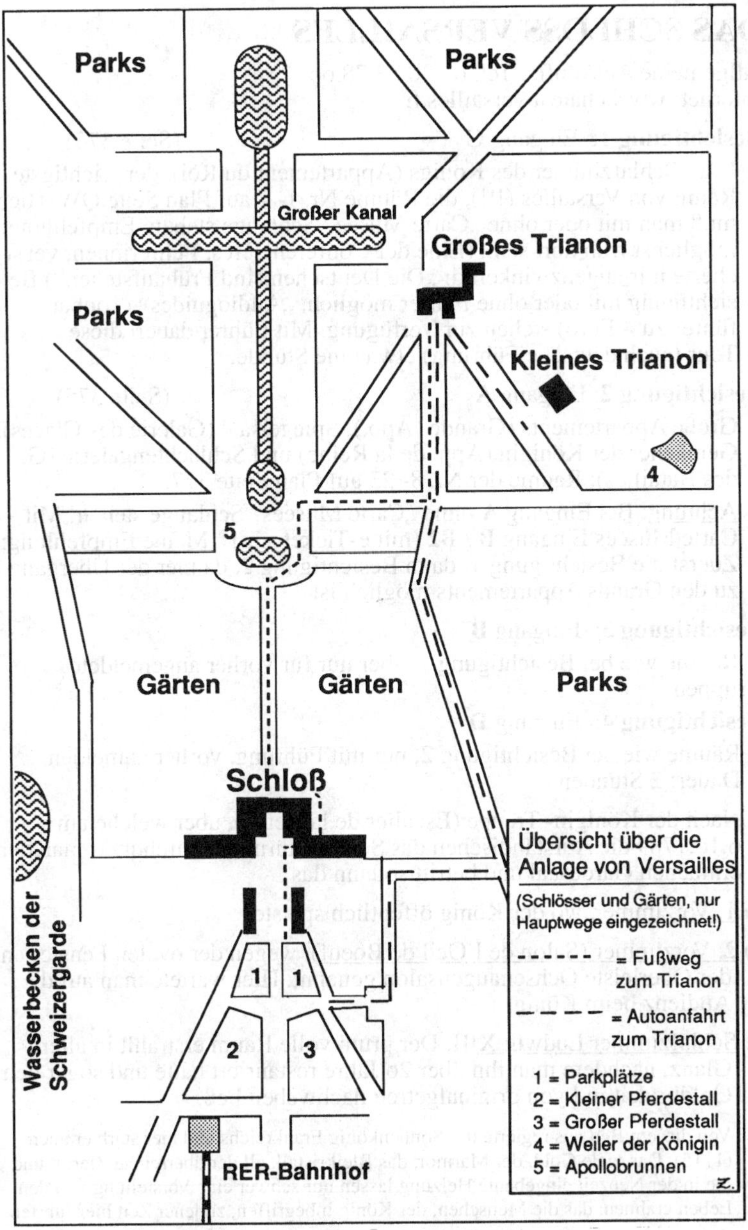
Parks
Parks
Großer Kanal
Großes Trianon
Parks
Kleines Trianon
4
5
Gärten
Gärten
Parks
Schloß
Wasserbecken der Schweizergarde
1
1
2
3
RER-Bahnhof
Übersicht über die Anlage von Versailles
(Schlösser und Gärten, nur Hauptwege eingezeichnet!)
= Fußweg zum Trianon
= Autoanfahrt zum Trianon
1 = Parkplätze
2 = Kleiner Pferdestall
3 = Großer Pferdestall
4 = Weiler der Königin
5 = Apollobrunnen
Z.

DAS SCHLOSS VERSAILLES

Allgemeine Auskünfte: Tel. o1 3o 83 78 oo
Internet: www.chateauversailles.fr

Besichtigung 1: Eingang **C** (Seite 375)

U.a.: Schlafzimmer des Königs (Appartement du Roi), der wichtigste Raum von Versailles (!!!), die Räume Nr. 1- 7 auf Plan Seite QW. Hier muß man mit oder ohne „Carte Musée" Schlange stehen. Empfehlung: möglichst früh dort sein. (Eine der Conferencières, Führerinnen, versicherte mir augenzwinkernd: „Die Deutschen sind Frühaufsteher.") Besichtigung mit oder ohne Führer möglich. „Audioguides" (Tonbandführer zu 4 Euro) stehen zur Verfügung. Mit Führer dauert diese Tour (auch deutsche Führung) etwa eine Stunde.

Besichtigung 2: Eingang **A** (Seite 375)

Große Appartements (Grandes App.), Spiegelsaal (Galerie des Glaces), Gemächer der Königin (App. de la Reine) und Schlachtengalerie (G. des Batailles): Räume der Nr. 8- 23 auf Plan Seite 377.

Achtung: Bei Eingang **A** ohne „Carte Musées" Schlange stehen! Mit Carte Musées Eingang **B / B2** (mit e-Ticket s.u.) Meine Empfehlung: Zuerst die Besichtigung 1, dann Besichtigung 2, da hier der Übergang zu den Grands Appartements möglich ist.

Besichtigung 3: Eingang **B**

Räume wie bei Besichtigung 1, aber nur für vorher angemeldete Gruppen.

Besichtigung 4: Eingang **D**

Räume wie bei Besichtigung 2, nur mit Führung, vorher anmelden. Dauer: 2 Stunden.

Nach der Königin- Treppe (Escalier de la Reine), über welche am 6.1o.1789 die Aufständischen das Schloß stürmten, durchquert man den einfachen Gardesaal und betritt sodann das

1) 1. Vorzimmer, wo der König öffentlich speiste.

2) 2. Vorzimmer (Salon de l'Oeil de Boeuf), wegen der ovalen Fenster an der Oberleiste Ochsenaugensalon genannt. Hier wartete man auf die Audienz beim König.

3) Schlafzimmer Ludwig XIII. Der prunkvolle Raum erstrahlt in altem Glanz, nachdem man ihn über 2o Jahre restauriert hatte und sogar den Goldbrokat in Lyon originalgetreu nachweben ließ.

Von diesem Bett aus regierte der Sonnenkönig Frankreichs und hier starb er auch (1715). Das viele Gold, der Marmor, das Bleikristall, all der überreiche Zierrat und die in der Neuzeit eingebaute Heizung lassen nur schwer eine Vorstellung von dem Leben erahnen, das die Menschen, der König inbegriffen, zu jener Zeit hier führten.

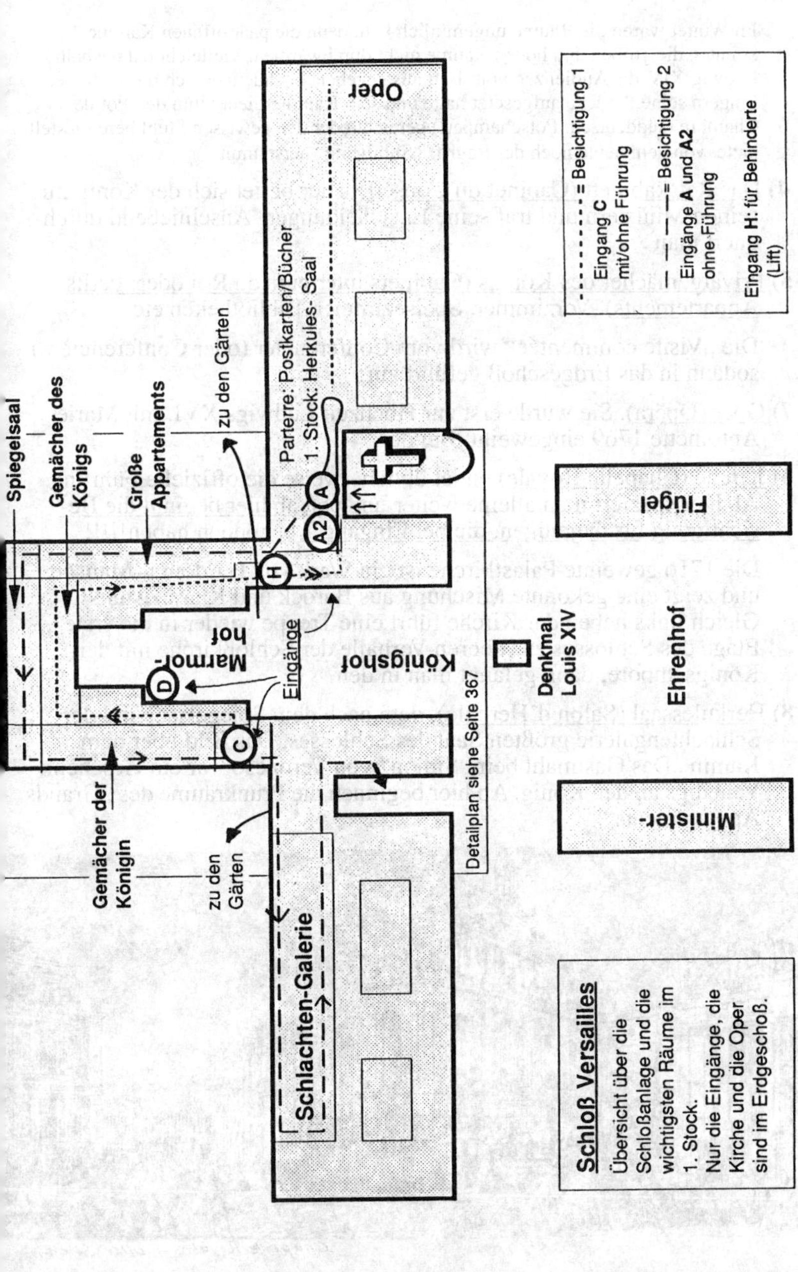
Schloß Versailles
Übersicht über die Schloßanlage und die wichtigsten Räume im 1. Stock.
Nur die Eingänge, die Kirche und die Oper sind im Erdgeschoß.
Eingang C mit/ohne Führung = Besichtigung 1
Eingänge A und A2 ohne Führung = Besichtigung 2
Eingang H: für Behinderte (Lift)
Oper
Parterre: Postkarten/Bücher
1. Stock: Herkules- Saal
zu den Gärten
Spiegelsaal
Gemächer des Königs
Große Appartements
Marmor-hof
Königshof
Eingänge
A
A2
H
C
D
Denkmal Louis XIV
Ehrenhof
Flügel
Minister-
Detailplan siehe Seite 367
Gemächer der Königin
zu den Gärten
Schlachten-Galerie

Im Winter waren die Räume ungemütlich kalt, denn die paar offenen Kamine konnten die großen und hohen Räume nicht durchwärmen. Vielleicht hat deshalb Ludwig XIV. die Audienzen vom Bett aus gegeben, nachdem er sich mit klammen Fingern seine Perücke aufgesetzt hatte und sein Kammerdiener ihm den Pot de Chambre (süddeutsch: Potschamperl) gereicht oder den gewissen Stuhl bereitgestellt hatte, von dem heute noch der Begriff „Stuhlgang" herstammt.

4) Das Ratskabinett (Cabinet du Conseil). Hier beriet sich der König mit seinen Ministern und traf seine Entscheidungen. Anschließend durchquert man

5) Privatgemächer des Königs (Cabinets interieurs du Roi oder: Petits Appartements). Vorzimmer, Speisezimmer, Bibliotheken etc.

Die „Visite commentée" wird vom Conferencier (oder Conferencière) sodann in das Erdgeschoß geführt zur:

7) Oper (Opéra). Sie wurde erst zur Hochzeit Ludwigs XVI. mit Marie Antoinette 1769 eingeweiht. Bei der

6) Kirche (Chapelle Royale) endet üblicherweise die offizielle Führung. Ab hier spaziert man alleine weiter und erst ab hier beginnt die Besichtigung für diejenigen, die bei Eingang 1 begonnen haben!!!!!

Die 171o geweihte Palastkirche ist ein Werk von Hardouin- Mansart und zeigt eine gekonnte Mischung aus Barock und Klassizismus. Gleich links neben der Kirche führt eine Treppe wieder in die erste Etage des Schlosses zur oberen Vorhalle der Schloßkirche mit der Königsempore; dann gelangt man in den

8) Herkulessaal (Salon d'Hercule), dem nach dem Spiegelsaal und der Schlachtengalerie größten Saal des Schlosses. Das Bild über dem Kamin „Das Gastmahl beim Simon" von Veronese war ein Geschenk Venedigs an den König. Ab hier beginnen die Prunkräume des „Grands Appartements":

Chapelle Royale – alter Stich

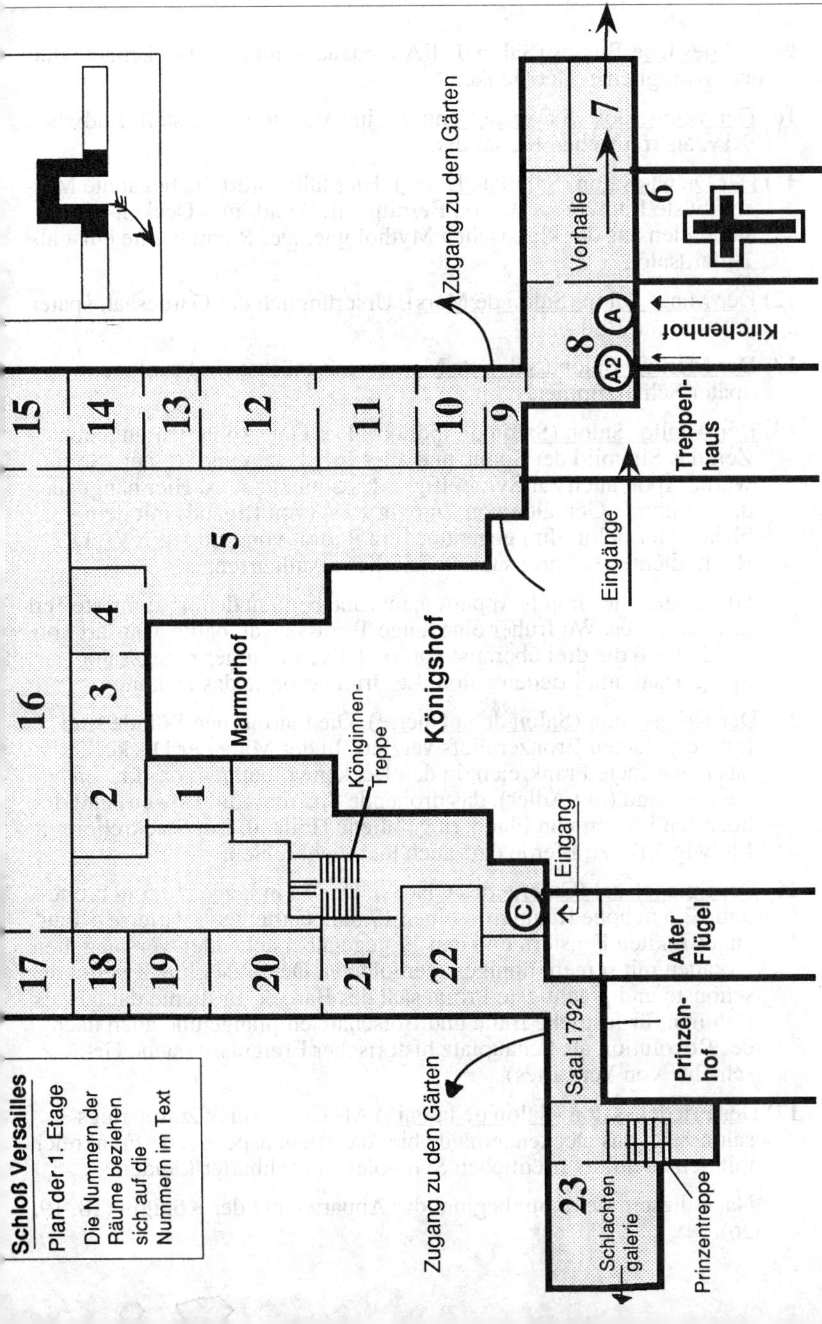
Schloß Versailles
Plan der 1. Etage
Die Nummern der Räume beziehen sich auf die Nummern im Text
Zugang zu den Gärten
Zugang zu den Gärten
Marmorhof
Königshof
Königinnen-Treppe
Eingang
Eingänge
Vorhalle
Kirchenhof
Treppen-haus
Alter Flügel
Prinzen-hof
Saal 1792
Schlachten galerie
Prinzentreppe
1
2
3
4
5
6
7
8
9
10
11
12
13
14
15
16
17
18
19
20
21
22
23
A
A2
C

9) Saal des Überflusses (Salon de l'Abondance) mit dem Deckengemälde der „Königlichen Herrlichkeit".

1o) Der Venussalon (Salon de Vénus). Eine Marmorstatue stellt Ludwig XIV. als römischen Kaiser dar.

11) Der Diana- Salon (Salon de Diane). Hier fällt sofort die bekannte Marmorbüste Ludwigs XIV. von Bernini auf. Wand- und Deckenmalereien aus der klassischen Mythologie. Der Raum diente einst als Billardsalon.

12) Der Mars- Salon (Salon de Mars). Ursprünglich der Gardesaal, später Musik- und Ballsaal.

13) Der Merkur- Salon (Salon de Mercure). Zunächst ein Prunkraum, später Schlafzimmer.

14) Der Apollo- Salon (Salon d'Apollon). Der Gott Apoll war zu jener Zeit das Sinnbild der Sonne und alles Erhabenen und Reinen. Somit wurde Apoll auch zur Symbolfigur des Sonnengottes. Hier hängt auch das berühmte Gemälde von Ludwig XIV. (von Rigaud) mit dem blauen Hermelin. Ihm gegenüber ein Porträt von Ludwig XVI. Der Raum diente als Thronsaal für feierliche Audienzen.

Hier enden die Grands Appartements und beginnt der berühmteste Teil des Schlosses. Wo früher eine lange Terrasse war, baute Mansart von 1678- 1686 die drei überaus repräsentativen Räume: Kriegssalon, Spiegelsaal und Friedenssalon. Le Brun besorgte das Dekor.

15) Der Kriegssalon (Salon de la Guerre). Die marmornen Wände sind mit vergoldeten Bronzereliefs verziert. In der Mitte der Decke: das bewaffnete Frankreich, in den Deckenwölbungen: das knieende Deutschland (mit Adler), das drohende Spanien (mit Löwen) und das über den Löwen von Flandern gefallene Holland. Ein Stuckrelief mit Ludwig XIV. zu Pferde darf auch hier nicht fehlen.

16) Der Spiegelsaal (Galerie des Glaces). Der 7o m lange, 1o,5 m breite und 12,5 m hohe Raum mit seinen 17 dem Gartenteil „Parterre d'Eau" zugewandten Fenstern und den 17 gegenüberstehenden verspiegelten Arkaden mit seinem üppigen, vergoldeten Dekor ist ohne Zweifel der schönste und prächtigste Profansaal des Barock. Er diente damals als Rahmen für festliche Bälle und Botschaftsempfänge und auch nach der Revolution als Schauplatz historischer Ereignisse (siehe Geschichte von Versailles).

17) Der Friedenssalon (Salon de la Paix) Als Gegenstück zum Kriegssalon zeigt das Deckengemälde hier das friedenspendende Frankreich mit den ebenfalls friedlichen Symbolen benachbarter Länder.

Nach diesem Eckraum beginnt das Appartement der Königin (18, 19, 2o).

18) Schlafzimmer der Königin. In dem riesigen Himmelbett starben vier Königinnen und wurden neunzehn Prinzen und Prinzessinen geboren. Und wenn in dem Bett nicht gerade gestorben, gezeugt oder geboren wurde, wurden von ihm aus auch Audienzen gegeben.

19) Der Adeligensalon (Salon de Reine). Hier empfing die Königin die Adeligen und ihre Vertrauten. Wirkungsvolle Porträts zieren die Wände.

2o) Das Vorzimmer der Königin (Antichambre de la Reine), wo die Besucher auf die Audienz warteten.

21) Der Gardesaal der Königin (Salle des Gardes de la Reine). In dem mit Marmor verzierten Raum, wo sich die Garde aufhielt, wurden des öf teren auch Gerichtstage abgehalten.

22) Der Krönungssaal. Drei riesige Gemälde beherrschen den Raum: die Krönung Napoleons (2.12.18o4 in der Kathedrale Notre Dame, von dem es zwei Originale vom gleichen Maler (David) gibt; das eine, 181o gemalt, hängt im Louvre, das andere, 1822 vollendet, sieht man hier. Gegenüber: die Vereidigung der Armee auf den Kaiser Napoleon I. Auf der Fensterseite, leider im Gegenlicht: das berühmte Portrait von Napoleon mit Hermelin und Lorbeerkranz. Durch den „Saal 1792" (Schlachtenbilder von Valmy und Jemmapes) gelangt man in den Südflügel zur

23) Schlachtengalerie. Der mit 12o m Länge größte Saal des Schlosses, wo alle siegreichen Schlachten Frankreichs auf 33 riesigen Gemälden, flankiert von 82 Büsten berühmter Feldherren, dargestellt sind, unter anderem auch die Schlacht von Taillebourg, die kein Geringerer als Delacroix malte. Natürlich ist auch Napoleon hier vertreten, selbstverständlich mit Austerlitz und nicht mit Waterloo.

Über die „Prinzentreppe" zwischen der Schlachtengalerie und dem Saal 1792 gelangt man zurück zum Ehrenhof oder, auf der Gegenseite, zu den Gärten des Schloßparks, dessen Berühmtheit ebenso groß ist, wie seine Dimensionen.

DIE GÄRTEN

1) Parterre de Eaux - an den zwei großen Wasserbecken: 16 Bronzeskulpturen der Flüsse Frankreichs

2) Orangerie - unterirdischer Wintergarten, nach Süden mit Arkadenfenstern, flankiert von zwei Treppen und schönen Freianlagen mit palmengesäumten Rabatten,

3) Wasserbecken der Schweizergarde - in den Ausmaßen der Place de la Concorde

4) Drachenbecken - Kinder auf Schwänen bekämpfen den Drachen

5) Neptunbecken - mit 99 Wasserfontänen

6) Latona- Brunnen - der zentrale Punkt, zu dem Treppen in den tiefer gelegenen Teil des Parkes hinunterführen

7) Sommerbecken - mit Ceres

8) Frühlingsbecken - mit Flora

9) Herbstbecken - mit Bacchus

1o) Winterbecken - mit Saturn

11) Das Königsboskett

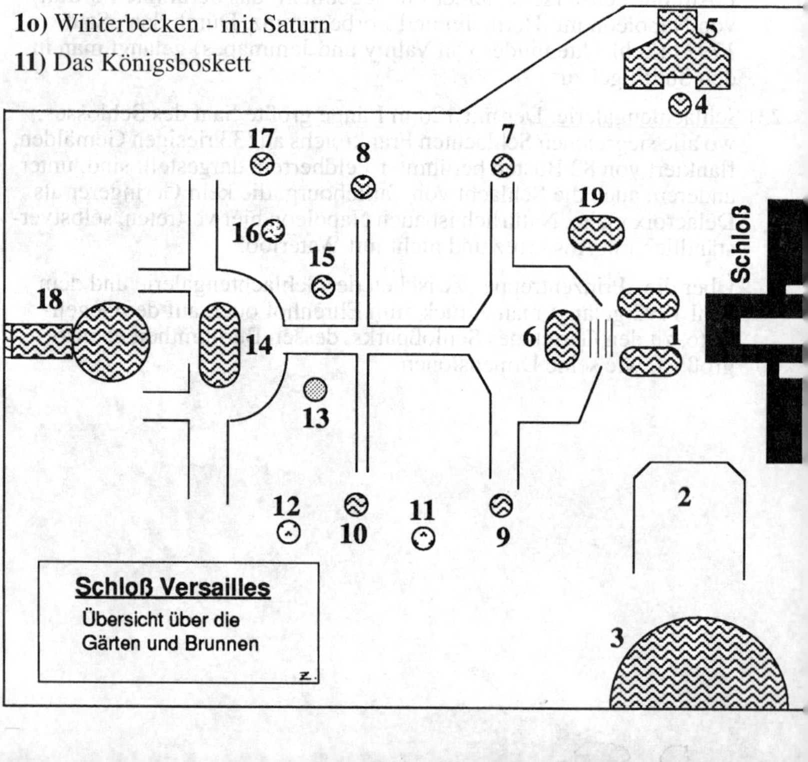

12) Der Königsgarten

13) Die Kolonnade, ein zauberhaftes, rosa- marmoriertes Säulenrund im Wald des Parkes (Mansart: 1685)

14) Apollobecken - in der Mitte schwungvolle Skulptur aus vergoldetem Blei: Apollo mit mehrspannigem Pferdewagen

15) Das Kuppelboskett

16) Die Fontäne des Enkelados - ein Titan, der den Olymp erstürmen wollte, wird von Steinen zerschmettert

17) Die Fontäne des Obelisken - 25 m hoch

18) Der große Kanal - der eine Länge von fast 2 km hat. Ein gut Teil dieser Strecke muß man zurücklegen und dann schräg rechts abbiegen, um zu dem großen und dem kleinen Trianon zu gelangen.

19) Apollo- Bäder - romantische Grotte mit Teich und Apollo- Gruppe

DAS GROSSE TRIANON (Le Grand Trianon)

Von Mansart 1687 aus einem ehemaligen Pavillon zu einem formvollendeten, mit einer Säulenfassade aus rosafarbenem Languedoc- Marmor versehenen Gartenschloß umgebaut. Im Gegensatz zum Mobiliar im Schloß Versailles, das ausschließlich aus der Zeit des Ancien Regime (Regierung der Könige) stammt, besteht das im Grand Trianon überwiegend aus dem Empire- Stil der Kaiserzeit, vor allem in den Räumen, die Napoleon und seine Gemahlin Marie- Luise bewohnten.

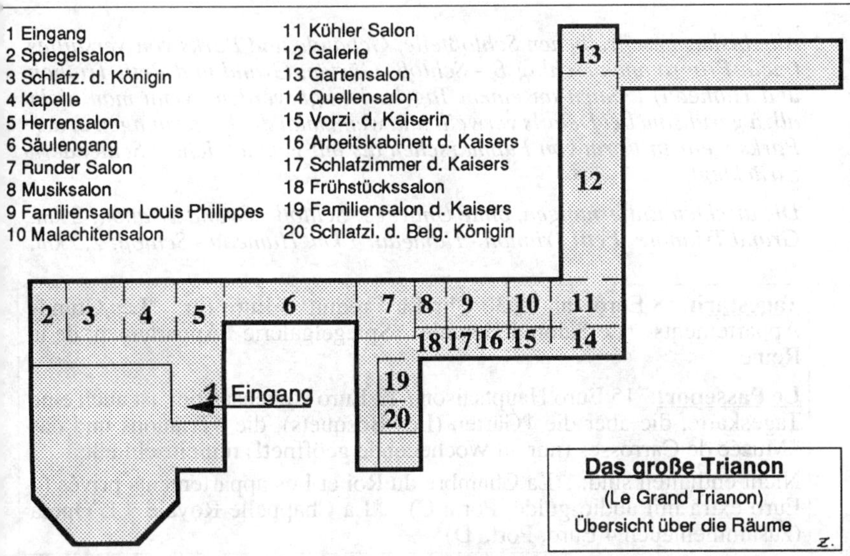

Das große Trianon
(Le Grand Trianon)
Übersicht über die Räume

DAS KLEINE TRIANON (Le Petit Trianon)

Ludwig XV. ließ dieses geschlossen wirkende Schlößchen, zu dem flache Freitreppen emporführen, im klassizististischen Stil zwischen 1762 und 1768 für seine Mätresse, die Madame Pompadour, erbauen; da diese jedoch vor der Fertigstellung verstarb, schenkte er es ihrer Nachfolgerin, der Madame Dubarry. Später nahm es Marie- Antoinette, Gemahlin des sechzehnten Ludwigs, in Besitz. Sie war es auch, die die Gärten drumherum im englischen Stil umgestalten und westlich vom kleinen Trianon ein Theater erbauen ließ, in dem die Hofgesellschaft zum eigenen Spaß oft selbst agierte und dessen reizendes Innendekor überwiegend aus Pappmaché besteht. Natürlich vergaß Napoleon nicht, seine Schwester Pauline Borghese hier logieren zu lassen und es später seiner zweiten Frau Marie- Luise zu schenken.

LE HAMEAU

Folgend der Aufforderung Jean- Jacques Rousseaus „Zurück zur Natur“ ließ Marie- Antoinette ca. 5oo m nördlich des Petit Trianon ein idyllisches Dorf an einem großen Weiher anlegen, dessen 12 Gebäude unter anderem aus einer Mühle, einer Molkerei, einem Fischerturm, einem Taubenschlag u.a. bestehen. Im zentralen Gebäude mit seinen Holzbalkonen wohnte die Königin selbst, während in einem Bauernhof ein richtiger Bauer eine kleine Landwirtschaft betrieb, um die Illusion des ländlichen Lebens sichtbar und riechbar zu vervollkommnen. Die Tochter Maria Theresias schuf sich hier das Kolorit ihrer österreichischen Heimat.

Alle bisher beschriebenen Schloßteile, Gebäude und Parks von Versailles (mein Programmvorschlag B - Schloß Gärten, Grand und Petit Trianon und Hameau) können an einem Tag besichtigt werden, wenn man nicht allzu geruhsam bei Details verweilt und wenn man die Entfernungen in den Parks mehr in Form von Fußmärschen als mit gemächlichem Schlendern zurücklegt.

Die direkten Entfernungen, ohne Umwege: Schloß - Grand Trianon: 2 km. Grand Trianon - Petit Trianon - Hameau: 1 km. Hameau - Schloß: 2,5 km.

Tagestarif: 8 Euro, ab 15.3o Uhr Tarif réduit: 6 Euro für: *Les Grands Appartements *Le Salon d´Hercule *Spiegelgalerie *Appartement de la Reine.

Le Passeport: 15 Euro Hauptsaison / 12 Euro Nebensaison: ist auch eine Tageskarte, die aber die *Gärten (Les Bosquets), die *Trianons und das *Musée de Carrosses (nur an Wochenende geöffnet!) mit einschließt.

Nicht enthalten sind: *La Chambre du Roi et Les appartements privés (4 Euro extra mit audio-guide, Porte C) *La Chappelle Royale * L´Opéra (zusammen auch 4 Euro, Porte D)

Kinder unter 18 J. haben freien Eintritt. An jedem 1.Sonntag im Monat von Nov.bis März ist der Eintritt frei.

Tipp: Keine Wartezeiten gibt es für Inhaber eines e-Tickets: http://versailles.entechfrance.com

Konzerte, Illuminationen, Feste unter: www.versailles-spectacles.com

DIE STADT VERSAILLES

Die ebenmäßig- symmetrisch angelegte Stadt Versailles (Vorbild für Karlsruhe, Mannheim, Petersburg) läßt auf noble Weise ihrem dominierenden Schloß den Vortritt. Sie bleibt in großzügiger Entfernung fast verborgen hinter drei breiten, baumbestandenen Avenuen, die strahlenförmig zu den Palastanlagen führen.

In der Mitte liegt die herrliche, grüne Avenue de Paris. Herrlich deshalb, weil sie vom Schloß aus schnurgerade in endlose Weite auf Wälder zuführt und in der Gegenrichtung schon aus der Ferne einen faszinierenden Blick auf das Schloß und die riesigen Vorplätze gewährt.

Durch die filigrane Gitterumfriedung und das hohe, goldglänzende Schmiedeeisen- Tor sieht man, leicht erhöht, in gewisser Entfernung, die weitausladenden Schloßvorbauten liegen. Sie zeigen hier ihre „Stadtseite" mit Seitenflügeln, Kapelle und dem Reiterdenkmal Louis XIV. Auch das berühmte Schlafzimmer des Königs liegt nach dieser Seite.

Von den beiden Kirchen der Stadt wurde die eine vom namhaften Hardouin- Mansart (Mansardenfenster) erbaut und die andere, die Kathedrale Saint- Louis, 8o Jahre später (1754) von dessen Enkel.

Die repräsentativen, rechts und links der Avenue de Paris gelegenen „großen und kleinen Stallungen" schuf ebenfalls Hardouin- Mansart (1679).

Tipp: Die Osmothèque von Versailles, ein Museum der Düfte! Man kann selber an 7oo Parfums schnuppern.! 36, Rue Parc de Clagny
Tel. o1 39 55 46 99 Fax o1 39 55 73 64

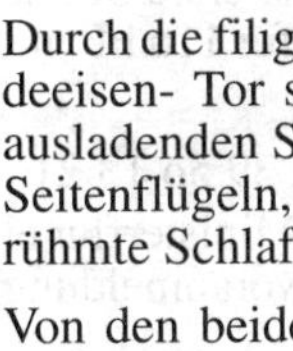

Trianon- Palace (4), 1, Bd. de la Reine, Tel. o1 3o 84 5o oo

Am Beginn des Schloßparks, unweit des Bassins de Neptune (nordöstlich davon). Das schönste und beste, natürlich auch teuerste Hotel von Versailles.

Le Versailles Petite Place 7, Rue Sainte Anne Tel. o1 39 5o 64 65
www.hotel-le-versailles.fr

Zwei einfache Hotels der bürgerlichen Kategorie in der Nähe des Schlosses:

Paris (2), 14, Av. de Paris, Tel. o1 39 5o 56 oo, ohne Restaurant.

Nur etwa 5oo m zum Schloßeingang, an der breiten Avenue, die direkt zum Schloß führt.

Le Home St. Louis (1- 2), 28, R. St. Louis, Tel. o1 39 5o 23 55, ohne Restaurant. Vom RER - Bahnhof links die Av. de l'Europe, dann weiter geradeaus die Rue Royale bis zur Rue St. Louis, dann links. Zum Schloß ca. 1 km.

Wie in den 2o Arrondissements von Paris seien auch hier für den Besucher mit wenig Zeit zunächst ein Bistro und zwei Brasseries genannt:

Bistro Les Voyageurs (1- 2), 12, R. Ph.- de- Dangeau. Ein schönes, altes Bistro, wo man bei schönem Wetter auch in der Gartenlaube essen kann. Bürgerliche Küche bei mäßigen Preisen.

Brasserie du Theatre (2- 3), 15, R. des Reservoirs, tägl. bis 1 Uhr. Die Straße führt direkt am Nordflügel des Schlosses entlang, in Richtung Bassin de Neptune. Eine sympathische Brasserie mit akzeptabler Küche und angenehmer Atmosphäre.

Brasserie du Boeuf à la Mode (2- 3), 4, R. au Pain, So.- Do. 12- 14, 19- 23 Uhr, Fr. und Sa. 12- 14, 19- o.3o Uhr. Vom RER- Bahnhof die Rue de l'Europe rechts, Av. de Paris und Av. de St. Cloud überqueren, nach dem Beginn der R. du Mal. Foch die erste Straße links. Typische Brasserie- Küche, freundliches Lokal. Menü für 11o FF mit reichlicher Auswahl.

Restaurant Les Trois Marchés (5), 1, Bd. de la Reine, Tel. 39 5o 13 21. Die Gourmet- Adresse in Versailles, direkt beim nördlichen Ministerflügel des Schlosses. Sehr gute Küche bei entsprechenden Preisen. Voranmeldung erforderlich.

Euro Disneyland

Europa's größter Freizeitpark! Man kann über die Disneylands denken wie man will: Zumindest sind sie eine riesige Fun- Maschine, die vielen Millionen Menschen Freizeitfreude gebracht hat - und die aus mehr als nur Mickey Mouse, Goofy etc. besteht.

Nach den Disneylands von Orlando/Florida, von Los Angeles/Kalifornien und Tokyo/Japan beschloß die Company, auch Europa zu beglücken und wählte als Standort Marne La Vallee östlich von Paris.

Auto: Zufahrt vom Zentrum der Stadt (Ile de la Cité) 32 km nach Osten auf der A 4 (Autobahn Paris -> Straßbourg -> Deutschland); Ausfahrt Nr.14 „Disneyland".

Zug: mit der Schnellbahn RER A 4 ab Stadtzentrum (z.B. Châtelet Les Halles) bis zur Endstation Marne-la-Vallée/ Chessy. Mit der erweiterten Netzkarte „Paris Visite" ist die Strecke inkl. Weiterhin direkter Zuganschluß ab Charles de Gaulle Airport zum Bahnhof am Eingang von Disneyland.

Bus: ab Charles de Gaulle Airport ständl. per Direktbus (ca. 23 Euro).

Eröffnet wurde der Euro Disney Resort am 12. April 1992. 10.000 Arbeiter waren 4 Jahre beschäftigt, 300.000 Bäume und Sträucher wurden gepflanzt, darunter auch beheizbare Palmen, 500.000 Liter Farbe verstrichen etc. Originelle Hotels wurden gebaut (den amerikanischen und europäischen Stilepochen nachempfunden), Sportanlagen aller Art, ein Super-Show-Center, idyllische Landschaften und Gewässer.

Kostenpunkt der gesamten Anlage rund 17 Milliarden DM! Dagobert, die zentrale Figur der Disney Company, läßt grüßen. Er verwaltet das Geld und vermehrt es.

Haupt- Themenbereiche:

1 FANTASYLAND: Disney- und Märchenland, Dornröschenschloß mit 45 Meter hohen Türmen, ein 27 m langer feuerspeiender Drache etc.

2 MAIN STREET USA: Hauptstraße einer amerikanischen Kleinstadt um die Jahrhunderwende mit viktorianischen Gebäuden. Zu sehen u.a. alte Doppeldeckerbusse, Feuerspritzen, Rasiersalon, Oldtimer-Autos, garniert mit Ragtime Bands etc.

3 FRONTIERLAND: „Der Wilde Westen", Mississippi mit Raddampfer, unterirdische Minien, Glücksspiel- Hallen u.a.

4 ADVENTURELAND: in einem Fort der Spanier plündern computerge steuerte Piraten das Fort. - Toll nachgebaut 1:1 eine Galeone des Piraten Hook zwischen Bananenblättern und Palmen. - Robinson Crusoe, der (vergl. Velb. Chile) auf eine einsame Insel verschlagen wurde, findet

Nachbildung im Adventure Land. In einem Bazar, gestyled auf Exotik, werden Souvenirs wie Holzmasken etc. verkauft.

5 DISCOVERYLAND: Reisen in die Vergangenheit und in die „außerpla netarische Zukunft". Interessant ist das 3-D Kino: per rot + grüner Brille erlebt man den Film dreidimensional. Auch Michael Jackson ist als intergalaktischer Weltenwanderer zu erleben, - ein Vergnügen insbeson dere wegen der Spezialbrille... Hinzu kommen Star War-Trips a la drei dimensional etc.

BIG THUNDER MOUNTAIN: künstlicher Berg in See. Hier verkehrt die „Big Thunder"- Achterbahn vom 4o m hohen Berg durch Höhlen und entlang des Sees. - PHANTOM MANOR: gegenüber, eine Villa, in der es spukt: 999 elektronische Geister

COTTENWOOD CREEK RANCH: Nachbildung einer US- Ranch mit Ställen sowie Eisenbahnschuppen aus der Jhd.- Wende.

AUTOPIA: Auditorium, in dem der Besucher in futuristischen Rennwagen visuell durch die Landschaft rasen kann.

VISIONARIUM: Animation in Mischung von Computer-erzeugten Eindrücken mit Life-Darstellern. Pseudovisionäre Erlebnisse auf Basis von Computern.

EURO DISNEYLAND RAILROAD: umkreist die Anlage und dient zur schnelleren Verbindung der einzelnen Attraktionen. Die Oldtimerwaggons sowie die Dampflok sind Vorbildern von 189o nachgebaut.

EINTRITT

Gestaffelt nach Saison sowie Anzahl der Tage, für die das Ticket gilt. Inklusiv im Eintritt ist derzeit die Benutzung aller Attraktionen (außer Schießbahn sowie Shows mit Essen).

* Erwachsene: Hochsaison ca. 35 Euro /Tag

* Kinder: Hochsaison ca. 3o Euro /Tag

Ein Jahrespaß ist für rund 12o Euro (Erwachsene) bzw. 9o Euro (Kinder) erhältlich. - Weiterhin ist bei manchen Hotelangeboten der Eintritt im Übernachtungspreis inklusive. Infos: www.disneylandparis.com

Im Gegensatz zu früheren Disneylands (wie L.A./Kalifornien, wo sich im Umkreis Billig-Hotels etablierten), hat die Disney Company im Standort Paris vorgebeugt, in dem sie gleich großflächig das Areal aufkaufte.

Wer hier in Nähe des Disneyland Unterkunft wünscht, ist ausschließlich auf Unterkünfte des Disneylands angewiesen.

„**Disneyland Hotel**": direkt am Eingang, rosabonbonfarbig, im Stil eines viktorianischen Hotels der Jhd.- Wende. Viele Türmchen und Erker sowie Swimming Pool. Rund 5oo

Zimmer mit komfortablen Doppelbetten. DZ ab 194 Euro / Person

„**Hotel New York**“, konzeptioniert u.a. auch für Business-Reisende und Tagungen (angrenzend Konferenzräume für 3.ooo Personen). Das Hotel mit Swimming Pool, im Winter Eislaufbahn. Die Zimmer im Art Deco Stil. DZ je nach Auslastung ca. 145 Euro / Person.

„**Hotel Newport Bay Club**“, eine Luxusherberge im Stil eines feudalen Strandhotels an der US- Ostküste. Mit eigenem See, großer Veranda, weiterhin Hallenbad und Außenschwimmbad, Fitnessclub, Sauna. Mehr als 1.ooo Zimmer, DZ ca. 135 Euro / Pers. die Nacht.

„**Sequoia Lodge**“, im Inneren rustikal gehalten im Stil eines modernen Berghotels der Rocky Mountains. Mit Swimming- Pool, Wintergarten, Pianobar am offenen Kamin. Rund 1.ooo Zimmer, DZ ca. 127 Euro / Pers.

„**Hotel Cheyenne**“, gestyled auf „Westerntown einer Hollywood- Filmkulisse“. Mehr als 1 Dutzend Einzelgebäude, Planwagen, Korral, Wachturm, Country-Musik etc. 1.ooo Zimmer, DZ ca. 115 Euro / Pers..

„**Hotel Santa Fe**“, kubische Häuser, rund 1.ooo Zimmer, ausgestattet u.a. mit Bettüberzügen aus New Mexiko. DZ ca. 1o1 Euro / Pers.

„**Davy Crockett Ranch**“, Blockhaus- Romantik, wo auch das Lagerfeuer nicht fehlt. Mit Hallenbad, Tierfarm und Naturpfaden. Weiterhin Hallentennis, Tischtennis, Kinderspielplatz und Möglichkeit auf Ponnies zu reiten, Vollyball, Basketball, Fahrradverleih. Für Familienurlaub konzipiert, liegt in einem Wald rund 15 Min. per Auto vom Disneyland. Kein öffentl. Transport, daher eigenes Auto nötig.

Rund 5oo Bungalows für je 4 - 6 Personen. Übernachtungspreise abhängig Größe und Saison. Ein Bungalow kostet derzeit während der Woche für 2 Pers. ca. 116 Euro / Nacht. Am Weekend teurer, aber inkl. Disneyland- Eintritt, Parkplatzgebühren und Show.

Camping: Nähe Davy Crockett Ranch. Rund 1oo Stellplätze mit Strom- und Wasseranschluß. Ca. 5o Euro pro Nacht und Stellplatz.

Es gibt Pauschalprogramme und Sparangebote je nach Saison und Hotel - zu erfragen unter: o18o5 - 81 89, Österreich o81o - oo 23 45 oder Internet www.disneylandparis.com

Preisbeispiel: Flug mit Air France ab Düsseldorf + 2 Nächte + Frühstück + 3 Tage unbegrenzter Eintritt in den DisneyPark: 342 Euro / Pers. im DZ.

Übers Disneyland verstreut unzählige Restaurants, Cafeterias und Snackbars. Die Palette der Gerichte reicht von Steaks auf Holzkohlengrill zu mexikanischen Gerichten, Pizzerias und bayerischer Küche. Ebenso gibt es franz. Feinschmecker- Restaurants, engl. Fish & Chips Lokale, holländische Kaffeehäuser, amerikanische Eisdielen im Stil der Drive Inns mit Eisspezialitäten und leckeren Milchshakes.

SHOPS: abgesehen von Disney- Souvenirartikeln (Mäuse, Dagobert, bedruckte T- Shirts, Kulis, Videos, Originalgraphiken aus Disney Filmen etc.), - interessante Shops: z.B. Brettspiele, Lederwaren (Hüte, Röcke bis hin zu Cowboystiefel), Scherenschnitte, amerikanische Backwaren, Zinn- Figuren, Plüschtiere, Marionetten, geschnitzte Holzfiguren, Spieluhren,

Weihnachtsdekoration, Glaswaren etc.

ORGANISATORISCHE TIPPS

morgens sind die Warteschlangen vor Attraktionen der MAIN STREET in der Regel am längsten, da dieser Bereich direkt am Eingang liegt. Eine Eisenbahn (gratis) umrundet den kompletten Park und erreicht die anderen Sehenswürdigkeiten, die man am besten zunächst einbaut und erst später Besuch der Main Street.

Kinder verloren: durchaus möglich, bei der Größe des Geländes und der Masse an Menschen, die sich durchschieben. Prinzipiell sollte man mit den Angehörigen (gilt auch für Erwachsene!) - vor Beginn einen markanten Treffpunkt ausmachen, wo man wiedertrifft. Bei verlorenen Kindern ist die City Hall/Main Street (Tel.: 64 74 3o oo) zuständig.

NOTIZEN

in eigener Sache:

Es liegt in der Natur der Dinge, daß bei der Fülle an konkreter Information, die dieses Buch enthält, sich im Laufe eines Jahres einiges ändern kann.

Deshalb bitten wir um Mitteilung von Abweichungen. Wer uns ansonsten irgendwelche ausgefallenen Tipps wie neue Routen, schöne Hotels mit viel Atmosphäre oder ähnliches schickt, wird bei der Neuausgabe dieses Buches namentlich zitiert.

Bitte schreibt uns, wir freuen uns über jeden brauchbaren Tipp, weil wir es wichtig finden, daß man nicht irgend ein blödes Laberbuch, wie leider viele Reiseführer, mit sich schleppt, sondern etwas, was wirklich nützlich und hilfreich ist.

Paris - Redaktion

VERLAG
MARTIN
VELBINGER
Hauptstr. 4o, 82229 Seefeld

NOTIZEN

NOTIZEN

NOTIZEN

Einige wichtige Wörter und Redewendungen

(mit Lautschrift!) (für den Anfänger)

Oui (wui) - ja; Mais oui (mä wui) - aber ja! Non (no) - nein

Wörter wie diese und die folgenden verwendet der Franzose fast nie ohne den Zusatz Monsieur, Madame oder Mademoiselle (m'siö, madam, madmoasel), Abkürzungen: M., Mme und Mlle.

Bonjour (boschur)	guten Tag, auch guten Morgen
Bonsoir (bosoar)	guten Abend (Bonne Nuit - gute Nacht - sagt man nur, wenn man ein Bein schon im Bett hat)
Merci (mersi)	danke (Betonung auf dem i) Die Antwort auf merci ist:
Je vous en prie	(schöwusabri) = gern geschehen
De rien (döria)	nicht der Rede wert
S' il vous plait	(silwublä) bitte
Pardon?	Wenn man etwas nicht verstanden hat, und um Wiederholung bittet, stirnrunzelnd zu sagen.
Pardon M, Mme	*Entschuldigen Sie! Auch: Excusez- moi (excüsemoa) *Als Einleitung zu einer Frage nach Weg, Uhrzeit usw.
Au revoir (oröwoar)	Auf Wiedersehen
Parlez doucement	(parle dusma) Sprechen Sie langsam, s.v.p.
Je ne comprend pas	ich verstehe nicht
Je ne sais pas	(schön'säba) ich weiß nicht
Ne quittez pas	(nökitte pa) am Telefon: bleiben Sie am Apparat!
Comment aller a...	wie kommt man nach ...
Ou se trouve	(us' truw) wo befindet sich ...
Donnez- moi, s.v.p.	Geben Sie mir, bitte ...

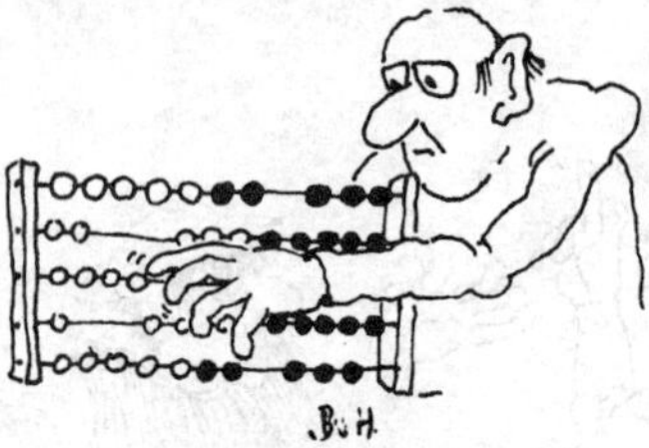

cent	1oo
cent et un	1o1
deux cents	2oo
mille	1.ooo

ZAHLEN,

un, une	1
deux	2
trois	3
quatre	4
cinq	5
six	6
sept	7
huit	8
neuf	9
dix	10
onze	11
douze	12
treize	13
quatorze	14
quinze	15
seize	16
dix- sept	17
dix- huit	18
dix- neuf	19
vingt	2o
vingt et un	21
vingt- deux	22
vingt- trois	23
trente	3o
quarante	4o
cinquante	5o
soixante	6o
soixante- dix	7o
soixante et once	71
quatre- vingts	8o
quatre- vingt- un	81
quatre- vingt- dix	9o
quatre- vingt- once	91
quatre- vingt- donze	92

WOCHENTAGE,

dimance	Sonntag
lundi	Montag
mardi	Dienstag
mercredi	Mittwoch
jeudi	Donnerstag
vendredi	Freitag
samedi	Samstag
une fois	einmal
deux fois	zweimal
trois fois	dreimal

MONATE...

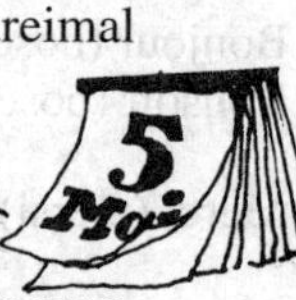

janvier	Januar
fevrier	Februar
mars	März
avril	April
mai	Mai
juin	Juni
juillet	Juli
aout	August
septembre	September
octobre	Oktober
novembre	November
decembre	Dezember

aujourd' hui	heute
ce soir	heute abend
demain	morgen
hier	gestern
apres demain	übermorgen
avant hier	vorgestern

hier soir	gestern abend
demain matin	morgen früh
le soir	abends
le matin	morgens
la semaine prochaine	nächste Woche
l'annee prochaine	nächstes Jahr
dans quinze jours	in 15 Tagen
il y a un mois	vor einem Monat
il y a un an	vor einem Jahr
il est trop tot	es ist zu früh
il est trop tard	es ist zu spät
quand	wann
quelle heure est- il?	wieviel Uhr ist es?
combien de temps prend cela?	wie lange dauert das?

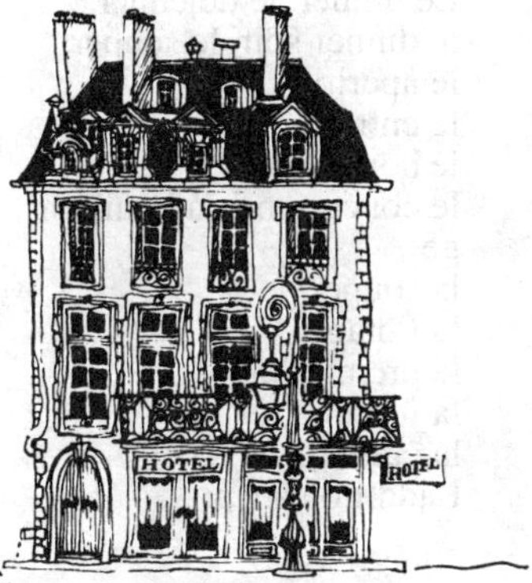

Im Hotel

Vous avez des Chambres libres	haben Sie noch freie Zimmer?
Une chambre pour deus personnes et un enfant	für 2 Erw. und 1 Kind
Douche	Dusche
Salle de Bain	Bad
Le petit dejeuner	Frühstück
On peut voir la chambre?	Können wir das Zimmer sehen?
Reservez la chambre pour le	Reservieren Sie das Zimmer zum
La salle a manger	Speisezimmer
Le Salon	die Halle, der Salon
Le clef	der Schlüssel
Une chambre qui donne sur la rue	Zimmer zur Straße
Une chambre qui donne sur le cour	Zimmer zum Hof
Nous resterons une nuit	wir bleiben eine Nacht
Nous resterons une semaine	wir bleiben eine Woche
Il fait froid	es ist kalt
Serviette, essuie- man	Handtuch
le pourboire	Trinkgeld
Nous partirons demain matin	Ich nehme das Zimmer nicht
Petit dejeuner compris	Ist das Frühstück im Preis inbegrif-fen?
A quelle heure fermez- vous	Wann schließen Sie?

Im Restaurant

On peut manger maintenant	Gibts schon was zum Futtern?
Une table pour .. Personnes	einen Tisch für ... Personen.
Le dinner, le déjeuner	Mittagessen
le dinner soir, le souper	Abendessen
le aperitif	der „Magenöffner“
le entrée	die kleine Vorspeise
le hors d' oeuvre	die „richtige“ Vorspeise
le concomme, la bouillon	klare Kraftbrühe, mit oder ohne Einlage
la soupe	mit Einlage
la Potage	legierte Gemüsesuppe
le premier plat	erster Gang
la fourchette	Gabel, le couteau - Messer
la cuillere	Löffel
l'addition s.v.p.	die Rechnung, bitte

Verkehr:

Le carrefour	Kreuzung
passage interdit	Durchfahrt verboten (auch Durchgang)
Sens unique	Einbahnstraße
déviation	Umleitung
file droite	rechte Spur
stationnement interdit	Parken verboten
impasse	Sackgasse
sortie	Ausfahrt
la voiture est en panne	die Mistkarre fährt nicht mehr
le mecanicien	Autowerkstätte
dépannage	Abschleppdienst
le démarreur	Anlasser
les freins	Bremsen
l'accélérateur	Gaspedal
les vitesses	Gangschaltung
le radiateur	Kühler
l' embrayage	Kupplung
le dynamo	Lichtmaschine
le moteur	der Motor
l'huile	Öl
le pneu	Reifen
le carburateur	Vergaser
l' allumage	Zündkerzen

EINKAUFEN

pharmacie	Apotheke
boulangerie	Bäckerei
fleuriste	Blumenhändler
librairie	Buchhandlung
droguerie	Drogerie
epicere fine	Feinkost
poissonnerie	Fischhandlung
fruits et legumes	Gemüse
quincaillerie	Haushalts- u. Eisenwaren
patisserie, confiserie	Konditorei
alimentation	Lebensmittel

Unsere „METZGEREI" wird aufgegliedert in 5 Geschäfte:

boucherie	Fleisch von Rind, Kalb, Hammel, keine
Wurstwaren	
charcuterie	Schweinefleisch, Wurst, Pasteten usw.
triperie	Kutteln und andere Innereien wie Leber etc.
volailes et gibier	Geflügel und Wild
chevalline	Pferdemetzgerei
pressing	Reinigung (auch: blanchisserie)
papeterie	Schreibwarengeschäft
chaussures	Schuhe
cordonnerie	Schuster
linge	Wäsche

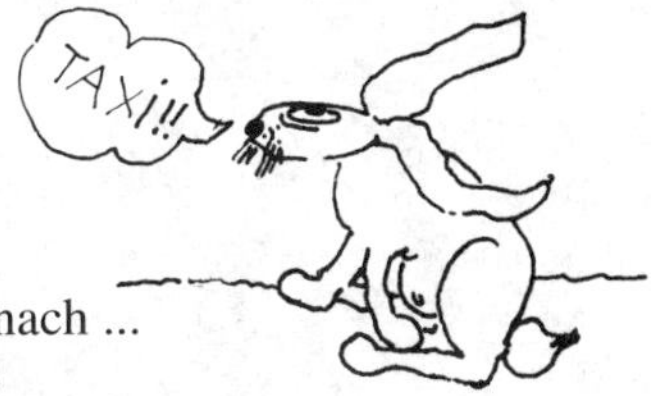

WEG & RICHTUNG

Pardon, la direction a	ich möchte bitte nach ...
tout droit	immer geradeaus
tourner a gauche	links abbiegen
tourner a droit	rechts abbiegen
deuxieme feux rouge	zweite Ampel
combien de Kilometres	wieviel km, m, ?
a pied	zu Fuß
en voiture	mit dem Auto
le depart	die Abfahrt
l' arrives	die Ankunft
la correspondance	der Anschluß
l'autobus	der Bus
le train	der Zug
l'avion	das Flugzeug
le metro pour ...	Metro nach ...
le quai	der Bahnsteig
un billet	Fahrkarte
cette place est libre?	Ist der Platz frei, besetzt?

les bagages	Gepäck
merde	Sch ..., wenn der Zug vor der Nase
wegfährt	

2 wichtige Konjugationen:

sein: Je suis (schöswi), tu es (tüä), il, elle est (ilä, äla), nous sommes (nusomm), vous etes (wusät), ils sont (ilso)

haben: J'ai (sche), tu as (tüa), il, elle a (ila, ela), nous avons (nusawo), vous avez (wusawe), ils ont (ilso)

Die Fragestellung ist kompliziert. Verwenden Sie die einfachste Form, die nur in der Betonung liegt. Z.B.: Vous fumez = ihr raucht, Sie rauchen (An-

Gebräuchliche Begriffe aus Küche, Keller und Speisekarte

A

addition	Rechnung
agneau	Lamm
ail	Knoblauch
aloyau	Rückenstück
amandes	Mandeln
andouilette	Bratwurst
anguille	Aal
artichauts	Artischocken
asperges	Spargel
asiette	Teller

B

beurre	Butter
bière	Bier
blanc	weiß
bleu	blau
boeuf	Rind, Ochse
boisson	Getränk
bouteille	Flasche
brochette	Bratspieß

C

caille	Wachtel
calmar	Tintenfisch
canard	Ente
cendrier	Aschenbecher
cersises	Kirschen
cervelle	Hirn
charciterie	Fleisch- u. Wurstw.
chaud	warm
cher	teuer
chèvre	Ziege
choix	Auswahl
chou	Kohl
choucroute	Sauerkraut
chou rouge	(Blau) Kraut

coux fleur	Blumenkohl
ciboulette	Schnittlauch
cidre	Apfelwein
coeur	Herz
colin	Seehecht
commander	bestellen
coq	Hahn
coq au vin	Hahn in Weinsauce
coquillages	Muscheln
côte	Kotelett, Rippenstück
côtelette	Kotelett
couteau	Messer
couvert	Gedeck
crêpe	dünner Pfannkuchen
crevettes	Krabben
cru	roh
crustacés	Schalentiere
cuillère	Löffel
coisine	Küche
cuisenier	Koch
cuit	gekocht, gebraten
bien cuit	gut durchgebraten

D

décaféiné	coffeinfrei
déguster	probieren
déjeuner	Mittagessen
demi	halb
dinde	Pute
dîner	Abendessen
doux	süß
dur	hart

E

eau	Wasser
eau- de- vie	Branntwein
eau Minéral	Min. wasser
entrées	Vorgerichte
entrecôte	Lendenstück
escalope	Schnitzel
escargots	Schnecken

F

faim	Hunger
faisan	Fasan
feu	Feuer
feu de bois	Holzkohlenfeuer
fin	fein
fines herbes	Kräutermischung
foie	Leber
foie gras	Gänseleber
four	Ofen
fourchette	Gabel
frais	frisch
fraises	Erdbeeren
framboises	Himbeeren
froid	kalt
fromage	Käse

fruits	Obst
fruits de mer	Meeresfrüchte

G

garcon	Kellner
gâteau	Kuchen
gibier	Wild
gigot	Schenkel
glace	Eis
grenouille	Frosch
grillé	gegrillt
grive	Drossel

H

haricots verts	grüne Bohnen
herbes	Kräuter
homard	Hummer
hors- d'oeuvre	Vorspeisen
huile	Öl
hûitres	Austern
jambon	Schinken
jaourt	Joghurt
jus	Saft

L

lait	Milch
laitues	grüner Salat
langue	Zunge
lapin	Kaninchen
légume	Gemüse
fentilles	Linsen
lièvre	Hase

M

maigre	mager
manger	essen
morilles	Morcheln
moules	Miesmuscheln
mousse	Schaum, Creme
moutarde	Senf
mouton	Hammel

N

noir	schwarz
noix	Nuß

O

oeuf	Ei
oignon	Zwiebel

P

pain	Brot
pâtes	Teigwaren
pâtés	Pasteten
patisserie	Gebäck
patron	Wirt
pêche	Pfirsich
petit	klein
p.déjeuner	Frühstück
pied	Fuß

pintade	Perlhuhn
plat	Gericht
poires	Birnen
poisson	Fisch
poivre	Pfeffer
poivrons	Paprikaschoten
pommes	Äpfel
pommes de terre	Kartoffeln
porc	Schwein
pot	Topf
potage	Suppe
poulet	Hühnchen

S

sanglier	Wildschwein
sans	ohne
saucisson	Wurst
saumon	Lachs
sec	trocken
sel	Salz
service	Bedienung
servier	bedienen
soif	Durst
souper	spätes Abendessen
sucre	Zucker

T

tarte	Torte, Obstschnitte
tasse	Tasse
terrine	Schlüssel
tête	Kopf
thé	schwarzer Tee
infusion	Kräutertee
tripes	Kutteln
truite	Forelle

V

veau	Kalb
verre	Glas
viande	Fleisch
vin	Wein
volaille	Geflügel

INDEX

S

T

Zum Schluß möchte ich Sie, lieber Leser, noch einmal an etwas erinnern:

Gehen Sie am Ende Ihres Paris - Besuches noch einmal auf die Aussichts - terrase des Kaufhauses Samaritaine, um zu sehen, wie vertraut Ihnen Paris geworden ist, und um zu spüren, wie Ihnen diese Stadt ans Herz gewachsen ist und Sie vor der Abreise bereits Heimweh verspüren.

Vielleicht geht es Ihnen so wie mir: daß Sie süchtig werden nach dem Metro-Mief, daß Momente kommen, wo Sie es kaum erwarten können, sich wieder einmal vom Banne dieser zauberhaftesten und einmaligsten aller Städte gefangen nehmen zu lassen.

A BIENTÔT, PARIS !

Über diesen Band:

„Aus Paris ein Fest machen“ - egal ob im Herb wenn die Blätter auf den Boulevards liegen am Zinc einen Balon heben, - Kunstau stellungen in den Grand Palais, - im Somm wenn die Hitze über der Stadt flimmert, - m gens kurz vor Tagesanbruch irgendwo zu Austernessen, - in gemütlichen Hote zusammenkuscheln! Süchtig nach einer Sta die zu den schönsten der Welt zählt.